경영정책과 전략

최 승 욱 저

형지사

머리말

우리 나라는 농경사회 후반기에서 1960년대 산업화 초기시대에는 풍부한 노동력을 바탕으로 생필품 중심의 노동집약산업과 농지의 효율성 증대를 통한 수확량 증대에 주력한 시기라고 볼 때 초기에는 기업의 관리 시대였다.

1970년대는 1차 오일쇼크의 큰 충격 속에서도 활발히 대외무역을 활성화하는 내핍(耐乏)과 수출지향의 잘 살아보기 총력 수출지향 시기로 기업의 세계화를 도입하는 국제무역경영과 기술개발경영 시대하고 볼 수 있다. 이어 1980년대는 2차 오일쇼크와 국내 정치적 커다란 혼란 속에서도 경제는 지속적으로 발전하여 수출과 내수가 급격히 신장하는 고도 경제성장시대의 진입 초반기에 접근하는 획기적 전환기를 맞는 시기로 기업의 전략경영 도입 시대라고 볼 수 있다.

1990년대에 들면서 국제통화기금의 구제금융을 지원받는 파국적 경제파행에 들어갔지만 본격적으로 정보화시대의 문을 열고 다방면에서 정보기기 생산의 하드웨어분야와 운영체계 활용의 소프트웨어분야의 급격한 발전의 초석을 다지는 세계 정보화 시기로 기업의 전략경영 정착시대라고 보여진다.

2000년대에 들어서면서 정보화 시장의 경쟁 심화와 세계 각국의 내외국간 경제 충돌로 인하여 세계 경제는 1930년대 미국의 세계경제 공황을 연상케 하는 심각한 충격에 빠지는 장기적인 침체국면에 진입하는 시기가 되면서 기업의 전략적 신경영기법 개발 시대를 열어가게 되었다.

이제 2010년대에 진입하는 이 시기에 우리나라 경제의 진로는 크게 보면 녹색성장 동력산업을 기반으로 한 새로운 친환경적 에너지생산과 생명공학적 신소재개발에 총력하는 자연회귀적 사회적 기업으로 인식체계가 전환되는 시대를 맞게 되어 기업의 전략경영이 필수 핵심요소가 되는 시대에 진입하게 된다. 이것이 기업의 시장에 대한 선택과 집중의 경영정책이 필요한 이유이다. 이러한 시대적 변환과정에서 기업이 공헌한 중요한 역할은 전략경영을 통한 기업 혁신(Innovation)으로 국가 경제성장의 원동력이 되었다는 점이다. 그렇다면 원동력의 내면을 이루는 동인은 무엇인가를 규명할 필요가 있다. 그것은 바로 기업에 새로운 전략적 신경영기법을 도입한 기업인들의 창의적 지략과 모험적 도전에서 찾을 수 있다.

본서는 경영학의 다양한 이론적 바탕을 기반으로 인간 본성의 창의적 관심의 촉수(促壽)를 확대하고, 실체적 경쟁적 시장경제의 전략적 대응력을 향상시키는 심화학습을 통한 기업현장 적응 응용학습을 목적으로 경영정책과 전략적 접근을 시도하고자 하였다.

주요 내용은 경영정책과 전략 입문, 경영전략 입안. 기업과 환경의 상호작용과 적응 전략, 기업 경쟁력 창출 전략, 경영전략 혁신, 경영정책과 경영전략 실천 등이다.

대학에서 경영학분야를 학습하는 학생에는 경영학을 마무리 하는 종합 분야로 활용하여 기업의 실체에 접근하고, 기업에 근무하는 경영인에게는 기존 경영 패턴을 다시 한번 돌아보는 계기가 될 것이며, 창업을 시도하는 많은 예비 사업자에게는 기업경영의 좋은 길잡이가 될 것으로 확신한다.

기획에서 교정, 감수, 출판, 영업에 이르는 많은 부담을 가짐에도 불구하고 쾌히 승낙하시고 맡아 주신 형지사 유성렬 사장님과 임직원에게 심심한 감사의 말씀을 드린다. 여러분에게 크게 성공하는 길잡이가 되기를 소망합니다.

2009년 8월 냉정연구실에서
저자 최 승 욱 씀

차 례

제2부 전략경영과 경영정책의 입안

제3부 경영전략과 경영정책의 실천

제1부

경영정책과 전략 입문

제 1 장

경영정책의 이해

제 1 절 정책의 중요성

인간의 욕망은 무한하다. 반면에 그것을 충족시키는 수단은 제한되어 있기 때문에 여러 형태의 문제가 발생하게 된다. 제한된 자원으로 인간의 욕망을 충족시키자면 합리적이고 효과적인 방법을 선택해야 하는데, 이것이 지금부터 다루게 될 정책학이다.

현대 사회는 정책의 홍수 시대라고 해도 과언이 아닐 만큼 많은 종류의 정책이 쏟아져 나오고, 실시되고, 소멸되기도 하며, 수정되어 다시 실시된다. 또 이것은 전문적이고도 방대한 최신 정보 매체를 통해 국내는 물론 세계 전역으로 거의 동시에 확산되고 있다.

이러한 정책에 관한 연구를 왜 하는가? 이 물음에 대답하기란 쉬운 일이 아니다. 그것은 왜 사는가 하는 질문처럼 주관적인 가치 판단을 요구하기 때문이다. 그렇긴 해도 가장 보편적인 이유는 오늘날 기업 활동의 대부분이 궁극적으로 정책을 지향하는 점이다. 매일 아침부터 저녁까지, 경우에 따라서는 철야까지 불사하는 사람의 활동은 결과적으로 특정한 정책을 위한 의식적·무의식적 인간 활동으로 볼 수 있다.

이처럼 정책이 중요한 분야임에도 불구하고 이제까지 미흡한 상태에 있었던 것이 사실이다. 오늘날 정책의 의의와 기능의 중요성이 강력하게 부각되고 있는 만큼 경영의 한 현상으로서의 정책에 관심이 쏠리는 것은 당연한 귀결인 셈이다.

1. 사회적 책임의 확대와 경영 윤리의 변화

인간 사회는 소규모에서 대규모로, 씨족 사회에서부터 부족 국가를 거쳐 민족 국가로, 혈연 사회에서 이익 사회로, 농업 사회에서부터 산업 사회를 거쳐 정보 사회로 점차 변해 왔다. 특히 정보사회는 미래 지향적인 인간 주체의 아이디어 경쟁 사회이다. 이런 변화 과정에서 사회의 구조와 기능이 세분화되어 가고 이것이 결국 이익과 욕구의 다양화를 가져온다. 한편 그러한 욕구와 이익을 충족시킬 수 있는 사회 전체적 자원은 기술 혁신이 없는 한 폭증하는 이익이나 욕구에 비해 상대적으로 희소해지게 마련이다. 그래서 대개 사회의 이익과 욕구는 상호 경쟁적이거나 갈등적 관계에 놓이게 된다(〈그림 1-1〉 참조).

경쟁과 갈등은 이해자간의 협상으로 해결되는 경우도 있다. 그러나 현대 사회처럼 경쟁과 갈등의 정도가 심화되고 있는 상태에서는 그러한 자유 경쟁에 의한 자동 조절 장치에 맡길 경우 정치적으로나 경제적으로 힘 있는 집단의 요구만이 관철되고 상대적으로 약한 집단의 것은 전혀 반영되지 못할 가능성이 크다.

따라서, 이해 당사자가 모두 인정하는 권위 있는 기관이 필요하게 된다. 이것을 우리는 크게는 정부, 작게는 조직이라 하는데, 그에 대한 사회적 기대가 그 어느 때보다도 크며, 범위 역시 확대되었다고 볼 수 있다.

여기에는 인구 문제, 에너지 · 식량 문제, 인력 수급 문제, 국민 보건, 공해 · 위생, 안보, 경제 · 사회 등이 포함되어 있기 때문이다. 이러한 문제의 해결과 관련하여 사회나 국가의 발전과, 계획 및 통제의 문제가 중요한 이슈(issue)로 등장하고 있다.

요컨대, 사회적 책임의 확대 경향은 정책으로 표현되는 경영 활동의 중요성과 그에 대한 관심의 폭을 더욱 심화 · 확대시키고 있으며, 경영 이념의 변화를 야기하고 있다.

〈그림 1-1〉 변화의 물결

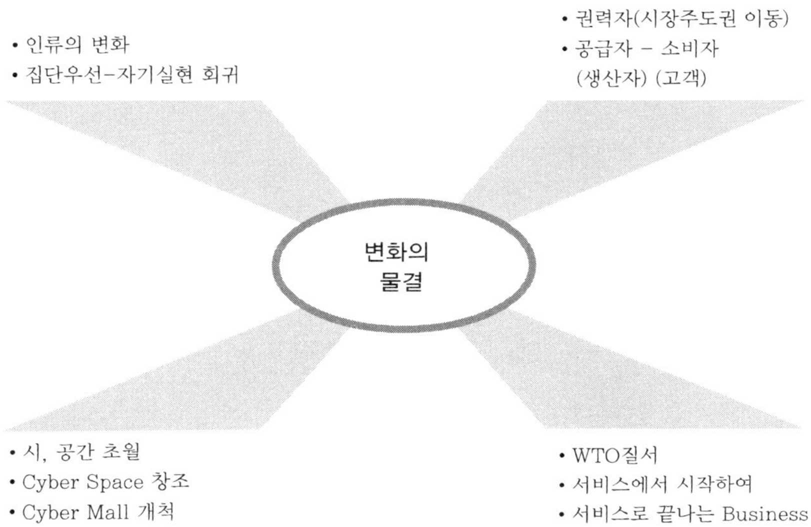

2. 전문화에의 대응

현대 사회로 발전하면서 나타나는 변화의 내용에는 구조·기능의 분화 이외에도 시간의 경과와 행위의 반복으로 하위 체계의 기능이 고도로 분업화되고 전문화된다는 점도 포함된다. 이렇게 사회 체제의 구조와 기능이 전문화될수록 그 하위 체계의 이익이나 요구 역시 고도로 전문적인 것이 된다. 그리고 경영 활동 역시 이에 부응하여 전문화하게 된다. 이러한 경영 활동의 전문화를 이해하기 위해서는 그에 상응하는 전문 지식이 요구되는데, 바로 이것이 정책을 연구하는 또 하나의 이유인 것이다.

정책 연구와 관련된 전문적 지식의 추구에는 크게 두 가지 목적이 있다.[1] 그 하나는 순수 학문적 목적을 위한 정책 연구이다. 이것은 정책을 야기시킨 근원과

1) J. S. Coleman, *Policy Research in the Social Sciences* (N. J.: General Publishing Press, 1972), pp. 1-23.

과정을, 그리고 그것이 사회에 미치는 영향 등에 관한 보다 많은 지식을 얻고자 한다. 이러한 연구 결과의 축적은 경영체제와 일반 사회에 대한 이해를 증진시킬 수 있다. 또 다른 목적은 순수 과학적 노력으로 얻어진 지식을 응용해서 실제의 경영 문제를 해결이 가능하게 하자는 것이다. 이러한 목적에서 이루어지는 정책 연구는 주로 실제의 특정한 정책 목표를 달성하기 위한 개인 · 집단 · 조직 · 정부의 활동과 관련된 사실에 관심을 기울인다.

순수 학문적 지식의 추구 과정에서 흔히 볼 수 있는 과학적 추론을 위한 가정은 부차적인 뜻이 있으며, 환경에 대한 관심 역시 특정한 정책에 관련된 환경 변수에 국한한다. 그리하여 궁극적으로는 이러한 실제의 사실로 이루어진 지식에 기초하여 경제 문제나 사회 문제를 해결하기 위한 처방에까지도 관심을 기울인다.

3. 사회 정의의 실천

정책의 연구가 어떤 방향이 되어야 한다는 당위론적인 것으로서, 정책이 편파적이어서는 안 된다. 즉, 과학적 사실과 사회 정의적 가치에 입각하여 경영 활동을 분석 · 평가함으로써 올바른 방향으로 유도되도록 항상 감시하고 비판하며 통제해야 한다. 정책 연구 그 자체가 일종의 피드백(feedback) 장치인 것이다.

그리고, 경영 정책은 비영리 분야의 조직에까지 확대 · 적용되고 있으므로, 이와 관련하여 정책을 연구하는 사람이 주의해야 할 점은 사회적으로 바람직한 또는 옳은 것이 무엇이냐에 대한 보다 진지한 노력을 기울여야 한다는 것이다. 이는 가치 문제에의 과학적 접근 즉 실증주의에 보다 적극적인 해석이 요구된다는 것을 말한다. 가치와 사실의 분리를 골격으로 하는 실증주의를 소극적으로 해석하여 사실만 연구하고 그 증명이 어렵다고 하여, 가치에 관해서는 소극적일 경우에는 엄연히 존재하는 현실적 실체를 포기하는 결과를 초래한다.

이는 장님이 아무 것도 안 보인다고 하여 이 세상에는 아무것도 없다는 이야기와 같은 오류를 범하는 것이다. 또, 실증주의가 과학적 지식의 축적면에서나 현실적 설명력의 취약성을 노출시키는 결과가 된다.

한편 사실 중심적 연구는 무력하기 쉬우므로 이를 보완하기 위해 가치에 대한 과학적 연구가 요구될 수밖에 없다. 이제 가치는 더 이상 과학적 연구에서 제외될 수 없게 되었다. 가치를 연구한다고 해서 과학성이 손상되는 것은 아니다.

과학성의 수준은 무엇을 연구하느냐에 의해 평가되는 것이 아니라 어떻게 연구하느냐에 의해 평가되는 것이기 때문이다. 물론 아직도 이론과 방법론의 측면에서 많은 제약이 있긴 하지만, 그 동안 부단히 축적되어 온 깊이 있는 사실 중심적 과학 지식은 가치에의 접근을 차츰 용이하게 해 주고 있다. 이제 정책을 연구하는 사람은 정책 문제 그 자체가 가치 함축적인 것임을 감안하여 정책과 관련된 사회의 제반 가치에 대해 엄밀한 과학적 접근을 시도해야 한다. 그리고, 그에게는 냉철한 이성과 뜨거운 가슴이 요구된다.

결론적으로 정책 연구는 ① 사회 정의를 확보할 수 있는 정책의 실현과, ② 과학적 연구 방법에 입각하여 정책의 인과 관계를 세밀하게 탐구하고, ③ 다양한 조직에 일반적으로 적용할 수 있는 신뢰성 있는 일반 이론의 개발인 것이다.[2] 또 이는 전략적 관리의 성격을 띠고 있다.

제2절 경영정책의 특징

1. 현상적 접근

순수 학문적 연구의 주된 관심과 목적은 이론 체계의 발전에 있지만, 정책 연그는 한 걸음 더 나아가 각 현실 세계의 문제에 대한 파악과 그 해결에 더 큰 비중을 두고 있다. 그리하여 궁극적으로는 정책 관계의 지침으로서의 지식 체계를 구축한다. 이러한 관점에서 정책 연구와 순수 학문적 연구의 방법론적 차이인 것이다.[3]

2) J. E. Anderson, *Public Policy Making* (2nd ed : N. Y. : Holt, Rinehart and Winston, 1979), p. 8.
3) J. S. Coleman, *Policy Research in the Social Science* (N. J. : General Learning Press, 1972), p. 2.

이처럼 현실 세계의 문제와 밀접한 관계가 있기 때문에 아무리 중립적 방법으로 이루어진 정책 연구라도 그 결과가 사장되지 않는 한 현실 세계에 영향을 미치므로 정치 중립적일 수가 없다. 정책 연구가 정책 결정을 담당하는 기관이나 이와 연관된 각종 이해 집단에 의해 이루어질 때는 더욱 특정의 실제적인 정책을 지향하게 된다.

정책 연구의 평가 역시 그것이 이론적으로 얼마나 정교하고 학문적 발전에 기여할 수 있느냐, 또는 기여했느냐 하는 점보다는 실제의 정책활동에 지침이 될 가능성이 얼마나 있느냐에 더 큰 비중을 주게 된다. 따라서, 현실에 대한 문제 인식과 미래의 예측, 그리고 연구 결과가 갖는 실제적 정확성이 중요한 평가 기준이 된다.

2. 가치치적 접근

정책이란 것 자체가 가치 함축적인 것이므로 정책 연구는 그러한 가치 문제에 관해 매우 민감하다. 가치와 사실간의 엄격한 분리를 거부하지는 않지만, 그렇다고 해서 소극적 실증주의에서처럼 가치 문제를 연구 대상에서 제외시키지는 않는다. 오히려 연구 목적이 그러한 가치에 중대한 영향을 받는 현실 문제에 대한 근본적 해결에 있으므로 가치에 대한 접근은 필연적으로 수반된다.

가치 문제를 다룬다고 해서 가치적, 즉 주관적 판단을 한다는 것은 아니다. 가치에 대해 과학적으로 접근할 수 있다는 신념을 가지고 그에 대한 부단한 노력을 한다. 사회 심리학, 정치 문화 이론 등이 이 접근 방법의 원천이 되고 있다.

한편 정책 연구의 가치 지향적 성격은 연구 절차에서도 뚜렷한 특징으로 나타난다. 정책 연구는 학계와 실무계간의 부단하고 밀접한 상호 작용에서 이루어진다. 따라서, 이는 여러 학문 분야를 지배하는 갖가지의 학문적 가치와 현실을 곡해하는 현실적 가치와 상호 융합되는 용광로와 같은 것이 된다.

3. 종합적 접근

정책 연구가 다루는 영역은 현실 세계의 정책에 관한 것이며, 동시에 복잡한 인과 관계에 연이어 나오는 무수한 현실 문제이다. 더욱이 그러한 문제를 보아 근본적으로 검토하기 위해서 시공을 초월한 노력이 필요하다는 사실을 감안하면 정책 연구가 다루어야 할 정책과 문제점은 실로 엄청난 것이며, 문제 속에 얽힌 인과 관계는 더욱 복잡하게 된다.

정책 연구에서는 이처럼 복잡한 인과 관계를 구명하기 위해 문제를 구성하는 기본 요소와 그 요소간의 상호 관계에 대한 정밀한 분석이 중요한 과제로 등장한다. 정책 연구는 현실 세계의 문제로부터 시작된다는 명제도 바로 여기에 근거한 것이다. 이러한 분석을 위해 여러 학문 분야에서 개발한 갖가지의 정교한 분석 기법이 문제의 성격에 따라 적절히 동원된다. 만일 기존의 분석기법이 부적합할 경우에는 새로운 분석 기법이 개발되거나, 수정 · 보완되기도 한다. 이러한 정책 연구의 결과가 궁극적으로는 현실 세계의 문제 해결에 기여하지만, 방법과 이론면에서 학문적 발전에도 기여함은 물론이다.

이상과 같이 정책 연구는 학계와 실무계 간의 밀접한 지적 상호 작용에서 이루어진다는 특성을 가지며, 즉 종합 과학적 방법의 적용이 필요하다.

4. 절차적 접근

대개 정책 연구는 대상 집단에 대한 문제 개념의 정의, 실태 파악, 문제 발견, 대안 작성 및 선택, 그리고 건의 등의 연구 절차를 거쳐 이루어지는데, 이는 실제의 정책 수립 절차와 거의 유사한 것이다. 단지 차이가 있는 것은 마지막 단계인데, 정책 연구는 건의이고, 정책 수립 절차에서는 실시라는 것뿐이다. 물론 순수한 학문적 목적에서 이루어지는 정책 연구의 경우에는 단순히 실태 파악을 통한 문제 제기에 그치거나, 그와 관련된 이론 구성에 그칠 수도 있겠지만 현실 문제를 실제로 해결하기 위해서 실시되는 정책 연구의 경우에는 위와 같은 연구

절차를 채택하는 것이 일반적이며, 특히 정책 대안에 관한 검토 및 선택·건의가 매우 중요한 연구의 핵심이 된다(〈그림 1-2〉 참조).

〈그림 1-2〉 정책연구 절차

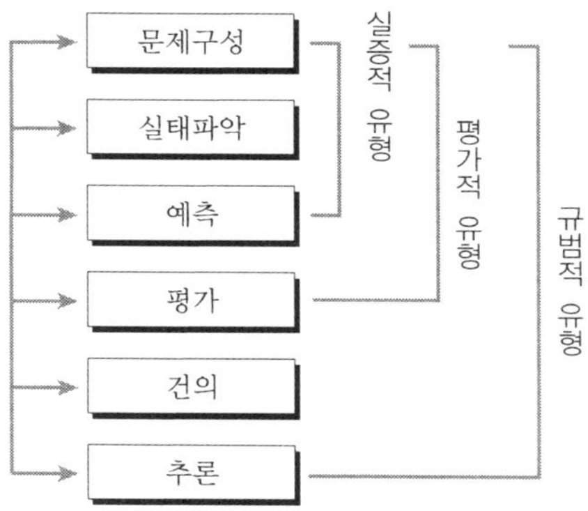

자료 : W. N. Dunn, Public *Policy Analysis : An Introduction* (Englewood Cliffs, N. J. : Prentice-Hall, Inc., 1981), pp. 40-45.

5. 융합적 접근

정책 문제가 지니는 복잡성의 정도는 그것을 한 개인이 취급하기에는 너무나 복잡한 것이 일반적이다. 따라서, 정치학, 경제학, 사회학, 행정학, 인구학, 사회심리학, 공학 등의 종합 과학적 방법이 도입되어야 한다. 또, 특정 개인이 그러한 모든 분야에 전문적일 수 없으므로 각 분야에의 전문가의 참여에 의한 연구가 요구된다. 이러한 집단 연구를 통해 각 분야의 전문 지식이 상호 교환·수정되며, 전체적으로 조정·통합되어 근본적 문제의 해결책을 제시할 수 있게 된다. 대상의 만남, 즉 오관의 느낌과 관찰은 각기 상이하므로 집단토의나 연구가 요청된다.

지속적인 참여와 토론으로 지혜를 발휘하자는 것이다.

제3절 경영정책의 인식 방향

1. 인식의 틀

모든 학문에는 그 특성에 따라 만들어진 저마다의 특정한 연구 방법론이 있다. 그 가운데서도 연구 방법이 가장 체계화된 학문으로서 물리학을 들 수 있다. 물리학은 3,000여년의 세월 동안에 많은 시행착오를 거듭하면서 다듬어져 왔다.

물리학의 연구 대상은 단순하고 수동적이다. 그 이유는 물리학의 연구 대상은 생명이 없는 단순한 물질이기 때문이다. 이처럼 단순한 대상을 3,000여년 동안 연구해 왔기 때문에 물리학의 연구 방법은 철저한 체계화가 가능했던 것이다.

이러한 물리학의 연구 방법도 많은 문제점을 내포하고 있으며, 여러 혁명적 단계를 거쳐 왔다. 최근에는 물리학의 발전 과정을 거시적이고 역사적인 관점에서 이해하려는 경향이 있다.

예를 들어, 쿤(T. S. Kuhn)은 패러다임(paradigm)이란 개념으로 과학의 발전 과정을 설명하고 있다. 그가 말하는 패러다임이란 것은 쿤 자신이 32가지를 내세울 만큼 정확한 정의를 내리지 못하고 있으나, 요약해서 '인식의 틀'이라고 말할 수 있을 것이다.

이 인식의 틀에 대해 살펴보자.

인간이 현상과 사물을 인식하는 데 있어서는 알거나 모르거나, 혹 좋든 싫든간에 인식의 틀을 거치게 된다. '인식의 틀'이 존재하지 않을 때에는 인식할 수 없는 것이다. 멀리 보이는 산에서 사람이 걸어가고 있다고 할 때 망원경이라는 인식틀이 없다면 그러한 사실조차 알 수 없을 것이다. 망원경이 있음으로써 그것을 인식할 수 있게 된다.

인식하지 않는 것이 존재할 수 있는가? 보통의 경우에는 다른 방법으로도 그 사실을 확인할 수 있기 때문에 그 문제에 대한 검증의 필요성 따위는 느끼지 않는다.

망원경이 없을 때 그것을 확인하고 싶으면 산에 직접 올라가서 보면 된다. 시력이 좋으면 망원경이 없어도 그것을 확인할 수 있다. 그러나, 그 산이 몇 천억 광년에 달하는 곳에 있다면, 30억 광년 떨어져 있는 곳에 인간이 발견하지 못한 천체가 있다고 한다면 거대한 천체 망원경이라는 인식 수단이 없으면 그 천체는 존재한다고 말할 수 없을 것이다.

우리가 살고 있는 대우주의 크기를 보통 200억 광년이라고 추측하고 있는데, 실제로 우주가 얼마나 큰지는 아무도 알 수 없다. 우주의 크기는 인식 수단의 발달에 따라 확대되었으며, 최근 100년 동안에도 수백 배로 커졌다.

앞으로 그것이 얼마나 더 커질지는 어느 누구도 장담할 수가 없다. 인간은 오로지 겸허한 자세로 인간이 알고 있는 것만이 존재한다고 생각할 수밖에 없다. 인식틀이 이렇듯 중요하나, 그만큼 인간을 제한하고 있는 것도 사실이다. 그런 이유에서, 인간은 그것을 거부하고 싶을 때도 있다.

인간은 지성과 사유의 능력을 조직적으로 활용하면 절대 진리를 발견할 수 있다고 주장하기도 한다. 비록 인간이 깨닫지 못한다고 해도 어느 한 개인이 모르는 것뿐이지 존재할 수 있지 않겠는가? 그러나 그러한 객관적 인식론은 근거가 없는 고집임을 쉽게 반증할 수 있다.

인간의 눈으로 적외선이나 자외선을 볼 수가 없으므로 전에는 그것이 없는 줄로 알았다. 모르기 때문에 생각할 수 없고, 말할 수 없었기 때문에 존재하지 않았던 것이다. 지금도 그 이외의 것은 모르므로 존재하지 않는다고 판단한다. 스펙트럼을 보면 빨간색으로부터 보라색까지의 띠가 있고, 그 위에는 적외선이 있고 그 아래에는 자외선이 있다고 관측되었다.

우리는 그 이상에 대해서는 모르는 것이다. 초인적 감각을 지닌 인간이 이를 감지할 수 있다면 인류는 경험과 지식을 공유함으로써 인식의 세계를 확대할 수도 있다. 다만 신학적으로 믿는 것은 개인의 자유일 따름이다.

2500년 전 그리스의 철인 파메니디스(Parmenidis)가 주장한 주관적 인식론을 오늘날에도 거듭 확인하지 않을 수 없다. 존재하는 것만을 생각하는 것이고, 그 이외의 것은 생각할 수 없기 때문이다. 그러므로, 생각할 수 있는 것은 실체이며,

실체만이 생각되어질 수 있는 것이다. 따라서, 각자의 인식 능력에 주관적인 우주가 한정되므로 인간은 각자의 인식 한계가 서로 다를 것이다. 어떤 사람은 태양계를 우주라고 생각할 것이고, 어떤 사람은 은하계의 정도를, 대우주를, 그 이상의 우주를 생각할 수 있을 것이다. 막연하게 무한이란 말로 우주를 표현하기는 쉽지만, 무한이란 실제로는 그렇게 막연하게 정의될 수밖에 없는 것이다.

이상과 같이 물리학의 인식에 대해서 고찰하였는데, 다른 모든 인식의 세계에 대해서도 같은 설명을 할 수 있을 것이다. 물질적 세계를 떠나 정신적 세계를 고려해 보자. 어떤 사람은 미술과 음악과 시의 세계를 폭넓게 배워서 끊임없이 자신의 세계를 확장시켜 가고 있다. 음악을 들을 때, 한 폭의 그림을 보았을 때에도 사람의 정신적 우주는 그만큼 더 넓고 깊어질 수 있다. 그러나, 예술을 이해할 만한 소양이 없는 사람에게는 하나의 낙서요 잡음에 불과한 것이다. 이처럼 개인과 사회의 우주 개념은 각기 다르며, 각자의 인격을 하나의 소우주라고 볼 수 있는 이유도 여기에 있다.

다음은 정책의 인식 방향을 살펴본다.

2. 경영정책의 방향

(1) 엔트로피(entropy)법칙과 역사관[4)]

현대 경영학의 인식틀은 당면하는 경영 문제의 해결에 있어서 현실적 타당성이 결여된 너무 무기력한 것이다. 그런데, 인간이 사고하고 생활함에 있어서 인식틀은 필수적이므로 현대 경영학의 체계가 불완전함에도 불구하고 우리는 이를 탈피하지 못하고 있다.

우리가 당면하는 인식의 위기는 비단 경영학뿐만 아니라 모든 과학, 심지어 학문 중의 학문이라는 물리학까지도 겪고 있다. 이를 극복하기 위해 각기 새로운 인식틀을 끊임없이 모색하여 왔다. 이러한 새로운 방향의 모색에 영향을 미치는 것 중의 하나가 엔트로피(entropy) 법칙인 것이다.

4) 이승종, 『경영학원론』(석정, 1987), pp. 50-53.

이 엔트로피를 위한 설명을 부가해 보자.

열역학 제1법칙은 에너지 불변의 법칙이다. 에너지의 형태가 여러 가지로 존재하며, 그 에너지의 총합은 일정하다는 이 법칙은 누구나 할 것 없이 모두 알고 있다. 그런데, 열역학 제2법칙, 에너지는 일정한 방향으로만 전환한다는 엔트로피 법칙이 간과되고 있다. 이것은 쓸 수 있는 에너지는 쓸 수 없는 에너지로 바뀐다는 것, 다시 말하여 집중된 에너지는 분산된 에너지로 전환되어 재사용이나 회수가 불가능하다는 것이다. 이른바 생자필멸(生者必滅)과 만물유전(萬物流轉)을 피할 수 없는 불가역의 우주 법칙에 지배될 수밖에 없는 것이 인간의 숙명이다.

뉴튼적 물리학 체계에서는 시간의 방향이 없는, 즉 기계적인 우주관으로 인해 정(+)의 방향이나 부(-)의 방향으로 진행한다는 것이다. 그러나, 열역학적 우주관에서의 시간은 일정한 방향으로만 흐른다. 즉 모든 에너지는 안정 상태로 바뀌어지면서 분산되므로 그 사용이 불가능한 상태가 된다. 이러한 현상을 엔트로피라고 하며, 이것에 의해 우주의 창조와 종말, 그리고 미래의 설명이 가능하고, 또 사회가 어떻게 발전될 것이며, 궁극적으로는 왜 붕괴될 수밖에 없는지를 설명하게 된다. 뿐만 아니라, 산업 혁명의 전개 과정이나 원시 사회에서부터 농경 사회, 산업 사회 및 정보 사회로 발전하는 역사적 과정을 설명할 수 있게 된다.

(2) 엔트로피 법칙과 에너지 고갈[5)]

경제 발전의 속도와 문명 붕괴의 속도는 가속화되고 있다.

수백만 년 전의 인류는 자연의 일부분으로서 이에 순응하며 살아 왔다. 대략 5천여 년 전에 농경 생활이 시작되었으며 이때에 인간은 에너지를 집약적으로 사용하였다고 할 수 있다. 농사는 태양열을 식량으로 바꾸는 일이기 때문이다. 산업 혁명이 일어나자 새로운 산업 체제를 구축하면서 과거에 축적된 에너지를 집중적으로 쓰게 되었다.

그런데, 이제 우리의 관심은 오랜 세월이 소요되어 형성된 에너지 자원이 소멸되는 기간은 불과 수백 년이면 족하다는 데에 쏠리고 있다. 석탄은 300~400년 동안 써 왔고 앞으로도 상당 기간 쓸 수 있으나, 석유는 그 사용 속도가 빨라 확

5) 이승종, 전게서, pp. 53-58.

인된 매장량으로는 앞으로 50여 년 밖에 쓸 수 없다는 것이다. 결국 인류는 에너지 위기에 봉착하고 말 것이다. 이러한 위기는 철광이나 아연, 구리, 납 등의 자원을 지금처럼 무절제하게 대량 소비한다면 약 70여년 이상을 쓸 수 없다는 사실을 말한다. 그리고, 현대 산업 문명이 지금과 같은 속도로 성장하면서 250년 쓴다면 지구보다 더 무거운 만큼의 공물을 소비해야 한다. 그러므로, 현재와 같은 경제 성장은 지속할 수 없음이 자명한 이치이다.

현대 산업 문명의 대량 생산 시스템은 에너지를 그만큼 많이 소비한다는 것을 뜻한다. 지구의 생태계가 무한의 에너지를 갖고, 방출된 에너지를 무제한 흡수할 수 있는 능력을 가진다면 애덤 스미스(A. Smith)의 낙관론은 타당할 것이나, 그렇지 않다면 그 이론 체계는 붕괴될 것이다. 이러한 낙관론을 최초로 수정한 사람이 맬더스(Malthus)와 리카도(Ricardo)이다. 그들은 인구론적 측면과 산업 체제의 관점에서 무한 발전이 불가능함을 지적하였다. 그러나, 이들은 에너지의 고갈 현상이나 지구의 종말이 올 수밖에 없음을 인식하지 못하였다. 다시 말하여, 엔트로피 법칙을 미처 깨닫지 못하였던 것이다.

모든 종교가 최후의 심판을 강조하고, 많은 예언자가 끊임없이 지구의 종말을 이야기하고 있다. 근래에는 여러 식자들도 노스트라다무스(Nostradamus)적 지구의 종말을 예언하기는 했으나, 왜 그것이 논리적으로 그럴 수밖에 없는가 하는 당위성을 충분히 설명하지 못했다.

그런데, 엔트로피 법칙은 에너지 전환에 있어서의 체감 법칙을 통해서 폐쇄된 생태계는 현재의 속도로 성장·지속될 수 없음을 설명한다. 따라서, 고도 성장이란 인류의 멸망을 재촉하는 것 밖에는 아무 것도 아닌 것이다. 현재 수준으로 에너지와 자원을 소비한다면 앞으로 불과 100여년 내에 고갈될 수밖에 없다. 지구의 모든 자원이 절대 한계에 도달한 이 시점에서 경영학은 앞으로 어떻게 나가야 할 것인가?

어떠한 형태의 에너지를 사용하더라도 인간은 그 사용 결과에 대해 책임을 져야 한다. 어느 특정 국가나 세대가 자원을 사용할 수 있다고 하여 무조건 사용해서는 안 된다. 자기의 권리와 자유가 소중하다면 타인의 자유와 권리도 당연히 소중한 것. 우리 후손의 권리와 자유도 보장되어야 할 것이다.

자원의 한계를 고려한다면 인간의 자유나 권리는 철학적으로나 윤리적으로 보통 단순한 문제가 아닐 것이다.

이제까지 경영학은 에너지가 무한히 존재하고, 지구 생태계는 이를 무한정 수용할 수 있다고 가정하였다. 그래서, 에너지를 보다 더 많이 사용할 수 있는 경영의 원리를 추구하였던 것이다. 그러나, 이제 그 논리나 원리는 종말을 고해야만 한다. 이제 적은 에너지를 감사한 마음으로 아껴 써야 할 시대가 도래하였다.

외부로부터 지구의 생태계에 유입되는 에너지란 오로지 햇빛 밖에 없다. 나머지는 태고적부터 햇빛으로 들어온 에너지가 수억 년 동안에 축적된 것이다.

현대 문명의 풍요는 축적된 에너지의 남용에 따른 일시적 현상에 불과하다(현대 산업 체계는 에너지의 남용으로 인해 생태계의 조화를 파괴시키고 있으며, 또한 심각한 오염을 유발했다. 각종 문화병이라는 암, 정신병 등이 날이 갈수록 팽창하고 있는 것이 현실이다). 그러므로, 태양으로부터 얻을 수 있는 에너지만큼만 사용할 경우에 한해서 생태계의 균형이 유지될 것이다. 우리는 지금까지와는 다른 경제 시스템을 개발하지 않으면 안 된다. 생태계의 조화와 균형을 유지할 수 있는 방법을 개발해 나가야 할 것이다.

경영학의 기본적인 전제 조건은 물론, 그 발전과 생산에 대한 개념을 재정립해야 할 것이다. 그래야만 새로운 질서와 안정을 확보할 수 있을 것이다. 근래에 와서 비로소 겸허한 자세로 새로운 조화와 질서를 모색해야 함을 깨닫게 되었으며, 새로운 경영학의 인식 틀을 모색할 필요성을 느끼고 있다.

(3) 경영정책의 인식 방향

모든 정책은 그 내용에 따라 잃기도 하고 얻기도 하기 마련이다. 사회 복지 제도를 확대할 것이냐, 자율적인 소정부를 택할 것이냐 하는 것은 경제 문제이면서 또 정치 문제라 할 수 있다. 여기서 말한 정치 문제는 도덕과 윤리의 문제로서 가치와 주관이 내포되어 있다.

인간은 영원히 주관의 틀을 벗어날 수 없다. 인간은 좋으나 싫으나 주관의 노예이다. 다만 얼마만큼 합리적이고 개방적이며 이지적인 주관을 가지느냐에 그 차이가 있을 따름이다. 그렇다면 우리는 어떤 주관을 가져야 할까? 물론 여기에도 획일적인 해답이 없으며, 제각기 주관적 답이 있을 뿐이다. 그래도, 우리는 공평해야 할 것이다.

이 사회는 누군가 행하지 않으면 유지될 수 없다. 따라서, 가급적으로 모든 사람이 공평하게 부담을 질 수 있게 분배함으로써 괴로움과 갈등을 회피하려고 한다. 어느 때는 평등을 강조하고 어느 때는 자유를 주장한다. 또, 평화를 내세우고 효율성을 역설한다. 그런데, 자유를 보장하려면 평등이 깨어지고, 평등에 충실하려면 효율성이 파괴된다. 그리고, 효율성에 집착하면 평화가 무너진다. 그래서, 우리는 인간 행위의 목적과 판단 기준의 요인을 어떻게 조화시킬 수 있느냐에 대해 항상 관심을 가져야 한다. 또, 정책 수립을 위해서 필요한 일은 자료의 정확성과 공개성을 유지하는 것이다. 특정한 정책 수행이 얼마나 득이 되는가를 계산하는 것은 정책의 객관성을 위해서 필요하며, 실증적 접근법에 의해 절차가 마련된다. 이를 마지막으로 종합하는 방법이 규범적 정책이다.

그러나, 어떤 정책이라도 100% 좋거나 나쁠 수는 없다. 모든 정책에는 장단점이 혼합되어져 있으며, 따라서 자료는 가능한 공개되어야 한다. 보다 많은 사람이 의사결정에 참여함으로써 정책 문제가 효율적이고 바람직하게 해결될 것이다.

인간 사회에는 개인과 전체 사이에 갈등이 있게 마련이며, 이는 차라리 숙명적이다. 국가의 존재가 국민을 위해서 필요하다면 개인을 떠난 국민은 있을 수 없다.

부분은 전체를 이루고, 전체는 궁극적으로 부분을 위해 필요하다. 개인과 전체의 이익이 조화를 이루기 위해서는 서로의 관용과 이해가 요구된다. 전체는 부분에 대해 관용을 베풀고, 부분은 전체에 대해 이해를 도모해야 할 것이다. 그래야만 비로소 문제가 풀어질 것이다. 이러한 관점에서 정책은 하나의 가치를 지닌 도덕과 철학 및 윤리인 것이다. 일반적으로 낡은 가치관을 버리고 새로운 가치관을 수용하는 데는 지루하고 괴로운 역경을 거치게 마련이다.

현대 경영학은 막연하게 쾌락을 즐기는 것으로 가정하고 있다. 쾌락의 근원에 대해서 충분한 검토도 없이 막연하게 많은 소비가 더욱 행복을 가져올 것이라는 식으로 단순히 생각하고 있다. 그러나, 그렇지 않다. 행복은 개인의 기대치와 실제치의 차이에서 비롯된다. 그런데, 이 기대치는 변하기 마련이고, 따라서 인간의 욕구는 충족시킬 수 없으며, 영원히 만족하고 행복을 느끼는 것은 형이상학적(形

而上學的)으로만 가능하다. 이는 절대자와의 관계를 정립하여 개인의 영적 능력을 개발함으로써 가능할 것이다.

행복을 증가함에는 두 가지 방법이 있다. 하나는 실제치를 증가함으로써 가능하다. 그런데, 이는 일시적이며, 궁극적으로 자멸책이 되고 만다. 생태계의 한계로 실제치의 무한 증가는 불가능하기 때문이다. 다른 하나는 기대치를 축소하는 것이다. 흔히 동양이 서양의 지배를 받는 것은 노장사상(老莊思想)과 무위자연사상(無爲自然思想) 때문이라고 말한다. 이는 어느 정도 옳을 것 같다.

그러나, 그 당시 동양의 사회 불만을 해소하기 위해서는 기대치를 줄임으로써 만족할 수밖에 없었다. 이제 우리는 기대치의 축소와 실제치의 증가를 조화할 수 있는 지혜를 터득해야 한다.

〈그림 1-3〉 기업 환경과 경영전략

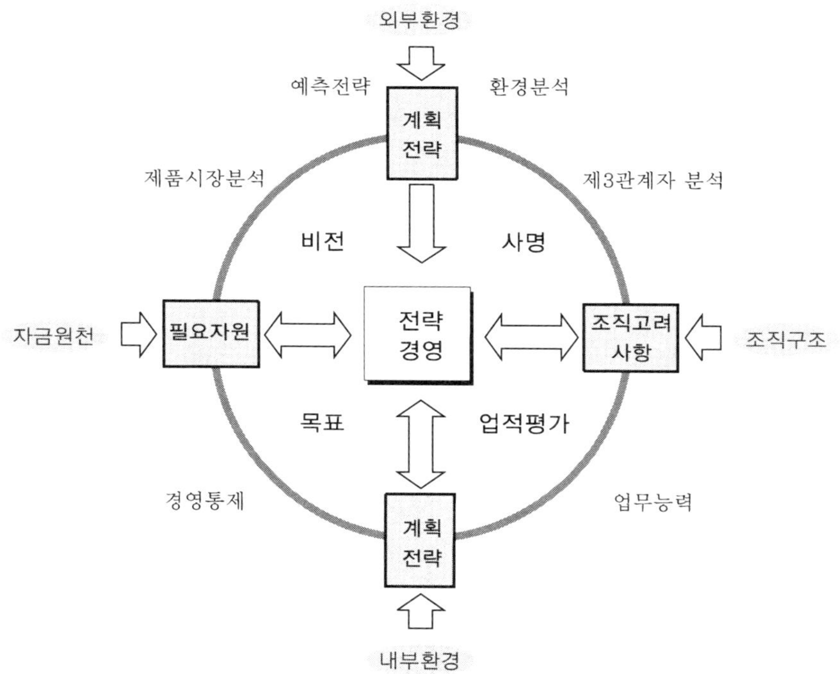

그리고, 공평한 분배에 노력해야 한다. 그런데, 너무 공평 분배만 고집하면 근

로 의욕과 창의력이 상실되어 사회 전체가 피폐하게 된다. 그러므로, 자유와 평등은 조화를 유지해야 한다. 즉, 평등과 자유, 효율과 공평을 적절히 조화시킨 새로운 가치관을 창조해야 할 것이다. 그래서, 정책 혁명이 일어나야 한다. 이는 가치관을 수반하는 문제이므로 매우 어렵다. 많은 비난과 반발이 따를 것이다. 그러나, 역사의 강물이 어떤 소용돌이에도 불구하고 자연의 순리에 따라 면면히 흐르는 것처럼 정책의 새로운 인식틀은 어떤 저항과 반발에 부딪칠지라도 그 면모는 갖추게 될 것이다.

새로운 인식틀을 모색한다는 것은 보다 현실을 적절히 설명할 수 있고, 이를 통해 인간이 더욱 존엄하고 고귀한 존재가 될 수 있는 방향을 모색하는 일일 것이다(〈그림 1-3〉 참조).

[요 약]

- 장수기업의 성장비결에는 변화와 혁신, 글로벌 인재육성 그리고 장기전략 등이 있다. 경영정책은 전략의 방향에 따라 조직의 의사결정을 위한 지도원리를 제공하고, 전략수립과 전략 수행을 연계하는 역할을 수행한다. 기업은 설정한 장기목표를 성취하기 위해 각종 정책을 수립하며, 이를 통해 자원을 배분하는 경영활동을 한다. 또한 경영정책은 글로벌 경쟁에서 경쟁우위를 확보하려는 경영활동이다.

- 경영정책의 중요성은 더욱 증가일로에 있다. 즉 사회책임의 확대, 경영윤리의 변화, 전문화에의 대응, 사회정의 실천 등에 대한 올바른 방향제시와 정당성을 유지해야 한다. 학문적 특징으로는 이해집단과 연계된 현실적 문제의 해결과 올바른 가치를 정립하며, 학제적으로 응용하는 종합과학적 학문이다. 국가나 기업의 백년대계를 위한 미래의 방향을 제시하는 학문이다.

- 인간의 욕망은 무한하다. 한없는 행복과 만족을 충족할 수가 없다. 행복은 실제치와 기대치의 차이에서 비롯한다. 유한한 자원으로 인하여 실제치의 증가는 한계가 있으며, 그래서 기대치의 축소, 즉 청렴과 청빈사상의 배양이 어느 정도 옳을 것 같다. 이러한 기대치와 실제치를 조화할 수 있는, 균형된 지혜가 필요하다. 즉, 진정한 정책을 수행하기 위해서 사람은 누구나 성실성을 구비해야 하고 함양해야 한다. 이는 일의 처음부터 완성의 끝까지 일관성의 유지와 언행이 일치되어 자기의 이상향을 성취하려는 몰입의 경지요, 추구하는 자세이다.

제 2 장

정책의 본질

제1절 경영정책의 개념

1. 정책의 의의

정책이 무엇인가? 학자마다 각기 다양한 정의를 내리고 있어 이것을 한마디로 말하기란 그리 용이한 일이 아닌 것 같다. 또 어떤 사람은 정책이 그처럼 가지각색으로 정의되고 있는 것을 풍자하여 언어유희를 보는 것 같다고까지 극언하는 경우도 있다.[1] 아무튼 아직까지 정책에 관한 통일된 개념 규정이 나타나지 않고 있음은 사실인 것 같다.[2]

다음은 개념의 다양성을 전제하고, 먼저 그 어원적 의미부터 살펴보기로 하자.

정책(Policy)의 어원은 그리스의 폴리스(Polis)로서 도시 국가를 뜻하는 말이었다. 산스크리트어인 'pur'도 도시를 의미하는 말이다. 이것이 후에 라틴어에서는 국가(politia)를 뜻하는 것으로 변화되었으며, 중세 영어에서는 공공 문제에 대한 처리, 또는 정부의 운영을 의미하는 'policie'로 표기되었다.[3]

1) T. R. Dye, *Understanding Public Policy* (4th ed ; N. J.: Prentice Hall, 1981), pp. 1-3.
2) G. C. Edward Ⅲ, et als, *The Policy Predicament* (Freeman Co., 1978), p. 2.
3) W. N. Dunn, *Public Policy Analysis : An introduction* (N. J.: Prentice-Hall, 1981), pp.

근대에 와서 그 뜻은 '공사(公事)의 처리', '공사(公·私)문제에 대한 신중하고 현명한 관리'와 같은 일상 용어적 의미로부터 '개인·집단·조직·정부 등에 의해 여러 대안 가운데에서 선택된 일정한 행동 경로 또는 행동 방법으로서 미래의 세부 결정을 정해주는 지침', '그러한 선택된 행동 대안을 달성 또는 집행하기 위해 취해지는 단일 결정이나 결정의 집합', '바라는 목적과 그것을 달성하기 위한 수단으로 구성된 계획안' 등과 같은 특정한 의미에 이르기까지 다양하게 쓰이고 있다.[4]

정책 연구를 독립된 사회 과학의 한 분야로서 정책학이라는 학문의 수준으로까지 올리는 데 결정적 계기를 마련한 라스웰(H. D. Lasswell)은 정책을 목표와 가치, 그리고 실제를 포함하는 고안된 계획으로 정의하였다.[5] 이는 정책의 특성으로서 계획성, 목표성, 가치성, 실제성 등을 강조한 개념 규정으로 해석된다.

프리드릭(C. J. Friedrich)은 정책의 핵심은 목적, 목표, 그리고 의도가 포함되어 있음을 전제하면서, 어떤 목적을 달성하기 위해서 극복해야 할 기회나 장애의 원천인 환경 속에서 개인이나 집단 및 조직이 취하는 일종의 행동 대안이다.[6] 이러한 정의는 목표성을 강조하는 것이면서 또한 효과성을 강조한다.

에치오니(A. Etzioni)는 근본적인 결정을 위해 전체적 체계를 고려하면서 구체적인 결정간의 상관성을 검토하는데 사용하는 것으로 정의한다.[7] 이는 근본성과 거시성 및 전체성을 강조하고 있다. 앤더슨(J. E. Anderson)은 정책이란 문제나 관심사를 다룸에 있어서 개인이나 집단이 추구하는 의도적인 실제의 행동 경로라고 정의하는데 이의 관점은 어떤 제안이나 의도가 아니라 실제의 행동을 강조한다.[8]

7-8.

4) *Webster's third New International Dictionary* (Chicago : Encyclopedia Britanica, Inc., 1976), Vol. II, p. 1754.

5) H. D. Lasswell and A. Kaplan, *Power and Society* (New Haven : Yale University Press, 1970), p. 79.

6) C. J. *Friedrich, Man and His Government* (N. Y.: McGraw-Hill, 1963), p. 79.

7) A. Etzioni, *The Active Society : A Theory of Societal and Political Processes* (N. Y. : The Free Press, 1968), p. 252.

8) J. E. Anderson, *Public Policy Making* (2nd ed ; N. Y.: Rinehart and Winston, 1979), p. 3.

데이브스(R.C. Davis)는 조직의 사고, 행동의 지침이나 제약 조건에 대한 관리의 원칙과 규정이라고 정의했는데, 그 내용은 문서나 구두로 전달된다.[9] 이 개념은 조직 활동의 결합을 뜻한다.

잔다크(C. Sandig)는 경영과 시장에 대한 경영자의 목표 설정이나 의사결정이라고 정의한다.[10] 여기에서 목표 설정은 기본 방향의 설정이고, 의사결정은 목표 달성을 위한 대안 선택의 행위를 말한다.

쿤쯔(H.D. Koontz)와 오돈넬(C.J. O'Donnell)은 정책이란 의사결정을 위해 사고를 유도하는 지침이라고 정의한다.[11] 이 개념은 정책이 목표의 반영이며, 동시에 목표 달성을 실행 계획의 골격과 범위를 규정하는 것으로 보고 있다.

홀덴(P.E. Holden)은 정책은 일반적으로 반복하여 일어나는 상황에서 기업 활동을 규제하기 위해 설정되는 지도 원칙이라고 정의한다.[12]

이 개념의 특징은 경영 활동의 규제라고 보는 점이며, 기본 정책, 일반 정책, 부문 정책으로 구분하고, 이의 성문화를 강조한다. 즉 성문화된 지속적 계획이라는 것이다.

뉴먼(W.H. Newman)은 정책을 조직 운영에 지침이 되는 일반 계획의 개념으로 보고, 조직의 진로 선정과 의사결정의 기본적 프레임웍(framework)을 규정하는 것으로서, 이는 경영의 반복적인 문제의 해답이라는 것이다.[13]

이처럼 정책은 상황이나 연구의 목적·관점·분석 방법에 따라 각기 다양하게 정의되고 있으나, 이것들은 상호 보완적인 것으로 받아들이는 것이 바람직하다.

대개 정책의 개념에는 다음과 같은 주요 속성이 포함되고 있다〈표 2-1〉.

첫째, 정책에는 실현하고자 하는 특정의 목표가 있다. 경우에 따라서는 그 목표가 어떤 것인지 구분하기가 어려운 때도 있지만, 분명한 것은 그러한 목표가 단일한 것일 수도 있고 복합적인 형태를 띨 수도 있다는 점과, 그것은 정책의 수행·평가 과정에서 나타나는 기타의 하위 결정에 대하여 지침의 성격을 지닌다

9) R.C. Davis, *The Fundamentals of Top Management* (Harper and Brothers, 1951), p. 13.
10) C. Sandig, *Die Fuhrung des Betriebs-Betriebswirtschafts Politik* (1952), S. 19.
11) H.D. Koontz, et als, *Principle of Management* (MacGraw-Hill, 1955), p. 158.
12) P.E. Holden, et als, *Top Management, Organization and Control* (1956), p. 79.
13) W.H Newman, et als, *Business Polices and Management* (1959), p. 79.

는 점, 그리고 장래에 대한 약속이라는 점이다.

동시에 그러한 목표는 미래에 달성되어야 할 것이라는 점에서 계획을 수반하며, 이 계획의 전 과정에 걸쳐 평가 기준의 역할을 한다.

〈표 2-1〉 정책개념의 속성

주요속성	목표성	실제성	가치 함축성	복합성	유형성	타개념과의 구별성
관련속성 / 학자	미래 지향성 계획성 지침성	현실문제 해결성 사회 지향성 행위성 환경 관련성	공익성 규범성 강제성 구속성 권위성 당위성 이익 지향적	결정주체 이익과정 타협성 점진성	일관성 반복성 지속성 장기성 상비성	거시성 총체성 근본성 대비 세부계획 법규 목표 목적 의도
H. Lasswell	×	×	×			
D. Easton		×	×			
E. Latham			×	×		
C. Friedrich	×			×		
J. Robinson/K. Boulding	×					
C. Lindblom			×	×		
L. Froman	×			×		
R. Salisbury			×			
A. Etzioni						×
Y. Dror	×		×			×
R. Rose					×	
J. Mitchell/W. Mitchell		×				
H. Ozbekhan			×			
E. Jantsch		×	×			
T. Lowi			×			×
R. Eyestone		×				
Policy Studies Organization	×	×				
H. Heclo		×				×
H. Eulau/K. Prewitt					×	
T. Dye		×				
C. Jones	×					×
G. Edwards Ⅲ/I.						
I. Sharkansky	×	×				
J. Anderson		×				
S. Barrett/C. Fudge	×	×				

둘째, 정책은 주로 기업이나 정부의 활동과 관련이 있다. 정책을 기업이나 정부 활동과 연관시키는 이유는 우리가 공공정책이라고 할 때의 '공공'이라는 것

때문이다. 그러나, 오늘날 공공 부문과 민간 부문에 대한 구분이 모호해지고 있으며, 그에 따라 기업과 같은 민간 부문에서도 그러한 공공 정책을 결정할 수 있다. 또한 사기업체의 제품 가격, 생산성 향상, 인력 수급, 대정부 활동, 재원 확보 등에 관한 결정은 바로 그대로 정책 결정인 것이다. 경영 정책이라고 하면 기업이나 정부의 정책 모두 포함할 정도로 정책 개념이 보다 발전적으로 규정되고 있음을 알 수 있다.

셋째, 정책은 목표를 실현시키기 위해 실제의 행동 경로를 제시하고 있다. 여기서 실제라는 것은 환경으로서의 현실 사회에서 일어나는 문제를 제안이나 말이 아니라 행동으로 해결한다는 것이다.

넷째, 정책에는 특정의 가치가 함축되어 있다. 특정의 가치라 함은 공익(公益)을 말하나, 사익(私益)이 될 수도 있다. 이 경우의 공익은 사회 전체의 이익을 의미하는 데, 이러한 공익성을 내포함으로써 정책은 국민에 대해 권위로 인식되고, 일종의 규범으로서, 또는 당위로서 받아들여지는 것이다. 정책이 구속성과 강제성을 지닌 이유도 여기에 있다.

다섯째, 정책은 복합적 구성체이다. 정책의 주체만 보더라도 그것은 개인에 의해 만들어질 수도 있으며, 집단·조직·정부 기관 또는 이 모두가 함께 정책을 만들 수도 있는 것이다. 정책에 반영되는 이익 역시 개인적인 사익의 경우는 드물고, 대부분의 경우 사회의 제반 이익이 복합적인 상호 경쟁과 타협의 과정을 거쳐 정책에 반영된다. 따라서 정책은 특별한 경우를 제외하고는 점진주의적 성격을 지니게 된다.

여섯째, 정책은 일정한 유형을 지니고 있다. 이는 상황에 따라 변하는 상호 분리된 개별적 결정과는 달리 장기간에 걸쳐 지속적으로 반복됨으로써 일관성을 지닌 유형화된 일련의 결정을 뜻한다.

일곱째, 정책은 이상의 속성을 지님으로써 계획, 법규, 목적, 목표, 의도 등에 비해 보다 거시적이고 총체적이며, 장기적인 성격을 지니고, 그러한 것에 대하여 일반적인 지침으로서의 기능을 지닌다. 또, 과학적, 균형적, 시스템적, 개방적 특성을 지닌다.

2. 정책의 시스템적 관점

시스템적 관점에서 정책 결정 과정은 정책을 매개로 하여 투입→전환→산출→피드백으로 이어지는 일종의 시스템으로 이해되며, 정책은 그 결과로 나타난 산출의 일부로서 파악할 수 있다(〈그림 2-1〉 참조).

〈그림 2-1〉 정책의 시스템적 모형

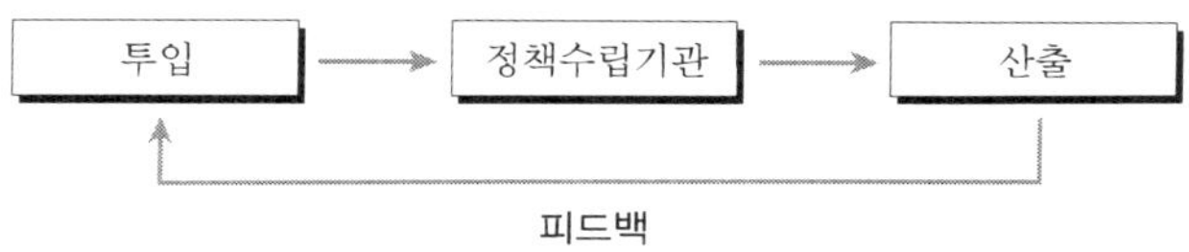

(1) 투입

정책 결정 과정에서의 투입은 정책 결정 기관을 둘러싸고 있는 환경으로부터 정책 결정 기관에 들어오는 지지 또는 수요를 의미한다. 환언하여, 사회적 문제가 정책문제화 하는 과정을 의미한다. 이러한 투입 기능을 각종 이해 집단 또는 정당에 의해 이루어지는 것이 일반적이다.

(2) 전환

정책 결정 과정에서 전환 과정은 정책 수립과 관련된 정책 수립 기관, 즉 모든 자원을 동원하여 환경의 요구와 지지를 정책으로 변용시키는 과정이나 구조인 것이다. 정책 결정 기관이 조직이나 구조를 변화시킴으로써 정책의 질적 변화를 초래하게 된다.

(3) 산출

산출은 이미 설명한 전환 과정을 통해 정책 결정 기관이 만든 최종의 생산물을 의미하는데, 이것이 바로 정책으로 표현된다. 이것은 주로 계획, 지시, 명령,

법률 등의 형태로 나타난다. 산출은 환경의 요구, 예컨대 가치 요구나 지지의 성격을 내포한 인적 · 물적, 또는 상징적인 정책 결정 기관의 구체적인 의지의 표현이다.

(4) 피드백(Feedback)

정책 결정 기관이 산출해 낸 정책을 근거로 삼아 새로운 투입이 형성되는 과정이다. 이는 크게 외부 피드백과 내부 피드백의 두 가지로 구분된다. 전자는 주로 산출된 정책에 대해서 비판적이거나 욕구 불만을 가지는 집단의 피드백 작용이며, 매스컴, 이해 집단 등이 그 예이다.

후자는 주로 그 자체내의 기관에 의한 피드백을 뜻하는데, 기획실, 감사실 기타의 예를 들 수 있다.

(5) 환경

환경은 정책 결정과 관련된 시스템 외부의 요소를 말하며, 체제와 관련을 가진다 함은 투입, 산출, 피드백에 의해서 상호 작용하는 것을 말한다. 예컨대, 정치, 경제, 사회, 문화 등이다.

3. 정책과 전략

(1) 정책수립과 의사결정

결정을 행하는 구체적 방법에 대해서는 사람마다 각기 다양한 견해를 가지지만, 그 자체의 성격에 대해서는 대체로 합의가 이루어진 것 같다. 결정이란 여러 가지 제약 조건에서 달성하려는 목표 또는 가치를 실현시킬 수 있는 대안을 선택하는 행위를 말한다.

그런데, 정책이나 결정의 개념은 공히 대안 선택 행위라는 것과 목표 및 가치와 유관한 개념이라는 점에서는 동일하지만, 결정이 목표보다는 대안의 합리적인 선택에 비중을 두는 행위임에 비해 정책은 대안 선택보다는 목표 및 가치의 내용에 더 강조점을 두는 행위라는 관점에서 구분된다.

또, 결정은 모든 선택 행위자가 주체일 수 있는 반면에, 정책은 최고 경영층이라는 특정의 구조적 맥락에서 파악되는 개념이라는 점에서도 양자는 구별된다. 결정하는 사람이 모두 정책행위를 한다고는 말할 수 없는 것도 이 때문이다.

정책 결정의 개념은 앞서 설명한 정책이라는 명사의 동사적 표현으로 볼 수 있다. 즉, 정책을 결정하는 행위이다. 따라서, 정책 결정의 정의는 정책과 결정의 정의를 그 내용으로 하는 것이다. 정책 결정이란 다양한 구성 요소가 상이한 공헌을 위한 복잡한 동태적 과정으로서, 주로 최고 경영층에 의해 이루어지는 장래의 활동에 대한 지침을 결정하는 것이다. 이러한 지침은 최선의 방법으로 공익을 성취할 것을 목적으로 한다.[14)]

의사 결정도 역시 결정의 동사적 표현이다. 이 때 우리의 관심은 양 개념간의 관계에 있다. 대개 그 관계는 개인 대 집단, 일회의 선택 대 일련의 결정, 특수성 대 일반성 등으로 구분하기도 하지만, 일치된 견해는 없는 것 같다.[15)]

그러나, 정책 결정의 개념을 정책과 결정이라는 요소 개념으로 본다면 의사결정의 요소가 내포된 것으로 볼 수 있다. 즉, 정책 결정은 의사 결정인데, 특히 정책을 만들어 내는 의사결정인 것이다.

(2) 정책과 전략

정책과 전략의 어휘는 학자에 따라 다양하게 정의를 내리고 있기 때문에 어의상의 혼동을 야기하고 있다. 앤드류즈(K. R. Andrews)는 정책과 전략 및 목표라는 어휘를 서로 유사한 개념으로 정의하고 있을 뿐, 이에 대한 분석이나 비교 및 측정을 하지 않고, 학자마다 상이한 견해를 가지는 데서 그 원인이 있음을 지적한다.[16)] 즉, 정책은 절차를 강조하기 때문에 정책 자체는 빛을 볼 수 없고, 절차는 규칙의 제약을 받으면서 그 규칙에 은폐되기 마련이며, 또 전략은 전술에 묻히고 있는 실정이다. 더구나 기업 목표는 예산의 한계에서 그 제약을 받고 있기 때문에 더욱 정책과 전략의 어의를 구분하기가 어렵게 된다.[17)]

---

14) Y. Dror, *op. cit.*, pp. 12-17.
15) J. E. Anderson, *op. cit.*, p. 3.
16) K. R. Andrews, *The Concept of Corporate Strategy* (Jones-Irwin, 1971), p. 27.
17) B. M. Gross, *The Managing of Organizations* (N. Y.: Free Press, 1964), Chap. 19.

이러한 혼란은 반복적이지만, 여러 논자의 개념 정의를 살펴보면 그 추세를 살필 수가 있다.

첫째, 전략을 상위 개념, 정책을 하위 개념으로 보는 견해가 있다. 히긴즈(J. M. Higgins) 등이 말하는 정책은 전략의 성공적인 수립과 수행을 보장하기 위한 광범위한 지침을 말한다. 따라서, 정책이라는 어휘는 흔히 전략이라는 어휘로 이미 정의된 것을, 또는 구체적인 규정을 서술하기 위해 사용된다. 즉, 정책은 전략의 구성 요소라는 것이다.[18] 이 경우의 정책은 곧 방침을 뜻한다.

둘째, 정책과 전략을 동격으로 보는 견해가 있다. 호퍼(W. Hofer) 등이 말하는 전략은 광의로 종래의 정책이라는 용어와 같은 뜻으로 오늘날 활용되고 있다. 즉, 전략의 의미에서 정책의 용어를 같이 사용하기로 한다는 견해이다.[19] 그리고, 스타이너(G. A. Steiner 등의 전략은 종래의 정책과 대체되는 오늘날의 일반적 어휘로서, 유사한 개념으로 다루고 있다. 그의 저서에서는 정책과 전략으로 묶어서 취급하고 있다.[20]

〈그림 2-2〉 정책과 전략 흐름도

구분	정책		전략		기능별 전략		프로그램
내용	<목적> · 이념 · 사명 · 목표	⇒	<수단> · 행동과정 · 자원배분 · 전략지침	⇒	<부차적 수단> · 기능 · 전략지원 · 전략기초	⇒	<부차적 수단> · 전술지향 · 기능별 프로그램 · 특수 프로젝트
기관	중역회의 사장		사장 일반관리자		기능별관리자		프로그램 관리자

자료 : Y. N. Chang/F. Campo-Flores, *Business Policy and Strategy* (Goodyear, 1980), p. 80.

셋째, 정책을 상위 개념, 전략을 하위 개념으로 보는 견해이다. 즉, 정책을 기

18) J. M. Higgins, *Organizational Policy and Strategic Management* (Dryden Press, 1979), p. 6.

19) W. Hofer et als, *Strategy Formulation : Analytic Concepts* (West Publ., 1978), p. 9.

20) G. A. Steiner, *Strategic Planning* (Free Press, 1979), p. 348.

업의 근본적인 문제, 목적, 사명 등을 규정하는 틀로서 기업의 행동을 지배하는 일련의 지침이라고 한다. 그리고 전략은 기업 목적을 달성하기 위한 행동 과정을 묘사해 주는 주요 계획이며, 현재와 미래의 기회를 포착하고 위협을 제거하기 위해 제자원을 배분하는 수단의 청사진이라는 것이다[21](〈그림 2-2〉 참조).

전략을 유도하는 것이 정책이며, 정책은 전략을 포함하고 있긴 해도 그 역은 성립되지 않는다. 전략은 중범위의 행동 기준이며, 정책은 전략보다 상위 개념으로서 전략을 유도하는 포괄적인 개념이다.[22] 정책수립은 조직의 목적과 방향을 설정하는 것이고, 전략수립은 정책을 수행할 수 있는 대안 수립이다.

또, 계획 수립은 설정된 전략을 수행하기 위한 구체적인 전술 계획인 것이다[23](〈그림 2-3〉 참조).

〈그림 2-3〉 전략·전술·계획의 차이

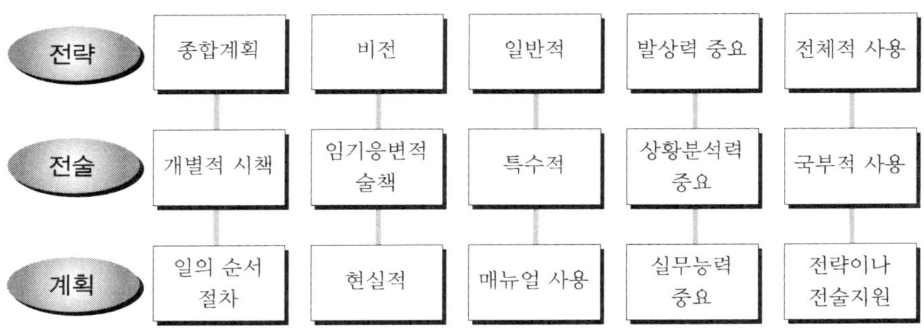

자료 : 우갑정 · 윤영근 역, 『경영전략』(홍익출판사, 1999), p. 24.

이상과 같이 정책과 전략의 개념은 점차 기업의 성패를 결정하는 주요한 개념으로 등장하고 있으면서도 그들의 불가분성과 유사성으로 인하여 아직도 명확한 정의의 합의가 없다. 그런데, 정책이 전략보다 전단계로서 포괄적인 상위 개념으로 보는 견해가 지배적이다. 따라서, 정책과 전략의 관계는 목적과 수단의 관계

21) Y. N. Chang and Campo Flores, *Business Policy and Strategy* (Goodyear, 1980), p. 7.
22) 藤田藤雄, 『經營政策』, ダイヤモンド, 1975, p. 144.
23) M. Leontiades, "The Confusing Words of Business Policy", *A. M. R.* No. 1(1982), pp. 1-3.

라는 것이다.24) 또, 경영정책의 본질은 경영 전략이라고 해도 과언이 아니다. 따라서, 양자는 호환적으로 사용된다. 다른 측면에서 정책은 효과, 전략은 능률과 관련된다는 관점에서 포괄적, 전체적, 장기적, 정태적임에 비해, 전략은 개별적, 단기적, 동태적 프로젝트라고 설명하고 있다.

(3) 정책과 계획

최고 경영자는 미래의 경영 목표를 설정하고, 효과적인 실현과 성취를 위한 기본 방향으로 구체적인 실행 계획과 예산을 확정한다. 물론 경영정책은 계획과 예산을 매개 수단으로 삼고 경영 목표를 달성하게 된다.

따라서, 경영 정책과 이의 실행 수단인 경영 계획과의 상관성을 살펴볼 필요성이 있겠다.

첫째, 경영 정책은 경영계획을 규제한다. 경영 목표의 실현을 위해서는 목표 달성에 필요한 구체적인 실행 계획을 수립하고 이에 따른 예산 편성과 표준 및 업무 규정을 마련해야 한다. 그런데, 이러한 경영 계획의 내용이나 수립 방법 등이 다양하기 때문에 이에 필요한 최적의 계획이나 예산 및 규정을 선택하게 된다. 이 경우의 판단 기준이 바로 경영 정책인 것이다.

둘째, 경영 정책은 경영 계획을 수정・변경시킨다. 광의의 경영 계획, 즉 목표, 정책, 실행 계획, 예산 등을 설정하는 과정에서 경영이념이 표현되고, 동시에 이러한 경영 이념으로 지향하는 구체적인 경영 목표가 수립된다. 이 때에 경영 이념은 기업의 지도 원리로서, 조직 구성원의 사상이 정신적으로 함양된다면, 이는 경영 정책과 같은 성격을 가지므로 결국 전체적 경영 정책의 성격을 띠게 된다.

이상과 같이 경영 정책은 경영 계획, 즉 계획 수립, 계획 내용이나 형태 및 과정을 규제하면서 경영 이념에 따라 계획을 구체화시키고 또 수정・변경시키므로 경영 계획의 상위 개념으로 이해된다(〈그림 2-3〉 참조).

24) Y. N. Chang, F. Campo-Flores, *op. cit.*, p. 7.

(4) 전략과 전술

전략과 전술의 어휘는 원래 군사용어이다. 전자는 여러 전투를 통합하여 전쟁을 전면적으로 전개·운용하는 방책이지만, 후자는 특정한 하나의 전투에서 전력을 발휘하여 승리를 쟁취하기 위한 구체적인 전법으로서, 이는 전략의 종속 개념인 전투 방법을 말한다. 대개 전략이란 전시나 평시를 불문하고 상대적 우위를 확보하기 위해 여러 국가나 하나의 국가가 그의 정치, 경제, 심리, 군사 등의 능력을 활용하는 과학이나 기법을 말하기도 하고, 또는 군대, 함대, 항공기를 전투에 배치하고 기동하는 기법과 이를 전투에 활용하는 과학이기도 하다. 이처럼 전략은 전쟁에 관한 것이고, 전술은 전투에 관한 것이다. 따라서, 전술이 이 전략의 하위 개념임을 알 수 있다.

이러한 전략의 개념을 기업에 도입하면 기업의 목적을 가장 유리한 조건에서 성취하기 위해 기업의 능력이나 제자원을 동원하는 과학이며 기법인 것이다.[25]

이러한 개념을 가진 경영 전략과 경영 전술의 관계를 고찰해 보자.

타블(C. H. Tavel)은 전술을 결과적으로 전략적 의사 결정의 실행이 가능하도록 하는 것으로 보고,[26] 첫째, 의사 결정의 측면으로는 전략은 최고 경영층에서, 전술은 일상 업무의 계층에서 이루어진다. 둘째, 전술적 의사 결정은 구체적이고, 한정적이며, 현실적인 해결책인 것이다. 셋째, 적용 기간의 측면에서는 전술은 단기적이고, 전략은 장기적이다. 넷째, 공간적 차원에서 전략은 대국적이고 전술은 국지적이며, 또한 전자는 거시적인 방법을, 후자는 미시적인 방법을 취한다.

이러한 전략은 현재의 환경 인지와 미래의 환경 예측으로 경영 구조를 결정함에 비해 전술은 전략에 의해 설정된 경영 구조에 따라 환경에 적응을 한다.

이와 같이 경영 전략은 환경 변화에 적응할 수 있는 구조의 조건을 결정하고, 이를 위한 자원의 획득과 배분을 뜻하며, 경영 전술은 그러한 조건에서 정형적인 문제의 해결과 자원 결합으로 환경 변화에의 순응이라고 말할 수 있다. 이 경우의 적응은 조직체나 개체가 그의 성장과 번식의 과정에서 환경에 적합한 형질을

25) T. J. McNichols, *Policy Making and Executive Action* (1977), p. 9.
26) C. H. Tavel, *The Third Industrial Age: Strategy for Business Survival* (Pergamon Press, 1980), p. 4.

구비하는 것이며, 순응은 일시적인 환경 변화에 대응하여 개체나 조직체가 그 기능을 조절함으로써 환경에 순화하려는 것이다. 그리고 전략은 지혜, 전술은 지식, 전자는 도전과 개척, 후자는 응전과 관리 등과 같이 구별된다.

이외에도 양자의 차이에 의해 의사 결정의 영역은 주전략으로부터 정밀한 전술에 이르기까지 광범위하다. 그러므로, 동일한 기업에서도 어떤 관리자의 전략이 다른 관리자에게는 전술이 되고, 다른 기업에서도 이러한 현상이 발생하고 있다. 그런 현상은 전략과 전술간의 경계선이 개념적으로나 실제적으로는 모호함을 시사하고, 이러한 개념은 하나의 연속선상의 어느 위치에 있는 것으로 파악된다 〈그림 2-4〉.

〈그림 2-4〉 전략 및 전술의 개념

(전략)	(전술)
높은 경영계층 ←	① 경영차원 → 낮은 관리계층
수시로 불규칙적으로 결정됨 ←	② 규칙성 → 확정된 계획에 의해 주기적으로 결정됨
경영자의 주관적 가치비중이 큼 ←	③ 주관적 가치 → 관리자의 주관적 가치 비중이 작음
많음 ←	④ 대체안의 범위 → 적음
길고 불확실성이 큼 ←	⑤ 시간의 폭과 불확실성 → 짧고 불확실성이 적음
비구조화되고 유일 특수적임 ←	⑥ 문제의 특성 → 구조화되고 반복적임
광범위하고 추상적임 ←	⑦ 구체성 → 좁고 구체적임
전체 기업 중심 ←	⑧ 관점 → 기능별 조직 중심
곤란함 ←	⑨ 효과와 능률의 평가 → 쉬움
매우 중요함 ←	⑩ 중요성 → 덜 중요함

자료 : G. A. Steiner/J. S. Miner, *Management Policy and Strategy* (1982), pp. 20-21.

이제까지 설명한 바와 같이 정책, 전략, 계획, 전술 등은 그 어휘의 내용이나 성격 및 범위가 중복되기도 하고, 서로 일치하지 않음을 알 수 있다. 〈그림 2-5〉는 이들의 관계를 잘 나타내고 있다.

〈그림 2-5〉 정책 · 전략 · 계획 · 전술의 관계

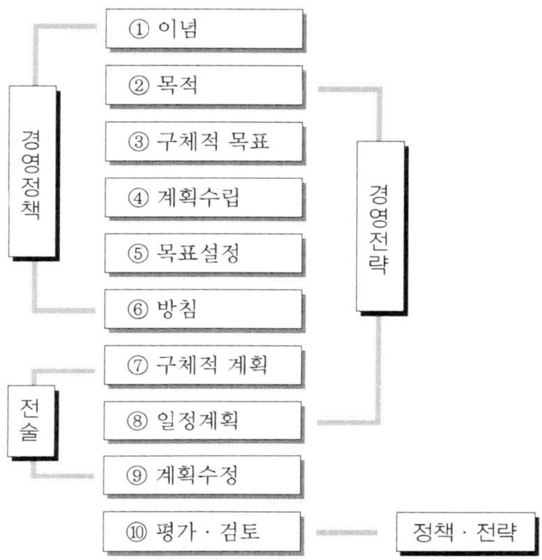

제 2 절 경영정책의 본질

1. 환경과 정책

경영학은 인간과 사회를 대상으로 하는 학문이므로 몰가치적인 자연 현상을 연구 대상으로 하는 자연과학에는 그 출발점이 다르다. 따라서, 무엇보다도 중요한 것은 인간의 본질을 충실하게 파악하고 관찰하는 것이다.

인간이란 무엇인가? 인간은 이 세상에 던져진 존재이다. 어느 누구도 자기 선택으로 이 땅에 태어난 사람은 없다. 인간은 누구나 운명적으로 태어났기 때문에 좋거나 싫거나 간에 자랑하거나 부끄러워 할 것도 없다. 인간은 가엾은 존재, 언제 어디서 어떻게 될지 누구도 모르므로 본원적인 관점에서는 평등한 것이다.

그런데, 이처럼 한정된 존재이기에 인간은 미완성의 무한한 가능성과 힘을 가

진다. 영원히 존재할 수 없다는 사실로서 자기 운명에 과감히 도전할 수 있기 때문이다. 만일 인간이 영원히 살 수 있다면 아무 것도 하지 않을 것이다. 그러나 다행스럽게도 인간은 언젠가는 죽어야만 될 운명이다. 무엇이건 지나치게 아끼거나 집착할 필요가 없는 것이다. 가치 있는 것을 위해서라면 죽어도 좋다고 생각하는 식으로, 인간은 자기 운명을 택하는 경우도 있다.

자살 행위는 인간이기 때문에 가능한 것이다. 〈天上天下唯我獨尊〉이다. 우주보다 큰 〈나〉이다. 경영학은 인간이 경제적인 본능에 의해서만 움직이지 않는다는 점을 인식하여 인간의 본질을 종합적으로 이해하고 파악해야 한다. 인간은 무한한 부조리, 모순, 고뇌, 실패, 갈등에서 존재할 수밖에 없도록 만들어져 있다.

그는 출생부터가 이율 배반적인 영혼과 육체의 결합에서 시작되었으며, 이것이 분리되면 다시금 죽음의 세계로 들어간다. 그러므로, 생존한다는 사실은 곧 정신과 물질의 끊임없는 갈등으로 볼 수 있다. 그렇기 때문에 인간은 한없이 연약한 존재인 동시에 무한한 가능성을 가진 존재인 것이다. 태권도의 벽돌 격파의 순간적 힘이나 차압술은 단순한 육체의 차원에서는 이해할 수 없는 초과학적인 현상이다. 그러나, 중요한 것은 그러한 현상의 발생과 함께 인간에게는 정신적 측면이 존재한다는 것이다. 다만 대부분의 인간이 그러한 가능성을 실체화하지 못하여 경험할 수 없다는 것뿐이다.

다음은 이러한 인간에 관한 문제와 사건의 인식에 대하여 살펴본다. 여기에는 개인 문제, 사회 문제, 정책 문제로 구분할 수 있다.

(1) 개인 문제

문제란 사람의 욕구를 유발시키는 불만스러운 상태나 조건이다.[27] 여기에서 불만스러운 상태란 실제 욕구 충족의 정도가 기대의 욕구충족에 미치지 못하는 상태를 말한다. 이러한 문제의 발생은 인간과 자연의 활동에 의해 야기된 갖가지 사건과, 이에 대한 인간의 문제 인식이라는 두 가지 요인이 상호 작용함으로써 이루어지게 된다. 즉, 수많은 사건이 연이어 일어난다 해도 그것을 불만족스럽게 느끼지 않는 한 사건만 있을 뿐 문제는 존재하지 않는 것이다.

27) J. Anderson, *op. cit.*, pp. 52-53.

또한, 불만족하더라도 그것을 해결하려는 의지가 없다면 사회 문제나 정책 문제로 발전되지 않은 채 잠재되어 버린다. 이러한 성격의 문제를 소극적인 존재 양식의 문제라고 부르고, 해결의 의지를 유발시키는 문제를 적극적인 존재 양식의 문제라고 한다.

정책의 관점에서 1차적인 관심의 대상은 적극적인 존재 양식의 문제가 된다. 요컨대, 현실 세계에 객관적으로 존재하는 것이 인간의 육체적 활동과 자연의 변화, 즉 사건이라면 문제는 그러한 사건으로부터 자극을 받게 된다. 이것은 인간의 주관적 인식 활동을 통해 인간의 심리 세계에 존재하면서, 그 해결을 위한 활동을 유발시킨다. 그리고, 그 해결 여부에 따라 인간의 내면 세계에서 소멸되거나 잔존되는 것이라고 하겠다. 그런데, 문제가 반드시 사건의 당사자에 의해 인식되는 것이 아니다.

본인은 전혀 문제로 인식하지 못하는데 타인이 그 사건을 문제성 있는 사건으로 인식할 수도 있다. 어린 아이는 불장난 행위를 문제의 행위로 느끼지 못하는 반면에 교사나 부모는 그러한 행위를 문제로 삼게 된다. 또, 문제성에 대해서는 의견의 일치를 볼 수도 있으나, 어떤 문제이냐 하는 문제의 내용과, 그것을 받아들이는 영향의 심각성은 개인마다 차이가 있다. 이러한 차이는 개인의 경험에 따라 문제 인식의 성격을 다르게 해석할 수 있으며, 또 문제 인식의 주체 그 자신의 역할 인지의 차이로부터 나타나기도 한다. 문제 인식의 차이를 유발하는 또 다른 이유는 사회화 과정의 차이에서도 기인한다.

문제 인식 그 자체가 인간의 심리적 활동으로서 개인의 가치관, 믿음, 태도에 의해 지배되는 것인 만큼 상이한 사회화 과정에 따라 각기 다른 가치관이나 믿음 및 태도를 가질 것이다. 따라서, 동일한 사건이라도 상이한 문제로 인식될 것이기 때문이다. 어떤 사건을 문제로 느끼게 하는 인간의 문제 인식은 자연 발생적인 것이 아니라 사회화 과정을 통해 사회로부터 학습되는 것이라고 말하게 되는 이유도 바로 여기에 있다.

이상에서 설명한 개인 문제의 속성은 모두 사회 문제와 정책 문제에 그대로 설명된다. 왜냐하면 세 가지 모두 문제라는 측면에서 공통된 점이 있기 때문이다.

차이가 있다면 다만 문제 인식의 주체가 개인이 아니라 사회나 조직체라는 것뿐이다.

(2) 사회 문제

한 밤의 어떤 교통 사고 한 건을 두고 사회 문제라고 말하지 않는다. 그러나, 그 교통 사고가 여기저기서 수없이 발생함으로써 언제 그러한 피해자가 될지 모르게 되었을 때 우리는 교통 사고를 사회 문제라고 한다. 이러한 예는 대학 입시에서도 발견된다. 과거에는 재수생의 문제가 개인 문제였던 때도 있었다.

그러나, 전후 세대의 급격한 증가와 높은 향학열로 인한 수험생의 급증, 이에 비해 대학의 수용 능력은 상대적으로 따르지 못하였다. 결국 수십만 명의 학생은 아무리 노력하더라도 낙방의 고배를 마셔야 하고 재수를 할 수밖에 없게 되었다. 이러한 수십만 명이 불특정 다수인을 의미하는 것이라는 데 오늘날 대학 입시와 재수생이 사회 문제로 등장하게 된 이유가 있다. 즉 누구에게나 그러한 수십만 명에 포함될 가능성이 있기 때문이다.

이상의 예에서 우리는 개인 문제가 사회 문제로 어떻게 등장하는가를 살펴보았다. 다시 말하자면, 불만족스러운 상태를 야기시키는 개인적 사건이 불특정 다수인에게 장기간에 걸쳐 반복적으로 일어날 경우 개인 문제는 사회 문제화된다는 것이다. 여기에서, 사회 문제는 불특정 다수인과 불만족스러운 상태의 지속을 기본 속성으로 한다. 불특정 다수인은 정확히 몇 명을 뜻하는가 하는 개념이 아니라 누구라도 사건의 당사자가 될지도 모르는 확률 부재성과 관련하여 정의되는 개념이다. 즉, 언젠가는 영향을 받을지도 모른다고 느끼게 되는 것만으로도 성립한다.

욕망은 사건이다. 사건은 인간과 사회, 자연을 포함한 그물망을 갖고 있다. 그 사건에 대한 멈춤과 관찰을 통해, 자기의 욕망을 버릴 때, 그 사건의 생성과 소멸, 즉 그 원인에 대한 관찰이 가능한 것이다. 진리는 사건 속에서 항상 열려져 있으므로 새로운 상황이 닥쳐 올 때마다 새롭게 해석해야 한다. 우리가 추구하는 가치는 욕망에 의해 창출되고, 그것이 침해당하면 분노·불만이라는 사건을 일으킨다.

또한 불만족스러운 상태의 지속이란 앞에서 언급하였듯이 불특정 다수인의 욕구가 기대 욕구의 충족 정도에 미흡한 상태로 시간이 경과되는 것을 말한다.

〈그림 2-6〉에서와 같이 인간이 바라는 욕구의 충족 정도는 장기적으로 보면 무한대에 수렴한다고 할 수 있다. 그러나, 그러한 기대 욕구를 모두 충족시키기엔 상대적으로 자원이 유한하다. 그러므로, 예외적인 경우를 제외하고는 실제적인 욕구 충족의 정도는 기대의 욕구 충족의 수준보다 낮게 나타나는 경우가 대부분이다.

욕구 충족의 기대 수준과 실제 수준간에 격차가 있다고 해서 문제가 발생하는 것은 아니다. 욕구 기대선의 형태는 사회 구성원에 의해 설정되며, 욕구 충족선의 형태는 가용 자원과 사회 활동, 정책 문제 등에 영향을 받으며, 최종적으로는 사회 구성원이 충족 정도를 어떻게 느끼느냐에 의해 결정된다.

〈그림 2-6〉 욕구수준과 사회문제

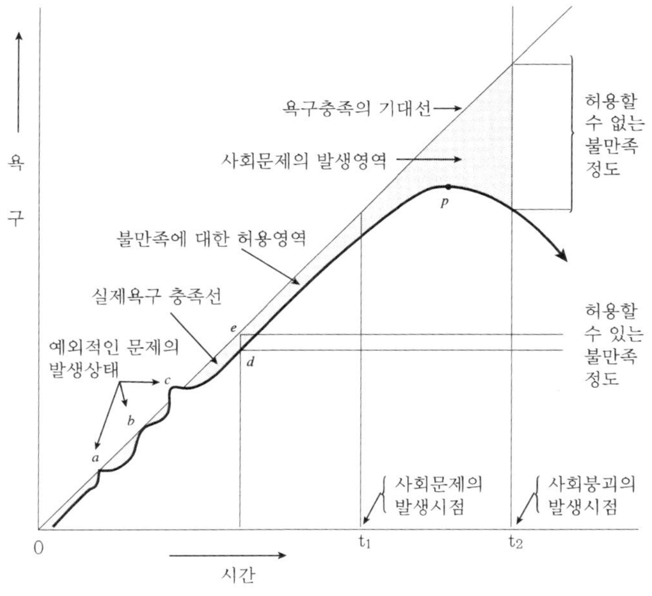

자료 : J.C. Davis, "Toward a Theory of Revolution" (*American Sociological Review*, Vol. 27, No.1, Feb. 1962), pp.5-15.

따라서, 두 선의 모양은 기업이나 사회 및 국가와 시대마다 달라질 수 있다.

그림에서 a, b, c 모두는 문제가 존재하지 않는 가상적 상태를 나타내는 것이다. a와 b는 욕구 기대와 욕구 충족이 일치함으로써, c는 기대 이상의 욕구가 충족됨으로써 불특정 다수인으로서의 사회 구성원이 불만족을 느끼지 않는 상태를 나타낸다.[28)]

$0-t_1$ 구간의 불만족 상태는 여러 제도·사회 구조·심리적 요인에 의해 사회 구성원이 그러한 상태를 어느 정도 용인하는 것을 의미한다. 비록 기대 욕구에는 미치지 못하지만 기대 욕구가 증가하는 것만큼 욕구 충족이 뒤따라 준다면 불만족 상태를 어느 정도 수용하게 된다는 것을 말한다. 예를 들어 납세, 병역 등의 의무 준수나 국가 안보에 관련한 개인의 기본권 제한의 수용, 사회 발전을 위한 규제 방침에의 순응 등은 모두 이러한 불만족의 허용 영역에 해당된다.

이 불만족의 허용 영역은 사회 구성원의 기대 욕구와 충족 욕구간의 차이이다. 즉, 가용 자원이 부족하더라도 그 희소 자원으로부터 얻는 실제 욕구 충족의 정도를 크게 느낀다면 불만족의 정도는 작아진다. 따라서, 불만족에 대한 허용 영역의 폭 $\overline{de}$은 상대적으로 커지게 된다. 또, 국가 위기시 국민 스스로가 사회의 어려움을 이해하고, 욕구 기대의 수준을 스스로 낮춰 설정할 경우에도 불만족의 정도가 작아진다. 따라서, 불만족의 허용 영역이 상대적으로 커진다.

이처럼 $0-t_1$ 구간의 허용 영역에서는 객관적인 불만족이 존재하지만, 그것을 해결하자는 요구가 없으므로 실제로는 사회 문제가 없는 것이나 다름없다.

그런데, 이러한 허용의 정도는 각 사회나 국가 또는 시대에 따라 달라질 수 있다. 예를 들어, 항상 물가가 10%를 상회해 왔던 우리로서는 10% 정도로만 억제되어도 어느 정도 만족스럽게 느끼게 된다. 그러나, 대부분 5% 미만의 물가 상승률을 유지한 미국이나 유럽 선진국에서 만약 10%로 물가가 상승한다면 이는 심각한 사회 문제로 등장할 것이다.

그리고, 이러한 기대 욕구는 증가하는 경향이 있다. 체증하던 욕구 충족이 체감하는 경향을 보이면서(t_1 이후의 변화) 허용된 불만족 상태에 대한 해결 요구가 나타나게 된다. 이로써, 불만족 상태는 사회 문제화하게 된다.

욕구 충족의 기대선과 실제 충족선의 격차를 심화시키는 요인, 즉 사회 문제

28) J.C. Davies, "Toward a Theory of Revolution" *American Sociological Review*, Vol. 27, No.1 (Feb. 1962), pp.5-15.

요인으로서는 불만족 상태의 장기 지속, 가용 자원의 상대적 체감, 불만족을 야기시키는 정책의 급증 및 사회 제도나 구조의 불합리성의 격화 등을 지적할 수 있다. 이러한 제문제가 개선되지 않거나, 방치되거나 또는 해결하기 위한 정책이 실패를 반복할 경우 욕구 충족의 정도는 더욱 체감하게 되어 결국에는 그것이 감소 경향까지 보이기 시작한다(그림 P점 이후). 바로 이 시점이 사회 붕괴의 국면으로 접어드는 시기가 된다. 이러한 실제 욕구 충족의 체감 현상이 호전되어 체증할 조짐이 전혀 보이지 않고 더욱 가속화될 것으로 사회 구성원이 인식하게 될 경우(t_2 이후의 점선) 혁명과 같은 사회 붕괴현상이 나타난다.

이상과 같이 사회 문제의 출발은 개인 문제인 것이며, 이에 사회적 중요성이 첨가됨으로써 사회 문제가 등장한다고 말할 수 있다. 또한 모든 개인 문제가 곧 사회 문제가 아님을 시사하고 있다고 할 수 있다.

(3) 정책 문제

정책 문제의 속성으로 공공성, 다양성, 복잡성 및 상호 의존성 등을 지적하는 경우도 있다. 그러나, 이것만을 한정할 경우 정책 문제는 앞에서 설명한 사회 문제와 별 차이가 없게 된다. 정책 문제는 사회문제의 일부이기 때문이다. 또, 공공성 개념이 전통적으로 정부 부문과 민간 부문을 구분하는데 유용한 개념으로 사용하여 왔다. 그러나, 오늘날 사회 구조와 기능이 복잡·다양해지고, 상호 의존성의 정도가 높아짐에 따라 사적 문제라고 하더라도 개인이 해결할 수 없고 정부의 개입이 요망되고 있어서 공공성 개념[29]만으로 정책 문제의 속성을 이해하는 것은 오히려 현실 왜곡의 우려마저 낳게 된다.[30]

예컨대, 자본주의에 있어서 개인의 경제 활동은 전통적으로 사적인 영역이었다. 그랬던 것이 자유 방임에 의해 부익부, 빈익빈의 현상이 나타나서 그것을 방치할 경우 야기될 체제의 붕괴 위험을 막고자 정부가 개입하는 정책 문제가 되

29) 오늘날 정부의 많은 활동에도 사적인 성격이 나타나며, GM사와 같은 민간대기업의 활동도 정부 못지 않게 그 성격이나 영향력의 정도에는 공공성을 지니기 때문에 공·사 구분의 모호성을 지적하고, 정책의 대상을 확대·적용해야 한다고 주장한다.

30) M. V. Nadel, *The Dimensions of Public Administration* (3rd ed : Boston : Allyn and Bacon, Inc., 1979), pp. 64-71.

었다. 그렇긴 해도 그 본질은 어디까지나 개인의 사적 문제였던 것이다. 또, 독과점 품목에 대한 특별과세, 전세금의 통제, 부동산 투기의 억제 등 각종 정책은 모두 사적 문제에 정부가 개입한 경우의 예이다. 이는 공공성의 개념이 체제마다 시대마다 바뀐다는 것을 시사하고 있다.

정책 문제의 본질은 어떤 것일까? 이는 곧 사회 문제를 정책 문제가 되게 하는 요인을 밝힘으로써 이해하게 될 것이다.

첫째, 문제 해결 주체의 부재성이다. 예컨대, 노사간의 대립은 곧 정책 문제화의 가능성이 높아진다.

둘째, 자원 규모의 방대성이다. 예를 들어, 철도, 항만, 고속도로, 발전소 건설 등의 공공재[31]와 관련된 문제이다.

셋째, 민간 부문에 대한 투자 유인력의 저조성이다. 즉, 환경 오염문제가 그대로 방치될 경우 누구나 할 것 없이 피해 대상자가 된다.

넷째, 정치성으로서, 정책 문제화의 목적과 같다. 예컨대, KAL기 격추 사건에서 야기된 문제가 곧 정책 문제의 속성을 나타낸다.

정책 의제는 해결해야 할 것을 기업이나 정부가 스스로 인식한 문제로서, 일반적인 정책 문제와 구별된다.

2. 정책 철학

정책 철학이란 기업의 목적이나 그 목적을 달성하기 위해 가장 바람직한 수단에 대한 여러 가지 가치의 집합체를 의미한다.[32] 공익의 개념은 어떤 정책 철학의 입장을 견지하느냐에 따라 규정된다. 그러므로, 각 정책 철학의 특성을 고찰한 다음 공익의 개념을 규정하기로 하자.

정책 철학은 대개 여섯 가지로 정리할 수 있다. 보호주의, 합리주의, 중개주의, 실용주의, 이전주의, 이기주의 등이다. 먼저 보호주의를 살펴보자.

---

31) 철도 등의 공공 재산성을 민간 부문에서 담당하는 선진국의 경우에는 이익의 불특정성을 정책 문제의 속성으로 보기가 어렵다.

32) B. Bozeman, *Public Management and Policy Analysis* (N. Y.: St. Martin's Press. 1979), pp. 60-80.

(1) 보호주의

정책은 특정한 사람을 다른 사람으로부터 보호하기 위해 존재한다는 것을 기본 전제로 하고 있다.

보호주의의 연원을 찾아보면 고대의 철학자 플라톤(Platon)까지 올라간다. 보호주의는 인간에 대한 부정적 견해에 입각하고 있다. 즉, 인간은 천성적으로 약한 존재라고 본다. 플라톤은 『공화국론』에서 보통 사람이 정치에 참여하기에는 자질이 미흡함을 피력하고 있다.[33)]

홉스(T. Hobbes)의 『리바이어던(*Leviathan*)』은 갈등의 불가피성과 합법적 강제 및 규제적 기관의 필요성을 역설하고 있다.[34)]

이처럼 보호주의의 전제는 인간은 지식과 능력의 한계 때문에 보호되어야만 하며, 또 그 자신이 가지는 공격적이고 약한 본성으로부터 보호되어야만 한다는 것이다. 이러한 보호주의에 입각한 정책 철학의 내용을 요약하면 보호주의하에서는 모든 사람이 참여하는 개방적 정치 체제는 실질적인 기능을 발휘하지 못한다고 본다. 플라톤과 홉스는 통치 행위가 소수인에게 위탁된 것으로 보고 있다. 그리고, 플라톤은 사회 계급을 철인 통치자로 구성된 후견계급, 공무원과 군인으로 구성된 보조계급, 사회 구성원의 대부분을 차지하는 생산자와 기술자로 구성된 계급 등 세 가지로 분류한다. 그리고, 홉스는 폐쇄 사회를 주장하는데, 이는 최대의 권력을 한 사람의 군주에게 집중시키기 위함이다.

한편, 보호주의는 규제적이고 강제적인 것으로 볼 수 있으며, 집중된 이익을 분배한다든가, 사회 자원을 재분배한다든가 하는 활동은 이것과 거리가 먼 것이다.

(2) 합리주의

정책 철학에 있어서 합리주의는 인간 이성을 신뢰하고 과학적 분석과 논리 및 체계적 연구를 통해 여러 가지 문제를 해결할 수 있다는 가정에 기초하고 있다.

대표적인 학자로는 버클리(G. Berkeley), 흄(D. Hume), 로크(J. Locke), 아리

---

33) F. M. Cornford(trans.), *The Republic of Plato* (London : Oxford University Press, 1945).

34) T. Hobbes, *Leviathan* (London : J. M. Dent Sons, Ltd., 1940).

스토텔레스(Aristoteles) 등의 고전 철학자와, 현대의 베이컨(F. Bacon), 테일러(F. Taylor), 베버(M. Weber), 처어치맨(C. Churchman), 액코프(R. Ackoff) 등을 들 수 있다.

합리주의는 기업의 여러 가지 활동 중 특히 계획 기능을 강조하고, 경영의 효과성의 여부는 설계의 정확성에 좌우된다는 것이다. 베이컨의 『솔로몬의 집(*House of Solomon*)』은 이러한 관점에서 제시된 것인데, 이는 과학자로 구성된 정책 결정자의 집단을 말한다.

20세기에 접어들면서 발전된 과학 기술과 그로 인한 과학적 관리기술의 혁신은 정책 철학으로서의 합리주의의 영향력을 확대시켰는데, 그 대표적인 예로서 능률 극대화를 최고의 목표로 삼고 경영의 과학화를 주장하는 소위 '테일러주의(Taylorism)'를 지적할 수 있겠다.

합리주의를 경영에 정착시키는 데 공헌한 학자로는 독일의 사회학자 베버(Weber)를 빼놓을 수 없다. 그는 고전적 관료제를 연구하는 데 사회과학적 방법론과 분석 기법을 적용시킬 수 있는 분석의 틀을 제공해 주었다는 점에서 큰 의의를 지닌다.

그리고, 체계 분석과 OR의 선구자인 처어치맨과 액코프[35] 역시 경영에 합리주의의 지배를 확대하는 데 지대한 공헌을 하였다. 즉, 경영현상에 계량적 접근 방법은 계량적 의사 결정 모형 및 분석 기법을 개발시켰다.

정책 철학으로서의 합리주의에서는 현실 세계가 복잡한 사회적 제문제를 보다 과학적이고 체계적인 조사·분석을 통해 해결할 수 있다.

이는 공공 문제에 대한 로크의 낙관주의와 맥락을 같이 한다. 즉, 인간을 둘러싸고 있는 상황은 개선이 가능하고, 정책 결정 과정에는 문제해결을 위한 최선의 방법이 존재하며, 인간 이성을 최대한 활용함으로써 그의 최적 방법을 발견할 수 있다는 것이다.

(3) 중개주의

정책 철학으로서 중개주의의 특징은 다원적 사회관에 입각하고 있다는 것이다.

---

35) R. Ackoff & F. Emery, *On Purposeful Systems* (I 11.: AldineAtherton, 1972).

즉, 사회를 여러 집단의 다양한 이해의 통합체로 보고, 이러한 여러 이해 집단간의 균형 유지와 단위사회의 통합 기능을 수행한다는 것이다.

중개주의는 대표성을 중시하는데, 이는 여러 이익이 공평하게 정책에 반영되기 위해서 명백히 표명되고 대표될 수 있어야 한다. 또, 개별적 이익이 결합되어 집단 이익을 표출될 수 있어야 바람직한 것이다. 그러므로, 이해 집단은 정책 결정에 접근이 가능하도록 공개 토론회 같은 것을 가져야 한다.

정책 철학으로서의 중개주의와 같이 이익 균형화의 개념에 대한 기원은 공리주의의 벤덤(J. Benthum)이라 할 수 있다.

그는 『최대 다수의 최대 행복(*the greatest happiness for the greatest number*)』을 주장하고 있는데, 여기에서 최대 다수라는 것은 중개주의에서의 모든 이익이 균형있게 정책에 반영되어야 한다는 주장과 맥락을 같이 한다고 볼 수 있다.

한편, 중개주의 정책 철학이 가지고 있는 다원적 사회관의 근원은 다알(R. Dahl)의 다원주의에서 찾을 수 있다. 그는 다원주의의 장점은 권력의 중심이 다수로 존재하기 때문에 권력이 분할되어 소유되므로 정책을 독점할 수 없다는 데 있다고 한다.[36] 따라서 중개주의는 갈등을 최소로 감소시킬 수 있게 된다.

또, 빈곤 퇴치 운동에 앞서 이해 집단의 균형화 작업이 선행되어야 하고, 과학・복지・주택・보건・환경 등 제분야의 실증 연구도 중개주의가 정책 결정에 영향을 끼치고 있음을 밝히고 있다.[37]

그러나, 이러한 중개주의 정책 철학에는 보수화의 위험, 이해 균형의 비현실성, 도덕성의 결여라는 비판이 제기되고 있다.

(4) 실용주의

표준 운영 절차(SOP)라든가 문서주의, 몰인격화 및 공식적 명령 계통 등과 같은 공식 구조를 본질로 하고 있는 관료제에서 실용주의적 요소를 찾기란 용이하지 않다. 특정의 행동 규칙이나 공식적 구조가 없어 관료의 재량권의 범위가 확

---

36) R. A. Dahl, *Pluralist Democracy in the United States* (I11. : Rand McNally, 1967).

37) D. Greenburg, *The Politics of Pure Science* (N. Y.: New American Library, 1968).

대될 경우에는 형식에 구애받지 않고, 상황에 따라 대처할 것을 내용으로 하는 실용주의가 정책 결정을 지배하는 원리로 채택될 수 있다.

실용주의적 정책 철학의 예로서 린드불름(C. Lindblom)의 점진적 정책 모형을 들 수 있다. 그는 신속한 결정과 정보 수집의 비용을 최소화하기 위해서는 정책 결정은 점진적이고 부분적 최적화에 입각해야 한다는 것이다.

이러한 실용주의는 모든 가능한 대안을 고려하는 철학자도 아니요, 유일 최선의 방법을 찾는 과학자도 아닌 어느 한 순간에 발생한 급박한 문제에 원활히 대처하여 그것을 해결하는 소방수와 같은 역할을 행하는 사람으로 인식된다.

(5) 이전주의

이전주의는 가진 자로부터 가지지 못한 자에게 준다는 복지 국가의 정책 철학이다. 루소(J. Rousseau), 리카도(D. Ricardo) 마르크스(K. Marx) 등 고전학자에게서 찾을 수 있으나, 이것이 일반화되기 시작한 것은 20세기 초 피구(A. Pigou)의 후생경제학[38]이 등장하고서부터이다.

이는 소득의 상대성으로서 가난한 것과 부유한 것은 어디까지나 상대적인 개념이라는 것이다. 환언하여, 어떤 사람이 부유하다는 것은 그 사람의 소득이 절대적으로 많기 때문이 아니라 그가 속한 사회 또는 집단 안에서 다른 사람의 소득에 비해 많은 소득을 가지고 있기 때문이라는 것이다.

이전주의는 부유한 사람의 소득의 일부를 상대적으로 가난한 사람에게 이전시켜 줌으로써 지나치게 가난한 사람도 없고, 또 지나치게 부유한 사람도 없는 복지국가를 실현시키려는 각종 정책에 정당성을 제공한다. 그리고, 그러한 소득의 이전으로 개인과 사회의 이로움을 더해 교육과 직업을 갖게 하고, 결과적으로 생산과 기술이 촉진된다는 것이다.

또, 이는 정책적 도덕성의 확보가 가능하도록 뒷받침하고 있다. 그런데, 과거에는 가난의 이유는 그가 게을렀기 때문이라는 생각이 지배적이었다.

적자 생존의 원리를 신봉하는 스펜서(H. Spencer)를 비롯해 사회진화론자는 가난한 사람은 그의 게으름으로 사회적인 적응이 불가능하여 퇴화되는 것이라고

---

38) A. C. Pigou, *The Economics of the Welfare* (N. Y.: McMillan, 1962).

한다. 그러나, 이전주의는 가난의 이유가 게으름 때문이 아니라 사회적 구조가 그럴 수밖에 없도록 만든 것이므로 정책적인 보호를 받을 권리가 있다고 한다.

(6) 이기주의

이기주의에서의 조직은 사회적 사명은 도외시하고 조직 목표의 달성에만 급급하게 되며, 조직 구성원은 개인적 이익도모에만 열중하게 된다. 매관 매직이나 부정부패 등은 이러한 이기주의적 정책 철학의 배경에서 야기된 것이라고 할 수 있다.

이에 관련된 사람은 『군주론(*The Prince*)』을 쓴 마키아벨리(Marchiavelli)를 들 수 있다. 그는 정책이란 개인의 권력적 지위를 최대한 높이고, 개인의 이익을 증진시키는 수단임을 강조하고 있다. 어떻게 보면 정책이 정략이나 권모 술수의 뜻을 갖게 된다.

이러한 이기주의는 조직에서 찾아볼 수 있다. 사회적 사명과는 먼 자체 인력의 확대나 자기 조직에 많은 예산의 확보 등이 그 예이다. 이러한 경우 조직 활동의 실제적인 이유를 알아내기란 용이한 일이 아니다.

왜냐하면 대개의 경우 그러한 이기적 이익이 그럴듯한 사회적 명분에 의해 가장되고 있기 때문이다.

3. 실용적 기반

(1) 공익성

공익이라는 용어는 참으로 다양하게 정의된다. 립맨(W. Lippman)은 공익을 "인간이 통찰하고, 합리적으로 사고하며, 공평무사하고, 자비롭게 행동할 경우에 그가 선택할 그 무엇"이라고 정의한다.[39]

이와는 대조적으로 콕스(J. Cox)는 "공익이란 다수의 이익과 동일한 것"이라고 주장한다.[40] 이외에도 공리주의와는 다르며, 공익은 애매모호하고 가치 함축

39) W. Lippman, *Essays in the Public Philosophy* (Boston : Little Brown, 1955).
40) J. W. R. Cox, "The Appeal to the Public Interest" (*British Journal of Political*

적이고 이상적이며 현실적 정책과는 거리가 멀기 때문에 공익이라는 개념을 무의미한 것으로 취급한다.[41]

이처럼 다의적이고 모호하며 가치 함축적임에도 불구하고 우리가 공익이라는 개념에 관심을 기울이는 이유는 무엇일까? 그것은 언어학적인 의미를 떠나서 현실적으로 정책 수립에 있어서 그 개념을 실제로 활용하기 때문이다.

공익에 대해 비교적으로 체계적인 연구를 시도하는 레이(W. Leys)와 페리(C. Perry)의 견해를 살펴보자.

그들은 공익의 개념을 형식적 의미와 실제적 의미로 분류하고 있다.[42] 즉, 형식적 의미로 이는 정당하게 권위가 인정된 정부 기관이 각종 활동에서 명시적으로 표현하는 목표가 된다. 실제적 의미의 공익은 정부가 각종의 활동을 통해 실질적으로 추구하는 목표이다.

여기에는 세 가지가 있는데, 개별적 이익을 포함시키는 통합적 개념과 정책 결정 절차가 마련되었을 때 비로소 획득되는 절차적 개념 및 사회적 평등과 같이 공익의 실현을 위해 극대화되어야만 하는 구체적 가치의 규범적 개념 등이 그것이다. 그리고, 절차적 개념의 공익은 절대적이고 불변적인 절차를 강조하는 단일 개념과 가변적이고 융통성 있는 절차와 규칙을 강조하는 다원적 개념의 두 가지가 있다. 이러한 공익의 개념을 앞서 설명한 정책 철학과 관련하여 보면 〈그림 2-7〉과 같다.

Science, Vol. 3, No. 3, April 1973), pp. 229-241.

41) F. Sorauf, "The Public Interest Reconsidered" (*Journal of Politics*, Vol 19, No. 4, Nov. 1957), pp. 616-639.

42) W. A. R. Leys and C. M. Perry, *Philosophy and the Public Interest* (I 11.: Committee to Advance Original Work, 1959).

〈그림 2-7〉 공익개념의 틀

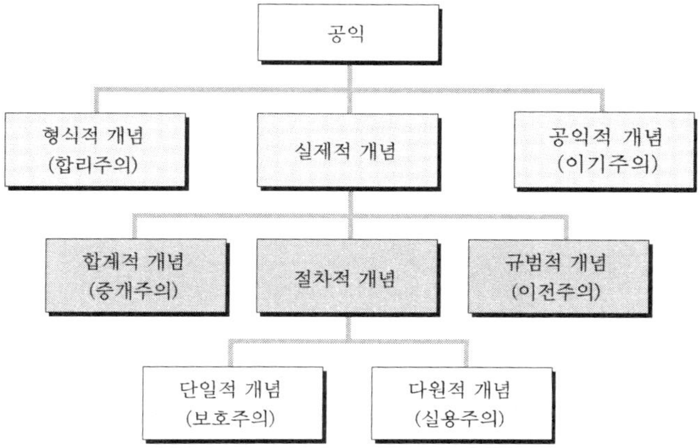

(2) 효율성

능률성은 과학적 관리 운동의 영향을 받아 경영은 설정된 목표를 최소의 비용으로 달성할 수 있다고 여겨지게 되었다. 여기에서 나타난 능률적 관리 방식으로 논의된 것이 이른바 고전적 관리 방식으로서, 이의 일반적 특성은 단일 가치 기준으로서의 능률주의, 공식 구조의 중시, 폐쇄 체계적 관점, 합리적·경제적 인간관 등을 지적할 수 있다.[43]

19세기 말까지만 해도 능률성은 효과성과 동의어로 사용되었으며, 대개 능률성은 의도한 목적을 달성할 수 있는 능력으로 간주하였다.

그 후 능률성을 투입과 산출의 비율로 보는 소위 기계적 능률성의 개념이 나타나는데, 능률성을 표준 업무 수행에 대한 실제 업무 수행의 비율로 보는 테일러의 견해나, "성취할 것으로 기대한 것"과 "성취한 것"간의 비율을 능률성으로 보는 에머슨(H. Emerson) 등이 여기에 속한다.[44]

능률성의 문제를 직무 설계의 차원에서 보는 포터(L. Porter)는 순수 합리적이며 공학적인 관점에서 본 직무 설계와 전통적인 직무평가의 기준이라고 지적하

43) 이승종, 『경영학원론』, 석정, 1986, pp. 235-239.
44) H. A. Simon, *Administrative Behavior* (3rd ed : N. Y.: Free-Press, 1976), pp. 180-181.

면서, 그 내용으로서 직무의 단순화, 직무의 일상화, 인력 배치를 통한 노무비의 감소 등을 들 수 있다.[45]

고전적 관리론에서는 능률성을 부문화하는 측면에서 업무량, 사람, 업무 수행의 소요 시간의 적정화 등으로 보고 있다.[46]

버나드(C. Barnard)는 전통적 조직론에서 능률성을 최소의 비용으로 바라는 목표를 달성하는 것이며, 이는 최소의 비용으로 최대의 이익을 추구한다는 점에서의 경제적 성격과, 그러한 이익이 최고 경영층에만 돌아간다는 점에서 자아 중심적 성격을 갖는다고 강조한다.[47] 이러한 기계적 능률성은 그 측정 단위로서 대개 투입 시간이나 사람 및 비용이 채택되고 있다.[48]

그러나, 이러한 개념은 신고전 이론의 사회적 능률성에 의해 내용이 다소 수정된다. 이는 조직 구성원의 만족도, 특히 사회적 욕구 충족도를 말하는 개념이다.[49] 즉, 조직의 능률은 환경과의 상호 작용에서 조직이 지니는 적응 능력, 생존 능력, 유지 능력의 맥락에서 파악한다. 그리고, 인간관에서도 고전이론처럼 기계시하지 않고, 사회적·감정적 욕구를 가지고, 이를 위해 노력하는 인간관으로 보고 있다. 그런데, 이러한 능률성은 조직 구성원 그 자체보다는 생산성 향상, 이윤 증대 등에 도움이 되기 때문에 인간의 심리적 만족을 위한 관리방식을 택한다는 관점에서, 인간을 수단시하는 고전적 능률성과 근본적 차이는 없고, 인간 자체를 최고 목표로 삼는 민주성과는 다른 것으로 보는 것이 타당하다.

이러한 사회적 능률, 즉 심리적 만족을 위한 각종 관리 방식과 조직의 생산성 간에 유의적(有意的)인 상관 관계가 없다는 실증 연구로 인한 비판이 있게 된다.[50] 따라서 기계적 능률과 사회적 능률의 양자를 조화시키는 적정화를 주장한다. 즉, 베니스(W. Bennis)는 조직의 능률성을 조직 목표로서 생존과 번영의 능

---

45) L. W. Porter, et al., *Behavior in Organizations* (McGraw-Hill, 1975), pp. 282-283.
46) H. A. Simon & J. G. March, *Organizations* (N. Y.: John Wiley & Sons, 1958), pp. 23-24.
47) C. I. Barnard, *The Functions of Executive* (Camb.: Harvard University Press, 1938).
48) H. A. Simon, *op. cit.*, pp. 172-182.
49) 이승종, 전게서, p. 245.
50) H. Clegg, *A New Approach to Industrial Democracy* (England : Basil Black-well, Ltd., 1963), A. S. Tannenbaum, *Control in Organizations* (N. Y.: McGraw-Hill Book Co., 1968).

력으로 보고, 이것은 조직적 능률과 구성원의 만족, 또는 심리적 건강 여하에 달려 있다고 주장한다.[51]

효과성의 개념을 목표의 달성도로 규정하는 데는 학자간에 대체적인 합의가 이루어진 듯하다.[52] 그러나 효과성의 내용, 즉 달성하려는 목표의 내용에 대해서는 그 견해가 다양하다. 베니스의 경우에는 환경과의 갈등에서 조직의 생존·유지를 달성하는 것이 조직의 목표라고 본다.[53]

리커트(R. Likert)는 조직의 목표를 역량의 증진으로 보며, 그 내용으로서 문제 해결 능력, 결정 능력, 정보 수집·분석력, 대인 관계 및 기타 조직 활동의 역량 등을 지적하고 있다.[54]

카츠·카안(D. Katz·R. Kahn)은 효과성을 "모든 수단을 동원하여 조직 외부에서 조직으로 돌아오는 수익을 극대화하는 것"으로 파악하고 있다.[55]

능률성과 효과성의 논의를 종합하면 능률성은 투입에 대한 산출의 비라고 정의할 수 있으며, 효과성은 목표달성도로 정의할 수 있다.

이러한 개념은 장기적으로 봐서 능률성이 높아지면 효과성도 높아지고, 효과성이 높아지면 환경으로부터 보다 많은 수익을 획득하게 되어 능률성을 다시 높이게 된다고 할 수 있다. 즉, 능률성과 효과성은 같은 범주에 속하는 것으로서 순환적 관계에 있다는 것이다. 능률성과 효과성이 효율성이라는 개념으로 통합될 수 있는 이유가 바로 여기에 있다. 효율성은 이러한 순환적 관계에 있는 능률성과 효과성을 내포하는 것이다.

(3) 민주성

능률 위주의 베버(M. Weber)의 기계적 조직이 급변하는 환경에 적응·생존·유지해 나가는 데 능률적일 수 있는가? 그리고, 분업화에 따른 계층화를 통해 전

51) W. G. Bennis, *Changing Organizations* (N. Y.: McGraw-Hill, 1966), p. 37, L. W. Porter, et al., *op. cit.*, pp. 283-284.
52) A. Etzioni, *Modern Organizations* (N. J.: Prentice-Hall, 1964), p. 8.
53) W. G. Bennis, *op. cit.*, p. 37.
54) R. Likert, *New Patterns of Management* (McGraw-Hill, 1961), pp. 165-172.
55) D. Katz and R. L. Kahn, *The Social Psychology of Organizations* (N. Y.: John Wiley and Sons, Inc., 1966), p. 161.

문화가 가능하다는 전통적 조직 원리가 복잡하고 다양한 현대 다원 사회의 요구를 해결할 수 있겠는가 하는 의문으로부터 탈피하기 위한 대안으로서 조직 구성원의 심리적 만족이나 참여적 관리, 결정의 분권화, 개방적·수평적 상호 작용 등의 민주적 관리 방식을 강조한다.

베니스(W. Bennis)는 "조직에서의 민주성이란 권력이나 계층에 관계없이 자유스러운 의사 전달과 강제보다는 중지(consensus), 기술적인 지식과 능력, 업무적 행위, 감정적 표현까지도 수용하는 분위기이며, 기본적으로는 인간적 편견(human bias)을 가지고 있는 가치체계이다."[56]라고 정의한다. 이는 이념적 개념이 아니고, 변화에 대한 창조적 조직이 발전하기 위해서 꼭 필요한 것이라고 역설한다.

리피트(R. Lippit)[57]는 리더십에 있어서 민주형을 권위형과 방임형으로 구분한 다음 민주형의 리더십이 생산적이었음을 실험적 연구 결과에 의해 밝혔다. 이는 민주성을 생산성과 관련하여 파악하는 데 그 특징이 있다.

리커트(R. Likert)는 감독자의 유형을 직무 중심과 종업원 중심으로 나누고, 이러한 양자의 우열을 논하기보다는 효과적인 조직이 되려면 양 유형이 조화된 새로운 유형의 경영이 필요하다고 역설한다.[58] 여기에서 민주성과 관련된 것은 종업원 중심, 즉 상호 신뢰성, 자기 실현, 참여, 상호 영향력 등에 대한 긍정적 태도이다.

아지리스(C. Argyris)는 참여는 비인격적이고 거대한 관료제를 민주화하는데 이상적인 가치를 지니며, 조직 구성원의 활성화와 개인 목표 및 조직 목표를 조화시키는 데 효과적이라는 것이다.[59] 그리고, 조직의 민주성과 관련된 것으로서 인간관과 그에 따른 관리 전략을 제시하는 맥그리거(D. McGregor)의 Y이론의 관점은 다음과 같다.[60]

---

56) W. G. Bennis, et als., *The Temporary Society* (N. Y.: Harper & Row, 1968), pp. 4-8.
57) R. Lippit and R. White, "Leader Behavior and Member in Three Social Climates" (in D. Cartwright and A. Zander(eds.), *Group Dynamics* (3rd ed.: N. Y.: Harper and Row, 1968), p. 319.
58) R. Likert, *New Patterns of Management* (McGraw-Hill, 1961), p. 54.
59) C. Argyris, *Understanding Organizational Behavior* (The Dorsey Press, 1960), pp. 8-25.
60) D. McGregor, *The Human Side of Enterprise* (McGraw-Hill, 1960), pp. 45-57.

사람은 자율성과 책임을 지려는 욕구가 있으며, 작업을 고통스럽게 느끼는 것이 아니라, 휴식처럼 자연스럽게 느끼며, 물질적 욕구보다는 사회·심리적 욕구를 더 중시하며, 수동적이 아니고 능동적이며, 창의적인 것이다.

그리고, 이에 대한 관리 전략으로서 권위는 공식적·비공식적으로 발생하여 상·하·횡으로 흐르며, 권한 이양에 따른 분권적 조직에서 스스로 목표 설정과 업적 평가를 행한다.

이러한 민주적 성격의 Y이론과 맥락을 같이 하는 것으로서 샤인(E. Schein)의 〈사회적 인간〉 이론을 들 수 있다.

그 내용은 관리자는 작업보다는 종업원의 요구에 관심을 가지고 상하간의 중개역으로서 통제보다는 분위기의 조성과 어려운 점을 해결해 주고 지원하는 역할을 행한다.[61]

[요 약]

- 정책은 규범성과 당위성을 지니고 있다. 목표의 설정 및 기업과 정부의 활동과 유관하며, 목표를 달성할 수 있는 행동원리의 제시와 공익성을 유지하기 위한 강제성을 띠고 있는 거시적이고 장기적인 총체적 개념이다. 최선의 정책은 정직이다. 정책의 특성은 개방적 시스템과 과학적이고 균형적 학문이다. 즉, 환경과 기업이 유기적 상호작용을 하면서 무한 순환한다.

- 정책과 전략의 관계는 목적과 수단의 관계이며, 경영정책의 본질은 전략경영이다. 따라서 양자는 호환적으로 사용되며, 정책은 포괄적이고 정태적임에 비해 전략은 개별적이고 동태적 개념이다. 그리고 전략은 추상적이고 전술은 구체적이다. 즉, 전자는 계획성이고 후자는 행동과 실천이다. 정책은 민주성, 다양성, 복잡성, 상호의존적이며 정책철학으로서 보호, 합리성, 중개, 실용주의, 이전주의, 이기주의 등의 속성을 가진다.

61) E. Schein, *Organizational Psychology* (2nd ed : N. Y.: Prentice-Hall, 1970), pp. 55-79.

제 3 장

전략의 본질

제 1 절 전략의 개념

1. 전략의 의의

전략(strategy)이라는 어휘는 희랍어의 〈장군〉의 용병술(用兵術, strategos)에서 유래하며, 군사적 용어로 쓰이기 시작한 것은 18세기 말부터이다. 이것은 주로 무력전을 위한 종합적인 준비, 계획, 운용의 방책이라는 뜻으로 통용되었다.

그리고, 전략 또는 전략 계획이라는 어휘를 경영 정책의 문헌에 도입한 것은 챈들러(A. D. Chandler)[1]가 그 효시이다. 전략은 경쟁자의 행동의 실제나 예측에 따라 자기의 행동을 결정하는 것 즉, 게임(game)이론이다. 이의 연구는 기업의 경영 전략의 역사적 고증으로서 다각화 전략과 사업부제의 성립에 대한 실증 연구에서 비롯되었다.

경영 전략의 수립 과정에 대한 연구를 한 이는 앤소프(H. I. Ansoff)[2]이다. 그는 전략의 개념, 기업 목표의 설정, 전략의 설정과 선택 및 평가의 과정을 설명

---

1) A. D. Chandler, *Strategy and Structure* (Mit, Press, 1982).
2) H. I. Ansoff, *Corporate Strategy* (McGraw-Hill, 1955).

하고 있다.

클라우제빗츠(K. V. Clausewitz)[3]는 그의 명저 『전쟁론(*On War*)』에서 "전략은 전쟁 목적을 달성하기 위한 전투의 사용이며, 전술은 전투력의 사용이다."[4]라고 쓰고 있다. 전략은 상충하는 두 힘의 〈변증법적 술(辨證法的術)〉이다.

"궤계(詭計)에는 감추어진 의도가 있게 마련이다. 궤계는 달성된 다음에 본다면 기만이라 하여도 좋다. 그러나 이는 보통 말하는 기만과는 다르다. 즉 궤계는 직접 언어로 속이는 것이 아니기 때문이다. 궤계는 상대편을 속여 과오를 유발시켜서 뒤집어 버린다. 따라서, 기지가 착상과 상상력의 요술이라면 궤계는 행동의 요술이다. 원래 희랍어의 전략은 궤계에서 유래하였고, 그 후 전쟁의 특성에 따라 그 규모와 표면적인 변화가 있었음에도 불구하고, 오늘날 아직 전략 그 자체의 본질이 여전히 궤계를 시사하고 있는 것은 당연하다. 강력한 행위의 실천, 즉 전투는 전술에 맡기고, 전략은 전투를 교묘히 사용하는 기술이라면…"[5]

클라우제빗츠의 전략 개념은 협의, 즉 무력전에 한하여 사용하였는데 전쟁 목적을 달성하기 위해 전투를 사용하는 기술로 보았고, 그 특성은 궤계, 즉 행동의 요술로 간주하였다. 그러나, 전쟁은 사회 현상의 한 분야이다. 이는 제1차 세계대전을 계기로 하여 전쟁 양상이 총력전으로 바뀌자 더욱 그 영역이 확대되었다.

전략은 점차 정치, 경제, 사회, 도덕, 산업 기술, 심리 등 비군사적 요소를 고려해야 할 필요성이 요청되었다. 전략은 전시뿐만 아니라 평시에도, 또 군사적 요소는 물론 비군사적 요소를 포함하는 광의의 개념으로 발전되었던 것이다. 따라서, "전략은 전쟁 목적을 달성하기 위해 국력을 사용하는 기술이다."[6] 오늘날 전략은 군사력을 포함하여 한 나라 및 연합국의 자원을 이용함으로써 실제의 적이나 잠재적인 적, 또는 가상의 적에 대해 힘의 우위를 확보·증대하는 기술이다.

대개 대전략이라는 최고의 전략은 국가의 정책과 군비를 유기적으로 통합·발전시킴으로써 적으로 하여금 전쟁에 호소할 필요를 없게 하고, 만약 전쟁에 호소

---

3) K. V. Clausewitz, *On War*, trans O. J. Mathijs Jolles (New York : The Modern Library, 1943).
4) *Ibid*., p. 62.
5) *Ibid*., p. 146.
6) Strategy in Encyclopedia Britannica, Vol. 21, 1957, p. 453.

할 경우에는 최대의 승산을 가져오게 하려는 것이다.[7]

대전략이란 국가 정책에 의해 결정된 목적을 달성하기 위해 국가의 모든 자원을 운용하는 기술이며, 과학이다. 부연하자면, 인간의 감정을 다루는 측면에서 예술이요, 또 전략의 제요인에는 과학적으로 정밀히 측정할 수 있는 예컨대 면적, 거리, 속도 등과 같이 합리적 계산을 요구하는 측면도 있으니, 곧 과학인 것이다. 즉, 대전략은 예술과 과학의 양면성을 지닌 동전의 표리 관계와 같다고도 말할 수 있다.

자원은 정치, 경제, 심리, 군사 등 크게 네 가지로 나누기도 한다.

여기에서 말한 정치적 자원은 우호국과의 조약을 포함하며, 경제적 자원은 외국과의 상호 통상 조약이나 통제를 포함한다. 심리적 자원은 공개 선전이나 비밀 선전을 말하고, 군사적 자원은 군대의 무력인 것이다.

협의의 전략인 군사 전략(military strategy)은 군대를 운용하는 방책으로서 작전 계획의 수립과 목적 달성을 위해 그 실천을 통제하며, 군사 행동의 방향뿐만 아니라, 일단 유사시에는 전세를 유리하게 유도하여 그 전과를 확대하기 위한 방책이다. 따라서, 전쟁준비와 실천 과정이 중심 과제인 점이 그 특징이며, 전쟁이 개시된 후의 문제가 중요하다. 따라서, 전략 연구는 이미 개시된 전쟁 과정에서 아군이 어떻게 승리하느냐 하는 것이 그 중요 내용이 된다. 광의의 전략, 즉 대전략 또는 국가 전략은 군사 전략과 정치, 경제, 사회, 심리 전략 등을 포함한 비군사 분야를 통합·운용하는 방책이다.

여기에서는 목적 달성을 위해 비군사적 수단을 효과적으로 운용하는 것이 중심 과제이고, 부득이할 경우 최후의 수단으로 군사적 수단의 사용이 고려된다.

따라서, 전쟁의 승리라든가, 전쟁 개시 후의 문제는 부차적으로 돌리고, 전쟁 그 자체보다는 어떻게 하면 전쟁을 억제하느냐, 위기에 대한 대응 조치와 군비 관리 및 군사력의 배치 등이 그 중심 과제이다. 장·단기 목표의 균형, 유형·무형 자산의 균형관리 등과 같은 전략자원의 개발과 배양이 급변하는 환경에 도전과 응전을 가능하게 한다.

7) E. M. Earle, (ed.) *Makers of Modern Strategy* (Princeton : Princeton University Press, 1943), p. viii.

즉 기업은 핵심역량을 함양해 나가야만 한다. 이것이 전략사고와 철학이다.

전략의 분류 및 계층은 〈그림 3-1〉과 같다.

〈그림 3-1〉 전략의 계층

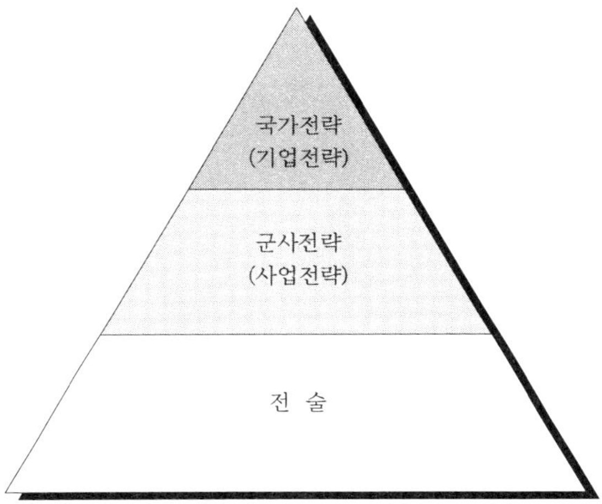

* 국가 전략을 대전략, 또는 총력 전략이라고도 함.
** 군사전략을 전략이라고도 함.

2. 전략과 전술

어떤 이론이라도 첫째의 과업은 서로 혼란을 야기하는 개념과 견해를 정리하는 일치다. 그러므로, 개념과 의의를 이해하고 나서야 비로소 이론적 고찰을 명료하고 용이하게 전개할 수 있다. 전략과 전술은 공간 및 시간적으로 서로 교섭하는 두 개의 활동이지만, 그것은 본질적으로 상이한 것이다. 일반적으로 전략은 광범위한 공간과 장기적인 시간이 및 대규모의 병력기동을 다루는데 비해, 전술은 이와 상반되는 개념이다. 그리고, 전략은 전장에로의 유도이나, 전술은 전장에서의 행동이다. 따라서, 전략은 전장에의 접근 방법 및 적과 접촉시까지의 병력 유도에 집중한다. 즉, 전략적 기동을 뜻한다. 이는 아군을 유리한 위치에 배치하고, 적이 불리한 조건이 되도록 압력을 가하여 적의 행동의 자유를 제한하는 것을 의미한다. 전략은 개발, 전술은 모방이다. 이러한 관점에서 전략과 전술의 구분 기준은 접촉(시간)과 전장(공간)이다. 즉, 전장에 도착하기 이전이 전략이고, 교전 이후는 전술에 속한다. 여기에서 전장은 전투에서 사용하는 총포의 사정 영역을 말한다.

〈그림 3-2〉 병술의 기본 요소

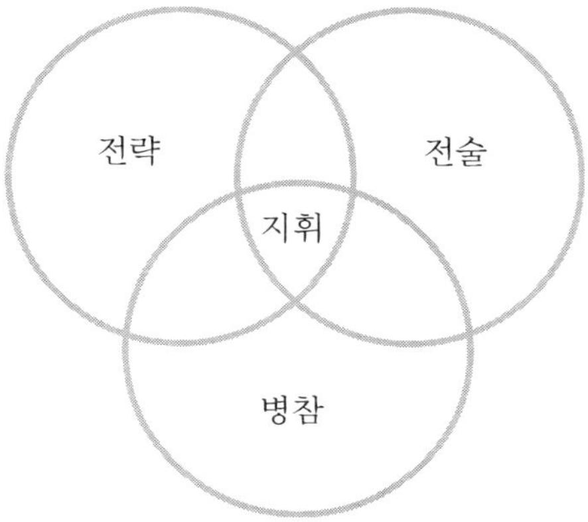

전략[8])은 전술[9])에 임무를 부여함으로써 그 한계가 설정되고, 전술은 전략에 영향을 미치며, 전술에 따라 전략이 변화한다. 전략은 국가정책과 전술의 가운데에 위치하나, 실제로는 그 경계를 구별하기 어렵다. 그리고, 전략은 전술보다 정책에 근접되고 있다.[10]) 전쟁 이론은 전쟁 목적을 달성하기 위해 전투력을 사용하는 것과 관련되며, 이를 협의로 병술 또는 전쟁 수행의 이론, 혹은 전투력 운용의 이론이라고 하나, 이어동의(異語同義)에 지나지 않는다. 이러한 협의의 병술은 전술과 전략으로 구별되고,[11]) 근래에 와서는 병술에 병참[12])이 추가되었다.

지휘의 관점에서 보아 〈그림 3-2〉와 같이 병술의 기본 관계를 나타낸다.

---

8) 전략은 상황과 지역 또는 시간과 공간의 통제 행위이다.
9) 전술은 전략적 목표를 달성하기 위한 특별한 자원의 운용이다.
10) B. H. Liddell Hart, *Strategy* (New York : Frederick A. Praeger, 1954), p. 335.
11) K. V. Clausewitz, *On War*, trans., O. J. Mathijs Jolles, (New York : The Modern Library, 1943), p. 67.
12) 병참(兵站) : 전략적 목표를 달성하기 위해 전술적으로 운영되는 제 자원을 생산하고 계속적으로 지원하는 것.

제 2 절 전략의 본질

1. 대전략과 순수전략

전술이 전략의 하위 개념인 것과 마찬가지로 전략은 대전략의 하위개념이다.

대전략(기업전략), 또는 국가 전략이나 고급 전략이란 국가(기업)의 모든 자원을 조정하여 정책의 목적을 달성하려는 것이므로 전략자원을 개발해야 한다. 여기에는 경제적 자원과 인적 자원은 물론 국민의 의욕을 함양하기 위한 정신적 자원도 포함한다.

그리고, 대전략은 각 군(사업)에 자원을 배분하고 조정해야 한다. 또, 경제적·외교적 압력에 대응하여 적의 의지를 약화시켜야 한다. 싸움을 위해 훌륭한 명분을 세우는 것은 방어를 위한 갑옷(무기)이 됨과 동시에, 공격용의 칼(무기)로서도 유용하다. 전략은 전쟁에 국한되지만, 대전략은 전쟁 후의 평화까지 고려해야 하므로 제자원의 단순한 결합뿐만 아니라 장래의 평화 유지, 즉 번영과 안전 보장을 위해 제자원의 사용 방법을 강구해야 한다.

과거 전쟁의 결과는 승자나 패자 모두 비참하였다. 이는 대전략이 부재하였음을 시사하고 있으므로, 이 분야에 대한 탐구가 요청되고 있다.

전략(사업전략), 또는 순수 전략(군사)의 성공은 오직 목적과 수단의 조정 및 계획에 좌우된다. 목적은 전체의 수단에 적합해야 하고, 최종 목적에 기여하는 중간 목적을 달성하기 위한 수단은 그 중간 목적의 가치와 필요에 적합해야 한다. 그런데, 중간 목적이 어떠한 하위목적을 달성하는지에 대해서는 불문이다. 너무 지나침은 미치지 못함과 마찬가지로 유해한 것이다. 과공은 비례이다.

유동하는 상황에 최적의 조정으로 자원의 경제적 이용이 가능하다. 그러나, 전쟁에는 불안정이 수반된다. 예컨대, 과거의 위대한 군사적 지도자도 상황에 적절한 조정을 이룬 경우가 거의 없었다. 성공은 상황에 가장 적합한 대안을 택하느냐의 여부에 달려 있다. 변화하는 상황의 끊임없는 동태적 현상을 파악해야 한다. 즉, 예측력이 생존력이다.

전략적 상대성은 반드시 따르게 마련이다. 이는 마치 과학기술이 발전하여도 그 적용은 '술(術)'에 좌우되는 것과 마찬가지이다. 그리고 '술'은 목적을 수단에 접근시킬뿐더러, 또 수단에 대하여 보다 높은 가치를 부여하기 때문에 목적을 스스로 확장·확대시키게 된다. 여기에 대한 예측이나 계산은 매우 복잡하다. 그 이유는 인간의 의지나 능력을 정밀하게 측정할 수 있는 수단이 없기 때문이다.

전쟁에 있어서 공격은 항상 상대방을 어디까지 밀어붙일 것인가의 한계를 정확하게 설정해야 한다. 그렇지 않고 무턱대고 계속 밀어붙여 깜박할 사이에 한계선을 넘으면 그 다음부터는 오히려 상대방의 엄청난 역공으로 인해 상황이 순식간에 변전되고 악화된다. 이처럼 오묘한 상황의 동태성을 이해하기 위한 지혜의 개발과 삼라만상의 천변만화하는 심오한 우주의 법칙과 진리를 터득해야 한다. 이것이 지고지선의 전략이요 경영이다.

2. 전략의 전제와 기초

전략에 있어서는 전술의 경우보다 대체안의 선택이 더욱 어렵고 또 간단히 될 수 없다. 이는 전쟁에 있어서 인간의 의지라는 것을 측정하기 어렵기 때문이다. 이 경우에 인간의 의지는 저항으로 나타나고, 또 전술에 영향을 미친다.

전략은 대자연의 저항을 제외하고는 모든 저항을 극복할 필요가 없다. 전략의 목적은 저항의 가능성을 소멸하는 것으로, 이 목적을 달성하기 위해 기동이나 기습을 이용한다. 기동은 물리적 분야로서 시간과 공간, 수송력과 같은 제조건에 대한 계획이다. 그리고, 기습은 심리적 분야인데, 물리적 분야인 기동보다 훨씬 어려운 계획이다. 이는 각자에 따라 다르고, 또 적의 의지에도 영향을 주는 다양한 제조건에 의존하게 된다.

전략은 기동보다는 기습의 이용이 많을 경우가 있으며, 그 반대의 경우도 있다. 그러나 무엇보다도 이 두 요소는 상호 작용한다. 기동은 기습을 유발하고, 또 기습은 기동에 대해 기세를 제공한다. 예컨대, 가속화된 기동이나 방향 전환의 기동은 그것이 노출되더라도 어느 정도 기습의 효과가 발휘되며, 또 기습은 적의 기동과 대항 수단을 봉쇄함으로써 아군의 기동 진로를 원활히 도운다.

전략과 전술의 수행 측면에서는 그 구분이 곤란하다. 말하자면, 전략적 기동이 어디서 끝나고, 전술적 기동은 어디서 시작되는가를 정확히 구분하기가 어렵다.

그 개념적 측면에서의 구분은 가능하다. 전술은 전투의 영역이므로 전투 그 자체를 해결함에 비해 전략은 전투의 영역 밖에 존재하고 전투를 감소시켜 이를 극소화시키는 것을 그 목적으로 한다. 전쟁에 있어서의 원칙은 방어와 공격의 양면성을 지닌다. 이러한 양면성의 반영을 위해 잘 계획된 절충안이 요청된다.

전쟁은 피아(彼我)간이 충돌하는 불가피한 현상이다. 즉, 공격하는 반면에 방어해야 한다는 필요가 피아 쌍방에 부과된다. 따라서, 효과적인 타격을 위해 적의 경계심을 불식해야 한다. 적이 분산 상태에 있을 경우에는 병력 집중이 효과적이다. 그리고, 이러한 집중을 실천하기 위해서는 아군의 병력을 충분히 분산·배치해야 한다. 이는 역설적이지만 진정한 집중은 분산의 결과이다.

피아의 상대적 조건에 따라 나타나는 결과는 특정한 목표를 달성하기 위해서 예비 목표를 설정해야 한다는 것을 말한다. 대안의 결여는 전쟁의 원리에 어긋난다. 적응은 생물의 생존 법칙인 것과 같이 전쟁에 있어서도 생존을 지배하는 법칙이다. 즉, 전쟁은 환경에 대하여 인간 집단이 행하는 끝없는 도전과 응전이며, 투쟁이다. 실제로 어떤 계획이라도 적의 능력을 파쇄할 수 있도록 수립해야 한다.

그리고, 적을 제압하기 위해서는 발생하는 상황에 용이하게 대응할 수 있는 계획을 수립해야 한다. 이처럼, 적응성을 유지하기 위한 최선의 방법은 통제가 가능한 지배적 위치를 확보하는 것이며, 동시에 수시로 예비 목표로 전환할 수 있는 유연한 작전을 수행해야만 하는 것이다.

따라서, 적을 진퇴양난의 입장으로 몰아넣어 적어도 하나의 목표를 획득함으로써 연속적으로 단계적인 여러 목표를 획득할 수가 있을 것이다.

이와 같이 계획은 수목과 마찬가지로 다량의 과실을 얻기 위해서 많은 분지(分枝)가 있어야 한다. 즉, 하나의 목적 밖에 없는 계획은 불모의 줄기로 그치는 경우가 많기 때문인 것이다. 환언하여 최종 목적을 달성하기 의한 다양한 하위 목표를 설정하고 계획해야 한다.

3. 전략의 목적과 행동

전략의 목적은 결전을 유리한 상황으로 이끄는 것이다. 상황이 유리할수록 전투는 불요하고 희박해진다. 그러므로, 전략의 완성은 전투를 일으키지 않고 상황을 종결하는 것이다.

군사적 수단은 대전략의 목적 달성을 위한 하나의 수단이다. 예컨대, 외과 의사가 여러 기구 가운데 한 기구를 택하는 것처럼 전투는 전략목적의 여러 수단 가운데 하나에 불과하다.

그런 까닭에 전략가의 책임은 이익이 많은 성과를 획득하기 위해 유리한 상황에서 군사적 해결을 강요함에 있다.

따라서 전략가의 목적은 전투를 원하기보다는 오히려 유리한 전략적 상황을 바라는 것이다. 그런데, 유리한 전략적 상황이란 상황 그 자체만으로 군사적 해결이 가능한 정도이거나, 아니면 전략적 상황과 전투를 결합하면 군사적 해결의 가능성이 확실한 정도이어야 한다. 즉, 교란이 전략의 목적이다. 교란의 결과로 적의 붕괴나 전투에 있어서 적의 파쇄가 용이할 것이다. 적을 붕괴하기 위해서 부분적인 전투 수단이 요구되겠지만 이는 전투의 성격은 아니다.

전략적 교란은 어떻게 일어나는가? 물리적으로, 또는 병참의 관점에서 적의 배치 변경을 강요함으로써 조직을 교란시키고, 또 병력의 분리와 보급의 차단, 철수의 강요 등은 전략적 교란을 유발한다. 심리적으로, 물리적 효과에 의해 적의 사령관의 마음에 인상지어진 결과가 교란이다. 즉, 적의 지휘관이 '불리한 위치에 몰렸다'라고 인식하거나, '대항할 수 없다'라고 느낀다면 그 인상은 강렬한 것이 된다. 심리적 교란은 '함정에 빠졌다는 생각'에서 나온다. 이것이 적에 대한 물리적 행동이 있은 직후에 자주 발생하는 이유가 바로 이 때문이다.

사람과 마찬가지로 부대가 배후의 타격에 대응하기 위해서는 뒤쪽으로 무기를 배치하지 않는 한 적과 대항하지 못한다. 회전은 인간과 마찬가지로 일시적으로 그 균형을 무너뜨리게 되며, 특히 부대는 불안정한 시간이 더 길어진다. 따라서, 군의 지휘부는 그 배후의 위협에 대해 매우 민감하다.

이와는 대조적으로 적의 정면으로 직진하는 기동은 적의 물리적·심리적 균형을 강화시켜 주며, 저항력을 향상시키는 것이다. 따라서, 적의 전선의 측면을 우회하여 그 배후로 향하는 기동은 적의 저항을 회피하면서 최소의 저항선을 취하자는 것이다. 그 결과에 목적을 두고 있다. 이는 최소의 예기선(銳氣線)이다. 이러한 현상은 동전의 표리관계와 같다고 할 수 있다. 이것을 음미하면 전략의 이해를 도모할 수 있다.

물리적 측면을 검토함에 있어서 심리적 측면까지도 고려해야 한다. 그리고, 전략은 물리·심리의 양자를 결합시킬 경우에만 적의 균형을 교란시키기 위해 계획된 진정한 의미의 간접적 접근인 것이다. 단순히 적의 배후로의 간접적 행군이 전략적 간접 접근을 구성하는 것은 아니다. 전략의 술은 이처럼 단순하지 않다.

이러한 접근은 적의 전선에 대한 간접적인 접근일지도 모르지만, 그러나 적은 그 배치를 변경하게 되어 간접적 행동은 적의 새로운 정면으로 향하니, 결국 이는 직접적인 접근이 될 것이다.

이처럼, 적은 정면을 변경시킬 수도 있으므로 보통 교란 행위에 앞서 행하자는 것이 견제이다. 다른 쪽으로 끈다는 목적은 적으로부터 행동의 자유를 빼앗는 일이다. 그리고, 이는 물리적·심리적으로 동시에 실천해야 한다.

물리적 견제는 적의 분산, 또는 적의 주의를 혼란시킴으로써 기도된 결정적 기동을 차단하는 결과를 유발한다. 심리적 견제는 공포심의 유발과 기만의 효과를 얻는다. 기습은 교란의 필수적 요인이다. 지휘관의 의지가 견제됨으로써 비로소 그 병력이 견제된다. 즉, 행동의 자유가 상실되는 것은 사고의 자유가 상실되는 결과를 가져온다. 이처럼, 심리적 측면이 물리적 대응에 여하히 침투되고 또 지배할 것인가를 검토하는 것이 곧 간접적 효과를 확대하게 된다.

4. 전쟁과 전략의 원칙

모든 전략의 수립과 실천의 출발은 정책이다. 국가(기업)의 목표가 설정되면 이에 따라 전략 계획을 수립하는데, 이 경우에 고려할 요소가 너무 많다. 즉, 시간, 공간, 자원과 능력, 적의 능력과 의도, 그 결과에 대한 반응 등을 고려해야 하니, 너무나 많은 요소의 불확실성이 개재하고 있다. 따라서, 전략가의 술(術)은 계획적인 모험의 술이라 해도 과언이 아니다. 더욱이, 전투를 행하자면 가변적 요소가 개입되므로 모든 계획은 수정을 해야만 한다. 그러므로, 오랫동안 전쟁을 체험한 장수는 폭풍우가 휘몰아치는 바다에서 길을 인도하는 등대불처럼, 또 전장의 수라장에서 어렵고 복잡한 임무를 수행하는 지휘관에게 지침이 되는 나침반의 역할을 행하는 것이 없을까 하여 전쟁의 원칙을 탐구하였다.

(1) 전쟁의 원칙

그런데, 다행히도 동양에서 기원전 500년에 손무(孫武)의 저서 『손자(孫子)』에 의해 지휘관의 나침반 역할인 전쟁의 원칙이 명시되었다. 즉 기습[13]과 집중[14] 및 융통성[15] 등은 시대와 장소 및 무기 체계의 변화에도 불구하고 오늘날 전쟁의 지도 원리로 활용된다.

전쟁의 원칙이란 무엇인가. 먼저 원칙의 개념을 살펴보자.

인식과 행동에 적용하는 보편적인 개념은 법칙이며, 원칙도 역시 행동을 규정한 하나의 법칙이다. 그러나, 본래의 법칙처럼 형식적이거나 확정적인 것이 아니다. 요컨대, 원칙의 뜻은 법칙의 정신과 의미를 시사한다. 따라서, 원칙을 세운다는 것은 현실의 세계에 있어서 여러 현상이 법칙의 확정적 형식에 내포되지 않는 경우에 보다 자유로운 적용의 한계를 개인적 판단에 맡기기 위해서이다. 그러면 법칙이 적용되지 않을 경우 판단에 있어서 적용의 자유가 부여되어야 한다. 그런 까닭에 원칙이 법칙의 정신을 살려서 행위자에 대해 길잡이나 지침이 된다.

원칙은 객관적 진리에서 유래하고, 모든 인간에게 예외없이 타당하게 적용될 경우의 원칙은 객관적이다. 또 원칙이 행위자의 주관적 기준을 포함하고, 그 기준을 원칙이라고 하는 사람에게 어느 정도의 가치를 가질 경우, 이 원칙은 주관적인 것이며, 이를 일반적으로 통칙이라고 한다.

그리고, 전쟁의 원칙을 주관적 진리로 보거나 또는 객관적 진리로 보기도 한다. 전쟁은 생명이 없는 무기 체계의 법칙과 같이 탐구해서는 안 된다. 여기에는

---

13) 孫子, 始計 第一, 攻其無備, 出其不意.
14) 상게서, 虛實, 第六, 刑人而我無形, 則我專而敵分, 我專爲一, 敵分爲十是以十攻其一也..
15) 상게서, 九變, 第八, 途有所不由, 軍有所不擊, 地有所不爭, 軍命有所不受.

불확실성과 가변성이 많다. 전쟁은 필역적이라기보다는 오히려 개연성이 지배하는 경우가 많다. 그러나, 이는 인간의 지성이 전혀 미치지 않는 신비에 싸여 있는 것이 아니라, 그것에는 그것대로 법칙성을 가진 사회현상이라는 것이다. 손자의 '知彼知己 百戰不殆'라는 명제는 과학적 진리라고 해도 좋을 것이다.

전쟁의 원칙과 전략의 원칙 및 전술의 원칙의 관계를 살펴보면 〈그림 3-3〉과 같다.

전쟁의 원칙에는 목표의 원칙, 공세의 원칙, 집중의 원칙, 기동의 원칙, 기습의 원칙, 융통의 원칙, 경계의 원칙 등이 있다.

〈그림 3-3〉 전쟁 · 전략 · 전술적 원칙의 관계

목표의 원칙은 분명하고 또 달성 가능해야 한다. 그리고, 모든 비군사적 행동과 군사적 행동은 목표 달성에 기여해야 한다. 목표에는 전술적 목표와 전략적 목표 및 국가 목표 등 계층이 있다.

공세 원칙은 공세 행동만이 결정적인 결과를 가져오며, 또 승리를 위한 선행조건이다. 이는 선제권과 주도권을 장악하며, 적에게 우리의 의지를 강요할 수 있다. 모든 전투는 방어[正]로서 대치하고 공격[奇]으로서 승리한다. 충실한 전투력의 군대[實]로서 허술한 적[虛]을 공격해야 한다.[16)]

집중의 원칙은 결정적 시간과 장소에 최대의 수단을 집중하는데, 여기에는 인력, 물자, 화력, 조직, 사기, 통솔력, 준비 태세 등이 있다.

기동의 원칙은 공세, 집중, 기습 등의 원칙과 병행하면 결정적인 결과를 가져온다. 즉, 병력의 경제적 기동을 위해 신속한 기동과 물리적 기동(전술・전략적 기동)을 가져야 하며, 변화하는 상황에 대응하기 위해 융통성이 필요하다. 승리의 관건은 기동에 달려 있다. 기습의 원칙은 적이 예상치 않는 장소와 시기 및 방법을 택해 적을 강타하는 것이다. 기습은 적으로 하여금 공격을 알지 못하게 하는 것이 아니고, 알았을 때 효과적인 반격을 하기에는 그 시기가 너무 늦다는 데 있다.

기습은 비밀, 위계, 속도, 지세의 이용으로 가능하며, 집중은 기습의 원칙을 가져오는 필수적 조건이다. 그리고, 최소의 노력으로 최대의 효과를 얻을 수 있다.

융통의 원칙은 변화하는 상황이나 예기치 못한 장애에 부딪쳐도 예비된 계획을 그 상황에 적합하도록 임기응변으로 바꾸어 목표를 달성해야 한다. 이것이 바로 상황적합적 원리이다.

경계의 원칙은 적의 기습 방지, 혼란 회피, 행동의 자유를 확보하고, 계획과 정보의 통합, 목표 달성의 능력을 보존한다. 이는 정보의 획득도 포함한다.

(2) 전략의 원칙

추상적 원칙이 아니라 실천적 지침이어야 하는데, 실제적인 것만이 유익하다. 그런데, 어떠한 원칙은 사람에 따라 그 뜻이 달라지고, 원칙적 기준은 개인의 이해에 따라 차이가 있다. 이처럼, 여러 가지 의미로 해석되는 추상성이 증가하면 할수록 이는 성취가 불가능하고 무익한 신기루와 같은 것이 되며, 하나의 지적 유희에 불과한 것이다.

전략의 원칙을 한 마디로 표현하면 '집중'이다. 이는 '약점에 대한 강점의 집중'이며, 약점에 대한 강점의 집중은 상대의 능력의 분산에 좌우되며, 상대의 능력의 분산은 아군능력에 대한 분산의 효과에 따라 발생한다.

---

16) 孫子, 兵勢, 三軍之衆, 可使必受敵而無則者 奇正是也 兵之所加 如以瑕投卵者 虛實是也 凡戰者 以正合 以奇勝.

이는 인과 관계를 구성하므로 그 하나 하나가 결과로 나타난다. 진정한 집중은 계획된 분산이 가져다 주는 결실이다.

리델 하아트(L. Hart)[17]는 다음과 같은 전략의 원칙을 제시하고 있다.

첫째, 목적을 수단에 부합시켜라.

목적을 설정함에 있어서 명확한 예측과 냉정한 계획을 수립해야 한다. 소화 능력 이상의 탐식은 어리석다. 군사적 지혜는 무엇이 가능한가를 제1로 삼는다. 그러므로, 천지실리요 심지본체인 성실을 으뜸으로 하여 현실에 적용해야 함을 터득해야 한다. 이는 행동이 적극적이고 최선일 경우에 불가능한 것까지도 가능한 것으로 만들 수 있게 한다. 자신감이나 신념은 마치 전지 속을 흐르는 전류와 같은 것이므로 불필요한 노력으로 방전하거나 소모해서는 안 된다. 임무에 대한 확신만이 완성이 지름길이다.

둘째, 항상 목적을 명심하라.

상황에 적합하게 계획하려면 항상 목적을 명심해야 한다. 목적을 달성하는 데 사용되는 방법은 하나 이상인 것이며, 어떠한 목표도 반드시 목적으로 지향될 수 있도록 세심한 주의를 기울여야 한다. 그리고, 미래의 목표를 달성할 가능성을 예측함과 동시에, 달성했을 경우에 그 목표가 목적에 얼마나 기여할 수 있는가를 예측해야 한다. 목적에서 빗나가는 것도 나쁘지만, 더욱 나쁜 것은 가다가 중지하는 것이다.

셋째, 최소의 예측 노선을 택하라.

적의 입장에서 보도록 노력하고, 적이 견제하는 노력이 가장 적은 노선이 어느 것인가를 고려해야 한다.

넷째, 최소의 저항선을 이용하라.

목적에 기여할 목표에 지향되고 있는 조건을 충족시키는 최소의 저항선을 사용해야 한다.

다섯째, 예비 목표로 전환할 수 있는 작전선을 택하라.

적을 진퇴양난의 입장으로 몰아넣고 적의 준비가 약한 목표를 공략할 수 있는 기회를 확보할 수 있는 곳까지 전진이 가능하며, 또 이를 계기로 삼아 축차 공격

17) B. H. Liddell Hart, *Strategy* (New York : Frederick A. Praeger, 1954), pp. 348-349.

이 가능할 것이다.

예비 목표의 선정은 반드시 하나 이상의 목표를 가질 수 있다는 것이며, 그렇지 않고 만약 단일 목표만을 가진다면 우리의 의도가 노출됨으로써 그 목표는 달성하기가 어렵게 될 것이다.

여섯째, 환경 변화에 적용할 수 있도록 계획을 수립하고 융통성을 발휘할 수 있는 배치를 하라.

하나의 계획이 성공이나 실패, 또는 부분적인 성공의 경우, 다음 단계를 위해 준비되어야 한다. 그리고 배치는 전과확대(戰果擴大)나 여러 상황에 신속히 적응할 수 있어야 한다.

일곱째, 적이 경계 태세를 취하고 있는 동안에 공격하지 말라.

역사의 교훈은 적이 무력할 경우를 제외하고는 이를 효과적으로 강타할 수 없음을 알리고 있다. 따라서, 지휘관은 적의 전투력이 마비되기 전에 진지의 적을 정면으로 공격하지 말아야 한다.

여덟째, 한 번 실패한 후에 같은 방식으로 재공격을 시도하지 말라.

단순한 병력의 증강은 전국(戰局)을 변화시킬 수 없다. 그 이유는 적도 병력을 증강할 수 있기 때문이다. 뿐만 아니라 만약 적이 성공할 경우 사기를 향상시키는 결과를 주기 때문이다.

이상의 여러 전략 원칙의 바탕을 흐르는 진리는, 성공을 위해서 필요한 것이 교란과 전과 확대임을 알 수 있다. 교란이 선행된 후에 전과 확대가 실시된다.

즉, 먼저 호기를 만들고, 이를 이용함이 그 요체이다.

교과서는 오직 실수를 범하지 않는 지휘관을 양성하고 있으며, 또 적으로 하여금 실수를 범하게 할 경우를 망각하는 지휘관을 육성한다.

따라서, 이러한 지휘관의 계획은 바라는 결과를 가져오지 못한다. 전쟁사를 보면 피아의 균형을 전복시키는 방법은 곧 상대방의 과실을 유인하는 데서 비롯됨을 알 수 있다.

예로부터 지휘관의 결심, 즉 의사결정의 지배적인 요인을 분명한 실제보다는 예기치 않은 상황에서 찾으려고 하였다. 즉, 전쟁은 인생의 일부분, 그러므로 전쟁에서 운수를 분리하여 생각할 수 없다. 그런데, 예기치 않은 상황 그 자체는 성공을 보장할 수 없으나, 예기치 않은 상황이 성공의 기회를 제공하는 것임에는 틀림이 없다는 역설을 우리는 본다.

중국의 모택동은 1928년 "16자전법(十六字戰法)"을 제시하였으니,

敵進我退 敵駐我擾 敵疲我打 敵退我追

여기서 찾아볼 수 있는 하나의 흐름은 유일 최선의 원칙보다는 상황에 따라 유연하게 적응해 나가는 방법, 즉 상황적합적 접근방법임을 이해할 수 있다.

고정불변적인 사고는 매우 위험하여 조직이 타성에 빠져 어렵게 만든다. 엔트로피(entropy)법칙에 따라 우주의 삼라만상이 변화무상하므로 기업과 환경은 순간도 정지함이 없는 지속적인 상호작용과 상의상관으로 동태적 진화게임에서 이길 수 있도록 해야 한다.

이는 전념할 수 있는 분위기와 가풍, 사풍 그리고 국풍을 진작할 문화의 창조와 함양이 최고 전략이다.

제 3 절 전술의 본질

1. 전술의 원칙

전략은 지휘관(기업가)에게 군사 운용(사업 운용)에 관한 광범위한 원칙을 제공한다. 지휘관은 이러한 원칙에 따라 임무와 목표를 달성하기 위한 구체적 방법과 절차, 즉 전술을 발전시켜야 한다.

다음은 전술의 원천과 전술의 개발 및 전술의 표준화를 살펴보자.

① 전술이란 전장에서 전투를 실천하는 방법을 말한다. 전술은 원인과 동기가 존재하는데, 그 원천은 임무, 수단의 발달, 관찰, 경험, 독창적 사고 등이라고 할 수 있다. 그리고, 새로운 전술의 필요성은 완수해야 할 임무로부터 비롯한다. 이

러한 임무는 전술을 이용함으로써 완수될 수 있으며, 그 임무가 반복적이거나 유사할 경우에는 더욱 당연하다. 무기나 장비의 발달은 이러한 전술의 현저한 변화를 초래한다. 예컨대, 기관총이나 연발총의 발명은 밀집 전술을 분산 전술로 변경시켰다. 또 핵무기는 전략 공군의 전술을 변경시켰다. 레이더와 전자계산기 및 유도탄에 의한 방어 작전은 전술변화의 전형적인 예이다.

② 또, 적군이나 아군의 전술을 관찰·견학함으로써 전술의 원천을 마련할 수 있다. 어떤 군대나 국가도 기술을 독점할 수는 없다. 그 외에도 전사를 통하여 연구되기도 하기 때문에 어떤 특정한 전술 개념, 이를테면 저고도 폭격술은 아직도 광범위하게 사용되고 있다.

③ 전투는 전술의 실증 단계라고 할 수 있으며, 전투 상황은 가끔 새로운 전술을 요구한다.

④ 어떤 경우에는 전혀 새로운 전술이 평화시에 도출되기도 한다. 육군대학의 백지 전술은 전술 개발을 위한 훌륭한 원천이다.

⑤ 새로운 전술의 원천은 전술 개념을 마음으로 그려볼 수 있는, 즉 독창적 사고이다. 그리고, 직관 및 전략적 통찰력과 선견지명에 의해 생성·발전된다. 이순신 장군의 승리는 미래전에 대비한 독창적인 거북선의 힘이 크다. 즉, 항심 항산(恒心恒產)이다.

2. 전술의 개발

전술 개발의 중요한 요소는 목표이다. 계획을 달성하기 위해서는 무엇인가를 철저히 이해해야 하며, 전술은 임무의 완성과 손실이 최소화되도록 계획되어야 한다. 장병은 전장에서 죽음을 각오하지만, 지휘관은 그들의 안전과 복지에 관심을 두어야 한다. 개인이나 군대는 비상사태를 제외하고는 반드시 죽음의 작전에 참가하도록 요구되지 않는다.

그리고, 또 하나 중요한 것은 우리의 전술에 대한 적의 대응 능력이다. 불행하게도 적의 의도를 파악할 시간적 여유는 거의 없으며, 일반적으로 정보 부서에서 내린 정보 판단에 의존해야 한다.

물론 그것은 허위이기도 하고, 또 과대, 과소, 심지어는 어긋난 분석도 하게 된다.

여하간 성공적 전술은 언제나 적의 능력에 대한 정확한 분석이어야만 가능하다. 또, 우리의 능력도 파악해야 한다. 항공기, 미사일, 전차, 대포 등의 특징과 성능을 이해함으로써 예측을 가능하게 한다.

그런데, 인적능력은 예측하기가 어렵다. 개인의 능력은 가변적 요인, 즉 지식, 취미, 배경, 경험, 훈련 상황, 습관, 의지에 따라 결정되며, 또 사기, 지휘, 규율에 의해서도 영향을 받는다. 이러한 이유로 인해 유사한 두 개의 부대가 유사한 전술을 구사할 경우라도 그 결과는 각기 다르기 마련이다. 전술가는 이러한 가변적 요소와 불가변적 요소를 통합함으로써 그 한계와 약점을 극소화하는 전술을 개발해야 한다. 신념이나 열성은 인력과 장비의 열세를 보완해 줄 수도 있으나, 지나친 조심은 안전을 너무 강조하므로 전술 목표가 희미해진다. 또 과도하게 능력을 평가할 경우, 임무 수행에 실패할 가능성도 있다. 그래서 기업의 사명과 목표를 달성하기 위한 끊임없는 정책과 전략의 개발과 이를 수행할 수 있는 인력개발이 최우선적이어야 한다.

3. 전술의 표준화와 원칙

전투가 주로 개인 대 개인일 때에 전술은 개인의 생각과 기술을 반영하였으나, 오늘날 전술은 표준화되고 있으며, 이는 지휘와 통제를 강화하기 위해서 더욱 강조되고 있다. 전쟁의 규모가 확대되어 하나의 전장으로부터 수만km 떨어져 있는 지휘관에 의해 통제되어야만 한다.

그런데, 전술의 표준화는 독창력과 진취적 사고 및 개인주의에 대해 제한이 된다는 비판이 있으나, 이는 임무 수행에 있어서 필수적인 것이다. 누구든지 자기의 임무 수행에 대한 전술을 이해해야 한다. 이것이 곧 전술의 표준화를 요구하는 요소인 것이다. 또, 무기 체계의 복잡성과 대응 시간의 단축에 따른 자동화의 요구로 전술의 표준화는 필수적이 된다.

그리고, 전술은 항상 진취적인 의지와 지휘관의 특성이 발휘되어야 하고, 앞으로 경쟁(전쟁)의 양식은 다양해지기 때문에 우리는 보다 창조적인 사고가 필요한 것이다.

전술의 기본 원칙에는[18] ① 목표 달성의 가능성, ② 경제적 수단, ③ 우군의 행동 자유, ④ 기만과 위장, ⑤ 환경변화에의 적응력, ⑥ 집중력, ⑦ 자원의 통합 이용, ⑧ 독자적인 선제 등이다.

4. 전략적 승리와 전술적 승리

전투는 본래 군사적 행동이며, 이는 대적하는 두 힘의 충돌, 즉 양측의 투쟁이요, 또 전력을 유혈로 청산하는 투쟁인 것이다. 그러니, 여기에는 이미 박애정신이 개입할 여유가 거의 없는 상황이다.

그리고, 전투의 구조는 전술적이며, 또 전술의 범주에 속한다. 전투의 목적은 적의 파괴이며, 이는 물리적·정신적 군사력을 포함한다. 이러한 군사력의 파괴는 전투의 목적이면서, 또 수단일 경우도 있다. 그 이유는 전쟁 그 자체가 정치적 목적 달성을 위한 수단이기 때문이다.

전략적 승리는 전술적 승리를 전제로 하는 것이 보통이지만, 전술적 승리로 인해 전략적 승리를 했다고 말할 수 없다. 따라서, 전투는 승리 그 자체를 위해서 수행하는 것이 아니라, 전략적 목적을 달성하는 데 기여하는 방향으로 수행해야 한다.

전투의 수단에는 화기(火器)와 접전이 있다. 화기의 사용은 화력으로 적을 파괴하려는 것이고, 접전 또는 각개 전투는 개인 대 개인의 투쟁으로 전투의 기초를 이루는 것이다.

전투의 성공은 사기 문제이다. 전투는 두 개의 물리적 힘이 아니라 두 정신력의 충돌이다. 더 강한 자가 정복한다. 즉, 사기가 보다 왕성한 측이 승리할 수 있다. 이 사기의 왕성은 상대편에 공포를 준다. 상대편을 정복하기 위해서는 이러한 공포를 유발시켜야 한다. 가장 위협적인 행동을 하는 병사가 승리자인 것이다.[19] 전진할 결의를 가진 자가 승리한다.[20] 신념이 곧 승패의 관건이다. 인간의

18) Fuchs & Kölper, *Militärisches Taschen Lexikon* (Bernard, 1961), p. 367.

의지는 진실로 투쟁의 기반이며, 이것이 진정한 인간 생활의 전형이다. 전투와 위험의 긴장된 상황에서는 인간의 의지가 공포에 의해 지배를 받기 마련이다. 오늘날 최신의 무기라도 전의를 상실한 군인의 손에 잡힌 무기는 그 위력이 크고, 그 수가 많다 할지라도 거의 무가치한 경우도 있기 때문이다. 1967년 6월 중동 전쟁에서 아랍 연합군의 패배는 이것을 잘 예시하고 있다.

사람들아, 신념의 불을 태워라. 오직 이것뿐이 아니겠는가. 이러한 인간을 길러라. 이러한 기업을 육성하라. 그리고, 국가를…. 전략적 리더십을 발휘할 수 있는 인재양성이 기업을 발전시킬 수 있는 원동력이다.

제 4 절 경영전략과 전투

1. 성공전략의 경쟁력과 사업장[21)]

경영전략 또는 간단히 전략은 경쟁에서 승리하기 위한 수단이다. 경쟁에서 승리한다는 것은 기업이 목표를 달성한다는 것과 같은 의미로 사용할 수가 있다.

이때 기업의 목표는 궁극적으로 이익의 극대화라고 할 수 있다.

어떤 산업이든 경쟁기업이 존재하지 않는 산업은 없다. 현재 한 기업이 특정산업을 독점하고 있다고 하더라도 그 산업에 진입하려고 기회를 엿보는 잠재적인 기업이 존재하기 마련이다. 극단적으로 거대기업에 의해서 장기간 동안 국내에서 독점상태가 지속될 것으로 예상된다고 하더라도, 전 세계의 다국적기업이 국내시장에 진입하기 위한 기회를 엿보고 있을 것이다.

특정산업에서 하나의 기업만이 존재한다는 것은 그만큼 그 산업에서 누릴 수 있는 이익의 규모나 잠재력이 크다는 것을 의미하므로 시장진입에 대한 잠재기업

---

19) E. M. Earle, (ed), *Makers of Modern Strategy* (Princeton : Princeton University Press 1943), p. viii.

20) *Ibid.*, p. 216.

21) 어윤대외, 전략경영, 학현사, 1995, pp. 12-14.

들의 열망이 강하다고 하겠다. 그리고 현재 법률규제로 진입이 제한되고 있다면 그 규제를 완화하기 위한 직접 및 간접적인 압력이 드세어질 것이므로 그 산업에서 독점적 지위를 구축하고 있는 기업은 곧 치열한 경쟁에 당면하게 될 것이다.

이런 점에서 본다면 같은 산업에서 다른 기업과의 경쟁을 통해 기업이 목표를 달성한다는 것은 동일한 목표를 추구하는 다른 기업보다 뛰어난 경영성과를 누린다는 것을 의미한다. 전략이 경쟁에서 승리하는 수단이고, 경쟁에서의 승리가 기업의 목표달성을 의미한다면, 전략은 기업이 경쟁에서 승리하는, 데 또는 목표를 달성하는 데 어떤 방식으로 도움을 주는가? 이에 대한 답을 제시하는 것이 바로 전략에 대한 정의를 내리는 것이라고 할 수 있겠다.

이 책에서는 전략(또는 경영전략)을 다음과 같이 정의한다. 전략이란 경쟁에서 승리하기 위한 또는 기업의 목표를 달성하기 위한 수단으로, 다른 기업보다 유리한 상황에서 경쟁할 수 있도록 하는 계획이다. 따라서 전략은 경쟁에서 승리하는 데 유리한 상황을 창출함으로써 기업의 목표를 달성하는 데 그 목적이 있다.

그렇다면 유리한 상황이란 구체적으로 어떤 상황을 의미하는가? 유리한 상황이란 다음과 같은 두 가지 조건이 갖추어진 경우를 의미한다. 첫째, 매력적 사업영역을 확보하고, 둘째 지속적 경쟁우위를 보유할 때이다. 이렇게 본다면 경영전략이란 결국 경쟁에서 승리하기 위해 매력적 사업영역을 확보하고 지속적 경쟁우위를 보유하기 위한 계획이라고 하겠다.

첫 번째 조건인 매력적 사업영역의 확보는 장기적으로 이익잠재력이 큰 유망한 산업이면서, 기업이 보유하고 있는 강점을 최대한으로 활용할 수 있는 사업영역을 선택하는 문제이다. 기업의 장기적인 성장과 생존은 어떤 사업영역(예컨대 건설업, 중화학 산업, 금융 및 보험업)을 선택하느냐에 따라 결정적인 영향을 받게 된다. 그런데 사업영역을 결정하는 데 있어서 기업이 단일사업으로 구성되어 있는 경우는 하나의 사업영역을 결정하는 문제가 되지만, 복수의 사업으로 구성되어 있는 경우는 복수의 사업영역을 결정하는 문제가 된다. 이 경우 단일사업의 기업이 당면하지 않은 의사결정문제가 추가로 발생하는데, 크게 볼 때 한정된 기업자원을 각 사업단위에 배분하는 문제와 이들 사업들의 관련성을 활용하여 시너지(synergy)를 극대화시키는 문제가 포함된다.

두 번째 조건인 지속적 경쟁우위의 보유는 기업이 선택한 사업영역에서 경쟁상의 우위를 확보하고 이를 지속시키는 문제이다. 기업은 경쟁우위를 확보함으로써 경쟁에서 승리하여 성공기업(높은 수익성, 높은 시장점유율, 생존)으로 발전할 수 있다. 경쟁기업과 비교하여 경쟁우위의 차별성이 클수록 경쟁우위의 정도가 커지고 경쟁우위의 지속기간이 길어진다. 경쟁우위의 차별성은 기업이 보유하고 있는 자원면의 강점과 약점이 무엇이며, 해당 산업의 핵심성공요인이 무엇인가에 의해서 결정된다. 그러므로 기업이 경쟁우위를 보유하기 위해서는, 먼저 강점이 될 수 있는 전략자원이나 능력을 개발하여 축적하고, 이들 축적된 전략자원이나 능력(강점)을 외부환경과의 관계 속에서 차별적으로 활용하여야 한다.

이상의 두 가지 조건을 군사용어로 바꾸어 표현한다면 매력적 사업영역의 확보는 유리한 고지의 확보라고 할 수 있으며, 지속적 경쟁우위의 보유는 우세한 군사력 및 화력의 보유라고 할 수 있다.

2. 경쟁력과 사업장의 동태성

앞에서 살펴본 두 가지 조건에 대한 정확한 개념파악을 위해서는 이들 개념의 동태성에 대한 이해가 필요하다. 그것은 이상의 두 가지 조건을 동태적인 관점에서 해석하여야 한다는 것이다. 현재의 시점에서 매력적 사업영역을 확보하고 있고, 경쟁우위를 보유하고 있는 것은 별 의미가 없다. 전략의 미래지향적 속성, 즉 미래의 목표를 설정하고 이 목표를 달성하기 위한 앞으로의 행동계획을 수립한다는 속성을 고려해 볼 때, 전략의 두 가지 조건인 매력적 사업영역과 지속적 경쟁우위도 이를 동태적으로 추구해 나가는 과정으로 해석하여야 할 것이다.

이를 쉽게 비유한다면, 현재 유리한 고지와 우세한 군사력 및 화력을 보유하고 있다고 하더라도 이를 효과적으로 또는 차별적으로 활용하지 못할 경우 전쟁, 좁게는 전투에서 승리할 수 없는 것과 같다고 하겠다.

어떤 전쟁이나 전투에서 승리한 요인을 설명할 때 지휘관(장군)의 뛰어난 지모와 지략을 빠뜨릴 수 없다. 지휘관의 독창적이면서도 대담한 발상과 이를 완벽하게 실행하는 능력이 전쟁이나 전투의 승리를 이끌어 낸다.

따라서 전투의 승리는 탁월한 지휘관이 있었기 때문에 가능하였다고 말하기도 한다. 현재 아군이 처하고 있는 지형(고지)과 보유하고 있는 군사력—비록 현재 불리한 지형에 처해 있고 열세인 군사력을 보유하고 있다 하더라도—을 잘 활용함으로써 유리한 상황을 창출하는 것이 바로 장군의 지모와 지략이다. 그러므로 주어진 조건을 최대한 활용하여 동태적으로 유리한 상황을 창출하는 것이 전략의 핵심이라고 하겠다. 이를 다음의 예를 들어서 설명해 보기로 하자.

〈그림 3-4〉 칸네전투의 전개상황

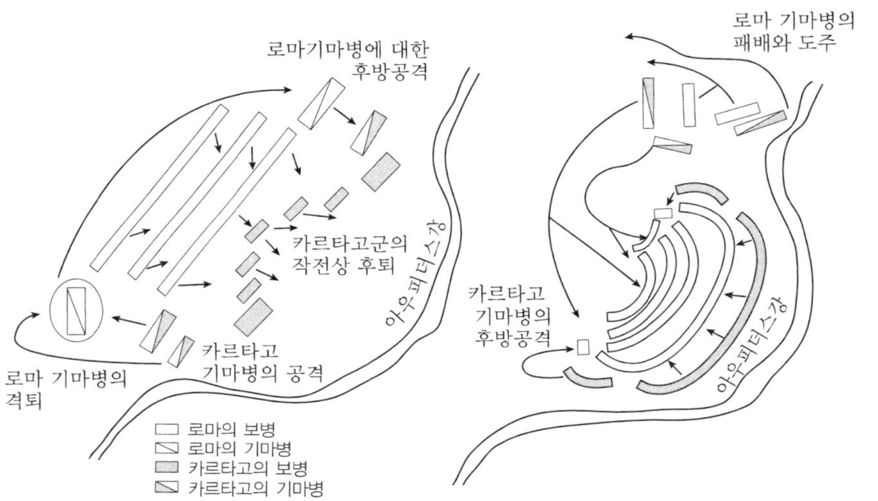

자료 : J. A. Czepiel, *Competitive Marketing Strategy*, Prentice Hall, Englewood Cliffs, NJ(1992).

〈그림 3-4〉는 기원전 216년 한니발(Hannibal) 장군이 이끄는 카르타고군과 바로(Varro) 장군이 이끄는 로마군간에 벌어진 칸네(Cannae) 전투의 상황을 나타낸 것이다. 카르타고군과 로마군의 군세를 보면, 기마병은 양측이 모두 2천기 정도로 비슷하였으나, 보병은 카르타고군이 2만명인 데 비해 로마군이 7만 명으로 카르타고군이 수적으로 절대적인 열세에 있었다. 반면 카르타고군은 고지대에 위치하고 있어서 지형상으로 유리한 입지에 있었다.

한니발 장군의 전략은 보병에서 절대적으로 불리한 상황(정태적)을 양측이 비숫하게 보유하고 있는 기마병을 이용하여 유리한 상황(동태적)으로 전환시킴으로써 승리를 거두는 것이었다. 이를 위해 한니발 장군은 기마병을 반으로 나누어 양측면에 배치하였는데, 균등하게 반으로 나눈 것이 아니라 좌측진영에 더 많은 기마병을 배치하였다. 그런데 로마의 바로 장군은 한니발 장군이 양측면에 같은 수의 기마병을 배치하였을 것으로 생각하고, 로마의 기마병을 양측면에 균등하게 배치하여 공격하게 하였다.

그 결과 우측면의 카르타고 기마병은 지형상의 이점을 이용하여 적은 수로 로마의 기마병을 방어할 수 있었으며, 좌측면의 기마병은 지형적 이점과 함께 수적으로 우세한 군세로 로마의 기마병을 쉽게 격퇴시킬 수 있었다. 좌측면에서 승리한 카르타고의 기마병은 로마군의 후방을 가로질러가 방어하고 있던 기마병과 합세하여, 우측면의 로마 기마병도 쉽게 격퇴시킬 수 있었다.

카르타고의 기마병이 로마의 기마병을 무찌른 후, 한니발 장군은 적의 보병부대가 자기 부대의 중심부를 공격하기를 기다렸다. 7만 명의 로마군이 공격해 오자, 한니발 장군은 중심부의 보병을 작전상 후퇴시켰다. 이를 카르타고군이 붕괴되는 줄로 생각한 로마군은 대대적으로 전진하였다. 이를 이용해 카르타고군은 초승달형의 진형을 만들어 로마군을 포위한 후 대기하고 있던 기마병이 로마군의 후방을 차단하면서 공격하자, 로마군은 일시에 무너져 카르타고군은 대승리를 거두었다. 이 작전은 역사상 가장 완벽한 전술을 구사한 승리라고 칭송되고 있다.

이상에서 알 수 있듯이 로마군이 전투를 시작하기 전에는 수적으로 압도적인 군사력(보병)을 보유하고 있었으나(정태적 시점), 전투의 승리에 별다른 영향을 주지 못하였다. 한니발 장군은 자신의 기마군을 불균등하게 반으로 나누어(독창적 발상), 균등하게 반으로 나눈 로마의 기마군보다 수적으로 우세한 상황에서 싸울 수 있는 조건을 인위적으로 창출하였다. 또한 지형이 높은 곳에 위치(유리한 고지)하고 있다는 것을 이용하여 적은 군사로 많은 적을 방어하게 하였고, 승리한 기마병이 나머지 로마 기마병을 공격하기 위해 방어하던 기마병과 합류하게 함으로써 더욱 우세한 상황을 만들어 내었다. 그리고 적절한 대진형으로 수적으로 우세한 로마군의 보병이 실질적인 효력을 발휘하지 못하게 하여 승리를 이끌어 낼 수 있었다고 하겠다.

이상의 예에서 알 수 있듯이 전략의 두 가지 구성요소인 매력적 사업영역의 확보와 지속적 경쟁우위의 보유는 정태적 조건이 아니라 동태적 조건이므로, 이들 조건이 동태적으로 충족되도록 하는 것이 전략의 핵심적 요체라고 하겠다. 그러면 어떤 방식으로 이러한 조건을 충족시켜 유리한 상황을 창출할 것인가? 이는 독창적 아이디어와 기발한 발상에 의해서 가능하다고 하겠다.

새로운 혁신상품을 개발하거나, 독특한 광고선전을 통해 차별화 하거나, 그 외 역사적으로 성공한 수많은 성공기업들의 예에서 알 수 있듯이 그 방법은 무수히 많다. 인간의 상상력이 무한히 발휘될 수 있다고 볼 때 독창적 아이디어나 기발한 생각의 가능성도 거의 무한하다고 하겠다. 그러나 실제 다양한 형태로 전개되는 수많은 성공전략들도 그 이면에는 일정한 원칙에 기초한 전략과 전술이 고도로 세련된 형태로 응용되어 있다고 하겠다. 전략에 관한 연구는 이러한 일반적 원칙을 발견하는 데 그 근본목적이 있기도 하다.

이상의 내용을 간단하게 요약하면 〈그림 3-5〉와 같다.

〈그림 3-5〉 전략의 개념

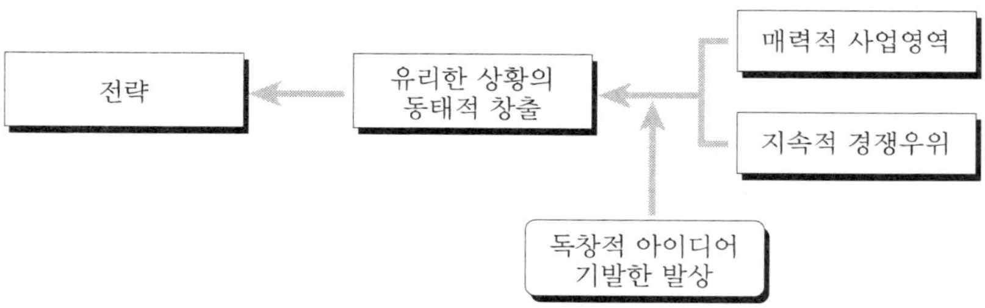

자료 : 어윤대 외, 전게서, p. 15.

경영전략에 관한 지금까지의 연구를 통해 요약되고 있는 어떤 원칙이 있는가?

즉, 기업이 성공적인 전략(매력적 사업영역의 확보와 지속적 경쟁우위의 보유)을 수립하고 실행하기 위해서는 어떻게 하여야 하는가? 결론부터 말한다면 기업의 외부환경과 내부환경간의 적합성을 도모하는 것이라고 하겠다.

전략분야에 있어서 기업의 성공을 설명하는 가장 일반적인 설명논리가 외부환경-내부환경-전략간의 적합성이다. 이 설명의 논리는 지극히 단순하다. 즉, 외부

환경이란 기업의 존속과 성장에 영향을 주는 요인이지만 기업이 통제하는 데는 한계가 있다. 그러므로 기업은 스스로 통제할 수 있는 내부환경, 특히 내부자원을 외부환경에 적합시켜야만 성공할 수 있는데, 그 수단이 전략이라는 것이다. 최근의 전략경영분야에서는 환경, 그 자체도 기업의 내부강점에 근거한 전략을 통해 어느 정도 변화시킬 수 있다는 것이 일반적인 시각이지만, 결과적으로 외부환경-내부환경-전략간의 적합성이 달성될 때 기업의 전략은 성공할 수 있다.

따라서 성공하기 위한 전략의 필수조건은 내부환경과 외부환경간의 적합성을 달성하는 것이다. 이는 전략이 성공하기 위해서는 전략을 수립하고 실행하는 과정에서 기업의 목표와 내부가치, 조직구조와 조직시스템, 외부환경과 내부자원과의 적합성을 유지하여야 함을 의미한다. 이를 위해 기업은 외부분석을 통해 기회와 위협을 파악하고 내부분석을 통해 강점과 약점을 파악한 후, 기회를 최대로 활용하기 위해 강점을 이용하고, 위협에 적절히 대응하며 약점을 회피하거나 상쇄시키는 전략을 개발하고 이를 성공적으로 실행하여야 하는 것이다. 이 책에서 다루는 내용도 이러한 전략의 수립과 수행과정을 단계별로 설명하는 것이다.

[요 약]

• 전략은 기업의 사명과 목표를 달성할 수 있는 포괄적인 통합계획이다. 그리고 경쟁우위를 극대화하고 경쟁열위를 극소화한다. 전략은 적의 약점에 아군의 강점을 집중시킨다. 전략의 심장은 고객이며, 황무지의 개척인 끝없는 연구개발이다. 즉 항상 유리한 상황을 지배하고 통제한다.

• 전략은 계층적인데, 기업전략(국가전략), 사업전략(군사전략), 전술 등과 같다. 전략은 전술에 임무를 부여하고 전술은 전략에 영향을 끼쳐 전략이 변한다. 전략의 목적은 저항력을 소멸시키며, 이를 위해 기동과 기습을 활용한다.

• 전략계획은 나무와 같이 항상 많은 열매를 얻기 위해 가지가 많아야 하듯이 다양한 계획이 요구되며, 하나뿐인 계획은 불모의 가지로 그칠 수 있다. 전략가의 책임은 유리한 성과를 얻기 위해 유리한 상황을 유도해야 한다. 전쟁의 원칙은 기습과 집중 및 융통성 등이며, 전략의 원칙은 집중과 교환 및 전과확대이다. 전술의 원칙은 자유, 적응력, 수단, 자원, 선제 등이다.

제 4 장

경영정책과 경영전략의 실천

제1절 경영정책 · 전략의 형성

전략의 심장은 고객이며, 기업의 존재이유인 사명은 고객의 욕구가 투영된 것이며, 전략자원의 반영이다. 또 전략의 수행은 정책실현과정과 조직의 존재이유이며, 전략의 수립과 수행이 무한 순환하면서 병행되어 감을 보여준다. 다음은 전략형성과 형성의 주체를 고찰한다. 그런데, 전략은 수립과 수행 및 평가 등의 복합적 개념을 내포하는 다속성의 동태개념으로 이해할 수 있고 또 보여준다. 그리고, 전략의 유형은 방어전략과 공격전략으로 양분되며, 전자는 원칙 · 원리의 정(正)위상이며, 후자는 변칙과 기책의 부(負)위상인데, 전략은 양위상을 함축한다. 전략가는 천변만화하는 환경에 시의적절한 양위상의 전략을 발휘하는 기술자이다.

1. 정책 · 전략 형성

(1) 정책 · 전략 형성의 개념

정책이란 환경 변화와 기업 활동이라는 두 가지의 요소의 적합성이 이루어졌음을 발견할 수 있다. 따라서, 정책에 관한 연구는 이러한 두 요소가 적합과 균형을 이룰 때에 비로소 완전한 정책 · 전략이 된다고 하겠다. 그러나, 종래의 정책 연구는 정책 수립 체제와 환경간의 상호 작용에 관한 고려가 없이 주로 정책 수립 체제의 결정 행위, 즉 폐쇄 체제적 관점에서만 연구했던 것이다(〈그림 4-1〉 참조).

〈그림 4-1〉 전략경영의 흐름

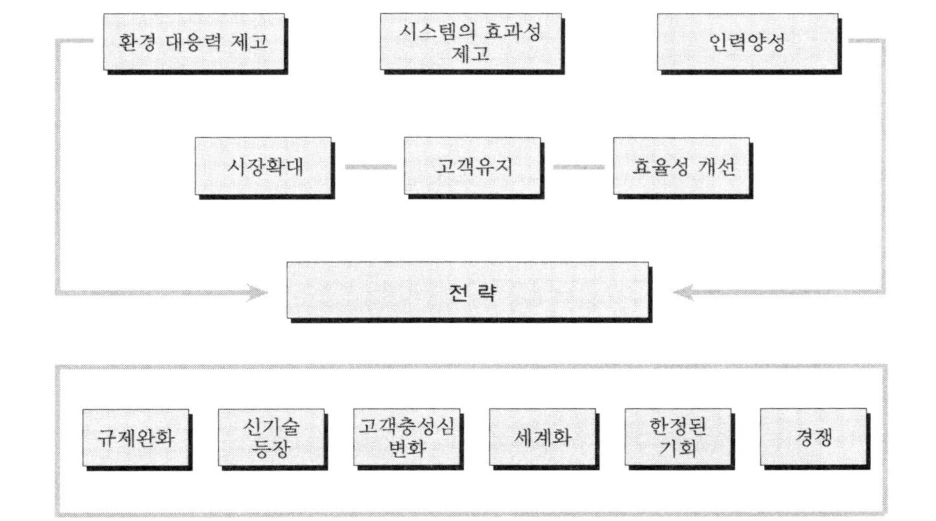

정책 형성 개념은 이처럼 정책의 요소 가운데 환경 문제에 관점을 두었을 때 그 중요성이 부각된다. 이는 환경 문제가 정책 의제로 등장할 때까지의 일련 과정을 가리키는 말이다. 이러한 과정은 〈기업의 문제 인식과정〉 또는 〈정책의제

형성과정〉이라고도 불린다. 이 과정은 정책 형성의 출발이며, 기능적으로는 정책 수립 체제에 대한 환경의 요구, 또는 지지의 투입 과정이 된다. 따라서, 정책 형성은 환경과 정책 수립 체제가 상호 작용하는 과정이 되는 것이다.

정책 형성의 개념에는 정책 수립의 개념이 포함되고 있다. 이러한 정책 형성은 정책으로서의 모양을 갖춘다는 뉘앙스를 내포하는 어휘로서, 환경이라는 비정책적인 것이 여러 메커니즘의 작용을 통해 점차 정책적 존재로서의 모습을 갖추어 가는 변화과정을 뜻하는 말이다.

(2) 정책 · 전략 형성의 관점

정책 형성에 관한 연구는 곧 정책 문제나 정책 의제의 형성 과정을 연구하는 것이다. 여기서 정책 문제란 수많은 환경 문제에서 기업의 정책적 고려의 대상이 되어야 할 사회 문제를 말한다. 그리고, 이러한 정책 문제가 실제 정책 활동으로 다루어지기 위해 구체적 논의의 대상으로 표명될 때 그것을 정책 의제라고 부른다. 그러므로, 기업의 정책 활동과 관련된 사회 문제가 어떻게 발생하고, 그것이 어떤 과정을 거쳐 경영의 관심을 모으게 되며, 그 과정을 촉진 또는 저해하는 요인이 무엇인가, 그리고 그러한 과정에 관여하는 제반 메커니즘의 실체와 역할은 어떤 것인가를 밝히는 것이 연구의 중요한 골자가 된다.

제 2 절 경영정책 · 전략의 수립

전략의 수립은 전략의 수행과 통제의 개념이 내포된 광의이며 따라서, 전략의 수립 및 수행과 통제는 지속적으로 반복하는 동태적 일상성으로서 기업의 생산성과 성장을 도모한다. 이것이 조직의 존립과 생존의 근거를 부여하게 된다. 즉, 전략의 수립과 수행은 조직의 존립근거이며, 기업의 성장과 발전을 도모하고 촉진하는 핵심역량이다.

환언하여 저량의 전략자원을 유량의 전략능력으로 유도하는 전략적 활동인 것이다.

1. 정책 · 전략 수립의 주체와 참여

정책 수립에서는 여럿의 공식 · 비공식 결정주체가 개입한다. 그것은 정책수립 과정이 이해 관계를 좌우하는 특정의 정책을 산출하는 직접적인 과정이기 때문이다. 또, 동시에 정책 수립의 과정 자체가 여러 단계를 거치는데, 각 단계는 여러 관련자의 의견이 종합적으로 수렴되어야 비로소 이루어질 수 있기 때문이다.

공식적 주체로는 각종 조직이나 기관이 있으며, 비공식적 주체에는 이해 집단과 대중 매체 및 개인으로서의 국민 등이 있다.

정책수립은 다수의 활동 주체가 복합적으로 개입하는 동태적인 참여과정으로 볼 수 있다.

민주주의 역사의 흐름을 돌아보면 확연해지듯이, 인간사는 결국 인간 개인 의지의 실현, 인간 집단의지의 실현, 국가의지의 실현을 지향한 제세력간의 경쟁 · 협상 · 갈등으로 점철된 극적인 기록의 장이었다고 할 수 있다. 이러한 의지 실현의 과정을 참여라고 본다면 결국 민주사의 전개 과정은 곧 참여의 범위와 질적 변화 과정이라고 말할 수 있다.

그런데, 이러한 참여 과정은 민주주의 체제에서만 발견되는 것은 아니다. 권위주의적 체제라 하더라도 일정한 형태의 참여를 허용하거나, 또는 허용하는 것으로 보이는 제도를 수립하지 않을 수 없었음은 역사적 추세였다고 할 수 있다.

참여가 이처럼 중요 이슈(issue)로 등장한 배경에는 여러 가지가 있으나, 경영의 측면에 있어서는 제2차 세계 대전 이후 피할 수 없는 역사적 추세가 되었다.

경영 조직, 즉 기업의 규모가 작고 그 수가 적으며, 또 사회에서 차지하는 비중이 그렇게 크지 않았던 근대 산업 사회 이전의 단계에 있어서는 기업간의 경쟁도 적었고, 기업이 요구하는 기술은 특별한 전문 지식을 요하는 것도 아니었으며, 노동력은 거의 무한했었다. 따라서, 자본가는 기업 생산에 기여한 만큼의 경제적 보상을 제공하고, 종업원은 그들 나름대로 이러한 경제적 보상을 은혜로 알고 만족하는 일종의 교환 원리가 지배적 가치로 받아들여졌다.

그러나, 근대 산업화의 과정에서 파생된 개인주의의 성숙과 정치의식의 발전,

그리고 근대 자본의 축적에 따른 경영 조직의 대규모화 및 그 수적 증가는 사회에 대한 영향력의 범위를 확장시켰다. 따라서, 사회적 책임의 문제를 야기시켰고, 또 기업도 이제는 소유자의 개인의 것이 아니라, 넓게는 사회, 좁게는 조직 구성원의 것이므로 조직의 의사결정에 조직의 수혜자나 구성원도 참여하여 그 결과에 대한 책임을 함께 나누는, 이른바 운명 공동체적 조직에로의 변천이 실무계에서는 '생산성의 향상', 학계에 있어서는 '인간성의 회복'이라는 관점에서 큰 관심의 대상이 되고 있다.

그런데, 경영정책의 역할은 각 기능간의 마찰과 갈등을 전사적 차원에서 해결하고 유연성과 윤활적인 균형을 유지함으로써 기업의 목표를 달성하는 것으로 볼 수 있다. 이러한 전사적 차원에서 조정의 역할을 담당한, 동태적 일상성을 발휘할 수 있는, 즉 내·외환경의 적합성 및 합일을 지속적으로 유지할 능력의 소유자를 전반 경영자라고 불리어진다.

다음은 전반 경영자와 정책과의 관계를 살펴보자.

(1) 전반 경영자와 정책

기업의 인적 구성은 최고 경영자, 중간 경영자 및 하위 경영자의 세 계층을 이루면서, 하나의 연속체를 형성하고 있다. 그들의 기능은 전략, 관리 및 업무 등과 같이 세 가지로 흔히 분류하고 있다.[1)]

여기에서 말한 전략이란 하나의 조직이 장래의 장·단기 목표를 설정하는 기능과, 그 목표를 달성하기 위해 보유하고 있는 자본이나 인력 등의 전략자원을 배분하는 기능을 의미한다. 따라서, 이러한 전략의 개념은 우리가 흔히 사용하는 정책(목표 설정)과 그 하위 개념인 협의의 전략(자원 배분)이 뜻하는 바를 포함하는 광의의 개념인 것이다.

그리고, 관리란 결정된 목표와 전략을 효과적으로 달성하기 위한 제활동을 의미한다. 즉, 합리적 경영의 뜻이 바로 관리가 지향하는 방향이다. 테일러(F. Taylor)의 〈과학적 관리법〉에서, 메이요(E. Mayo) 등의 〈인간관계론〉, 그리고 최

---

1) R. N. Anthony, *Planning and Control Systems ; A Framework for Analysis* (Boston : Harvard University, 1965), pp. 24-27.

근의 〈시스템 접근법(Systems Approach)〉의 경영에 이르기까지 대부분의 경영 연구가 이러한 관리의 연구에 편중되었다고 하여도 과언이 아닐 것이다.

또, 업무의 개념은 기업의 현장에서 일어나는 생산·판매·통제·조정 등의 구체적인 행위를 뜻하는 것이다. 일단 관리의 지침이 설정된 후에는 각 행동에 대한 의사 결정이 하위에로 이양될 수 있는 것으로, 이는 단순하고 일상적이며 반복적인 기업활동을 말한다.

그런데, 여기에서 주의해야 할 점은 전략과 관리 및 업무가 각기 독자적인 별개의 개념이 아니라, 일반적인 이해의 도모를 위해 개념적으로 분류한 것에 불과하다는 것이다. 따라서, 경영은 전략에서부터 업무에 이르는 하나의 연속체로 보아야 할 것이다.

그리고, 경영 활동을 담당하는 주체가 같은 경영 활동이라 할지라도 그 위치에 따라 전략이나 관리 및 업무 중 어느 것으로도 규정될 수 있다. 예컨대, 선진 기술 및 상표의 도입 시기와 조건에 대한 의사결정은 대개 관리 활동으로 규정되나, 그 자회사의 입장에서는 전략적 의사 결정의 사항이 될 것이다.

〈그림 4-2〉 경영자와 경영의 영역

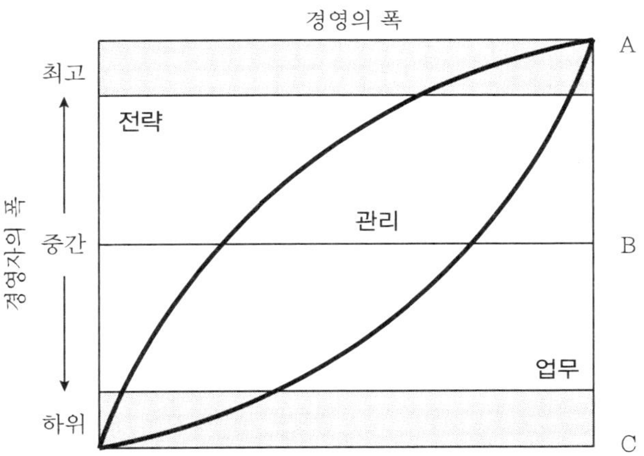

〈그림 4-2〉에서 A는 비교적 최고 경영층에 가까운 경영자의 경우이다. 시간의 대부분을 전략에 할당하고, 남은 시간은 관리에, 그리고 극히 적은 시간만을 업

무에 사용하고 있음을 보여준다. B와 같이 중간관리층에 속하는 경영자는 시간의 대부분을 관리에, 기타 시간은 전략과 업무에 할당하며, C와 같이 하위 관리층의 경영자는 대부분의 시간을 업무에 할당하고, 극히 적은 시간만을 전략이나 관리에 사용함을 알 수 있다.

이 그림에서 점선으로 표시된 것은 최고·중간·하위 경영자 상호간이나, 또 전략·관리·업무 상호간을 엄밀하게 구획하는 것이 부적합함을 나타내고 있다. 이처럼, 최고 경영자라고 해서 전략에만 몰두하고, 관리와 업무에는 그의 시간을 할애하지 않거나, 하위 경영자라고 하여 전략 및 관리에는 전연 참가하지 않고 업무에만 종사하지 않음을 알 수 있다.

여기에서 최고 경영자는 경영자의 직위이며, 전반 경영자는 임무, 또는 직책을 나타낸다. 전자는 주로 전략을 담당하지만, 관리와 업무도 수행한다. 이에 대하여 후자는 기업의 궁극적인 책임자로서 기업목표의 설정과 그 달성을 위한 전략을 담당하게 된다. 따라서, 전반 경영자는 대개의 경우 최고 경영자이나 반드시 최고 경영자이어야 할 필요는 없다. 이러한 전반 경영자는 창조적 사고력과 관리적 기술 및 불굴의 투지력이 요구된다.

(2) 경영자의 역할 변천

경영학은 크게 독일 경영학(경영 경제학)과 미국 경영학(경영 관리학)으로 대별되며, 전자는 14-16세기 이탈리아에서 생성된 상학이 독일에서 정착하여 경영 경제학으로 발달한데 비해, 미국에서 생성된 경영 관리학은 대륙의 영향을 받지 않고 독자적인 체계를 확립하였다. 그리고, 독일 경영학은 역사적 접근법이므로 학자의 저서를 통해 그 흐름을 쉽게 알 수 있으나, 그 반면에 미국 경영학은 처음부터 기술자와 기사 및 실무자에 의해 생성·발전되어 왔기 때문에 실무적 성격이 강하다. 따라서, 그것을 이해하기 위해서는 현실의 경영 활동의 이해가 선행되어야 한다. 더구나 오늘날 독일 경영학은 미국 경영학의 실천적인 측면을 대폭적으로 도입하고 있는 상황이므로, 경영 관리학이 세계를 휩쓰는 시대가 된 것이다.

〈표 4-1〉에서와 같이 미국의 경영은 효율성에 초점을 맞춘 생산관리, 인사관

리, 조직관리, 마케팅관리, 그리고 기획관리 시대를 지나, 기업의 방향을 결정짓는 전략 경영의 시대로 접어들게 된 것임을 알 수가 있다. 앞으로 경영 환경이 바뀜에 따라 경영의 초점은 다시 변화될 것이다. 다만, 효율성 위주의 기능별 관리에 초점을 맞춘 경영 관리는 경영 환경이 일정한, 즉 확실성이 전제되어야만 할 것이다. 오늘날과 같이 갈브레이즈(J. Galbraith)의 불확실성 시대가 계속되는 한 전략적 경영의 중요성은 더욱 증가할 것이다.[2)]

그리고, 이제는 국제적인 환경의 변화와 더불어 정부 영향력이 감소됨에 따라 건실한 기대 수익과 위험 부담을 냉철하게 판단하여 기회를 적극적으로 포착하는 현대 경영자, 즉 정책 결정자, 조직자, 실천자, 격려자, 결과 책임자, 창조자, 지도자 등의 역할을 수행할 수 있는 경영자가 주역으로 등장할 것이다.

〈표 4-1〉 경영자 역할의 변천

	관리시대					전략시대
경영의 초점	생산관리	인사관리	조직관리	마케팅	기획관리	전략경영
시 기	1900~1919	1919	1945	1945~1959	1959~1972	1973~
계 기	대기업의 출현	세계 제1차 대전(노동력 부족 및 민권의식 강화)	기업조직의 복잡화	세계 제2차 대전(소득 증가와 생산시설의 유휴화)	경기침체	오일쇼크
학문적 연구(예)	· 테일러의 과학적 관리법	· 메이요의 호손연구 · 맥그레거 X, Y이론	· 버나드, 사이몬의 조직이론 · 아지리스의 개성과 조직	· 멕카시의 4P	· 앤소프의 경영계획	· 앤드류즈의 경영전략 · 포터의 경쟁전략
현 상	· 포드의 대량생산체계	· 노조의 활성화	· 비공식 조직 · 스태프 조직	· 순탄한 양적 성장	· 기획실 도입 및 통계학적 기법 응용	· 질적인 문제 추구 · Contingency Planning 등장

2) 경영 기능 분야보다 경영 정책, 경쟁 전략, 신규 사업 경영, 기업·정부관계 등의 정책 분야가 발전되고 있다.

2. 정책 목표

정책은 본질적인 속성으로서 '의도된 것'이라는 점에서 목표 없는 정책이란 상상할 수 없는 것이라고 하겠다. 정책 목표는 정책과정의 전반적인 성격을 좌우하는 중요한 정책 체제 변수가 됨은 앞에서 설명한 바와 같다.

여기에서는 그 개념, 종류, 변화 등과 같은 일반적인 속성을 살펴보기로 한다.

(1) 목표의 개념

우리는 목표라는 말을 흔히 사용한다. 정책 목표도 그러한 일상적 범주를 크게 벗어나는 것은 아니라고 할 수 있으나, 단지 차이가 있다면 어느 개인, 또는 개인의 단순 합계적 집합에 관한 것이 아니라 조직 전체의 활동과 관련하여 사용된다는 점이다.

에치오니(A. Etzioni)의 경우에서는 목표란 〈실현하려고 하는 장래의 바람직한 상태〉라고 간결하게 정의하고 있는데,[3] 이러한 목표의 정의를 기능적 측면에서 보면 다음과 같다.

첫째, 정책 목표는 미래 지향적인 성격을 갖는다. 따라서, 그것이 달성되는 순간, 목표로서의 기본 성격을 상실한다. 그리고, 정책 목표는 시간 문제가 내포된다. 〈저 목표는 너무 이상적이다. 또는 현실적이다〉라는 말은 목표 달성의 예상기간이 너무 길다, 또는 짧다는 뜻으로도 해석할 수 있는 것이다.

둘째, 정통성의 근거를 제공하는 기능적 성격을 갖는다. 하나의 정책이 성립·실시·지속되기 위해서는 정책 체재내·외로부터 그 정통성을 계속해서 인정받아야 한다. 그러한 정통성 인정의 대상이 바로 정책의 목표, 즉 정책 체계의 내부 구성원과 정책 환경에 대한 약속의 호의성의 정도와 실현도가 된다.

셋째, 공통적인 것이라는 속성을 갖는다. 비록 어떤 정책 목표가 완전한 합의를 거칠 수 없는 것이라 하더라도 그것이 정당한 목표로서 성립되기 위해서는 내·외 환경에 대하여 공동선으로 존재해야 한다.

---

3) A. Etzioni, *Modern Organizations* (N. Y.: Prentice-Hall, 1964), p. 6.

넷째, 정책 목표는 효과성의 기준이 된다. 효과성이란 '목표 달성도'를 의미한다. 정책 목표가 일단 확정되면, 자원을 투입하여 산출로 전환시키는 데 있어서 과연 제활동이 효과적이냐 아니냐에 대한 평가의 기준이 바로 정책 목표인 것이다. 그러나, 실제로는 완전한 합의의 곤란성, 목표의 다양성, 목표의 유동성 등의 저해요인 때문에 효과성 측정이란 그리 쉬운 일이 아니다.

이 밖에도 정책 목표는 기업의 기본 행동 방향을 정하는 데 지침이 되고, 정책 대안의 탐색과 예측 및 평가의 기준이 되기도 한다.

(2) 목표의 유형

이는 그 기준에 따라 여러 방식으로 설명할 수 있으나, 여기에서는 계층성을 기준으로 하여 고찰하기로 하자.

논리 실증주의에 입각하고 있는 사이몬(H. Simon)은 의사 결정 과정의 인식적 측면을 논함에 있어서 의사결정 과정은 목표-수단의 계층적 과정에서 이루어진다고 한다.[4] 즉 하나의 목표를 달성하기 위해서는 그 목표를 보다 구체적으로 표현하기 위해 몇 개의 수단적 목표로 분해하고, 그 수단적 목표는 보다 더 구체적인 수단적 목표로 분해되는데, 이러한 과정은 최소의 단위까지 수단적 목표를 분해하는 것이다. 따라서, 거시적으로 보면 정책 목표는 상위 목표와 하위 목표로 구성된 복합체이며, 미시적으로 보면 상위 목표와 하위 목표가 상대적으로 연결된 것으로 볼 수 있다.

여기에서 말한 하위 목표의 특징은 ① 사실의 문제, 수단의 문제, 기술의 문제, 단기적 목표이므로 상위 목표보다 판단이 용이하며, ② 구체적이고, 명백하며, 조작성과 계량화가 가능하므로 업적 평가의 기준으로 사용할 수 있다. ③ 조직의 유효성을 판별하는 기준으로 하위 목표를 사용하는 경향이 증가하게 된다.

이에 비해 상위 목표는 그 반대의 성질을 갖는다.

또한, 정책 목표가 얼마나 구체적이냐에 따라 유형 목표와 무형 목표로 분류된다. 전자는 앞에서 설명한 하위 목표와, 후자는 상위 목표와 같은 성질을 가진다.

---

4) J. March and H. Simon, *Organizations* (N. Y.: John Wiley & Sons, Inc., 1958), pp. 152-153, 190-191.

그리고, 페로우(C. Perrow)[5]의 공식 목표와 운영 목표도 구체성의 측면에서는 각기 무형 목표와 유형 목표라고 할 수 있다(〈그림 4-3〉 참조).

이 밖에도 사실성을 기준으로 하여 공언 목표(公言目標)와 진정 목표(眞正目標)로 나누고, 목표의 성질에 따라 질서 목표, 경제 목표, 문화 목표 등으로 분류하기도 한다.

〈그림 4-3〉 목표

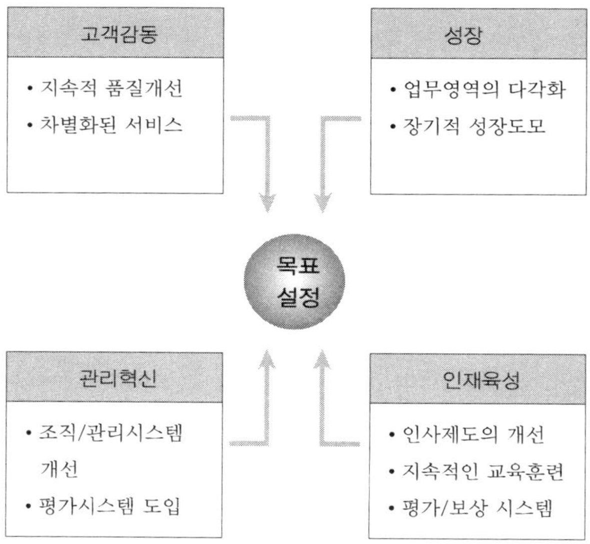

(3) 목표의 변화

목표가 변화하는 것은 수동적 측면과 능동적 측면에서 그 이유를 찾을 수 있다. 수동적인 측면에서 보면 정책은 독립적으로 형성되는 것이 아니라, 복잡 다양한 동태적인 환경에서 이루어진다. 그리고, 그 환경은 항상 변하기 마련이다.[6] 기업이 생존·발전하기 위해서는 그러한 환경의 변화에 적응해야 하는데, 이러한

5) C. B. Perrow, "The Analysis of Goals in Complex Organizations" (*American Sociological Review*, Vol. 26, No. 6, Dec. 1961), p. 855.

6) 환경변화의 발생원은 제1장을 참조.

과정에서 정책 목표가 변화한다. 환언하여, 환경 변화는 독립 변수이고 목표 변화는 종속 변수라는 말이다.

능동적 측면에서 볼 때, 이는 조직이 의식적으로 환경을 유리하게 변화시키는 적응적 흡수를 뜻하며, 이러한 과정에서 정책 목표가 변화하는 경우가 발생한다.

이와 같은 목표 변화의 현상에는 목표 승계, 확장, 다원화, 대치 등이 있다. 목표 승계는 목표가 달성되었을 때나 그 달성이 불가능하다고 판단될 경우에 기업을 생존·발전시키기 위해서 새로운 목표를 찾아 이어나가는 것을 말한다. 조직이 자기유지의 속성을 갖는다는 뜻은 바로 이러한 관점에서 연유한다고 볼 수 있다. 그리고, 목표의 확장과 다원화는 일반적으로 종래의 목표를 확대하든지, 그 목표에 새로운 목표를 추가하는 경우를 말한다. 목표의 대치 현상은 최초의 목표와는 상이한 수단적 목표가 주목표가 되고, 주목표는 수단적 목표로 바뀌게 되는 경우를 말한다.

목표의 대치 현상을 좀더 살펴보자.

전형적인 관료제에서는 법규에 의한 직무 활동과 엄격한 준수 및 그에 따른 예측 가능성의 제시 등이 강요되고 있다. 그런데, 법규의 지나친 강조는 오히려 법규에의 동조 과잉 현상을 초래하고, 또 형식주의와 의식주의를 낳게 된다. 이것이 더욱 심화되면 목표 달성보다는 규칙 준수가 오히려 목표 달성에 방해 요인이 된다. 다시 말해서 목표 달성의 수단이었던 법규 준수가 목표가 되어 버리는, 즉 수단에 의한 목표의 대치 현상이 야기된 것이다. 이러한 현상을 지적한 학자는 머튼(R. Merton)[7]과 굴드너(A. Gouldner)[8]이며, 수단으로서의 권한 위양이나 또는 분업 및 전문화를 전체 목표보다 더 중시하는 현상을 지적한 셀즈닉(P. Selznick)[9]을 들 수 있다.

---

7) R. K. Merton, *Social Theory and Social Structure* (rev. ed : I11.: Free Press, 1957), pp. 195-206.
8) A. W. Gouldner, *Patterns of Industrial Bureaucracy* (I11.: Free Press, 1954).
9) P. Selznick, *TVA and The Grass Roots* (Calif.: U. C. Berkeley Press, 1949).

3. 정책 · 전략 수립의 과정

정책 수립의 차원에는 개인적 정책 수립 과정과 조직적 정책 수립 과정 두 가지가 있다.

(1) 개인적 정책 수립 과정

개인으로서의 정책 수립자가 정책을 수립하는 과정에는 세 가지의 유형이 있다.

첫째, 습관에 의해 정책을 수립하는 경우이다. 이는 반복적으로 발생하는 문제에 대해 이미 과거에 수없이 사용했던 대안을 무의식적으로, 또는 자동적으로 반복하는 과정을 통해 정책을 수립하게 된다.

둘째, 직관에 의한 수립으로서, 이는 정책 수립의 모든 과정을 순식간에 거의 무의식적으로 결정을 내리게 된다.

셋째, 분석에 의한 정책 수립이다. 이 경우는 수립자가 현실의 문제나 현상의 각 요소를 분석함으로써 전체적인 현상을 파악하고, 그것을 기초로 삼아 정책을 수립하는 것을 뜻한다. 이것은 다시 완전 분석과 불완전 분석으로 나눌 수 있다.

전자는 합리적 수립, 또는 규범적 수립이라고도 하는데, 이는 최선의 대안을 발견할 때까지 모든 관련 정보를 수집하여 지속적인 분석을 행하게 된다. 그 순서는 ① 문제의 정의→ ② 정보의 수집 및 분석→③ 대안작성과 평가→④ 최선안의 선택 등과 같은 일련의 과정을 거치게 된다.

불완전 분석에 의한 수립의 경우에는 완전 분석의 네 과정을 모두 거치지만, 시간 부족, 능력 부족, 자원 부족 등의 제약 요인 때문에 가능한 대안의 작성이 곤란하고, 또한 정보 수집의 한계 등과 같은 미흡한 상황에서 정책을 수립하는 경우이다. 즉, 제한된 합리적 결정이라고 한다.

(2) 조직적 정책 수립 과정

조직으로서의 정책 수립 체제, 즉 기업의 정책 수립도 개인의 경우처럼 습관에 의한 정책 수립의 경우가 있다. 이것은 반복적인 사회문제에 대하여 사이어트와 마치(R. Cyert and J. March)가 말하는 표준 운영 절차(SOP ; standard operational process)에 입각하여 정책을 수립하는 경우이다. 예기치 못한 상황이 발생하게 되면, 이에 따라 문제 해결을 위한 정책 수립을 하게 된다.

조직에 있어서 직관에 의한 수립은 일률적으로 설명할 수 없는 것이나, 이는 어디까지나 상황과 관련하여 설명해야 할 성질의 문제이다. 그리고, 개인의 경우와 마찬가지로 분석에 의한 수립에 있어서, 특히 완전 분석은 개인의 경우보다 훨씬 고도화된 경우가 보통이지만, 조직이라는 것도 따지고 보면 개인의 집합체이므로 완전 분석에는 시간, 자원, 정보의 제약 요인의 한계를 가지게 된다. 더구나 환경 변화로 인하여 정책 결정의 최적안의 선택은 실제로 불가능해진다. 따라서, 불완전 분석에 입각하여 수립되는 경우가 대부분이라고 보는 것이 보다 현실적인 것이라고 하겠다.

(3) 합리적 정책 수립 과정

조직으로서의 어떤 정책을 수립하기까지의 과정은 개인으로서의 정책 수립의 경우와 마찬가지로 그것이 직관이나 습관 및 분석 등의 각 방법에 따라 상이하지만, 대개 불완전 분석에 입각하고 있다는 점에서 개인의 경우와는 차이가 있다. 그리고, 조직으로서의 정책 수립 과정은 그것이 제도화되어 있다. 이 말은 SOP화되어 있음을 의미하는데, 최소한 형식적으로는 습관, 또는 완전 분석에 입각한 수립 과정을 표방하고 있다.

그런데, 불완전 분석에 의한 정책 수립은 완전 분석에 의한 수립과는 별개의 다른 과정을 거쳐 이루어지는 것이 아니라, ① 문제의 인지 · 정의 · 구성→② 정보 활동→③ 대안 선택→④ 합법화→⑤ 자원 배분 등의 일련 과정[10]에서 몇 가지의 과정만을 거치게 된다.

10) 정책 수립 과정을 사이몬(H. Simon)은 정보 활동, 설계 활동, 선택 활동의 3단계로 ; 룬드버그(C. Lundberg)는 문제 인식, 정보 처리, 선택의 3단계로 ; 엘빙(A. Elbing)은 불균형, 진단, 문제 진술, 해결, 전략, 실행의 5단계로 나누고 있다.

제3절 경영 정책 · 전략의 수행과 평가

전략의 수립과 수행 및 평가는 상의상관적으로 상호작용하는 무한 순환의 속성이 있다. 전략의 수행은 조직의 생명의 원동력이며, 존재 이유인 것이다. 사명은 기업의 존립근거요 고개욕구의 반영이며, 전략자원의 투영이다. 전략수행은 전략의 수립과 통제를 병행하는 개념을 내포하고 있다. 그리고, 이는 정책실천과정인데, 즉 정책목표의 성취를 위한 몰입의 경지에 이르러야 되며, 지속적이고 반복적인 동태적 일상성의 무한순환을 시사하고 있다.

1. 정책 · 전략 수행의 개념

우리의 옛 말에 '구술이 서 말이라도 꿰어야 보배'라는 말이 있다. 이처럼 수많은 정책이 산출되더라도 보배스러운 것이 되기 위해서는 수행되어야 한다. 즉, 정책은 수행을 통해 원래 정책이 목표했던 문제를 현실 세계에서 해결하고, 조직을 존속 · 유지할 수 있게 한다. 이러한 관점에서 수행은 정책의 실현 과정이며, 조직의 현실적 존립 근거로서의 의의를 지닌다.

(1) 정책 수행의 의의

정책 수행이라는 어휘는 여러 가지가 있다. 즉, 정책 실행, 계획의 행동화, 정책 수행 등과 같은 것이다. 그러나, 여기에서는 정책 수행으로 통일하여 쓰기로 한다. 이는 여러 가지의 견해로 나타나고 있으나, 대개 그 특징은 이러하다.

첫째, 정책 수행은 환경과 정책 체제의 중간에 위치한 다양한 행위자가 관여하며, 상호 복잡하게 얽힌 행위의 상호 작용에서 이루어짐으로써 애초의 정책 의도와는 다른 결과를 초래할 수도 있다.

둘째, 정책 수행 과정은 정책과 정책 결과, 또는 정책 영향을 구체적인 사업

계획으로 전환시킨다. 또, 동시에 각종 자원을 동원하여 사업 계획을 추진함으로써 현실 세계에 공공재와 용역을 환경에 산출 · 제공하는 역할을 행한다.

셋째, 정책 수립과의 관계에 있어서 정책 수행은 명확히 구분되기 어려운 것이 현실이다. 오히려 정책 수행의 단계에 있어서도 계속적인 정책 수립자와의 상호 작용에서, 또 자체의 행동 규범과 기준에 입각하여 수립의 병행이 계속되고 있다.

(2) 정책 수행의 모형

정책 수행에 관한 연구의 특징은 단순히 사례 분석에 그치거나, 정책수행의 속성에 관한 설명에 그치는 것이 아니라, 정책 수행의 현상을 체계적으로 분석하는데 필요한 수단으로서의 이론적 틀[模型]을 개발하고, 정책 수행의 변수를 설정하며, 변수간의 상호 관계를 밝히려고 하는데 있다.

〈그림 4-4〉에서 보는 바와 같이 정책 수행을 매트릭스화하고, 이상적 정책, 수행 조직, 대상 집단, 환경 요인 등을 그 구성 변수로 한다.

〈그림 4-4〉 정책수행의 모형

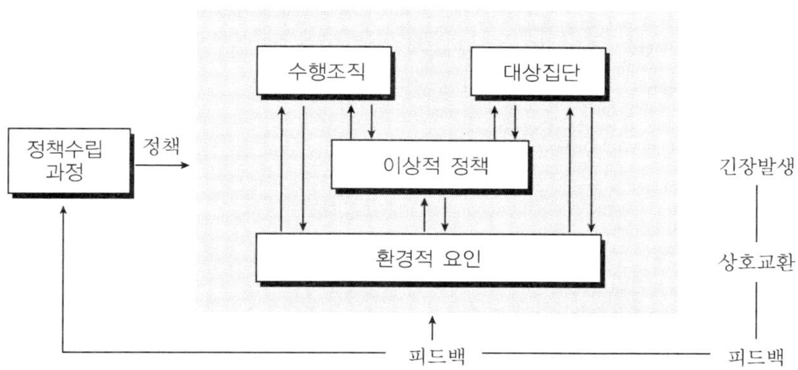

한편, 정책이 수행됨에 따라 각 변수는 이상적 정책을 중심으로 상호간에 긴장이 유발되어 상호 교환 과정이 일어나게 된다. 이것이 원활하지 못할 경우에는 다시 정책 결정 과정으로 피드백된다. 상호 교환 과정이 원만히 이루어지면 제도화 되는데, 여기에서 긴장 유발세력이 나타남으로써 다시 피드백 과정을 따른다.

이제 이러한 정책 수행 모형의 주요 내부 변수를 보다 자세히 살펴보기로 하자.

• 이상적 정책

이상적 정책은 정책 결정자가 유발시키고자 하는 상호작용의 유형을 말한다. 그 내용에는 정책이 어떻게 형성되는가, 그것이 복잡한가, 단순한가, 또한 조직을 개선해야 하는가, 아니면 창설할 것인가, 그리고 정책이 규제적인가, 자기 규제적인가, 정서적 · 상징적이냐, 분배적이냐, 재분배적이냐 등으로 구분된다. 뿐만 아니라, 정책의 근원과 범위 및 지지 강도 등의 측면과 정책의 이상도 중요한 고려요소가 되고 있다.

• 대상 집단

대상 집단이란 정책으로부터 가장 많은 영향을 받는 집단이다. 그 변수에는 집단의 조직화의 정도와 리더십 및 정책 경험 등이 있으며, 정책에 의해 새로운 상호 작용의 유형을 가지도록 강요되는 사람들이다.

• 집행 조직

집행 조직은 정책을 실천에 옮기는 역할을 담당하는 조직을 말하는데, 이것을 분석할 때에 고려해야 할 요인은 집행 조직의 리더십, 집행계획의 수행 능력, 조직 구조와 인적 자원의 특성 등이다.

• 환경 요인

환경 요인은 정책 수행에 영향을 끼치거나, 그 영향을 받는 정치 · 경제 · 사회 · 문화적 상황을 말한다. 이것이 정책 수행의 연구에 있어서 주요 변수로 지적되는 이유는 정책의 특성이나 유형 및 내용, 그리고 정책 수행 과정 자체의 특성에 따라, 또는 환경요인의 특성에 따라 정책 수행과 환경과의 상호 작용의 양상이 달라질 수 있기 때문이다.

• 긴장

긴장은 정책 집행 내부의 변수가 이상적 정책을 둘러싸고 표출되는 현상이다. 이러한 긴장은 정책 집행 변수가 그 자체내에서 발생하는 경우와 각 변수 사이에서 나타나는 경우 두 가지 양상을 고려할 수 있다. 전자의 예로서 인적·물적 능력 등 전반적인 수행 능력의 부족에도 불구하고 특정한 정책을 수행해야만 할 때 조직에서 일어나는 긴장이나 모순을 들 수 있으며, 후자의 예는 결정되는 정책이 대상집단으로부터 수용되지 못할 때 나타나는 긴장을 들 수 있다.

• 상호 교환

상호 교환 유형은 구체화되지 않은 상호 작용의 형태로서 정책 수행에 관련된 구성 요소간에, 또 각 구성 요소내에 나타나는 긴장에 대한 반응으로 나타난다. 정책은 영구적인 제도의 설정이기보다는 다만 그러한 상호 교환 유형만을 유발시키려는 것에 그치는 경우가 많다. 그리고, 특정한 사업 계획에 대한 지지와 의지가 미흡해 불안정한 상황에서는 적극적인 정책 수행이 어렵다. 이러한 경우의 상호 교환 유형을 통해서는 바라는 정책 목표를 달성할 수 없으며, 또 제도의 확립이 곤란하다.

• 제도화

정책 수행 과정은 지속적 과정이기 때문에 상호 작용이 언제 유형화·구체화되어 제도로 정착되는지, 또 어느 정도 제도화되어 있는지를 파악하기가 어렵다. 그래도 제도화의 지표로 흔히 활용되고 있으니, 즉 그것은 제도의 생존력이나 가치 및 규범적 영향력 등이다.

그리고, 제도화를 정책 수행과 정책 목표간의 일치성 여부를 판단하는 수단으로 파악한다. 즉, 새로이 설정된 상호 작용 유형이나 제도를 최초의 정책 목표와 비교·검토하여 거기에 부합하는지를 판단하고, 또 제도화의 영향 요소의 하나인 시간 요인도 고려해야 한다는 것이다.

• 피드백

상호 교환 유형이 형성되거나 제도화되면 그것은 또 정책 과정에서 긴장 유발 요인으로 작용하게 된다. 이처럼, 새로운 긴장의 양상은 정책 수행에 의해 나타난 새로운 상호 교환 유형과 제도에 대한지지, 또는 반대의 경우도 나타날 것이다. 그런데, 이러한 피드백 과정 때문에 어떤 것이 정책 수행 과정의 최종 산물이라고 말하기가 어렵다. 즉, 피드백 과정의 반복으로 인해 정책 수행을 포함한 전체의 정책 과정은 지속적인 진행 과정으로서 명백한 최종적 종점이 없다는 것이다.

(3) 경영 정책 · 전략 수행의 유형

앞에서 고찰한 바와 같이 정책 수행은 여러 변수가 복잡하게 얽혀 상호 작용을 행하는 개개의 인간과 조직으로 이루어지는 하나의 사회현상인 것이다.

복잡한 사회 현상을 과학적 연구의 대상으로 하기 위한 제1차적인 작업은 현상을 명료하게 인식할 수 있도록, 또 그것을 용이하게 관리할 수 있도록 하는 작업이다. 그러한 작업의 한 형태가 바로 유형화 작업이다. 여기에서의 관건은 유형화의 대상인 현상을 특정한 기준에 따라 그 특징을 잘 나타내는 '설명틀'의 형태로 분리해야 한다는 점이다.

이러한 정책 수행의 유형은 기준에 따라 여러 가지 형태로 분류할 수 있으나, 여기에서는 조직론적 유형 분류를 살펴보기로 하자. 이것은 정책 · 전략 과정을 조직론적 관점에 입각하여 조직을 어떻게 보느냐에 따른 분류이며,[11] 조직 모형에 따라 정책 수행의 성격이 달라진다는 점에 착안하고 있다.

• 체제 관리 모형의 정책 수행

체제 관리 모형에 입각한 정책 · 전략 수행은 정책 목표를 반영시킨 하위 목표로 세분하고, 동시에 환경의 변화에 반응 · 적응하면서 그러한 세부 목표를 충실히 수행해 나가는 동태적 과정이다. 이러한 성격의 조직이 행하는 정책수행의 특징은 서열화된 목표 지향적 활동이라는 것이다.

• 관료적 과정 모형의 정책 수행

관료적 과정 모형에서의 정책 수행은 재량권이 어디에 집중되어 있으며, 또 어떤 일상적 일이 변경되어야 하는가를 찾아내는 과정이다. 이것의 특징은 재량권을 억제하고 일을 보다 일상화시키는 과정이라는 것이다.

---

11) R.F. Elmore, "Organizational Models of Social Program Implementation", *Public Policy* (Vol. 26, No. 2, Spring 1978), pp. 186-228.

• **조직 개발 모형의 정책 수행**

조직 개발 모형에서의 정책 수행은 정책 수립자와 정책 수행자간의 합의와 수용이 이루어지는 과정으로서, 정책 수행자는 정책 수립에 참여하여 그것을 만들어 수행해 나가는 과정이다. 이의 특징은 정책 수립과의 구분이 모호하여 정책이 조직의 하위 계층에서도 수립될 수 있다는 것이다.

• **갈등 · 협상 모형의 정책 수행**

갈등 · 협상 모형에서의 정책 수행은 이해 관계를 지닌 수많은 개인과 집단간의 상호 갈등과 협상을 통해 이루어지는 과정이다. 계층적 통제나 일상화 및 정책 수립과의 합의가 없어도 수행이 가능한 것이다. 대개, 협상은 명시적으로 이루어지지만 묵시적으로도 이루어진다. 그 결과는 협상자간의 상대적인 세력의 크기와 정도에 따라 좌우된다. 이러한 정책 수행은 문제의 완전한 해결이라기보다는 항상 갈등의 소지를 지닌 상태로서의 잠정적인 해결에 불과하다.

2. 정책 · 전략 평가의 개념

전략의 평가에는 전략수립의 대안평가와 전략의 수행 결과에 대한 평가로 구분되며, 다음은 수행 결과에 대한 성과를 고찰하고자 한다. 수행평가는 일관성이 유지된 전략통제와 시장 성장과 점유율, 재무적 수익성과 생산성에 대한 효율성과 성과를 평가하며, 그리고 이러한 평가는 결과를 전략과 정책에 반영하는 순환성을 가진다.

(1) 정책 · 전략 평가의 정의

우리는 인물에 대한 평가나, 작품에 대한 평가, 학교의 평가, 토지나 건물에 대한 평가, 또는 어떤 행동과 일에 대한 평가에 이르기까지 일상 생활에 있어서 흔히 평가를 하게 되고, 또 남으로부터 받게 된다. 이 경우 평가라는 어휘는 대상에 대해 값어치를 따져보거나, 옳고 그름을 판단하거나, 문제점 또는 장점을 밝혀내거나, 아니면 단순히 이해하기 위한 것 가운데 하나, 또는 그 이상을 의미하는 것으로 볼 수 있다.

정책 평가라는 것도 그러한 일상적 의미의 평가개념의 범주를 완전히 벗어나는 것은 아니다. 그러나, 정책 평가에 있어 평가의 대상이 다분히 공적인 정책 활동이라는 점과, 객관적이고 체계적이며 실증적인 평가 방법이 필요하다는 점에서 그러한 일상적 의미의 평가와 구별되는 측면을 지니고 있다.

정책 평가의 구체적 내용은 학자마다 그 견해가 매우 다양하다. 앤더슨(J. Anderson)은 정책 산출과 정책 결과를 구분하면서, 정책 평가란 '실제의 현실 생활 조건에 대한 정책의 영향을 측정해 보고자 하는 시도'라고 정의하고 있다.[12] 여기에서 시도라는 어휘를 사용한 것은 정책의 결과를 측정한다는 것이 어렵다는 것을 시사하고 있다.

호울리(J. Wholey)는 정책 평가란 '목표 달성을 사정(査定), 하는 것, 또는 동일한 목표를 달성하는 여러 사업 계획의 상대적 효과성을 사정하는 것'이라고 정의한다.[13]

낵미애스(D. Nachmias)는 과학적 관점에서 정책 평가를 정책 평가 연구라고 하고, 그러한 관점에 입각하여 정책 평가란 '정책이나 공공 사업계획이 그 대상에 미치는 효과를 객관적이고 체계적이며 실증적으로 검토하는 것'이라고 정의하고 있다.[14]

다이(T. Dye)는 간결하게 정책 평가란 '정책의 결과에 대해 아는 것'이라고 정의한다.[15]

이상의 제학자의 견해를 종합하면 그 주요 속성이 ① 정책, 또는 사업계획, ② 정책의 결과, ③ 목표 및 효과성, ④ 평가 행위 ; 즉 판단, 측정, 사정, 검토, 앎 등임을 이해할 수 있다.

---

12) J. E. Anderson, *Public Policy Making* (2nd ed., N. Y.: Holt, Rinehart and Winston, 1979), p. 153.
13) J. S. Wholey, et. al., *Federal Evaluation Policy* (Washington D. C.: Urban Institute, 1970), p. 25.
14) D. Nachmias, *Public Policy Evaluation Approaches and Methods* (New York : St. Martin's Press, 1979), p. 4.
15) T. R. Dye, *Understanding Public Policy* (4th ed.: Englewood Cliffs, N. J.: Prentice-Hall, 1981), p. 367.

(2) 정책 · 전략 평가의 목적

정책 평가의 중요성은 날로 높아가고 있다. 그 이유는 정책이 애초에 의도했던 대로 수행되지 않기 때문이다. 과거 정책은 일단 수립되기만 하면 자동적으로 집행될 것이라는 사고가 지배적이었던 시대에는 정책 평가는 별로 문제가 되지 않았다. 그리고, 오늘날 정책 과정에 여러 사람이 참여함에 따라 그 양상이 복잡해졌는데, 그에 대한 경제성과 효율성의 강조와 관리 책임의 요구가 강력하기 때문이다. 따라서, 정책 평가의 목적은 대개 전략의 효과성에 대한 새로운 지식의 획득, 대안의 선택과 개선 및 운영의 능률성을 증진하기 위한 지원체제의 확보, 그리고 제한된 자원의 활용 극대화뿐만 아니라 합리적 방향 전환이나 문제의 재구성 등이라고 할 수 있다.

(3) 정책 · 전략의 실패 요인

정책의 실패 요인을 인간적 요인과 구조적 요인 및 환경적 요인으로 나누어 살펴보자.

• 인간적 요인

정책 과정에 참여하는 주체, 즉 정책 주체는 어디까지나 인간이며, 인간이 지닌 한계가 있는데, 그것은 다음과 같다.

첫째, 개인이 가지는 가치관이나 태도 자체가 비합리적인 경우에 나타나는 제약을 들 수 있다. 무릇 인간은 누구나 남과 다른 태도와 가치관을 지니게 마련이며, 이는 조직과 환경에 대한 개인의 인식틀(paradigm)을 형성하게 된다. 그런 까닭에, 인간의 태도나 가치관이 비합리적이면 조직과 환경에 대한 인식에 있어서도 비합리적이게 된다. 결국, 이는 비합리적인 목표 설정과 정책 결정을 야기하게 됨으로써 궁극적으로는 정책을 실패로 돌아가게 한다.

둘째, 인간은 사물이나 현상을 인지하는 데 있어서 결코 완전할 수 없다는 것이다. 인지는 외부의 자극을 분별하여 수용하는 과정을 의미한다. 인간은 각기 특유한 가치관이나 태도로 인해 정책 과정의 전모를 파악 · 이해하려는 노력보다는 자기에게 유익하거나, 혹은 손쉬운 측면만을 인지하려는 것이 보통이다. 따라서, 인간은 정책을 둘러싸고 있는 모든 상황 요인을 완전히 인식할 수 없는 것이다. 또한 동일한 사회 현상이나 문제를 보고도 각기 다르게 해석할 수도 있는 것이다. 이에 따른 정책 결정이나 문제 해결방안 및 그 집행도 합리적으로 모든 상황이 고려된 것이라고 보기는 어려운 것이다.

셋째, 인간은 그 대상에 대해 완전한 지식과 정보를 갖지 못하고 있다. 즉, 인간이 아무리 노력하더라도 사물이나 대상을 완전히 이해할 수 없으며, 더욱이 특정한 대안이 초래할 결과에 대해 예측한다는 것은 매우 어려운 일이다.

넷째, 사회적 지위, 연령, 권력 등에 기초한 권위에 따라 정책 결정이 이루어진다면 이는 합리적 결정이 못 된다. 다시 말해서, 직무 관계에 기초하지 않고 직무 외적인 요소에 기초한 권위에 의해 결정이 이루어진다면 이미 그것 자체로서 합리성을 상실해 버리는 것이다.

• 구조적 요인

조직이 집권화되어 있을 경우, 정책 결정의 권한이 상위 계층에 집중되어 정책 대안의 작성이나 평가에 참여하는 것이 제한될 염려가 있다. 그 대안에 대한 충분한 검토가 곤란하기 때문에 결과적으로 정책 결정의 질을 저하시키게 되고, 뿐만 아니라 최고 결정자 중심의 정책 수행이 이루어져 진정한 의미에서의 문제 해결이 어렵게 될 가능성이 있게 된다. 그리고, 규칙이나 선례, SOP 등은 정책 결정자와 수행자의 시야를 좁히는 결과가 된다. 즉, 조직이 과거의 선례나 관례를 중요시하는 경우 새로운 대안의 탐색과 평가에 대해 소홀히 해 버릴 가능성이 많다. 특히 대규모의 관료제적 조직인 행정 조직에서 과거의 관례를 변화시킨다는 것은 어려운 일이다. 따라서, 조직 구조가 복잡하고 관료화될수록 창의성을 바탕으로 한 혁신적 정책을 기대하기 힘들다.

또 다른 정책 실패의 구조적 요인으로 해결을 요하는 문제의 유동성을 들 수 있다. 정책이 해결하고자 하는 문제는 확정적인 것이 아니라, 관찰과 평가를 통해 확정시켜야 하는 것이다. 이처럼, 문제의 유동성은 정책 과정 자체를 모호하게 만든다. 더구나, 불확실한 미래의 상황과 관련된 목표 설정에 있어서는 더 큰 어려움을 겪게 된다. 정책 목표는 정책이 의도한 장래의 바람직한 상태이자 외부 환경과의 조화를 통해 달성되는 것이므로 목표에 관한 정책 활동은 더욱 유동적인 것이 된다.

다음으로, 정책 활동에 필요하고 충분한 정보나 자료의 수집이 불가능하며, 그나마 부정확한 경우가 많이 있다는 점도 정책 실패의 요인이 된다. 정확하고 충분한 정보는 정책의 성공 여부를 가늠하는 것으로서, 부족하고 불완전한 정보는 정책의 성공에 치명적인 타격을 준다. 뿐만 아니라 각종 자원의 제한은 정책 수행에 직접적인 제약 요인으로 작용한다. 특히 시간적 여유가 없을 때는 정책 대안의 수를 축소하든가 충분한 검토를 행하지 못해 결과적으로 정책의 효율성마저 제한받게 된다.

끝으로, 아무리 유용한 정보가 수집되었더라도 그 정보가 필요한 사람에게 참고가 되도록 전달되지 못하면 아무런 소용이 없다. 그런데, 대부분의 조직 구조가 여러 계층으로 이루어져 있기 때문에 정보의 전달 과정에서 왜곡 현상이 일어날 수 있다. 지나친 계층적 구조는 이처럼 정보나 의사 소통의 장애 요인이 되어 궁극적으로는 정책을 실패로 몰고간다.

• 환경적 요인

환경적 요인이란 정책 체계의 외부에서 작용하는 모든 상황적 요소를 의미한다. 정책 체계와 환경과의 관계는 항상 변화하므로 상호 의존적일 때도 있고, 상호 독립적일 때도 있을 것이다. 정책 주체는 정책의 성공을 위해서 환경을 자기에게 보다 유리하게 유도해야만 한다. 그러나, 그것은 용이한 일이 아니다. 정책이 성공을 거두려면 환경의 요구와 지지가 원활히 정책 수립 체계에 투입되어야 한다. 이러한 투입 기능이 미약하여 많은 정책이 실패로 돌아간다. 특히, 언론, 이익단체, 여론 등이 제도화되지 못하거나, 어용적일 경우, 여러 계층의 이익이 제대로 반영된 정책 의제가 형성되기가 어려워져서 합리적인 정책을 기대하기 곤란하다(〈그림 4-5〉 참조).

〈그림 4-5〉 환경변화와 기업경영방식의 변화

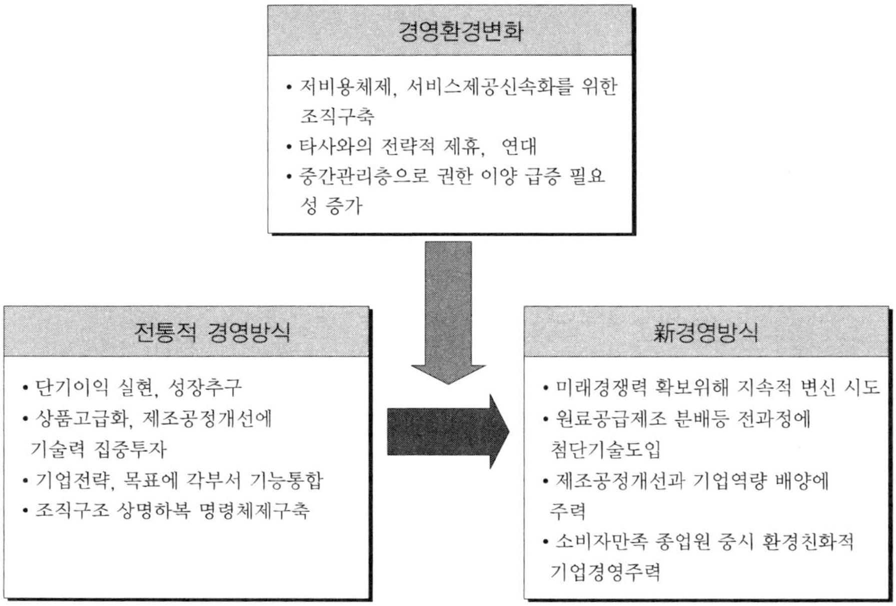

그리고, 정책 수립자와 정책 수행자는 언제나 환경 속에 놓여 있기 때문에 항상 이로부터 영향을 받고 있다. 그러므로, 이러한 사회적 환경요인이 어떤 정책에 부정적인 것이라면 결국 정책은 실패하고 만다.

[요 약]

• 전략의 수립은 환경의 기회와 위협, 기업의 강점과 약점을 효과적으로 관리하기 위한 장기계획의 개발이다. 그리고 기업의 사명을 정의하고 달성할 목표의 설정과 전략개발 및 정책의 지도원리를 제시한다.

• 사명은 기업의 존재이유며 목적이다. 협의의 사명과 광의의 사명이 있는데, 전자는 재화와 용역 및 기술과 시장 등의 개념범위를 제한 · 축소한다. 예컨대, 철도, 보험, 타자기, TV 등과 같은 경우이고, 후자의 광의는 수송, 재무지원, 회사장비, Telecommunication 등과 같이 개념의 범주를 확대하고 있다.

• 목표는 기업의 사명에서 도출되며, 계획활동의 최종결과로서 최고경영자가 설정한다. 구체적으로 언제까지(시간), 얼마만큼(양)의 표현이며, 목적은 이에 비해 추상적인 개념이다. 정책의 수행은 정책 · 전략의 실천과정이며, 구체적으로 프로그램, 예산, 절차 등의 개발이다. 그리고 기업문화와 조직구조 및 관리 시스템의 변화 · 발전을 배양한다.

• 프로그램은 개별계획의 달성을 위한 단계 및 행동이며, 전략활동을 촉진한다. 정책 · 전략의 구체적 수행이다. 예산은 기업의 프로그램을 금액으로 표시하며, 계획과 통제에 이용되고 개별 계획의 비용요소이다. 절차는 완수해야할 과업과 업무의 구체적 연속단계와 기술체계이다.

제2부

전략경영과 경영정책의 입안

제 5 장

기업과 환경의 상의상관

제 1 절　기업과 환경의 상관성

1. 기업과 환경용량

환경과 기업 및 전략은 무한 순환하면서 정책의 창출과 전략의 개발이 병행함을 보여준다. 고객의 욕구를 찾아 기업의 존재이유인 사명을 개발하고 이로써 전략과 정책의 수립 및 수행이 가능하다. 이는 조직의 존재이유요, 정책실천과정이다. 또, 이념은 경영의 존립근거이며, 정책과 전략의 바탕을 제공함으로 실천적인 전략경영과 경영정책이 가능함을 알 수가 있다. 이념은 경영자의 가치정립 및 사고의 틀과 근거를 제공하고 기업의 윤리와 도덕률을 창출하게 한다. 그리고 전략의 심장은 고객이며, 고객의 욕구를 반영하고 전략자원이 투영된 것이 사명이다. 또한 전략은 비전을 구현하고 고객의 만족을 충족해야 한다.

기업은 외부의 환경과 끊임없이 접촉하면서 경영활동을 수행하고 있다. 외부의 환경으로부터 투입물(자원과 서비스)을 공급하여 이를 시의적절히 결합하고 여기서 산출된 제품이나 서비스와 같은 산출물을 외부환경인 제품시장에 제공한다.

이와 같이 기업은 외부환경과의 유전연기적 상호작용을 통하여 영향을 받고,

영향을 주기도 하는 가운데 생존·성장하는 것이다. 기업이 유지되고 성장하기 위해서는 외부환경의 투입요소의 변화를 예측하고 판단하여 그에 대응하는 정책·전략이 요구된다. 오늘날처럼 급격히 변화하는 환경에서는 더욱 외부환경이 중요시되었으며, 기업을 둘러싸고 있는 환경요인의 분석이야말로 경영이론에서 철저히 연구되어야 할 분야라 하겠다.

종래에는 기업의 수익성 추구로서의 환경요인이 주로 연구되었으나 최근에는 다원화된 사회의 한 조직체로서의 기업의 행동이 타 조직체들에게 미치는 영향이 더욱 중요시되고 있다. 예를 들면, 한 기업의 수익성 추구에 따른 행동으로 인하여 발생하는 환경오염문제는 전 구성원의 환경보호라는 문제를 무시할 수 없듯이 기업의 이익보다는 기업의 성장전략으로서의 환경보호도 고려되어야 한다.

〈그림 5-1, 2〉에서 1960년대까지 인구의 증가는 환경의 수용, 즉 천연자원을 무한정 사용할 수 있을 뿐만 아니라 환경용량의 수용력에 대한 한계를 인식하지 않았으나 1970년대 이후에는 인구의 폭등으로 인한 환경용량의 한계, 즉 자원의 고갈과 환경오염 등 심각한 인류의 위기를 맞게 되었다.

그리고 기업과 환경과의 관계는 상호유기체적인 관계로 이해되어야 하며 이것이 장기간의 기업생존 및 성장전략의 필수요인이라는 사실을 잊어서는 안 된다.

2. 인구의 증가와 자원고갈

영국 『Observe지』 (2002년 7월 8일)에서 인류가 지구의 생명유지능력을 초과하는 속도로 자원을 낭비하는 주된 요인은 서방사회의 높은 소비수준이라고 경고하면서 천연자원의 고갈로 인해 2050년경에 지구의 수명이 한계에 도달한다는 발표와 같이, 세계의 인구가 기하급수적으로 증가함에 따라 자원고갈과, 식량은 부족하고 공업생산성은 저하되어 경제성장은 한계에 이르게 될 것이다. 우리의 관심은 세계 경제의 최적화와 균형된 성장을 바라는 것이다.

〈그림 5-1〉에서 인구증가의 추세는 1960년대까지는 적정규모인 약 2억명으로서 인류가 배출한 폐기물과 폐열을 충분히 수용할 수 있는 환경용량이 유지되었다. 또한 재화와 용역의 대량생산과 대량소비가 미덕이라는 가치관이 충일했던

것이다.

〈그림 5-1〉 인구증가의 추세(개념도)

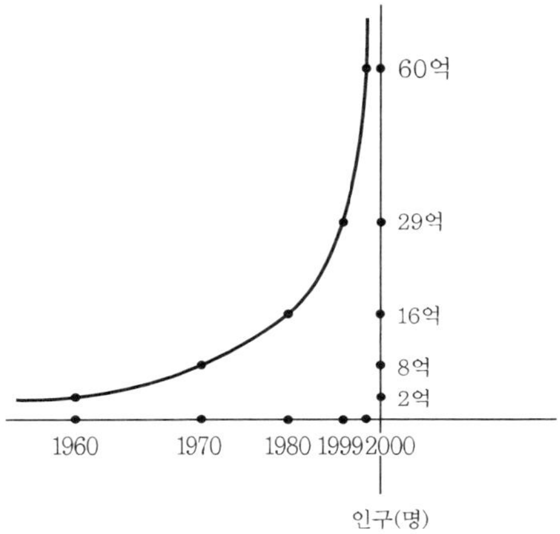

그런데 1970년대 이후의 세계 인구는 급격히 증폭하여 2000년대는 인구가 약 60억명을 넘었다. 영국 『Observe지』는 지구의 숲이 1970-2002년에 약 12%가 감소되었고 해양의 생물학적 다양성은 3분의 1, 담수 생태계는 55% 감소하여 지구의 숲과 해양 및 담수 생태계의 악화 정도를 70년을 100으로 볼 때 1세대만에 65로 하락 했다고 수치화했다. 이것은 유한한 자원의 한계와 환경오염의 증가 등과 같은 심각한 인류의 위기를 극명하게 보여주는 것이다. 이러한 인구와 식량 및 공해 등의 제문제에 대하여 인류는 연대책임을 가지고 이성적으로 극복해 나가지 않으면 안될 것이다.

3. 환경용량과 공해물질

환경용량은 환경의 수용능력, 즉 인간이 배출한 폐기물과 폐열의 수용능력을 말한다. 〈그림 5-2〉에서 28일까지는 폐기물과 폐열 등의 공해물질을 충분하게 수용할 수 있는 환경용량이 유지되었다. 그런데 인구가 폭발적으로 증가하여 세계 인구가 약 60억명을 넘으니 환경의 오염물질의 수용능력은 이미 한계에 도달하여 지구는 많은 경고를 보내고 있다.

〈그림 5-2〉 환경용량의 추세(개념도)

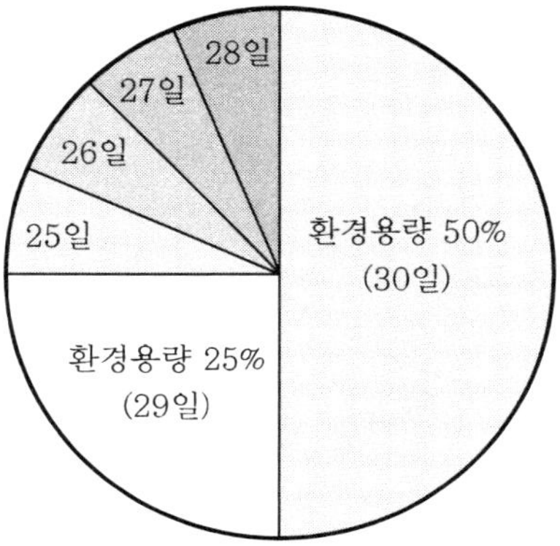

환언하여 환경용량이 100%일 때 자연의 공해물질의 수용력을 약 30일로 보면, 24일전까지는 환경용량이 충분하여 자원의 한계와 공해 등과 같은 문제는 거의 주목되지 않았다. 그러나 24일 이후에는 매일의 오염물질이 배증하여, 28일에는 약 25%의 환경오염이 팽창되고 29일에는 상대적으로 환경의 수용능력이 약 50% 정도 격감된다는 현상은 환경용량의 한계로 인하여 인류의 위기, 즉 지구가 환경의 위협에 직면하고 있음을 경고하고 있다. 이러한 여러 문제를 극복하고 해결하기 위해서는 가치관의 변화, 즉 물질풍요보다는 환경풍요를 추구하는 가치관의 정립과 더불어 예컨대 공해물질의 배출이 없는 청정한 산업의 설계와 청빈사상이나 절약정신 등과 같은 무소유 철학의 정신문화와 물질문명의 조화와 균형을 모색할 지관과 지혜의 개발 등과 같은 제 과제를 풀어나가지 않으면 안 된다.

제 2 절 환경과 전략경영

기업이 살아남고 성장하기 위해서는 전략경영을 필요로 하는 데, 이러한 전략은 기업의 활동범위를 결정하고, 정책창출과 전략수립은 기업의 외부 환경요인과 내부 환경요인의 적합성에 이루어진다. 전략경영과 경영정책은 소용돌이 환경에서 고객욕구의 투영인 사명과 비전 및 가치를 도출하여 기업의 성장과 생산성을 향상할 수 있는 전략과 정책을 수립하고 수행하려는 의도이다.

1. 환경분석으로서의 SWOT

SWOT(Strengthens Weakness Opportunities Threats)이라는 첫머리 글자로 구성된 용어로서, SWOT분석법은 계획에 기초가 되는 강점, 약점, 기회, 위협 등을 파악하는 데 초점을 두고자 하는 상황 감사기법을 말한다. 〈그림 5-3〉은 SWOT분석을 통한 상황 감사가 기업의 정책창출과 전략을 수립하고 평가하는 데 유용한 것임을 잘 나타내고 있다. 이러한 SWOT분석의 정보는 기업의 사명과 목적을 다시 살펴보고 장기 · 단기 목표를 설정하여 프로그램 전략으로 적절한 개발이 가능하도록 해준다. 즉 기업의 목표에 이르도록 전략의 수립과 실행 및 성과 창출의 관리와 연계함으로써 조직의 학습과 성장을 촉진하고 변화를 유도할 수 있게 된다.

〈그림 5-3〉 SWOT분석과 전략

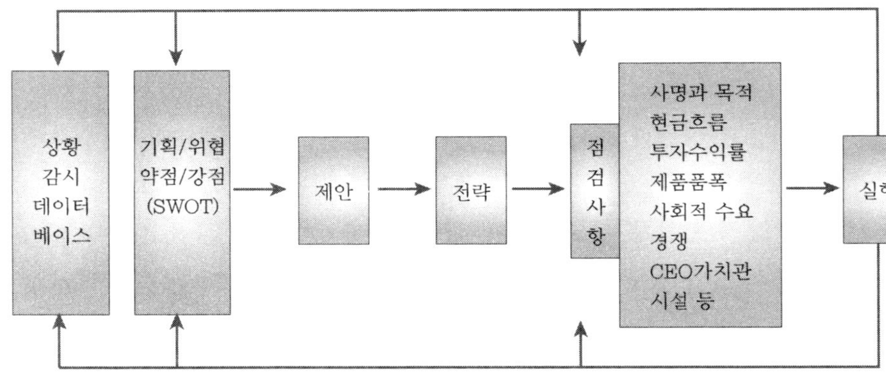

자료 : George A. Steiner, *Strategic Planning What Every Manage Must Know* (The Free Press, 1979), p. 143.

2. 효과적 전략 개발을 위한 SWOT

SWOT분석법은 궁극적으로 기업 환경의 추세와 내부적 역량이 잘 대응될 수 있는 정책을 창출하고 전략을 개발하고자 하는 의도에서 고안된 것이다. 환언하여 고객의 만족과 감동을 유발할 수 있는 전략 · 정책적 핵심역량의 배양이 전략사고이다.

SWOT분석의 관점은 〈그림 5-4〉에서 외부적 환경과 내부적 자원의 전략 · 정책적 적합성과 적응관계를 잘 표현하고 있다. 즉 기업의 내 · 외 합일을 추구하는 일련의 난 · 정 · 인 · 일(暖 · 頂 · 忍 · 一)의 과정을 말한다. 기업과 환경, 주체와 객체의 동태적 진화게임이 전략경영의 요체이므로 이를 실현하기 위한 전략적 지혜와 빛을 관조할 수 있는 인력의 개발과 배양이 급선무일 것이다. 최선의 정책은 정직이며, 성실은 천지실리요, 심지본체인데, 이는 인간사회를 역동적으로 발전시키는 생명력이며, 인류의 문명발달과 문화개발의 추진력이다.

〈그림 5-4〉 SWOT에서 외부환경과 내부자원의 대응 관계

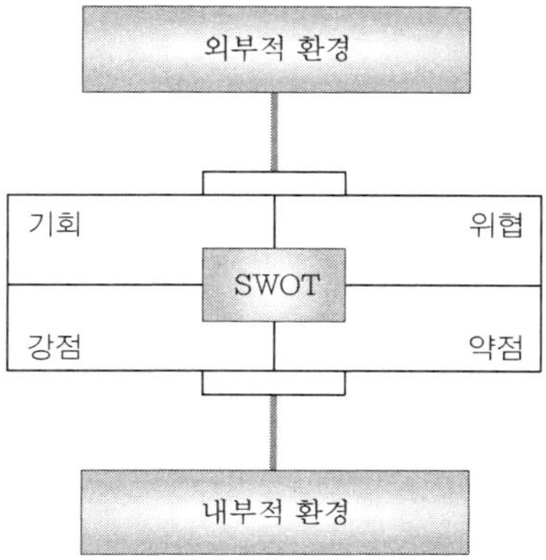

자료 : Alan J. Richard Mason & Dickel, *op. cit.*, p. 22.

(1) 외부적 환경 : 환경의 조건과 변화

① 기회 ; 기회는 시장 및 제품의 수요를 유발케 하는 고객의 마음과 욕구의 변화 등과 같이 기업환경에 있어 바람직한 상황을 말한다.

② 위협 ; 위협은 기업환경에 있어 바람직하지 못한 상황을 말한다. 즉, 기업과 조직의 전략에 잠재적 손해를 가져올 수 있는 상황으로서, 이것은 조직에 있어 장벽, 또는 제약, 문제를 유발하는 것 이 된다. 조직의 기회와 위협에 대한 이해는 정책의 창출과 전략의 수립에 있어, 기업이 시의적절히 활동할 수 있는 범위를 파악하는 데 도움이 된다.

(2) 내부적 역량

① 강점 ; 강점은 조직의 목표를 달성함에 있어서 효과적으로 사용할 수 있는 전략자원의 저량 또는 전략능력의 유량을 말한다.

② 약점 ; 약점은 조직의 목표 달성을 제한하는 한계, 조직의 결함 등을 말한다. 조직의 강점과 약점에 대한 이해는 타 조직이 가지지 못한 독특한 차별적 능력을 파악하는 데 도움이 된다. 효과적인 정책 · 전략이란 조직의 강점을 활용하

며 기회를 잘 이용하고, 또 조직의 약점을 피하거나 보완함으로써 조직의 위협에 시의적절한 대응책을 수립하는 것을 말한다. 상황 감사를 통하여 효과적인 정책 창출과 전략을 개발하고자 하는 경영자는 다음과 같은 3가지 임무를 충실히 하여야 한다. 첫째, 타 조직에 비해 차별적 전략능력을 가진 부문을 파악해야 한다. 즉, 영업 활동을 하는데 있어서 타 조직이 가지지 않는 고유의 전략자원이나 역량 등을 파악해야 한다. 이러한 것은 곧 조직의 강점이 되며 조직의 약점을 극복할 수 있는 기업의 전략능력인 것이다. 둘째, 환경에서 조직이 시의적절히 활동할 수 있는 범위를 발견해야 한다. 즉, 조직이 잘 적응할 수 있는 사회적·경제적 상황을 발견해야 하는 것이다. 이러한 것은 조직이 기회를 이용할 수 있고 또 환경으로부터의 위협에 대처할 수 있는 기업의 활동영역을 결정해 준다. 셋째, 조직이 타 조직에 비해 비교우위적 강점이 있는 요소와 기업이 활동할 수 있는 범위를 잘 대응시키는 것이 중요하다. 그리고 장·단기 목표의 균형, 재무요인과 비재무요인의 균형, 유형·무형 자산관리의 균형성을 확보함으로써 고객만족 및 지식경영적인 가치창출의 토대를 구축할 수 있다.

3. SWOT의 분석의 절차

〈그림 5-5〉는 SWOT분석에서 기회, 위협, 강점, 약점들 간의 상호 관련성을 나타내고 있다. 이러한 SWOT분석은 다음과 같이 수행된다.

첫째, 조직과 환경에 대하여 일련의 핵심적인 여건에 관한 자료를 수집한다. 이러한 기초 자료에는 시장, 경쟁, 재무자원, 설비능력, 종업원, 재고, 마케팅, 유통 시스템, 연구개발, 경영, 환경적 특성, 기업역사, 평판 등이 포함된다. 둘째, 앞 단계에서 수집한 자료가 기업의 기회, 위협, 강점, 약점 등의 어느 것을 나타내는지를 평가한다. 그리고 각기 평가된 내용을 기록한다. 셋째, 어느 한 그룹이나 경영층에서 SWOT 분석을 행할 때 각각 개인적으로 분석을 행하는 것이 좋다. 그리고 결과를 서로 비교하고 토론하는 것이 바람직하다.

〈그림 5-5〉 SWOT분석의 상호 관련성

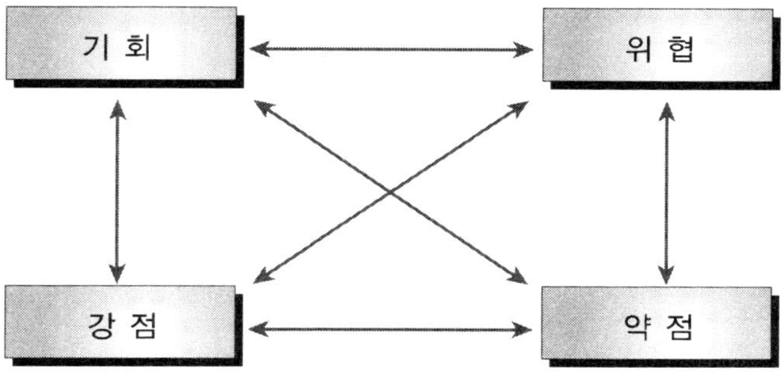

자료 : 이덕훈 저, 『기업과 환경』, 학문사, 1997, p. 22.

기업은 너와 내가 함께 일을 하는, 즉 업무를 수행하는 터전이며 삶의 공간이면서 놀이를 하는 공간이다. 이러한 일은 진선미의 구현으로서 기술과 정보 및 지식 등과 같은 무형자산이 비축·함양되어 기업의 핵심역량을 배양한다. 이처럼 핵심역량은 일에 대하여 깊이 몰두·몰입되는 삼매경이다. 그래서 일의 재미를 즐김으로써 환희가 넘치며, 일의 성취감과 삶의 행복감을 만끽하게 된다. 즉 앎과 삶의 합일인 진리의 경지이다. 또한 협력하여 선을 이룬다.

그리고 일은 곧 기술이전과 의사소통의 관계이므로 너와 나의 끊임없는 상호작용이고 기업과 환경의 동태적 진화게임이며, 동태적 일상성, 즉 주객의 자기운동이다. 특히 지식의 공유는 첨예한 절차탁마의 과정에서 자기 진화와 증식을 하는 속성이 있다. 그래서 기업은 무한발전의 가능성이 함축되어 있기 때문에 계속기업으로 존속·성장한다.

〈표 5-1〉 SWOT분석의 평가 요약(예)

요인	전략적 대응
약 점	
1. 관리적인 면 a. 우리는 6가지 다른 제품을 가지고 잘 운영되지 않는 중앙집권화된 조직으로 계속 활동하고 있다. b. 많은 중간 경영자들이 좋지 않는 업적을 산출하고 있다. 2. 시장과 제품 a. 제품 A는 진부하여 시장점유율을 잃고 있다. b. 특정 고객이 제품B의 50%를 구매한다.	1. 관리적인 면 a. 분권화한다. b. 취득시 기업들은 강력한 경영을 추진. 경영개발 프로그램을 설계한다. 2. 시장과 제품 a. 제품A를 재설계한다. b. 특정 고객의 의존성을 줄이기 위해 제품 B의 신시장을 찾는다.
강 점	
1. 관리적인 면 a. 강한 연구 개발집단이 있다. 2. 시장과 제품 a. 제품 C는 성장시장에서 점유율이 증대되고 있다.	1. 관리적인 면 a. 확장을 위한 합병뿐만 아니라 자체제품의 개발을 수행한다. 2. 시장과 제품 a. 시장점유율의 확장과 투자수익률 증대에 노력한다.
위 험	
1. 경쟁 a. 새 정부 안전기준은 공장 B에서만 가능하며 쉽게 충족될 수 없다. 2. 시설 a. z국가가 우리 공장을 국유화하고 몰수하겠다고 위협한다.	1. 경쟁 a. 침체를 피하고 기준을 충족시키기 위해 방법을 고안하기 시작한다. 2. 시설 a. z정부와 협상을 시작한다.
기 회	
1. 시장과 제품 a. 남미에서 제품 D의 빠른 성장이 예측된다. 2. 재무 a. 우리는 강한 현금지위, 낮은 부채율, 자본비율, 높은 가격·수익률을 가지고 있다.	1. 시장과 제품 a. 여기서 공장을 확장시켜 수출할 것인지 혹은 남미에서 라이센싱해 줄 것인지에 대해 연구를 준비한다. 2. 재무 a. 새로운 합병을 탐색한다.

자료 : 이덕훈, 전게서, p. 23.

그리고 기업의 외부환경의 선택, 즉 시장 및 제품과 활동영역의 선택은 전략적 의사결정이며, 정책·전략의 창출이고 개발이다. 조직내부의 모든 구성원에게 사명, 비전, 임무, 목표, 전략, 정책 등을 학습·체화시키는 일련의 동태적 과정이 전략적 리더십이다. 변화무쌍한 환경에 전략 · 정책의 수립과 수행의 연계와 병행은 병아리가 때가 되면 부화하듯이 졸탁의 경지, 즉 내부자원의 비축 · 함양과 외부환경을 적기에 지속적으로 일치 · 합일시키는 우주적 지혜이다.

〈표 5-1〉에서 SWOT 분석의 평가를 예시하고 있다. 기업의 약점으로 나타난 관리적 측면과 시장 및 제품을 어떻게 전략적으로 대응하는가를 보여주고, 또한 강점을 어떻게 활용하는가를 예시하고 있다. 그리고 환경의 위협요소인 경쟁과 시설에 대하여 어떻게 전략적으로 적응하며, 강점분야인 시장과 제품 및 재무의 측면을 전략적으로 도전하고 응전할 수 있는 방향을 제시하고 있다.

[요약]

- 기업과 환경은 유기적인 상호작용하면서 무한 순환한다. 이는 기업의 장기적 기업의 생존 및 성장의 필수조건이다. 인구의 증가는 자원의 고갈을 초래하며, 환경용량에 영향을 준다. 기업과 사회가 배출한 폐기물과 폐열이 거의 없는 청정산업의 설계 및 청빈사상의 무소유 철학과 물질문명의 조화로 환경풍요의 가치관이 지배하는 사회가 되어야 한다.

- SWOT분석은 외부환경의 기회와 위협, 기업의 내부 자원의 강점과 약점 등을 파악하여 경쟁우위의 전략을 개발한다. 그리고 환경변화에 따라 적응 · 조정 · 개혁 · 변화 등과 같이 도전과 응전을 지속해야만 한다. 기업은 재무요인과 비재무요인의 균형유지, 유형자산과 무형자산의 균형성, 장기목표와 단기목표의 균형의 유지로 성장 · 발전을 강화해야 한다.

- 전략의 일반적 특성에는 적응성, 독창성, 수명주기성 등이 있으며, 환경이 안정할 때는 방어(正)전략이 효과적이고, 급변할 때는 예측력과 유기적인 구조전략이 요구된다. 독창성은 경쟁우위, 즉 연구개발 등과 같은 핵심역량의 함양으로 유리한 상황을 지배해야 하며, 제품의 수명주기성에 따라 시의적절한 전략의 발휘가 기업성장의 관건이다.

제 6 장

기업의 외부환경 개념

제 1 절 외부환경의 개념분석

환경은 우주법칙에 따라 무한히 천변만화하면서 변천하는데, 이러한 환경과 기업이 최적의 상의상관성을 동태적으로 유지함으로써 성장과 발전이 가능하게 된다. 고객의 욕구로부터 기업의 사명과 비전 및 이념을 도출함으로써 전략과 정책을 개발할 수 있게 된다. 전략의 심장은 고객이다. 사명은 기업의 존재이유이며, 이념은 경영의 존립근거이다. 전략수행은 조직의 존재이유와 생명력을 부여한다. 그리고 이는 정책의 실천과정으로서 조직의 존속과 유지의 원동력이다. 전략경영과 경영정책은 기업의 성장과 생산성을 향상하려는 의도이며, 또한 비전의 구현과 고객만족을 충족시키려는 활동이 전략이다.

외부분석은 〈그림 6-1〉에서 알 수 있듯이 크게 환경분석, 산업분석, 경쟁기업분석의 세 부분으로 나누어진다.

1. 환경분석

환경변화는 기업에게 직접적 및 간접적으로 영향을 준다. 환경분석은 첫째, 기업을 둘러싸고 있는 거시적 환경에 대한 분석을 통해 기업의 목표달성에 영향을 줄 수 있는 사건이나 추세를 파악하거나 예측하고, 둘째 이들이 기업에 미치는 영향을 평가함으로써 기회와 위협을 파악하는 데 그 목적이 있다. 기회란 기업이 적절하게 대응할 경우 기업의 목표달성에 긍정적인 영향을 줄 가능성이 있는 사건이나 추세를 의미하며, 위협은 이와 달리 기업이 적절하게 대응하지 못할 경우 기업의 목표달성에 부정적인 영향을 줄 가능성이 있는 사건이나 추세를 의미한다.

〈그림 6-1〉 외부분석

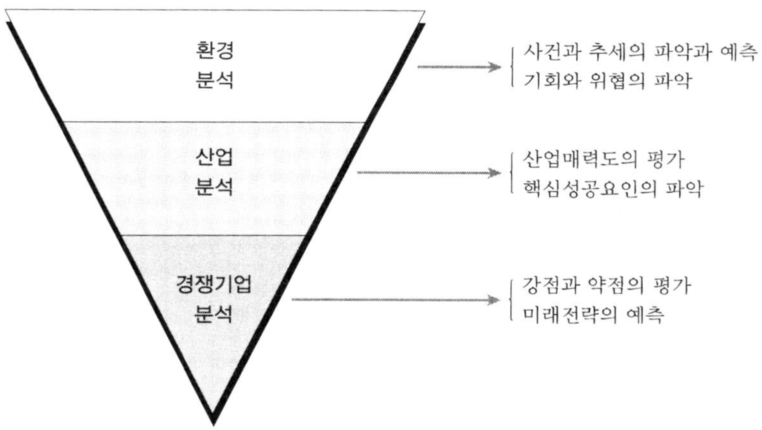

자료: 어윤대 외, 공저, 『전략경영』, 학현사, 1998, p. 95.

이상의 정의에서 유의할 것은 기회(위협)를 기업의 목표달성에 긍정적(부정적) 영향을 줄 가능성이 있는 추세나 사건으로 정의하지 않고, '기업이 적절하게 대응할(대응하지 못할) 경우'라는 단서를 붙인 것이다. 전략경영이라는 학문의 목적은 동일한 환경 내에서 기업들의 성과가 다른 이유가 무엇인가를 설명하는 데 있다. 기업이 어떻게 대응하느냐에 상관없이 기업의 성과가 높아지거나 낮아진다면 전략이 존재할 여지가 없어진다. 이런 점에서 볼 때 전략경영의 기본 전제는 같은 환경에 속한 기업들도 어떻게 대응하느냐에 따라 개별 기업의 성과가 달라진다는 것이다. 따라서 기업의 전략적 대응여부에 상관없이 긍정적이나 부정적인 영향을 주는 추세나 사건은 전략경영의 입장에서 볼 때 관심의 대상이 되지 않는다.

〈표 6-1〉 잠재적 기회와 위협의 예

잠재적 기회	잠재적 위협
새로운 고객집단의 등장	저원가 외국경쟁기업의 시장진입
새로운 기술의 등장	대체상품의 판매량 증대
산업의 지구화 추세	시장성장률의 둔화
고객욕구의 동질화 추세	환율의 불리한 변화
목표시장의 빠른 성장	외국정부의 무역규제조치
소득수준의 증대	비용부담이 예상되는 법률조치의 입법
고가제품의 선호 추세	공급업자와 구매업자의 협상력 증대
평균 이상의 시장가시도	소비자의 욕구와 기호의 변화
해외시장의 무역장벽 완화	인구패턴의 불리한 변화
경쟁기업들의 현재 상황에 대한 만족	예상되는 경기침체

자료: 상게서, p. 97.

〈표 6-1〉은 기회와 위협이 될 수 있는 사건이나 추세에 대한 예를 들고 있다.

전략 수립가는 환경분석을 통해 도출한 정보를 이용하여 전략적 의사결정을 내리게 된다. 기업의 외부환경, 특히 일반환경에는 경제적 환경, 정치적 환경, 법률적 환경, 사회·문화적 환경, 기술적 환경 등이 포함된다.

경제적 환경에 대한 분석의 예로는 국민경제의 성장률, 물가상승률, 환율의 변동폭 등에 대한 자료수집과 장기적 추세에 대한 예측을 들 수 있다. 경제적 환경의 변화가 현재 시점에서 기업의 의사결정과 경영성과에 직접적인 영향을 주지 않을 수 있으나, 기업의 장기적인 성장성과 경쟁환경 및 산업구조에 미치는 영향은 매우 크다고 하겠다. 거시 경제적 환경의 변화정도에 따라 산업 자체의 성장과 쇠퇴가 결정된다고 볼 수 있다.

한편, 사회·문화적 환경이나 정치적 환경의 변화도 기업에게 영향을 준다. 사회의 민주화 열기가 고조되어 소비자 주권에 대한 의식이 강해지거나 환경오염에 대한 관심이 증대되어 이런 관심이 제품선택에 직접적인 영향을 줄 수도 있을 것이다. 법률적 측면에서도 소비자 스스로 제품이 환경에 미치는 영향을 평가하고 이에 따라 제품을 선택할 수도 있으나 소비자에게 그러한 선택을 기대할 수 없는 경우, 사회단체나 정부기관에서 대대적인 캠페인과 법률적 제재를 통해 기업이 일정 기준에 맞는 제품을 생산하도록 강제할 수도 있다.

2. 산업분석

환경분석에 비해 볼 때 산업분석은 그 범위가 좁아져 기업의 의사결정에 직접적인 영향을 주는 산업을 대상으로 한다. 산업이란 일반적으로 동일한 고객집단을 대상으로 일정한 특성을 지닌 제품을 생산하고 있는 생산자의 집단이라고 정의된다. 산업분석의 목적은 산업의 매력도를 평가하고, 그 산업에서 성공하기 위해서 갖추어야 할 핵심성공요인을 파악하는데 있다.

일반적으로 산업의 매력도는 그 산업의 장기적 수익성 또는 성장가능성을 의미한다. 전략의 개념정의에서 보았듯이 전략의 두 가지 구성요소 중의 하나가 매력적인 사업영역을 결정하는 것이다. 이런 점에서 볼 때 매력적 사업영역이란 다음의 두 가지 조건이 갖추어진 경우라고 하겠다. ① 사업영역의 장기적 수익성(또는 성장가능성)이 높고, ② 기업의 강점을 최대로 발휘할 수 있는 사업영역이라고 하겠다.

먼저 산업의 매력도가 높다는 것은 산업의 이익잠재력이 크다는 것을 의미하는데, 이는 기업의 주요 목표인 이익의 극대화를 달성하는데 유리하다는 것을 의미한다. 따라서 해당산업의 수익성과 시장성장성이 높을수록 매력적인 산업으로 평가할 수 있다. 다음으로 기업의 강점을 최대로 발휘할 수 있는 산업이라는 것은 그 산업에서 성공하기 위해서 갖추어야 할 핵심성공요인이 바로 기업의 강점과 같거나 유사하다는 것을 의미한다. 이들 조건이 충족될 때 기업은 경쟁기업에 비해 경쟁우위를 누릴 수 있는 가능성이 높아진다고 하겠다.

3. 경쟁기업분석

산업분석이 산업의 전반적 특성에 대해 분석한다면, 경쟁기업분석은 산업분석에 비해 보다 미시적이다. 경쟁기업분석의 목적은 경쟁기업을 파악하고, 파악된 경쟁기업 중 특정기업에 대한 선택적 분석을 통해 경쟁기업의 강점과 약점을 평가함으로써 경쟁기업의 현재전략과 미래전략을 분석하고 예측하는 데 그 목적이 있다. 특정기업에 대한 선택적 분석이란 분석의 목적에 맞는 주요 경쟁기업을 선택하여 중점적으로 분석한다는 것을 의미한다.

경쟁기업분석을 위해서는 우선 경쟁기업을 파악하여야 한다. 산업 내에 수십 개의 경쟁기업이 있을 경우 이들을 모두 분석한다는 것은 불가능하며, 또한 그럴 필요도 없다. 자기 기업과 유사한 전략적 행동을 하는 기업을 집중적으로 분석하는 것이 시장성과를 높이는 보다 효과적인 방법일 것이다. 그러면 어떤 기업이 자사와 유사한 전략적 행동을 하는 기업이라고 판단할 수 있는가? 우선 동일하거나 유사한 고객집단을 대상시장으로 하거나, 전략목표에 있어서 유사하거나, 경쟁우위의 확보를 위해 어떤 측면을 중시하는가?(예컨대 효율적 원료구매를 통해 저원가 우위를 추구하는가, 상표의 이미지 제고를 통한 차별화를 추구하는가 등) 하는 점에서 유사성을 판단할 수가 있을 것이다.

다음은 기업의 전략원천을 제공하는 무형자산인 경험곡선과 전략적 원가 및 차별화 우위성을 차례로 살펴보면서 상대적 경쟁력을 모색한다.

제2절 경험곡선의 전략성[1)]

1. 경험곡선의 개념

원가우위의 중요한 원천으로 들 수 있는 것이 경험곡선이다. 경험곡선은 전략경영분야에서 널리 알려져 있는 개념이며, 또한 영향을 크게 미친 개념이기도 하다. 학습 또는 경험축적으로 인한 비용의 감소현상은 1920년대부터 관찰되었다. 1920년대 말 미국의 항공기산업에서 생산대수가 증가함에 따라 비용(직접노무비)이 일정하게 감소하는 현상이 발견되었는데 이를 학습곡선이라고 이름하였다.

1) 상게서, pp. 251-260.

1960년대에 와서 BCG(Boston Consulting Group)가 누적산출물이 두 배로 증가함에 따라 총부가가치 원가가 일정하게 감소하는 현상으로 일반화시켜 경험곡선이라 이름하였다. BCG는 다음과 같은 네 가지 측면을 부각시켜 발전시킴으로써 경험곡선이 1970년대 전략경영분야에 있어서 주요한 논의의 대상이 되었다.

① 산출물증대에 따르는 원가의 감소추세가 직접 노무비에만 한정되는 것(학습곡선)이 아니라 모든 부가가치의 실질원가에 적용된다. 따라서 BCG는 학습곡선을 확대하여 경험곡선이라고 이름하였다.

② 경험곡선을 입증하는 다양한 산업의 실증적 자료를 제시하였다.

③ 경험에 의한 원가하락추세는 생산의 초기단계에만 한정되는 것이 아니라, 그 이후에도 계속된다.

④ 경험곡선의 경쟁적 시사점은 다음과 같다. 어떤 산업에서 한 기업이 지배적 시장점유율을 점하게 되거나, 아니면 시장 전체의 성장률이 둔화되기 전에는 어떤 제품에서도 경쟁기업과 안정적인 균형관계를 유지할 수가 없다. 이는 시장점유율을 확대함으로써 단위비용을 감소시키기 위한 경쟁이 지속될 것이기 때문이다. 균형이 달성된 안정적 상황에서 기업의 수익성은 산출물의 생산규모가 아니라 누적생산경험에 의해서 결정된다.

경험곡선은 일반적으로 누적산출량이 두 배로 증가함에 따라 부가가치 단위원가가 일정비율로 감소하는 현상으로 정의된다. 여기서 부가가치의 단위원가는 한 단위 제품생산에 따르는 총생산원가에서 외부로부터 구입한 부품이나 원재료의 생산원가를 뺀 것이다. 만약, 부품이나 원재료 공급업자의 원가도 감소한다면 이들의 생산원가는 부가가치의 단위원가로 대체하여야 한다.

경험곡선은 〈그림 6-2〉에서 알 수 있듯이 점진적으로 우하향하는 곡선이 되는데, 이를 로그 스케일로 변환시키면 직선이 된다. 경험곡선 효과의 크기는 누적산출물의 합이 두 배로 증가됨에 따라 원가가 감소하는 비율로 측정된다. 따라서 80% 경험곡선은 누적산출물이 두 배가 됨에 따라 단위원가가 그 전 단위원가의 80%가 됨을 의미한다.

〈그림 6-2〉 경험곡선

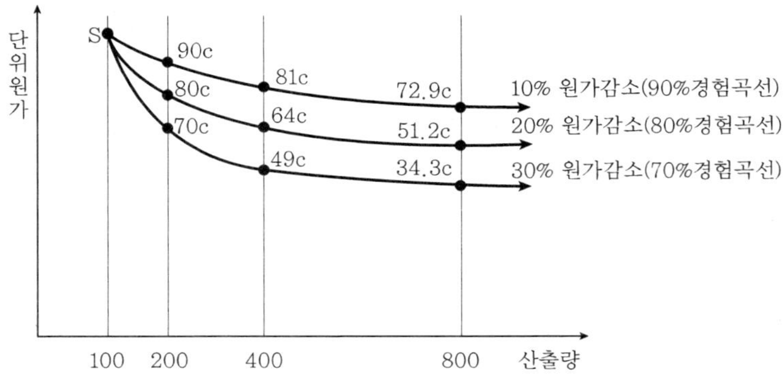

자료 : 상게서, p. 253.

경험곡선을 실제로 작성하는 것은 별로 어렵지 않다. 작성하는 데 필요한 자료는 단위당 생산원가(엄밀하게는 단위생산원가에서 외부에서 조달된 부품이나 원료비를 뺀 것)와 산출물량에 대한 자료이다. 이때 단위원가 자료는 물가상승률을 반영하여 조정한 실질원가로 표시되어야 하며, 표시단위는 화폐액으로 표시되지 않고 지수(예컨대 물가지수)로 표시되어도 상관없다. 원가자료를 구하기 어려울 경우, 원가대신에 제품가격을 이용하여 작성할 수도 있다. 그런데 가격자료를 이용할 경우 이윤율이 일정하다는 것이 전제되어야 한다. 시간이 지남에 따라 이윤율이 변할 경우 가격정보를 이용하는 데 문제가 있기 때문이다. 경험곡선은 제품별로 작성하지만 개별기업이나 산업별로 작성할 수도 있다.

경험곡선을 작성하는 데 있어서 중요한 문제는 단위원가와 산출물량에 관한 자료가 제품의 품질과 특성면에서 일관성이 유지되는 표준화 제품에 관한 것이어야 한다는 것이다. 그러나 현실적으로 일정기간 동안 동일한 제품이 지속적으로 생산되는 경우가 드물다. 이에 따라 단위원가를 산출할 때 품질 상승분이나 제품기능과 디자인의 변화분을 적절하게 조정하여 산출하여야 한다. 한편, 산업전체적으로 경험곡선을 작성할 경우 제품 특성의 변화가 개별기업보다 심하기 때문에 원가자료보다는 가격자료를 주로 사용하는데, 품질의 변화와 기타의 조정상황을 고려한 도매물가지수를 이용하기도 한다.

2. 경험곡선의 발생원인

경험곡선이 발생하는 원인에 대해서는 일반적으로 ① 학습효과, ② 전문화, ③ 공정혁신, ④ 생산요소의 투입비율변화, ⑤ 제품디자인의 개선, ⑥ 규모의 경제와 같은 요인으로 설명하고 있다.

(1) 학습효과

어떤 일을 반복해서 수행할 경우, 그 일에 숙달되고 기술이 향상되는 학습효과가 나타난다. 이런 학습효과는 작업의 효율성을 증가시키는데 산출물의 증가속도가 빠를수록 학습효과도 빨라진다. 이러한 학습효과는 제조활동에 종사하는 사람뿐만 아니라 마케팅, 판매, 관리부분에 종사하는 경영자나 종업원들에게도 적용된다.

(2) 전문화

분업을 통한 전문화는 작업의 효율성을 증대시킨다. 전체 생산공정 또는 여러 생산공정을 한 사람이 담당하여 완제품을 생산하는 것보다 생산공정을 적절한 규모로 나누어 각 단계별로 전문화함으로써 효율성을 높일 수 있다. 여기에 대해서는 규모의 경제를 설명하면서 다시 언급한다.

(3) 공정혁신

제품생산의 초기에는 제품개념이 완전히 정립되지 않아 생산기술이 정착되지 않는다. 그러나 시간이 지날수록 시장수요를 잘 이해하게 되고, 이를 통해 생산기술이 안정되고 나면 생산공정의 혁신과 개선을 위해 노력하게 된다. 공정의 혁신과 개선을 통한 원가절감효과는 특히 자본집약적 산업일수록 그 효과가 크다. 반도체산업의 경우 연구개발비의 상당부분을 공정개선에 투자함으로써 효율증대를 통한 70-80%의 경험곡선효과를 얻을 수 있다.

(4) 생산요소의 투입비율변화

경험이 축적되고 생산기술이 안정됨에 따라 보다 저렴한 생산요소의 투입이 가능해진다. 예컨대 미숙련(저임금) 노동자가 숙련노동자(고임금)를 대체하고, 자동화가 인력을 대체하게 된다.

(5) 제품의 재설계

제품에 대한 경험이 축적됨에 따라 제품성능에 대한 소비자의 요구 수준을 파악하게 된다. 이에 따라 동일한 성능을 유지하면서도 재료를 절약하거나 효율성을 높이기 위한 방향으로 제품설계를 변경하게 된다. 예컨대 불필요한 부품 수를 줄이거나 저렴한 재료(플라스틱, 인조섬유, 고무 등)나 생산요소를 사용하는 방향으로 제품설계를 변화시킬 수 있다. 그리고 제품의 표준화를 통해 부품 수를 줄이거나 반복작업을 가능하게 하여 학습효과를 증대시킬 수도 있다.

(6) 규모의 경제

경험곡선이 발생하는 중요한 근거로 들 수 있는 것이 규모의 경제이다. 규모의 경제는 기업의 생산규모가 커짐에 따라 단위당 생산비가 감소하는 현상을 말한다. 규모의 경제는 실질적 규모의 경제와 화폐적 규모의 경제로 나눌 수 있는데 효율성의 관점에서 중요시되는 것이 실질적 규모의 경제이다. 화폐적 규모의 경제는 대량구매에 따르는 가격할인을 대표적인 예로 들 수 있는데 경제 전체의 효율성을 증대시키지는 않는다.

규모의 경제가 큰 산업일수록 산업의 집중도가 높아진다. 일반적으로 규모의 경제를 누리는 정도는 산업규모에 비례한 최소효율규모로 나타낼 수 있다. 〈표 6-2〉에서 알 수 있듯이 미국에 있어서 최소효율 공장규모(규모의 경제)가 큰 산업일수록 4대기업 집중률이 높게 나타나고 있다.

최소효율규모는 주로 제조활동에서 발생하는 규모의 경제와 관련이 있다. 그런데 규모의 경제가 제조활동에서 가장 뚜렷하게 발생하지만, 규모의 경제는 제조활동뿐만 아니라 구매활동, 연구개발활동, 유통 및 광고활동 등과 같은 거의 모든 기업활동에서도 발생한다. 산업에 따라서는 제조활동 이외에서 발생하는 규모의 경제가 산업집중도를 증가시키는 요인이 되고 있다. 예컨대 미국의 담배, 세제, 기저귀산업의 산업집중도가 높은 것은 주로 광고와 판촉활동에서 발생하는 규모의 경제에 기인하는 바가 크며, 개인용 컴퓨터, 의약품, 통신장비산업의 산업집중도가 높은 것은 연구개발활동의 규모의 경제가 크기 때문이다.

〈표 6-2〉 규모의 경제와 산업집중도

	최소효율공장 규모 (미국총생산물의 %)	최소효율규모의 1/2 수준일 때 원가상승(%)	4대기업 집중률(%)
밀가루	0.7	3.0	18.0
제빵	0.3	7.5	12.0
인쇄	4.4	9.0	23.0
황산	3.7	1.0	32.0
인조섬유	11.1	7.0	41.0
자동차타이어	3.8	5.0	56.0
벽돌	0.3	25.0	16.0
세제	2.4	n.a	48.0
터빈발전기	23.0	4-28.0	55.0
디젤엔진	21-30.0	8.0	42.0
컴퓨터	15.0	6.0	65.0
자동차	11.0	20.0	85.0
항공기	10.0		89.0

자료 : F. M. Scherer, *Industrial Market Structure and Economic Performance* (Second Edition), Rand McNally, Chicago(1980).

규모의 경제를 발생시키는 대표적 요인으로는 ① 투입물과 산출물의 기술적 관계, ② 규모의 불가분성, ③ 전문화의 이익을 들 수 있다.

① **투입물과 산출물의 기술적 관계** : 어떤 활동을 하는데 있어서 투입물을 늘리지 않더라도 산출물이 증가하는 경우가 있다. 예컨대 수돗물을 공급할 때 단면적이 $10cm^2$인 수도관 10개를 통해 공급하는 것보다 단면적이 $100cm^2$인 수도관 1개를 통해 공급하는 것이 보다 효율적이다. 이는 수도관의 제조 비용면에서 볼 때 재료비(투입물)는 수도관의 표면적에 의해서 결정되나, 사용효율(산출물)은 체적에 의해서 결정되기 때문이다. 따라서 단면적 $100cm^2$인 수도관 1개의 제조비용이 단면적 $10cm^2$인 수도관 10개의 제조비용보다 저렴하면서도 사용효율은 높

아진다고 하겠다.

② **규모의 불가분성** : 어떤 투입물은 일정 단위 이상으로만 사용할 수 있기 때문에 소규모로 나누어서 사용하는 것이 불가능한 경우가 있다. 자본설비나 기계장비의 경우 특정규모 이하(예컨대 연산 3만 개의 생산규모)의 소규모로 설치할 수 없는 것이 보통이다. 연구개발부서에 있어서도 효과적인 연구개발이 이루어지기 위해서는 일정수준 이상의 과학 및 공학기술진을 보유하여야 하며, 개발과 실험을 위한 최소한의 장비가 필요하다. 이 때 생산규모가 증가할수록 이들 고정비용을 분산시킬 수 있으므로 단위당 생산비가 감소하게 된다. 이런 점에서 규모가 큰 기업은 이익을 보게 된다.

자동차산업의 경우 새로운 모델을 개발하는 데 있어서 설계에서부터 최종생산라인에 이르기까지 약 12.5억 달러의 비용이 소요되는 것으로 알려져 있다. 따라서 소규모 자동차기업은 다른 기업과의 합작을 통하지 않고서는 독자모델을 개발하는 것이 어렵다. 항공기산업에서는 이보다 더한 규모가 요구된다.

③ **전문화의 이익** : 전문화에 의한 규모의 경제는 전통적으로 조립생산방식을 통해 대량생산의 이점을 얻는 것과 연관이 있다. 생산공정을 독립되고 연속적인 단계로 분리하고 단계별로 전문인력을 전문화함으로써 숙련도를 높일 수 있으며, 기계화와 자동화의 가능성을 높일 수 있다. 또한 완제품의 생산규모가 증가할수록 부품의 소요규모도 증가하므로 부품생산을 품목별로 분업화할 경우 이를 통해서도 전문화의 이익을 얻을 수 있다. 전문화의 이익은 업무와 지식이 고도로 전문화된 정보 및 기술중심산업에서도 그 효과가 뚜렷이 나타난다. 특히 투자금융업, 경영컨설팅, 소프트웨어개발분야에 있어서는 대규모의 국제적 영업을 하는 기업이 소규모기업이 할 수 없는 전문적인 서비스를 제공할 수가 있다.

한편, 규모가 증가됨에 따라 나타나는 복잡성과 조정비용의 증가는 규모의 비경제를 가져온다. 예컨대 금속캔공장은 생산라인 수가 15개를 넘으면 공장관리의 복잡성이 갑자기 증가한다고 한다. 규모의 증가는 종업원의 동기부여를 저하시키거나 임금이나 요소비용을 상승시킬 수 있다. 예컨대 규모가 큰 공장에서는 노조가 결성될 가능성이 커지며, 종업원의 기대수준을 높여 노사간 협상을 어렵게 만들 수 있다. 또한 원료공급이 제한되어 있는 상황에서 원료의 구입량을 증가시킨다면 원료가격을 상승시켜 규모의 비경제를 야기시킬 수 있다. 규모의 비경제는 환경변화에 빨리 적응해야 하는 유행에 민감한 산업이나, 개인의 창의성에 의존해야 하는 전문서비스업에서 많이 나타난다.

3. 경험곡선의 전략적 시사점

앞 절에서 경험곡선효과를 발생시키는 몇 가지 원인들에 대해 살펴보았다. 그런데 이들 원인에서 알 수 있듯이 경험곡선효과는 자동적으로 발생하는 것이 아니다. 다시 말해 생산량의 증가에 따른 원가의 감소현상이 자동적으로 달성되는 것이 아니라는 것이다. 경험곡선이 발생하기 위해서는 이를 뒷받침하는 의도적인 노력이 이루어져야 한다. 반복활동을 통해서 얻는 학습효과는 어느 정도 자동적으로 발생하는 것이라고 하겠으나, 다른 원인들에 의한 효과가 나타나기 위해서는 기업의 의도적 노력, 즉 디자인을 새롭게 하거나 생산공정을 개선하는 등의 노력이 뒷받침되어야 한다. 따라서 경험곡선효과를 얻는 데 있어서 중요한 것은 전체 생산과정에서 어떤 활동을 보다 효율적으로 수행할 수 있는 방법을 찾아내는 것이다.

경험곡선이 기업의 전략에 시사하는 바가 크다. 여기에 대해서는 ① 경험곡선과 전략목표, ② 경험곡선의 의의라는 두 가지 측면에서 살펴본다.

(1) 경험곡선과 전략목표

기업이 생산하는 제품의 단위원가가 누적생산량에 비례하여 감소한다면, 경쟁기업과 비교한 자사의 상대적 원가수준은 누적생산량에 의해 결정될 것이다. 따라서 경쟁기업보다 더 빠른 속도로 생산량을 늘린다면 경험효과를 얻는 정도도 클 것이므로 경쟁기업과의 원가차이를 확대시킬 수 있을 것이다.

〈그림 6-3〉 경험곡선효과와 수익성

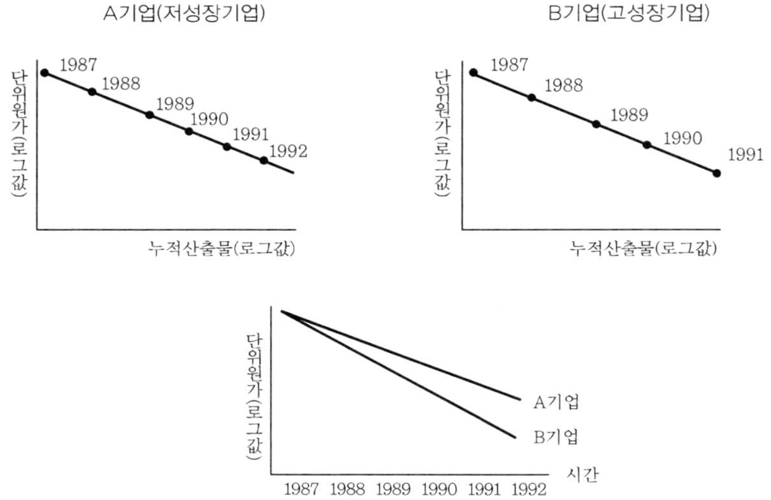

자료 : 상게서, p. 260.

〈그림 6-3〉에서 알 수 있듯이 현재 두 기업(A기업과 B기업)이 동일한 시장점유율을 확보하고 있고 동일한 경험곡선효과를 얻을 수 있는 가능성이 있다고 하더라도, 생산량의 증가속도가 빠른 B기업은 시간이 지남에 따라 원가우위를 누릴 가능성이 커진다. 따라서 두 기업의 제품이 동일한 가격으로 판매되고 있다면(동질적인 제품일 경우 다른 방법이 없음), B기업의 수익성은 증가되고 A기업은 상대적으로 감소될 것이다. 이상의 내용을 보다 구체화한다면 〈그림 6-4〉와 같다.

두 기업이 동시에 산업에 진입하여 일정한 시장점유율을 확보하고 있을 경우 각 기업의 제품생산량은 그 기업의 시장점유율에 비례하여 결정될 것이다. 그런데 두 기업이 같은 산업에 속해 있어서 생산원가가 비슷한 경험곡선을 따라 감소할 것이므로 상대적 원가도 시장점유율에 비례할 것이다. 따라서 두 기업의 제품가격이 같다면 기업의 수익성도 시장점유율에 비례하여 결정될 것이다.

〈그림 6-4〉 시장점유율과 수익성

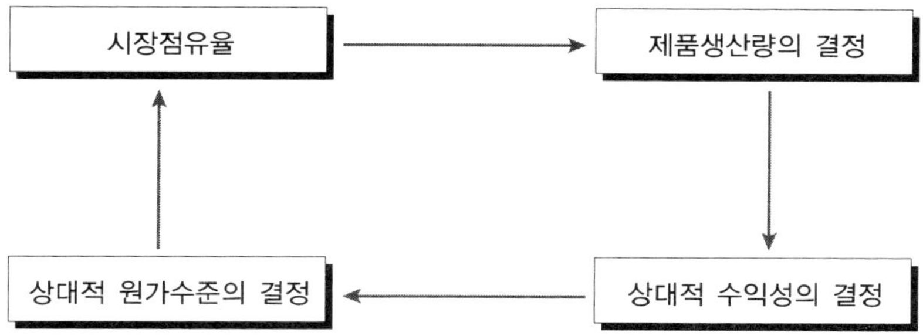

자료: 상게서, p. 26.

기업의 수익성이 시장점유율에 의해서 결정된다면 시장점유율이 기업의 중요한 전략목표가 될 것이다. 즉, 경험곡선의 관점에서 중요시되는 기업의 전략목표는 시장점유율확대이다. 그렇다면 기업이 시장점유율을 높일 수 있는 방안은 무엇인가? 가장 중요한 것이 저 가격 정책이다. 이 때 기업이 현재의 단위원가를 기초로 하여 제품가격을 결정하는 것보다 앞으로 기대되는 단위원가를 기초로 하여 가격을 결정함으로써 보다 공격적인 가격정책을 수행할 수 있다. 이러한 가격결정방법을 경험곡선에 의한 가격결정방법이라고 한다. 이 방법은 〈그림 6-5〉에서 알 수 있듯이 매출액을 증가시키기 위해 가격을 생산원가 이하로 낮추어 결정하는 방법이다. 이는 낮은 가격으로 매출액을 증가시킴으로써 경쟁기업보다 경험곡선효과를 빨리 누리고, 경험곡선효과로 인해 생산원가가 하락하면 만족할 만한 이익이 보장될 것이라는 예상 하에 가격을 결정하는 것이다.

〈그림 6-5〉 경험곡선 효과와 가격결정

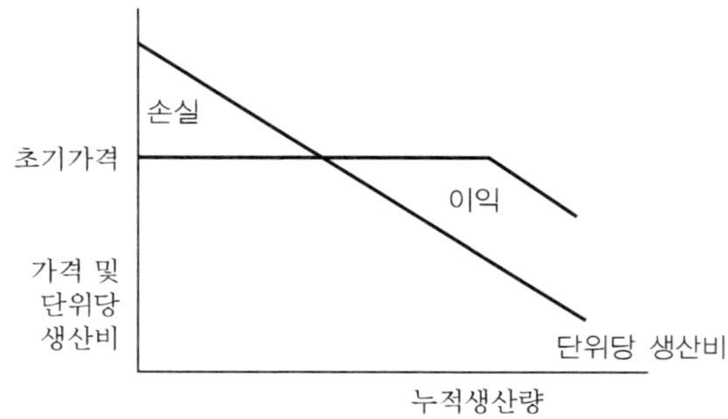

자료: 상게서, p. 261.

(2) 경험곡선의 의의

1970년대 중반 이후 전략과 관련된 대부분의 학술논문과 각종 문헌에서 경험곡선에 대해 언급하고 있다. 이 개념의 강점은 선두기업의 지속적인 시장지배현상을 설명할 수 있고, 치열한 경쟁에도 불구하고 기업간의 이질성(원가차이 등)이 해소되지 않는 것을 설명할 수 있다는 데 있다. 또한 단위원가의 주요결정요인이 생산규모가 아니라 누적 생산경험이라는 결론은 사업운영의 목표를 이익의 즉각적 실현에 두지 않아도 된다는 것을 말해 준다는 데 가치가 있다. 이는 많은 경영자들이 현재의 이익을 희생하면서도 시장지배력과 성장을 추구하는 성향을 뒷받침해 주는 좋은 근거가 된다.

경험곡선이 전략경영분야에 미친 영향은 이론의 내용이나 그 정확성에 그치지 않는다. 경험곡선은 전략경영과 산업조직론간의 학문간격을 넓히는 데도 기여하였다. 전통적으로 산업조직론의 이론에 의존하여 기업을 환경 속에 묻혀 있는 존재로 파악한 학문분야에서, 경험곡선은 기업의 경쟁행동에 분석의 초점을 맞추었다. 더욱 중요한 것은 경험곡선의 논리가 처음으로 기업의 관점에서 경쟁우위가 무엇이며, 그것이 어떻게 획득되고, 어디에서 찾아야 하는가에 대한 간명하면서도 엄밀한 설명을 할 수 있었다는 것이다. 그리고 경험에 근거한 경쟁의 논리가 경제학에서 빌려온 것이 아니라 전략경영분야에서 개발되어 경제학에 수출되었다는 것이다.

제 3 절 전략적 원가분석[2)]

1. 원가구조의 차이

기업이 시장에서 차지하는 경쟁지위를 나타내 주는 데 유용한 지표로 들 수 있는 것이 경쟁기업과 비교한 상대적 원가구조이다. 제품차별화의 가능성이 낮아서 가격경쟁이 치열한 산업일수록 원가상의 우위를 누리는 기업이 강력한 경쟁력을 보유한다고 볼 수 있다. 제품의 차별화가 상당한 수준에 이르고 있고, 가격 이외의 방식으로 경쟁하는 산업에 있어서도 경쟁기업과 비슷한 수준으로 원가를 유지하는 것이 필요한데, 그렇지 못할 경우 장기적으로 경쟁우위를 유지하기가 어려울 것이다. 이런 점에서 경쟁기업과 원가구조를 비교·분석하는 작업이 필수적이다.

비슷한 제품을 생산하는 기업간에도 동일한 원가구조를 보이는 경우가 드물다. 단일품목의 생산비중이 비교적 높고 제품차별화의 정도가 낮다고 생각되는 시멘트산업(시멘트가 총매출액에서 차지하는 비중이 61% 이상)을 예로 하여 실제 기업들의 원가구조가 얼마나 다른지를 살펴보자.

〈표 6-3〉에서 알 수 있듯이 각 기업의 주요 원자재는 석회석과 점토로 거의 같다고 볼 수 있다. 그리고 생산품목에 있어서도 시멘트와 레미콘이 전체 매출액의 80% 이상(한일시멘트, 아세아시멘트, 동양시멘트는 96% 이상)을 차지하고 있어, 품목에 있어서도 비슷하다. 그럼에도 불구하고 재료비와 노무비가 원가에서 차지하는 비중이 각 기업마다 다르다. 매출구성이 유사한 쌍용양회와 동양시멘트를 보더라도 재료비, 노무비, 경비면의 원가구성비율이 조금씩 다르다.

2) 상게서, pp. 265-270.

〈표 6-3〉 시멘트산업의 원가구조

	매출구성(%)	원가구조(%)	주요원자재
한일 시멘트	시멘트 70.1 레미콘 26.2 기 타 3.7	재료비 50.0 노무비 6.6 경 비 43.2	석회석, 점토
아시아 시멘트	시멘트 75.0 레미콘 23.0	재료비 42.9 노무비 9.8 경 비 47.2	석회석, 점토
쌍용양회	시멘트 62.0 레미콘 23.0 기 타 15.0	재료비 41.5 노무비 9.8 경 비 47.2	석회석, 점토
현대 시멘트	시멘트 98.6 기 타 1.4	재료비 39.7 노무비 13.1 경 비 47.0	석회석, 점토
동양 시멘트	시멘트 62.9 레미콘 20.4 기 타 16.7	재료비 46.3 노무비 9.0 경 비 44.6	석회석, 점토

자료 : 상게서, p. 266.

이상과 같은 원가구조의 차이가 생산품목과 각 품목의 매출비중이 동일하지 않기 때문이라고 볼 수도 있으나, 생산품목과 매출비중이 동일하다고 하더라도 인력구성, 보유시설 및 장비, 유통채널에서 차이가 날 경우 원가구조가 달라지게 된다. 이는 기업이 모든 면에서 동일할 수는 없기 때문이다. 그러나 〈표 6-3〉은 개괄적인 자료이기 때문에 전체적으로 어떤 항목 또는 어떤 요인으로 인해 원가 차이가 발생하는지를 보여 주지는 않는다. 예컨대 각 기업이 누리는 경험곡선효과를 간접적으로 알 수 있는 매출액도 표시되어 있지 않다.

시멘트산업에서 원가차이를 발생시키는 요인에는 여러 가지가 있겠으나, 다음과 같은 요인을 대표적으로 들 수가 있다.

① 원료, 중간재, 에너지, 기타 조달되는 부품의 품질에 있어서 차이가 나는 경우

② 원료채취 및 운반비용과 소비지까지의 수송비용에서 차이가 나는 경우

③ 원천기술이 다르거나 공장과 장비의 사용년수가 다른 경우(공장의 설립과

주요 장비의 구입시기가 다르거나 설비의 기술적 효율성이 다른 경우, 그리고 고정비 부담의 정도가 다른 경우를 그 예로 들 수 있다. 대체적으로 오래된 설비는 효율성이 낮다고 하겠으나, 오래된 설비라고 하더라도 상대적으로 낮은 가격으로 취득할 수 있다면 최신설비에 비해 고정비 부담이 낮아 원가면에서 경쟁력을 누릴 수도 있다.)

④ 내부운영비용이 다른 경우(공장의 크기가 달라 경험곡선효과나 규모의 경제를 누리는 정도가 다르거나, 임금수준 · 노동생산성 · 관리상의 간접비용 · 세금 등에서 차이가 날 수 있을 것이다.)

⑤ 유통채널상의 비용이 차이가 날 경우(생산자로부터 최종소비자에게 제품을 공급하기까지 유통업자, 도매상, 소매상 등의 원가와 이윤폭에서 차이가 날 수 있다.)

⑥ 인플레이션이나 환률변화로 인한 영향의 정도가 기업마다 다른 경우(이는 각 기업마다 국제사업의 상대적 비중이 다를 경우에 해당된다.)

⑦ 마케팅비용, 판매 및 판촉비용, 광고비용에서 차이가 나는 경우

2. 활동원가사슬

시장경쟁이 제품차별화를 중심으로 이루어질 때 기업간의 원가차이가 크게 문제되지 않을 수 있다. 그러나 일반적으로 원가상에서 우위를 누리는 기업은 경쟁기업에 비해 유리한 경쟁지위를 확보할 수 있다. 원가차이가 발생할 수 있는 원천이 많다는 것을 고려해 볼 때 자사의 원가구조를 경쟁기업과 비교해 볼 필요가 있다. 이런 점에서 유용한 방법이 전략적 원가분석이다.

전략적 원가분석은 경쟁기업과 비교한 자사의 원가구조를 분석하는데 중점을 둔다. 전략적 원가분석의 주요한 분석수단은 활동원가사슬이다. 활동원가사슬은 원재료로부터 시작하여 최종소비자가 지불하는 가격에 이르기까지 가치증가와 원가의 구성이 어떻게 이루어지고 있는가를 보여 준다. 활동원가사슬은 기업내부의 원가구조뿐만 아니라 산업 전체의 가치활동을 총괄하는 원가구조를 다루고 있다.

다음의 〈그림 6-6〉에서 알 수 있듯이 활동원가사슬에는 기업내부에서 이루어지는 제조관련활동뿐만 아니라, 기업외부에서 이루어지는 조달관련활동과 유통관련활동이 포함된다. 이는 기업이 최종소비자에게 낮은 가격으로 제품을 공급하는 데 있어서 기업내부의 제조관련원가뿐만 아니라, 원재료조달 등의 후방활동원가, 그리고 재고 및 유통비용과 같은 전방활동원가가 차지하는 중요성도 크기 때문이다.

〈그림 6-6〉 활동원가 사슬

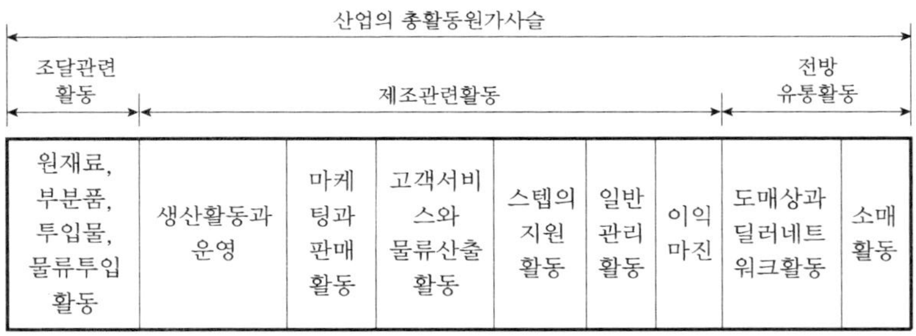

자료: 상게서, p. 268.

활동원가사슬을 이용하여 원가구조를 분석하기 위해서는 기업내부 및 외부활동에 대한 광범위한 원가자료가 필요하다. 이를 위해서는 가치활동별로 주요항목에 대한 원가를 분류하고 계산하여야 하며, 전방유통단계와 후방조달단계의 원가도 추정하여야 할 것이다. 그리고 이를 경쟁기업과 비교하기 위해서는 경쟁기업에 대한 원가자료도 필요하다. 이런 점에서 볼 때 활동원가사슬은 쉽게 적용시키기 어려운 분석기법이다.

경쟁기업의 원가를 분석하는 첫 단계는 경쟁기업의 가치사슬을 파악하고, 이들이 각 활동을 어떻게 수행하는지를 알아보는 것이다. 그런데 경쟁기업에 대한 직접적인 정보를 가지고 있지 않기 때문에 경쟁기업의 원가를 파악하는 것이 몹시 어려울 때가 많다. 경쟁기업의 활동원가를 계산하기 위해 대개는 대외적으로 공표된 2차 자료를 이용하거나 구매업자나 공급과의 면담을 통해 얻은 정보들이 활용된다. 이러한 정보를 이용하면 경쟁기업이 운영하고 있는 판매원의 수, 급료, 비용 등을 추정할 수 있다. 이런 방식은 간접적이지만 비교적 정확하게 경쟁기업의 가치활동원가를 추정해 낼 수 있다. 이러한 분석이 완성되었을 경우 원가측면에 있어서 상당히 유용한 정보를 제공해 준다.

활동원가사슬의 유용성은 자사의 원가구조를 경쟁기업과 비교하여 분석한다는 데 있다. 이를 통해 경쟁기업과 상대적 원가의 차이가 날 수 있는 가치사슬상의 부문을 보면 다음의 세 부문이다. ① 기업내부의 제조활동부문, ② 부품조달과 관련한 후방활동부문, ③ 유통과 관련한 전방활동부문이다. 이들 각 부문에서 경쟁기업보다 원가상 불리한 상태에 있을 경우, 이를 극복하기 위한 대안들이 모색되어야 할 것이다. 그런데 기업의 외부활동(전방조달 및 후방유통)에서 원가가 높게 발생할 경우, 원가경쟁력을 회복하기 위한 작업은 기업의 내부범위를 넘어서는 조치를 필요로 한다.

① 원가상의 불리성이 기업 내부요인에서 발생하고 있다면, 다음과 같은 전략적 대안을 통해 원가불리성을 개선할 수 있을 것이다.

- 긴축예산조치를 취한다.
- 생산방식과 작업절차를 개선함으로써 노동생산성을 증대시키고, 원가장비의 가동률을 증가시킨다.
- 원가발생활동을 생략할 수 있는 가능성을 검토한다.
- 고 원가 발생활동을 저렴하게 수행할 수 있는 지역으로 재배치한다.
- 외부공급업자에게 하청을 줌으로써 원가를 낮출 수 있는 활동이 있는가를 검토한다.
- 원가를 절약할 수 있는 기술적 개선(자동화, 로보틱스, 유연생산, 시스템, 컴퓨터 통제시스템)을 위해 투자한다.
- 제품디자인을 간소화하고 제조하기 쉽게 개조한다.
- 공장과 장비에 대한 신규투자를 통해 문제가 되는 원가항목에서의 혁신을 기한다.
- 전방활동과 후방활동의 원가절감을 통해 내부원가의 불리성을 상쇄한다.

② 기업의 원가불리성이 외부공급업자와의 후방조달활동에서 발생하고 있다면, 이를 시정하기 위해 다음과 같은 전략적 행동을 취할 수 있을 것이다.

· 유리한 조건으로 물품을 조달받기 위해 공급업자와 가격협상을 한다.
· 공급업자가 물품의 생산원가를 낮출 수 있도록 도와준다.
· 조달물품에 대한 통제권을 확보하기 위해 후방통합을 한다.
· 내향 수송비용을 절감하기 위해 노력한다.
· 원가사슬상의 다른 부문(제조활동과 전방활동)에서 원가를 절감함으로써 원가 불리성을 상쇄할 수 있는 가능성을 모색한다.

③ 원가상의 불리성이 원가사슬상의 전방활동(유통관련)부문에 원인이 있다면 이를 시정하기 위한 전략적 대안으로는 다음과 같은 것을 생각해 볼 수 있다.

· 유통업자와 기타 채널관련업자들이 원가와 이윤을 낮추게끔 압력을 가한다.
· 전방통합을 포함하여 경제적인 유통전략을 강구한다.
· 원가사슬상의 다른 부문(제조활동과 후방활동)의 원가를 감소시킴으로써 불리성을 상쇄한다.

제 4 절 차별화 우위[3)]

1. 차별화의 원천

차별화우위는 기업이 수행하는 가치활동으로부터 차별화의 원천을 파악하고, 각 가치활동에서 창출된 차별화가 소비자에게 어떤 영향을 주는가를 고찰할 때 제대로 이해할 수 있다.

원가우위를 추구하는 기업이 등가제품을 경쟁기업의 제품보다 효율적으로 제공해 주는 데 비해, 차별화우위를 추구하는 기업은 고객의 욕구를 충족시키는 데 있어서 보다 효과적인 제품을 제공해 준다. 욕구충족에 있어서 효과적이라는 것

3) 상게서, pp. 271-277.

은 고객의 욕구에 잘 부합하는 제품을 제공해 준다는 것을 의미한다. 이는 고객의 욕구를 충족시키기 위한 충족물을 표준화된 제품이 아니라 다양한 제품을 제공함으로써 가능하다. 따라서 완전한 차별화는 고객의 수만큼 제품을 만드는 것이다. 한 고객의 욕구가 생활에 따라 달라진다면 그 수는 무한대로 늘어날 것이다. 그러나 차별화에는 비용이 수반되므로 차별화비용이 차별화로 인한 수입의 증가분보다 높아서는 곤란하다.

어떤 기업이 제공하는 특유의 제품이나 서비스를 고객이 가치 있다고 생각한다면, 그 기업은 경쟁기업들로부터 자기기업을 차별화 하였다고 할 수 있다. 차별화는 산업구조를 결정하는 중요한 요인이 된다. 그러나 차별화의 중요성에도 불구하고 차별화의 원천에 대해서 잘 이해하지 못하는 경우가 많으며 차별화의 잠재적 원천을 너무 좁게 보기도 한다. 이는 차별화가 가치사슬의 어디에서나 가능하다고 생각하지 않고, 제품이나 마케팅부문에서만 나타난다고 생각하기 때문이다.

성공적인 차별화는 제품이나 마케팅부문만이 아니라 기업의 전반적 가치활동에서 나타날 수 있다. 원료나 중간재와 같은 투입 물을 조달하는 최종제품의 성과에 영향을 미치므로 차별화의 원천이 된다. 예컨대 하이네켄은 맥주생산에 쓰이는 원료의 품질과 순도에 세심한 신경을 쓸 뿐만 아니라 일정한 균주에서 배양된 이스트를 쓰고 있다. 마찬가지로 스타인웨이는 피아노를 제작하는 데 쓰일 최적의 재료를 고르는 데 숙련된 기술을 활용하고 있고, 미쉐린은 타이어에 사용되는 고무를 고르는 데 세심한 주의를 기울임으로써 차별화를 이룩하고자 노력해 왔다. 이처럼 성공적인 차별화기업들은 일차적 활동과 지원활동 전체를 통해 차별화우위를 창출해 낸다.

한편, 제품과 서비스의 차별화에 있어서도 차별화의 가능성은 인간의 상상력에 따라 무한하다. 차별화의 원천은 크게 제품이나 서비스의 가시적 특성과 비가시적 특성으로 구별할 수 있다. 가시적 특성에는 크기, 모양, 색상, 무게, 디자인, 재질 등이 포함되며, 제품이나 서비스의 성능도 주요한 가시적 특성이다. 또한 신뢰성, 일관성, 기호, 속도, 내구성, 안전성뿐만 아니라 제품 자체의 특성과 함께 제품을 보완하는 서비스, 부속장치, 인도조건과 시기, 신용공여, 확장가능성 등도 중요한 차별화요인이다. 이들 특성들은 고객이 제품으로부터 얻은 효용수준을 결정하는데 크게 작용을 하며, 이로 인해 기업은 더 많은 이익을 얻을 수 있다.

한편, 가시적 차별화요인에 집중하여 비가시적 측면을 간과하여서는 안될 것이다. 고객이 제품을 통해 느끼는 가치는 제품이나 서비스의 측정 가능한 효용, 즉 객관적 효용과 반드시 일치하지는 않는다. 이는 소비자의 제품선택이 객관적인 성능 기준에 의해서 선택되는 것만이 아니기 때문이다. 지위, 독점, 개성, 안전에 대한 욕망과 같은 사회적, 감성적, 심리적, 미학적 요인들이 고객의 제품선택에 영향을 주는 요인들이다. 제품과 서비스의 성능차이를 객관적으로 평가하기 어려울수록 이러한 비가시적 특성들이 구매의사 결정에 큰 영향을 주게 된다.

2. 차별화 우위의 창출

앞에서 살펴보았듯이 차별화의 원천은 다양하다. 그런데 기업이 차별화 우위를 누리기 위해서는 이러한 차별화 원천을 이용해 다른 기업과 차별화 하는데 그쳐서는 안 된다. 중요한 것은 이러한 차별화가 고객에게 더 많은 가치를 제공해 줄 수 있어야 한다는 것이다. 차별화가 단지 다른 기업과 상이한 제품을 만들어 내는 것을 의미하지는 않는다. 예컨대 기업이 어떤 부분에서 독창성을 추구함으로써 다른 기업과 차별화하는 데 성공할 수는 있지만, 이를 고객이 가치 있다고 생각하지 않는다면 차별화 우위를 누리지 못한다.

차별화 우위를 추구하는 기업들은 차별화에 소요되는 비용문제나, 일단 차별화에 성공한 이후 그 효과를 지속시키는 문제에 대해서 충분한 관심을 기울여야 할 것이다. 이런 점에서 볼 때 차별화의 내용이 가식적이어서는 안 되며, 실질적이어야 한다. 그러기 위해서는 경쟁기업의 표준화된 제품에 비해 고객에게 더 많은 가치를 제공해 줄 수 있어야 하며, 차별성이 쉽게 모방되지 않고 지속될 수 있어야 한다.

차별화가 경쟁우위로 연결되기 위해서는 제품이나 서비스가 보다 나은 가치를 제공해 줄 수 있어야 하는데, 이는 고객의 입장에서 볼 때 다음의 두 가지 측면을 의미한다. 첫째, 고객이 원하는 성능을 낮은 원가로 제공해 주거나, 둘째, 뛰어난 혜택을 제공해 줄 수 있어야 한다. 그리고 보다 바람직한 것은 두 가지를 모두 제공해 주는 것이다.

첫 번째 측면은 고객이 제품을 사용하는 과정에서 발생하는 총 원가를 절감시켜 주는 방법이다. 고객이 자사제품을 어떻게 사용하고 있으며, 자사의 마케팅, 제품인도, 부품공급, 기타 활동들이 고객의 비용에 어떤 영향을 미치는지를 세심히 살펴본다면, 고객의 원가를 절감시켜 주는 대표적 방법으로 들 수 있는 것이 제품특성을 이용하는 것이다. 〈표 6-4〉에는 제품특성이 고객의 직접원가를 절감시키는 방법들이 요약되어 있다.

〈표 6-4〉 고객의 직접원가를 낮추는 제품특성

차별화 요인	예
동일한 효용을 주면서도 사용량을 절감	규격화된 철판
가공시간의 단축	신속한 부착이 가능한 잠금기구
노무비의 절감	자동식 전화기
원료투입량이나 보조장비의 절감	절전형 냉장고
유지비용의 절감 및 유지의 용이성 증대	신뢰성 높은 복사기
가동중지 또는 유휴시간의 단축	신속한 적재가 가능한 화물선
조정 및 감사비용의 절감	균일한 품질의 페인트
실패에 따른 비용이나 위험의 감소	유전의 분출구멍 마개
설치비용의 절감	한 겹으로 덮은 지붕조립재
검사의 필요성 감소	반도체
셋업(set-up)시간의 단축	프로그램화할 수 있는 공작기계
빠른 공정시간	주문형 알루미늄 합금
타제품에 미치는 손실발생위험의 감소	여과장비
중고가치의 증가	내구성 높은 자동차
다양한 보조장치와 호환가능성	퍼스널 컴퓨터

자료: 상게서, p. 275.

제품특성을 이용하는 방법 외에도 부수적 가치활동을 통해서 고객의 원가를 줄일 수 있다. 예를 들어 제품배달을 신뢰성 있게 해 줌으로써 고객의 재고비용을 줄일 수 있으며, 부품공급을 원활히 함으로써 제품의 수리시간을 줄일 수 있다. 또한 효율적인 주문처리절차는 고객의 회계비용과 조달비용을 절감시켜 준다.

첫 번째 측면이 원가효율성에 의한 차별화라고 한다면, 고객에게 뛰어난 혜택을 제공해 주는 두 번째 측면은 효과성에 의한 차별화라고 할 수 있다. 차별화제품이 고객에게 뛰어난 혜택을 제공해 주기 위해서는 다음의 세 가지 경우에 해당하여야 한다. ① 제품성능에 있어서 상당한 개선이 이루어지거나, ② 이전까지 불가능하였던 새로운 기능을 제공해 주거나, ③ 고객의 욕구를 완벽하게 충족시킬 수 있도록 적합성이 높아지는 경우이다.

① **성능의 개선** : 제품성능을 개선함으로써 고객에게 뛰어난 혜택을 줄 수 있다. 고객의 욕구를 충족시키는 기존 제품이 있더라도 효율적이며 효과적으로 충족시킬 수 있는 제품을 만들어낼 때 차별화가 가능하다. 예컨대 제록스가 새로운 복사기술을 개발하기 전에도 문서를 복사할 수는 있었으나, 제록스가 건식복사지에 신속하면서도 선명하게 복사할 수 있는 기술을 개발함으로써 고객에게 뛰어난 혜택을 제공해 줄 수 있었다.

② **새로운 기능제**공 : 강력한 차별화제품은 새로운 기능을 제공해 주는 것이다. 새로운 기능이란 지금까지 충족시키지 못했던 고객욕구를 충족시킬 수 있는 능력을 의미한다. 예컨대 폴라로이드가 개발한 즉석카메라는 찍은 사진을 즉시 보고 싶어하는 고객의 욕구를 만족시켜 준다. 일반적으로 새로운 기능을 제공해 줄 수 있는 능력을 보유하기 위해서는 획기적인 신기술이 개발되어야 하지만, 소니의 워크맨에서 알 수 있듯이 기존 기술을 새롭게 구성함으로써 신기능 능력이 창출되기도 한다.

새로운 기능능력은 경쟁기업이 모방할 때까지 지속되는데 특허권으로 보호받을 경우 보호기간까지 지속될 수 있다. 새로운 기능능력이 법률적 보호를 받지 못할 경우, 선두기업은 기능면에서 보다 뛰어난 차세대 제품을 경쟁기업보다 먼저 도입함으로써 모방기업과의 격차를 계속 유지할 수 있을 것이다.

③ **제품의 적합성** : 고객의 욕구에 맞도록 제품의 적합성을 높이는 것은 앞의 두 경우와는 달리 시장 지향적인 차별화방식이다. 고객의 욕구를 면밀하게 분석하여, 이에 맞는 적합한 제품을 생산함으로써 고객욕구를 보다 완벽하게 충족시킬 수 있을 것이다. 제품의 적합성을 높임으로써 차별화에 성공한 대표적인 기업으로 미국의 캐터필러를 들 수 있다. 캐터필러의 제품은 실질적으로 경쟁기업의 제품과 크게 다르지 않으나, 고객욕구에 보다 근접하게끔 다음과 같이 모든 측면에서 제품의 적합성을 높였다.

· 모델을 다양화함으로써 개별고객의 욕구와 제품성능간의 적합성을 증대시켰는데, 이를 통해 고객의 만족도가 증대되었다.
· 캐터필러의 중요한 설계기준은 내구성이다. 장비가 고장날 경우 작업이 중단됨으로써 인력이 낭비되고, 나아가 전체 공정이 지연될 수 있으므로 고객들은 내구성을 중시한다. 이는 내구성이 높은 장비를 위해 높은 가격을 지불하는 것이 작업중단으로 인한 손실을 입는 것보다 낫다고 생각하기 때문이다.
· 캐터필러는 작업중단으로 인한 비용을 줄이기 위해 수리부품의 재고를 업계 최대로 보유하고, 각 지역에 분산시킴으로써 부품공급을 전세계 어디든지 48시간 이내에 배달하는 것을 보장해 주었다.
· 캐터필러는 유통망에 있어서 업계에서 대규모이며 잘 관리되고 있는데, 특히 캐터필러가 제공하는 현장방문의 서비스능력이 제품의 가치를 더욱 증대시켰다.

이상의 네 가지 요인들이 개별적으로는 경쟁우위의 큰 원천이 되지 않지만, 이들이 결합될 때 경쟁기업보다 고객의 욕구를 보다 잘 만족시킨다고 하겠다.

3. 성공적 차별화와 기업성과

(1) 성공적인 차별화

성공적인 차별화를 위해서는 고객의 욕구에 대한 분석이 필수적이다. 이는 기업이 아무리 독특한 차별화를 이루었다고 하더라도 고객이 이를 가치 있다고 생각하지 않는다면 소용이 없기 때문이다.

또한 고객이 가치 있다고 생각하는 특성을 파악한다고 하더라도 기업이 이를 제공할 수 있는 능력이 뒷받침되지 않는다면 아무 소용이 없다. 따라서 성공적인 차별화는 차별화의 공급능력을 차별화에 대한 고객의 수요에 일치시키는 데 있다. 이를 위해 고객의 욕구를 분석함으로써 차별화의 가능성과 차별화에 대한 고객의 프리미엄 지불의사를 평가하고, 차별화변수와 관련하여 바람직한 포지셔닝이 무엇인지를 파악할 수 있다.

고객의 욕구에 대한 분석은 고객이 특정 제품이나 서비스를 왜 구매하는가를 이해하는 것으로부터 시작한다. 이 때 가치사슬을 이용한 다음과 같은 분석방법이 도움이 된다.

· 기업과 고객의 가치사슬을 작성한다.
· 각 활동에 있어서 독특성의 원천을 파악한다.
· 기업에 있어서 유망한 차별화 변수를 선정한다.
· 기업의 가치사슬과 고객의 가치사슬간의 연결부문을 발견한다.

① **가치사슬의 작성** : 가치활동들의 중요성을 고려하여 각 활동을 적절하게 분리하고, 차별화를 창출할 수 있는 능력을 바탕으로 기업과 고객의 가치사슬을 작성한다. 만약 기업이 다른 유형의 여러 고객에게 판매한다면, 주요 고객의 유형별로 각각 다른 가치사슬을 작성한다.

② **각 활동에 있어서 독특성의 원천을 파악** : 가치사슬의 각 활동을 분석함으로써 제품차별화의 가능성을 평가하고, 경쟁제품과 비교하여 독특성을 누릴 수 있는 차별화 변수와 행동을 파악한다. 〈그림 6-7〉은 가치사슬상의 차별화의 원천을 예시한 것이다.

③ **유망한 차별화 변수의 선정** : 기업 내에서 발견할 수 있는 다양한 독특성 중에서 차별화 전략의 근거를 선정하여야 할 것이다. 이때 기업측면에서 세 가지의 주요 고려사항이 있다.

첫째, 어떤 독특성에 근거할 때 차별화의 가능성이 가장 크며, 또한 경쟁기업보다 낮은 비용으로 차별화할 수 있는가를 평가한다. 차별화가 궁극적으로 경쟁우위를 창출할 수 있어야하므로 차별화는 내부자원이나 능력면의 강점에 근거를 두어야 할 것이다.

둘째, 차별화의 원천으로 어떤 활동에 높은 우선순위를 부여할 것인가를 결정하기 위해서는 주요 가치활동간의 연계성을 파악하여야 한다. 예컨대 제품의 신뢰성은 투입되는 부품들의 감시, 생산직근로자의 숙련도와 동기유발, 품질관리의 엄격성, 제품의 철저한 검사 등과 같은 몇 가지 가치활동들이 연계된 결과이다. 만약 어느 수준까지의 제품신뢰성이 요구된다면 그 수준의 신뢰성을 달성하기 위한 최

저원가수준을 결정하고, 필요한 활동들을 조정하여야 할 것이다.

셋째, 여러 독특성 중에서 어떤 유형의 독특성이 지속가능성이 있는가를 고려하여야 한다. 차별화가 기업 특유의 기술이나 자원에 근거하거나, 여러 자원들간의 복잡한 조정이 요구되는 기술에 근거할수록 경쟁기업이 이러한 차별화의 원천을 모방하기 어렵다.

〈그림 6-7〉 가치사슬상의 대표적인 차별화의 원천

기업하부조직	판매에 대한 최고 경영층의 지원/기업의 이미지를 높이기 위한 설비/우수한 경영 정보시스템				
인적자원관리	잘 훈련된 사업	안정적인 노동력 정책 '근로생활의 질' 프로그램 우수한 과학자와 공학기사에게 매력적인 프로그램		우수한 판매원에 대한 포상, 자질의 판매원, 서비스사원 모집	
기술개발	원료조작과 물류가 가능한 우수한 기술 독점적인 품질보증 설비	독특한 제품 성능 빠른 신모델 소개 독특한 생산공장이나 가계	차별적 운용 스케줄 소프트웨어 특수목적의 운송 장비	기술적 자원 우수한 매체 조사 최적모델의 가장 빠른 견적	발전된 서비스 기술
획득활동	신뢰도 높은 배달 체계	고품질의 원재료 고품질의 부품	최적입지의 창고 손해를 최소화시키는 운송시스템	최적매체선택 제품 포지셔닝과 이미지	고품질의 대체품
	손해나 퇴보를 최소화시키는 투입 요소의 처리 생산공정에의 적기공급	설계와의 일치성 매력적인 제품외양 설계 변경에 대한 민감성 낮은 불량률 짧은 제작 시간	신속/적시 배달 정확하고 민감한 주문처리 손해를 최소화시키는 처리	높은 광고수준의 질 넓은 판내망과 높은 판매원의 질 경로기관 또는 구매자와의 개인적 유대 훌륭한 기술관련 문헌과 기타 판매 보조물 훌륭한 판촉활동 구매자나 경로에 대한 신용공여	빠른 설치 높은 서비스의 질 충분한 대체품 재고 넓은 서비스 범위 구매자 훈련

(오른쪽 화살표: 이윤 / 이윤)

자료 : 조동성(역), 『경쟁우위』, 교보문고, 1991, p. 143.

④ **기업가치사슬과 고객가치사슬간의 연결부문발견** : 차별화의 목적은 궁극적으로 가격프리미엄을 얻는 데 있다. 이를 위해 차별화는 고객에게 가치를 창조해 주어야 한다. 고객을 위한 가치창조는 앞에서 살펴보았듯이 다음 두 가지 경우에 가능하다. 그것은 고객이 부담하는 비용을 낮추거나, 고객에 의한 제품차별화를

돕는 것이다. 예컨대 보다 신속한 배달서비스를 제공함으로써 소매업자의 재고부담을 줄이고 이를 통해 비용을 낮추도록 하거나, 특정지역의 독점 딜러를 지정함으로써 소매점의 차별성을 높이는 것이 그 예라고 하겠다. 따라서 고객을 위한 가치창조를 위해서는 자사가 제공해 주는 차별화가 고객의 원가절감과 차별화에 도움을 줄 수 있는 연결부문을 발견하여야 한다.

차별화가 고객을 위해 창조하는 가치는 고객이 지불하려는 제품프리미엄의 최대치가 된다. 만약 자동차부품을 공급하는 기업이 JIT배달시스템을 도입(차별화)하기 위해 한 달에 100만원의 추가적 비용이 발생하고, 이로 인해 자동차 생산기업(고객)이 재고감소로 인한 창고비용과 관리비용이 600만원 정도 감소한다면, 부품공급업자는 차별화비용(월 100만원)을 초과하는 가격프리미엄을 쉽게 얻을 수 있을 것이다.

(2) 차별화와 기업성과

성공적인 차별화 전략은 수익성과 긍정적인 상관관계를 가지고 있다. 차별화 전략은 성공하였을 경우 평균 이상의 수익성을 얻을 수 있다는 매력이 있다. 차별화로 인한 수익성의 증가는 다음의 두 가지 요인에 기인한다. 첫째, 고객의 욕구를 잘 충족시킴으로 인한 매출의 증가, 둘째 차별화의 원천이 되는 제품의 독특함에 대해 고객이 기꺼이 지불하려는 프리미엄이다. 한편, 차별화에 따르는 비용도 고려하여야 할 것이다. 예컨대 뛰어난 기술지원서비스를 제공해 주기 위해서는 많은 엔지니어들이 필요하며, 경쟁기업에 비해 내구성이 뛰어난 제품을 만들려면 고가의 원자재나 고품질의 원자재를 사용하여야 할 것이다. 그러므로 차별화에 따르는 비용이 차별화로 인한 수입의 증가분(프리미엄)보다 높아서는 안 될 것이다.

일반적으로 차별화 전략의 수익성은 원가우위전략에 비해 높다. 이는 차별화가 산업구조분석모형의 다섯 가지 요인으로부터 기업을 방어해 주기 때문이다. 차별화로 인해 형성된 상표충성도는 경쟁기업으로부터 보호해 주며, 고객의 가격민감성이 낮아져 마진이 높아진다. 또한 상표충성도와 제품의 독특성은 진입장벽으로 작용하고, 차별화된 제품은 이와 유사한 대체품이 존재하지 않으므로 고객의 전환비용이 증가하여 고객의 협상력이 저하된다.

이에 반해 원가우위전략은 일반적으로 규모의 경제를 얻기 위해 대규모의 자본집약적 생산방식을 채택할 것이다. 대규모의 설비투자가 이루어지고 나면 손익분기점에 도달하기 위해 공격적이고 때로는 파괴적인 가격정책을 수행할 것이며, 그 결과 산업의 전반적인 수익성이 낮아질 것이다. 수익성이 낮아지더라도 대규모의 설비투자가 철수장벽으로 작용하여, 산업에서 쉽게 철수할 수가 없기 때문에 경쟁은 더욱 치열해져 수익성이 감소될 가능성이 있다.

[요 약]

- 외부환경의 분석은 환경변화의 추세와 사건, 즉 사람과 사회 및 자연 등의 그물망에 대한 인과관계를 밝히고, 기회 또는 위협의 여부를 항상 관찰해야 할 것이다. 삼라만상의 변화와 사건은 인간의 욕망·욕구·기회로부터 비롯되며, 욕망에 의해 인식된 존재는 언어로 규정됨으로써 영원한 배타적 가치를 주장하기 때문에 우리로 하여금 전투적 방어에 몰입하게 된다. 그 가치는 우리의 욕망에 의해 창출되고 그것이 침해당하면 분노라는 사건을 일으킨다.

- 산업은 동일한 고객집단을 대상으로 하는 생산집단이다. 산업분석은 산업의 매력도와 핵심적 성공요인을 파악하는 행위이다. 경쟁기업분석은 현재전략과 미래전략을 분석·예측한다.

- 경험곡선은 원가우위의 원천으로서 학습·경험의 축적으로 인한 비용의 감소현상이다. 이는 성장전략의 관건이다. 전략적 원가분석은 경쟁기업과 상대적 원가구조의 차이를 분석하고, 원가의 우위성을 누려 경쟁력을 보유하게 된다. 활동원가사슬은 기업내부의 원가는 물론 산업전반의 가치활동을 총괄하는 원가구조를 다룬다. 차별화우위는 기업활동의 차별화의 원천을 파악하고 소비자에게 어떤 영향을 주는가를 고찰한다.

제 7 장

기업과 환경의 유기체적 상호작용

제 1 절 유기체의 적응전략

고객의 욕구와 전략자원에서 기업의 사명과 비전 및 가치를 창출하여 전략과 정책을 수립하고 수행하는 것이 전략경영과 경영정책임을 알 수가 있다. 그리고 기업과 환경의 유기체적 상호작용을 촉진하는 전략적 통제에 의하여 기업이 성장하고 발전함을 시사한다. 전략과 기업 및 환경은 무한 순환하면서 정책을 창출하며, 이념은 경영의 존립근거를 마련한다. 정책수행은 조직의 존재이유이며, 유지와 성장의 생명력임을 보여주고, 사명은 기업의 존립근거를 제공한다. 또, 경영이념은 정책과 전략의 기반을 부여한다. 이는 윤리나 도덕률의 창출원천으로서, 경영자의 가치관과 사고의 틀이나 근거를 만드는 토대이다.

1. 생물의 적응전략의 개념

전략이란 본래 "전쟁에서 적을 무찌르기 위해서 사용하는 대국적인 작전"이라는 의미를 가진 군사용어였다. 그리고 "새로운 영역개척, 즉 새로운 도전적인 지혜"이다.

그런데 최근에는 생물의 세계에서도 빈번히 전략이라는 말이 사용되고 있다. 예를 들어 크레부스(J. R. Krebs)와, 데이비스(N. B. DAVIS)의 공저 『행동생태학을 배우려는 사람에게』에서는 동물의 행동을 이해하기 위하여 매전략, 비둘기전략, 그리고 부르주아(bourgeois)전략이 중요한 어휘로서 등장하고 있다. 또한 피안카(E. R. Pianka)의 저서 『진화 생태학』에서는 동물의 개체수의 증가방식을 둘러싸고 r 전략과 k 전략이 '키워드(key word)'로써 소개되고 있다. 나아가 피안카는 생물이 살아가는 장의 넓이를 둘러싸고 스페셜리스트(Specialist) 위험전략과 제너럴리스트(Generalist) 위험전략의 차이가 중요하다고 지적하고 있다.

그런데 왜 갑자기 생물의 세계에서 전략을 이용한 연구가 활성화된 것일까? 왜 20세기 말에 와서 생물학의 연구가 갑자기 부상하게 된 것일까?

(1) 적응전략

생물학의 커다란 과제들 중 하나는 생물이 어떻게 환경에 적응하고 있는가를 밝히는 것이다. 생물은 저마다 자신의 종에 따라 독자적인 형태를 가지고 있고, 또한 무리를 지어 세력권을 주장하기도 하는 독자적인 행동패턴을 가지고 있다. 그러면 이러한 생물들의 형태와 행동패턴은 생물이 적응하는 과정에서 어떠한 의미를 갖는 것일까? 그리고 이들은 어떠한 방식으로 진화되어온 것일까?

현대의 생물학은 이와 같은 흥미로운 문제를 적극적으로 연구해 나가고 있다. '진화 생태학' 혹은 '사회 생물학'이라 불리는 '거시 생물학'의 분야가 그 중심이 되고 있다.

이 분야에서는 생물이 취하고 있는 행동패턴뿐만 아니라, 입의 크기와 굽의 형태와 같은 생물이 지니고 있는 외형조차도 생물의 전략으로써 적극적으로 파악되고 있다. 다시 말하여 생물이 살아 남는 과정에서 관계를 가졌던 모든 성질과 요인들이 생존을 위한 싸움에 있어서의 대국적인 작전으로 또 새로운 영역의 도전으로 폭넓게 인정되는 것이다. 그리하여 진화의 과정에서, 그리고 주객의 자기운동에서 어떠한 전략이 환경에 적합한 것인가 라는 분야에서 주로 논의된다.

여기에서 살아남는 데 선택된 전략이 바로 적응전략인 것이다. 생물의 형태와 행동을 이와 같이 적응전략으로서 이해하려고 하는 것이다.

적응전략과 비슷한 말로서 '최적전략'이라는 용어가 있다. 이것은 예를 들면 이익을 가능한 많게 한다든가 또는 비용을 가능한 적게 하는 것과 같이 어떤 문제에 따른 일정한 목적을 무엇보다도 가장 잘 만족시키는 전략인 것이다. 적응전략은 어떠한 경우에는 최적전략과 일치하지만 더 넓은 의미로서 생물이나 기업이 살아남는 데에 유효한 전략 모두를 포함하고 있다.

(2) 진화게임

적응전략의 사고방식은 생물의 형태와 행동이 진화해 가는 과정을 게임으로써 파악하려고 하는 것이다. 게임은 전략 혹은 행동에 관하여 일정한 규칙을 가진 주체로 구성된 집단간에 이루어진다. 그리고, 게임의 특징은 자신이 취하는 행동의 유효성 그 자체에 의해서만 정해지는 것이 아니고, 상대가 취하는 행동에 의존해서 정해진다는 점이다. 즉, 상대의 행동양식에 의존하는 것이다.

자연환경에의 적응만이 필요하다면, 물고기의 경우는 빨리 헤엄치기 위하여 에너지의 손실이 가장 적도록 몸의 형태를 유선형으로 하는 최적전략으로 충분할지 모른다. 그러나 사회를 형성하고 있는 집단 안에서 어떠한 행동을 취하면 가장 적절한가는 역시 행동을 취하고 있는 상대방과의 관계에 따라 비로소 정해지는 것이다.

자연과 사회의 복잡한 환경하에서 여러 가지 전략을 가진 생물들이 게임을 하고 있으며, 또한 환경에 적응 가능한 전략을 가진 생물만이 살아갈 수 있다고 파악하는 것이 진화게임의 관점이다. 즉 동태적 진화게임이며, 생활양식의 변화인 것이다.

일반적으로 공동체의 생활양식의 변화를 생각할 때 이것을 생태계, 특히 계승이론과 연결시켰다. 계승이란 예를 들어 어느 한 식물의 집군이 잇달아 다른 집군으로 변화되어 안정된 집군인 극상(climax)의 방향으로 변화해 가는 현상이다.

"요컨대 계승이라는 현상이 일어나는 것은 주체와 환경간의 상호작용의 결과가 축적되어 이전의 생활양식으로는 감당할 수 없게 됨으로써 다음의 생활양식으로 바뀌게 되는 주체-환경시스템의 자기운동인 것이다."

여기서 말하는 주체-환경시스템의 자기운동이란 적응전략의 사고방식에서 보면 동태적인 '진화게임'이 된다.

(3) 사회 시스템

지금까지 생물이 가지고 있는 형태와 행동패턴을 광의의 전략으로 보고, 환경에 적응할 수 있는 전략이 살아 남는 과정으로서 진화를 고려하였다. 이는 생물이 스스로의 전략을 갖고 진화게임에 참가한다는 것이다.

이러한 관점은 그대로 사회 시스템을 보는 접근방법으로 도입할 수 있다.

사회는 사람들간의 유대관계라는 네트워크로 형성되어 있는데, 이것을 자세히 살펴보면 그 자체가 자신의 전략 혹은 행동의 규칙을 가진 단위로서의 수많은 집합으로 구성되어 있는 것으로 간주할 수 있다. 예를 들면 가족, 기업, 다양한 조직체 등 때로는 지역 내의 사람들의 집합 혹은 더 크게는 한 국가의 구성도 그렇다.

이와 같이 사람들의 집단 속에서 그 스스로 일정한 행동의 소프트웨어를 가지고 있는 것을 사회 시스템론에서는 주체라 부르고 있다. 경제적인 행동측면에서 찾아보면 소비의 단위인 가계와 생산의 단위인 기업이 주체의 대표적인 예가 된다.

주체가 모여서 형성된 보다 큰 구성체 안에서 그것 자체가 또한 주체로서의 성질을 지니고 있는 것을 복합주체라 부른다. 같은 제품을 만드는 기업의 집합인 산업은 경우에 따라 하나의 복합주체로 간주할 수 있지 않을까?

이와 같이 사회 시스템을 다른 관점에서 살펴보면, 이는 여러 종류의 주체 및 복합주체들의 집합체이다. 그 결과 사회시스템의 동태성은 일정한 전략을 가진 주체들 사이의 진화게임으로서 간주할 수 있으며, 그리고 이는 생물의 적응전략을 탐색하여 가는 방향과 일치한다.

(4) 엔트로피와 생명체

생명체란 비평형의 상태, 즉 낮은 엔트로피의 상태인 바, 예컨대 생명체의 체온이 주위의 온도와 다르다는 것은 생명체가 주위와 비평형 상태에 있다는 것을 의미한다. 모래밭에 쌓은 모래 탑도 비평형 상태이다. 이를 그냥 놓아두면 평평한 모래밭의 상태, 즉 평형상태로 가게 된다. 이처럼 특별한 노력이 가해져야만 비평형 상태가 유지된다. 생명체는 자신의 비평형 상태를 유지하기 위해 음식물에서 에너지를 이용한다.

이러한 비평형 상태는 평형 상태보다 많은 정보를 지닌 상태라는 것을 증명할 수 있다. 세포나 기관이 서로 의존하면서 우리 몸을 이룬다는 것을 고려할 때 생명체가 얼마나 많은 정보를 지닌 체계인가를 유추할 수 있다. 그런데 엔트로피는 음의 정보이므로 많은 정보를 지닌 비평형 상태는 낮은 엔트로피의 상태다. 즉 에너지를 사용하면서 저 엔트로피의 상태를 유지하는 것이 생명현상인 것이다.

이와 같은 생명현상의 관점에서 지구 그 자체가 바로 거대한 생명체이니, 지구 전체가 비평형 상태, 즉 낮은 엔트로피의 상태라는 것이다. 가령 생명이 없는 다른 행성의 대기는 평형상태에 있는 데 반해 지구의 대기는 극심한 탈평형의 상태에 있다. 현재 지구에는 산소가 풍부하게 존재하나, 이는 원시 대기에는 없었고 다른 행성에도 없었다. 그러므로 지구 대기는 원래부터 지금의 상태로 주어진 것이 아니라 40억 년 동안의 생명의 역사가 이뤄 낸 것이다. 그러기에 지금의 지구는 생명 현상이 유지되는 데 가장 적합한 조성비인 21% 정도로 일정하게 산소농도를 유지한다.

탈평형의 상태가 일정하게 유지된다는 것은 생명체의 특성인 자율 조정기능이 작동한다는 것을 뜻한다. 지구 대기의 조성비나 지구 온도 등 여러 측면에서 이러한 자율 조정기능이 나타난다. 이처럼 지구의 생태계와 대기권, 대양, 토양까지를 포함해 모두가 하나의 거대한 생명체를 이루고 있다. 그리하여 그리스 신화에 나오는 대지의 여신의 이름을 따서 지구 전체를 가이아(Gaia)라고 명명했다.

피상적으로 보면 지구와 생명계 사이에는 아무런 연관성도 없는 것처럼 보인다. 그러나 가이아 이론은 그들 사이에 심오한 연관성이 있다는 것을 보여준다. 생명체는 지구라는 천체 위에서 그 환경에 일방적으로 적응하며 살아가는 것이 아니라, 지구 전체를 바꾸면서 역동적 상호 연관의 관계를 꾸려나간다. 그것은 분리된 타자가 아니라 하나의 전체이다. 불교에서 말하는 일체동근(一切同根)이다. 지구 전체가 그대로 하나의 상호 연관성된 체계이니, 따라서 그 전체가 하나의 생명현상이다. 다시 말하여 역동적 진화게임의 통합체계(total network system)이다. 더 나아가서 우주전체가 하나의 일진법계(一眞法界)인 것이다. 즉 우주가 한 마음이라는 지혜의 터득이 지고지선의 도덕적 가치가 아닐까?

(5) 협력창출전략

남과 함께 살아가는 지혜의 터득이 중요하다. 모든 것이 디지털화되어 가는 세상에 역설적으로 인터넷 기술을 기반으로 한 디지털화는 더불어 사는 지혜를 무엇보다도 중요한 품성으로 요구하고 있다. 인터넷 시대의 변화를 설명하는 두 가지 법칙을 통해 이를 설명할 수 있다.

인터넷시대를 설명해주는 법칙 가운데 '수직적 해체'라는 것이 있다. 과거 기업은 거래비용을 낮추기 위해 밖에서 구매하기보다 기업 내에서 만드는 것이 싸기 때문에 지속적인 수직통합을 해야 한다는 법칙에 따라 기업은 가능한 한 확장을 시도했다. 그래서 당시 세계에서 가장 큰 자동차 회사는 고무농장, 철강회사까지 지니고 있었다.

그러나 지금은 반대의 현상이 일어나고 있다. 수직적 해체의 시대가 온 것이다. 대부분의 기업기능을 외부에 의뢰하는 것이 더 싸기 때문에 외부기업과의 효과적·전략적인 관계설정을 통해 지속적으로 외부에서 구매하려 애쓰고 있다. 즉 조직과 조직간의 관계를 잘 설명하는 것이 기업의 성패를 가르는 중요한 요인이 된 것이다.

또 다른 유명한 법칙은 맷캐프의 법칙이니, 이는 네트워크의 가치는 사용자 수를 제곱한 수치만큼 빠르게 증가한다는 것이다. 인터넷을 예를 들면 연결된 사용자의 수가 더욱 많아질수록 가치와 효율성은 기하학적으로 증가한다는 것이다. 이 이론은 기업의 경영에도 적용되는데 기업은 계속해서 협력관계, 연구개발 계약, 전략적 제휴 등을 통해 네트워크를 쌓아가야 경쟁에서 승리할 수 있다는 것이다. 맷캐프의 이론은 개인, 조직 내의 각 부서 등 모든 단위에서 폭넓게 적용될 수 있다.

두 가지 법칙이 공통으로 시사하는 것은 협력적이고 생산적 관계를 설정하는 능력이 중요시되는 세상이 도래했음을 보여주고 있다. 그 어떤 시대보다도 직원, 부서, 기업, 산업간 협력관계의 설정이 기업의 능력을 결정해주는 요인이 되었다.

과거 한 집단이 정보를 독점하는 데서 권력과 부를 창출하였다면 이제는 집단간 정보를 공유하며, 협력하는 데서 권력과 부가 창출된다. 즉 주변 동료들과의 좋은 관계를 통해 지식을 창출하고 전파하는 데 능숙한 종업원이 더 가치 있는 세상이 된 것이다. 다시 말해 생산적 인간관계의 구축에 도움이 되는 행동을 얼마나 많이 했느냐를 최우선적 가치로 수용하게 되니, 즉 조직간 협력관계의 창출능력이 기업의 경쟁우위 창출의 핵심역량인 것이다. 그래서 전문적 지식을 갖춤과 동시에 정보와 지식을 창조하고 전파 및 공유할 수 있는 능력을 함양함으로써 경쟁력을 확보할 것이다.

일은 만남, 즉 함께 일함으로써 분업과 협력 및 기술이전과 의사소통이 이루어져 정념과 지식, 지관 및 지혜 등이 첨예한 절차탁마의 과정에서 증식되고 진화되어 가는 오묘한 원리를 터득하게 된다.

2. 환경과 문화생태계

(1) 문화생태계

생물이 주어진 환경 안에서 생존하기 위하여 취하는 행동이 적응전략이다. 그러면 생물과 환경을 각각 개별 독립적으로 분리하여 생각할 수 있을까?

생물은 스스로 폐쇄된 세계에서는 살아갈 수 없다. 이는 열역학의 원리(엔트로피 증가법칙)에서 확인할 수 있다. 물질과 에너지의 흐름이 없는 폐쇄된 시스템에서는 무질서가 증가할 뿐이고, 생동하는 시스템이 갖는 높은 수준의 질서는 존재할 수 없다.

생동하는 시스템이 되기 위해서는 환경과의 사이에 물질과 에너지의 거대한 흐름이 반드시 있어야 한다. 이는 생물과 환경이 더욱더 기본적인 수준에서부터 결부되어 있어야 한다는 것을 의미하고 있다.

뿐만 아니라, 자연에는 물질 및 에너지와 더불어 또 하나의 주성분인 정보가 있는데, 이 정보 측면에서도 생물과 환경과는 떨어질 수 없는 관계를 지니고 있다.

일반적으로 정보는 물질과 에너지의 의미패턴으로써 인식된다. 예를 들어 생물의 유전정보는 물질로서의 분자 그 자체가 아니고, 분자의 집합이 함축하고 있는 패턴(pattern)이 어떠한 종류의 단백질을 만들 수 있는가를 표시하는 정보를 의미하는 것이다.

주위의 환경이 가지고 있는 여러 가지의 패턴을 통하여 살아가는 의미를 발견하기도 하고, 또한 아름다움을 느끼면서 환경과 교류를 한다. 생물과 환경을 연계하여 그 전체를 조명해 보는 것이 생태계로서의 견해이다. 더 나아가 우리들이 고려하는 대상은 생물에 국한되지 않고, 사회 시스템의 주체와 복합주체도 포함되므로 여기에서는 넓은 의미로 주체와 환경을 연계한 전체를 생태계로서 받아들이도록 하자.

(2) 유기체와 환경의 전략적 시스템

주체와 환경을 물리적으로 하나의 선으로 경계를 나눌 수 있다고 생각하는 것은 오류이다. 주체와 이를 둘러싸고 있는 자연환경 사이에는 주체, 예컨대 원숭이 무리와 떡갈나무군이 만들어낸 환경이 존재한다. 이것을 "자연환경의 연장이다." 또는, "원숭이 무리와 떡갈나무라는 주체성의 연장이다."라고 말할 수 있지 않을까? 다시 말해서 그것은 주체와 환경 사이의 중간영역인 것이다.

주체와 환경은 특정한 중간영역을 통하여 연결되어 있다는 것이다. 나아가 오히려 중간영역을 중심으로 하여 주체가 환경에 어떻게 적응을 하고 있으며, 또한 환경이 주체에 어떻게 영향을 주고 있는가를 살펴보기로 하자.

주체와 환경 사이의 넓은 중간영역을 이해하려고 하는 노력은 생태학 분야에서 지금까지 계속 진행되어 오고 있다. 이러한 노력의 과정은 니쯔(niche)라고 하는 기본개념을 중심으로 이루어지고 있다.

니쯔라는 것은 간단히 말하면 생물이 살아가고 있는 하나의 장(場)이다. 그 장은 예를 들면 초원이나 습지와 같은 거대한 생식장소일 수도 있고, 그것의 일부인 보다 작은 생식장소일 수도 있다. 또한 취하고 있는 먹이의 종류, 하루의 활동시간과 활동범위, 그리고 활동의 계절성 등도 니쯔를 구성하는 요인이 된다.

생물들간에 니쯔가 겹쳐 있으면 생존경쟁이 격렬해진다. 따라서, 가능한 한 니쯔가 겹쳐지지 않도록 생물들은 서로가 살아가는 구역을 나누고 있다.

중간영역 안에는 주체가 환경에 작용하고 있는 주체적 측면과 환경이 주체에 영향을 주고 있는 환경적 측면이 공존하고 있다. 앞에서 언급된 니쯔의 개념은 환경적 측면에 중점을 두는 의미가 강하며, 반면에 전략이라는 개념은 주체적 측면에 중점이 있다고 판단된다.

그러나 생물은 적극적으로 니쯔를 선택하기도 하며, 새로운 니쯔를 형성하기도 하는 주체적인 활동을 함과 동시에 결과적으로 전략의 테두리 안에서 선택된 환경을 수용하는 측면도 지니고 있다. 따라서, 니쯔와 전략을 공히 포함한 중간영역 전체를 적응전략으로서 고려하기로 한다.

(3) 사회시스템과 중간영역

생물에서 사회로 눈을 옮겨 보자. 사회에서의 중간영역은 어떻게 구성되어 있을까? 우리들은 생명을 유지하기 위하여 의 · 식 · 주를 지녀야만 한다. 그러나 이것들은 우리 모두가 직접 자연환경과 교류를 통하여 구하는 것은 아니다. 분업과 협력이라는 과정이 복잡하게 얽힌 경제 네트워크를 통하여 구하는 것이다. 더구나 우리들은 가족, 지역 혹은 직장 등에서 사람들간의 네트워크 속에서 생활하고 있다. 여기에는 생활의 습관과 사회의 다양한 제도, 그리고 넓은 의미에서의 생활양식이 큰 역할을 담당하고 있다.

이와 같이 사회의 중간영역은 의식주로부터 경제와 정치 시스템, 나아가 과학기술과 사상 혹은 가치관과 같은 문화의 영역에 이르기까지 그 폭이 넓다. 생물의 생태계와 비교하여 볼 때 적극적으로 탐구영역을 확장하고 있다.

지금까지 사회 시스템에서의 주체와 환경을 통합한 전체를 생태계로 고려하면서 서술하였다. 사회도 그 근본은 물질과 에너지 흐름 위에서 성립하고 있기 때문에 생물의 생태계와 기본적으로 공통적인 측면이 있다. 그러나 다른 측면에서 볼 때 생태계의 원리로서 이해할 수 없는 범위와 깊이가 있는 것 또한 분명하다.

이 같은 양면성에 주목하면서 사회 시스템을 생물에 있어서의 생태계를 확대하여 넓게는 정보의 흐름과 문화까지도 포함하는 문화 생태계로서 파악하기로 하자.

〈그림 7-1〉 적응전략의 위치

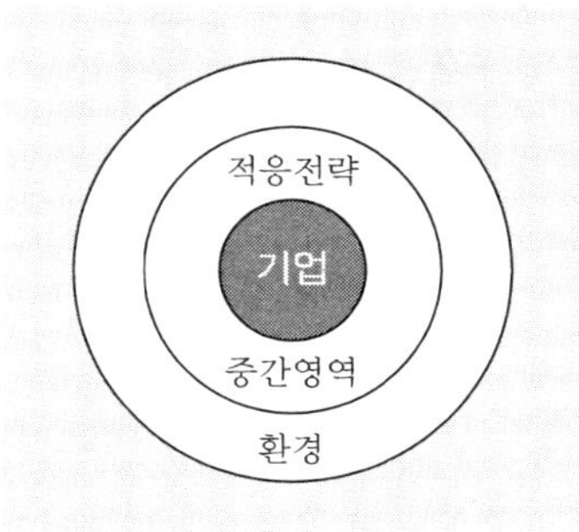

자료: 차근호 외 공역, 『기업의 적응전략』, 경문사, 1991, p.21.

문화생태계로서의 사회시스템 내부에서 특히 기업에 주안점을 두기로 한다. 그리고 "기업이 환경에 어떻게 적응하고 있는가? 또는 어떤 방식으로 적응하면 좋은가?"에 관한 해답을 기업과 환경 사이의 중간영역이 어떻게 구성되어 있는가를 탐색하면서 고찰하기로 한다. 중간영역 전체가 적응전략인 것이다. 이들 관계는 〈그림 7-1〉과 같이 기술할 수 있다.

제2절 기업의 환경과 전략 시스템

1. 유기체적 기업

기업과 환경사이에 존재하는 넓은 중간영역을 적응전략으로서 살펴보려는 것이다. 따라서 먼저 기업을 유기체로서 환경과의 관계를 살펴보기로 한다.

(1) 기업과 생산

사회는 구성원들의 다양한 욕망을 만족시키는 재화를 분업방식에 의해 생산하며, 생산된 재화는 교환방식에 의해 필요한 사람에게 전달되어 소비된다. 생산되는 재화는 의·식·주에 관계되는 재화뿐만 아니라, 형태가 없는 서비스, 컴퓨터 소프트웨어 등도 포함된다. 이들 모두를 합하여 '광의의 재화'라고 부른다.

경영학이란 사회 시스템 안에서 이들 재화가 어떤 방식으로 생산되고 교환되며, 그리고 소비되는가를 탐구하는 학문이다. 현대의 생산활동은 기업이라는 조직을 통하여 이루어지고 있다. 그러면 어떠한 구성에 의해서 기업은 생산활동을 할까?

기업의 운영을 외부측면에서 파악해 보면, 다양한 자원을 입력으로 모아서 이들을 짜맞추기도 하고 가공하기도 하여, 새로운 생산물을 제품으로서 출력하는 하나의 거대한 장치로 볼 수 있다. 한편, 기업운영을 내부측면에서 생각하여 보자. 기업은 어떠한 행동원리에 따라서 입력의 투입, 변화, 그리고 출력이라는 일련의 운영을 하는 것일까?

경영학의 전통이론은 기업의 이윤을 가능한 한 크게 하는 입력, 변환 및 출력의 과정과 조직을 연구하는 데 그 초점이 있다. 여기에서의 기업이윤은 제품의 매출액에서 자원의 구입비용을 포함한 생산과정에 투입된 모든 비용을 차감한 것으로 규정한다.

기업이 이윤극대화 원리를 따른다고 가정하면 자원을 어떻게 결합하면 좋은지, 그리고 노동 집약적 기술 또는 자본집약적 기술 등 다양한 기술을 어떻게 결합시키면 적합한지가 결정된다. 더구나 제품가격에 대응하여 어떤 제품을 생산하면 적절한가도 정해진다. 곧 생산을 담당하는 장치로서의 기업은 입력구조는 물론, 변환과 출력의 구조조차도 이미 규정되어 있는 하나의 개방체계인 것이다. 이와 같이 기업을 하나의 개방체계로서 이해하는 것은 어디까지나 경영자의 사고이지, 기업 그 자체는 기계가 아닌 것이다. 기업은 묵묵히 그 운영을 계속해 가고 있을 뿐이다. 우리들은 획일적인 눈으로 기업을 보아서는 안 된다.

(2) 기업과 생물

기업을 하나의 정교한 기계장치로 생각하는 것은, 경제학이 19세기의 역학적 세계관에 크게 영향을 받았기 때문이다. 실제로 경제학의 많은 부분은 물리학을 참고하여 이론이 정립되었다. 그러나 이러한 사고에 관한 비판으로서 이미 60여 년 전에 경제학자 마샬(A. Marshall)은 경제학과 물리학과의 연관은 없고, 오히려 경제학을 생물학과 연결하여 탐색하는 것이 보다 적절하다고 주장했다. 그리고 경제학과 생물학을 연결하는 이런 노력은 미약하기는 하지만 지속되어 오고 있다.

알치안(A. A. Alchian)은 1950년에 「불확실성과 진화와 경제이론」이라는 제목의 논문을 발표했다. 그는 이 논문을 통하여 기업이 이윤극대화 원리를 따른다고 하는 전통적 경제사고 방식은 현실의 기업의 행동을 이해하는 데는 필요하지 않을 뿐 아니라, 심지어 완전히 무력하다고까지 지적하고 있다. "기업은 불확실한 환경 내에서 미리 이윤을 극대화하는 패턴을 객관적으로 설정할 수 없다"는 것이 알치안이 주장하는 요점이다.

이윤의 크기는 확률적으로 밖에 정할 수 없다. 즉 기업의 행동은 기계장치와 같이 미리 결정할 수 없는 것이다. 그러므로 오히려 기업은 시행각오를 겪으면서 행동을 스스로 수정하여 살아 남으려고 노력하는 생물에 가깝다고 보는 것이 적절하지 않을까? 결과적으로 볼 때 환경이라는 주체가 높은 이윤을 낼 수 있는 기업을 살아 남을 수 있는 기업으로서 선택한다고 볼 수 있지 않을까? 따라서 가령 이윤극대화 원리를 취하고 있는 기업이 있다고 해도 그것은 기업행동의 원리가 아니라, 오히려 환경에 따른 선택된 결과로 평가할 수도 있는 것이다.

이러한 견해는 다윈(Darwin)의 생물 진화이론과 유사하다. "생물은 돌연변이를 통하여 자신의 형태와 행동패턴을 바꾸며, 자연의 다양한 변이체 사이에서 보다 환경에 적응할 수 있는 변이체만이 선택되어진다."라고 인식하는 것이 다윈학파의 진화에 관한 사고방식이다.

최근에 넬슨(R. R. Nelson)과 윈터(S. G. Winter)가 '경제 변화의 진화이론'이라는 흥미로운 책을 집필하였다. 그들은 여기에서 더욱 절실하게 기업을 생물체로 파악할 필요성을 주장하며, 나아가서 그들의 주장을 이론적으로 밝히고 있다. 그들은 기업도 생물과 마찬가지로 스스로의 '유전자'를 가지고 있다고 주장한다. 그 '유전자'는 기업의 전형적인 행동의 방법을 정하고 있기 때문에 일상성(Routine)이라고 칭하며, 구체적으로 기업의 기술수준과 조직형태 등으로 구성되어 있다고 지적하고 있다. 진화이론 측면에서 고찰해보면 기업은 어떻게 설명될까?

기업은 일정한 동태적 일상성과 조직 일상성을 사용해서 자신의 존속을 유지해 간다. 또한 기업은 새로운 기술개발이라는 목표 아래 적극적으로 자신의 일상성을 변이시키려고 시도하기도 한다. 기업은 그 자체가 다수인으로 구성된 복합적 집합체이기 때문에 기업의 조직형태는 항상 유동적이다. 어느 경우는 이 유동성이 기폭제가 되어 새로운 조직이 구성되기도 하며, 또한 일상성이 크게 변이되기도 한다. 이같이 일상성은 변이할 수 있는 것이고, 변화하는 환경에 적응하는 것이다. 이러한 내용이 기업을 진화이론 입장에서 살펴본 새로운 견해이다.

(3) 라마르크(Lamarckianism)형 진화

"기업은 '유전자'를 가진 생물이다"라고 단정하였으나, 이 둘 사이에는 큰 차이가 존재한다. 일반적으로 생물에서는 태어난 후에 학습한 내용이 다음 세대로 유전되지 못하는 데 비하여 기업에서는 학습한 내용이 다음 세대로 전해져 간다는 것이다.

라마르크(Jean. De Lamarck)는 생물에서도 태어난 후에 획득한 형질이 유전된다고 믿고 있다. 그렇다면 생물에서 진화의 방향을 미리 결정하는 것도 가능한 것일까? 그러나 이 가설은 현대의 생물학에서는 부정되고 있다, 생물에서는 가끔 생겨난 돌연변이가 유일한 것인지, 아닌지에 관해서는 생겨난 개체를 통해서만 판정된다. 그 때문에 진화해 가는 방향을 미리 의도할 수는 없다. 생물에 있어서 진화는 맹목적 과정인 것이다. 그런데 라마르크의 사고방식은 경제와 문화라고 하는 사회 시스템에서는 되살아난다. 예를 들면 문화의 영역에서는 가끔 젊은 세대에서 태어난 새로운 생활양식이 세대간에 확산되어 다음 세대에서는 전체로서의 문화의 틀 안에 결속되어진다. 이 경우 젊은 세대에 의한 새로운 시도는 맹목적 과정이 아니고, 그들의 가치를 실현하기 위한 목적을 가진 과정인 것이다. 진화의 사고방식을 라마르크의 방식으로까지 확대하면 사회 시스템의 동태성을 보다 잘 이해할 수 있다.

2. 기업과 환경의 유기적 시스템

지금까지 기업의 환경을 명백히 정의하지 않은 상태로 논의를 계속해 왔다. 그러면 기업이 갖는 환경이라는 것은 구체적으로 어떤 것인가?

기업은 자원을 모아서 변환과정을 통하여 만든 재화를 팔아서 이윤을 얻는다. 이러한 과정에서 기업은 크게 다음의 두 가지 환경과 교환을 하고 있다. 그 하나는 자원을 모으는 입력에 관계되는 환경으로서 이를 입력환경이라 칭하며, 다른 하나는 생산된 재화를 매출하는 출력에 관계되는 환경으로서 이를 출력환경이라 부른다. 이하에서는 환경을 입력환경과 출력환경으로 구분하여 살펴보기로 하자.

(1) 입력환경

생산을 하기 위해서는 여러 자원이 요구된다. 예로서 현시대의 첨단제품인 집적회로의 생산과정을 생각하여 보자. 집적회로는 반도체인 실리콘 칩으로 만들어지기 때문에 우선 높은 순도를 가진 실리콘 결정이 필요하다. 또한 아주 미세한 길이의 세부 배선도를 설계하고 프린트할 수 있는 거대한 장치도 필요하다. 더구나 수많은 반도체 요소 등을 만들기 위해서는 특수한 화학물질이 요구되며, 이들을 정확히 작동시킬 수 있는 고도의 기술을 가진 노동력이 또한 필요하다.

생산과정상 필요한 원재료, 기계설비, 노동력은 생산요소라고 불리는데, 특히 기계설비는 재화를 생산하기 위하여 계속 사용할 요소로서 기업의 중요한 생산요소가 된다. 흔히 이 설비를 자본재 혹은 약하여 자본이라고 부른다. 따라서 생산요소는 크게 원재료, 자본 및 노동으로 구분할 수 있다. 이들 생산요소는 어느 것이나 공히 입력환경으로부터 영향을 받고 있다.

먼저, 원재료를 살펴보자. 보통 원재료는 이를 취급하고 있는 원재료 시장으로부터 구입한다. 원재료에는 시장가격이 설정되어 있는데, 그 가격은 구매하는 사람에 의해서 많은 영향을 받으며, 원재료를 자연으로부터 조금밖에 얻을 수 없으면, 즉 공급이 부족하게 되면 비싸지게 된다. 이와 같이 원재료의 가격을 통해서 원재료에 관한 입력환경의 정보가 유통될 수 있다.

시장으로부터의 영향 외에도 예를 들면 사회의 가치관이나 유행 등에 따라서 사용할 원재료가 적절히 제한받게 되는 경우도 자주 발생한다. 건강을 조심하는 사회분위기 아래에서는 위험성이 있는 합성 염색료 사용은 제한을 받게 되고, 외형을 중시하는 풍토에서는 오히려 염색료가 많이 사용될 수 있다.

다음으로는 자본에 대해 살펴보자. 자본을 구성하는 기계설비는 무엇보다도 기업을 둘러싸고 있는 사회 전체의 과학기술 수준이 입력환경으로서 인식된다. 또한 과학연구의 성과가 활발히 이루어지고 있는 상황에서는 새로운 기술이 개발될 수 있는 잠재적 가능성이 높으므로 자본설비도 활발한 기술혁신의 대상이 된다.

최근 자본에 관계되는 입력환경의 특징은 집적회로에 관계되는 경향이 압도적으로 우세하며, 또한 유전공학에 관한 기초연구 역시 큰 진전이 있어 많은 기업의 자본은 바이오테크놀로지(biotechnology)를 중심으로 흐르고 있다는 점이다.

노동에도 환경이 크게 영향을 미친다. 예를 들면 어느 한 국가의 교육수준은 노동의 평균 질적 수준을 결정하고 있다. 고학력 사회에 소속된 나라들의 노동의 질적 수준은 잘 알려져 있다. 오랜 기간을 오직 수험준비만을 위하여 노력해야 되는 사회구조에서는 확실히 창조적인 노동인력이 개발되기 힘들다. 우리들이 일상적으로 사용하고 있는 퍼스컴의 하드웨어가 국산품인 것에 반하여, 기본 소프트웨어의 대부분은 외제품인 현실이 이를 잘 반영하고 있다. 또한 노동에 대한 사회의 가치관도 노동에 크게 영향을 미치는 입력환경이 된다.

근면을 소중히 하는 프로테스탄티즘(Protestantism)의 윤리가 자본주의를 낳기 시작했다는 막스웨버(M. Weber)의 이론은 잘 알려져 있다. 현재는 여가를 중시하는 문화가 청소년층을 중심으로 생긴 것 같다. 학생들이 취업을 하는 과정을 지켜보면 대부분의 학생들은 주당 휴일이 2일인지의 여부를 우선 순위의 하나로 꼽고 있다. 일할 뿐만 아니라 여가 또한 대단히 즐기고 싶다는 것이 그들의 가치관이다. 분명한 것은 최종적으로 취업을 결정해야 하는 시기가 오면 주 2일 휴일제를 언급하면서 결정을 보류하는 사례가 많다는 것이다.

결론적으로 말해서 생산요소의 그 어느 것도 입력환경으로부터 영향을 깊게 받지 않는 것이 없다는 것이다. 기업은 자연과 사회의 환경테두리 안에 존재하면서 그들과의 교류를 통하여 살아갈 수밖에 없으므로 이는 당연한 것이다.

(2) 출력환경

생산된 재화의 판매과정에서 기업은 또한 시장이라는 환경과 접하게 된다. 시장에는 제품을 구매하는 소비자와 더불어 동종 재화를 시장에 출하하고 있는 경쟁 기업들이 있다.

소비자는 재화의 가격에 따라서 구입여부를 결정한다. 예컨대 가격이 싸면 비디오 테이프를 평상시보다 많이 구입하려고 하며, 가격이 비싸면 조금밖에 구입하지 않을 것이다. 수요의 크기는 가격이 오르는 것과는 반대되는 경향이 있다. 한편 동종 재화를 출하하고 있는 기업들은 각자 소유하고 있는 기술수준에 따라서 일반적으로 각기 다른 양의 재화를 시장에 출하하여 판매한다. 기술수준이 기업에 따라 다르기 때문에 동종 재화를 산출하는 데 필요한 비용도 기업마다 다르다. 따라서 기업간에 우열이 생긴다. 그리고 시장에 출하된 어떤 재화의 전체 양이 많아짐에 따라서 재화의 가격은 일반직으로 낮아지게 된다. 이러한 경향과 소비자의 수요의 경향이 서로 교환되어 시장에서 재화는 유통되는 것이다.

제품의 가격은 〈그림 7-2〉와 같이 시장에 출하된 재화의 총량에 관하여 우측하 방향의 곡선으로 표시되며, 이 그래프는 불변이 아니고 출력환경의 변화에 따라서 변한다.

〈그림 7-2〉 제품의 가격

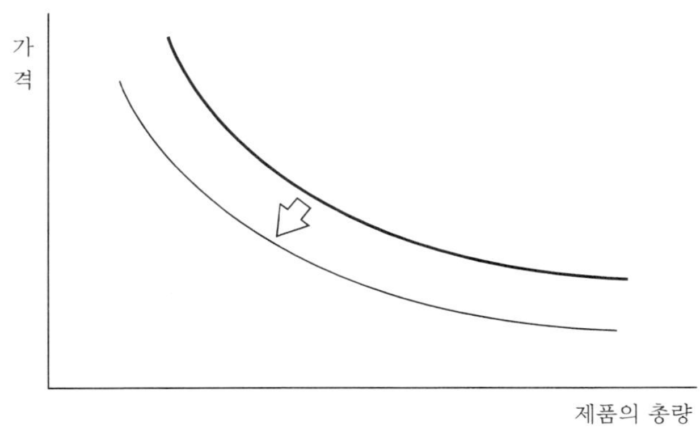

자료: 상게서, p. 39.

예를 들면 소비자 욕구가 텔레비전을 보는 것보다도 퍼스컴을 다루는 방면으로 관심이 이동해 가면 비디오 테이프의 수요는 감소하나, 대신에 플로피디스크의 수요는 증가할 것이다. 한편, 소비자는 이전보다도 싼 가격이 아니면 비디오 테이프를 구입하지 않으므로 곡선은 아래쪽으로 이동한다. 소비자 욕구관점에서 제품의 총량 변화상태는 넓게는 가치관의 변동과도 연결이 된다.

출력환경은 재화의 판매에 관계되는 시장만이 아니다. 판매되는 재화 중 서비스를 제외하고는 유형의 상태로서 구매자에 의해 소비되어 결국 폐기물이 된다. 따라서, 기업의 출력환경으로서 폐기물을 고려하지 않으면 안 된다.

폐기물이 재이용될 수 있을 것인가? 혹은 자연의 정화능력에 의해 자연으로 되돌아올 수 있는 폐기물인가? 아니면 파묻어 버릴 수밖에 없는 폐기물인가? 어느 형태의 폐기물이 생성되는가는 기업 스스로의 활동에 따라 결정된다. 기업이 생산할 재화가 자연이 처리할 수 없는 폐기물만을 방출한다면 그로 인하여 자연환경이 바뀌어서 그 역효과가 발생한다는 사실은 기업의 활동에 크게 영향을 미칠 것이 분명하다. 폐기물을 둘러싼 법적 규제와 사회적 분위기 등도 기업활동에 영향을 줄 것이다.

지금까지 기업에 영향을 주는 환경을 편의상 입력환경과 출력환경으로 나누어, 기업과 환경과의 관계를 살펴보았다. 궁극적으로 파악된 내용은, 기업에 관련된 환경은 입력자원의 획득 및 재화의 매매장소만이 아니고 사회의 과학기술 수준, 가치관, 나아가서는 자연의 정화능력까지 포함되는 다양한 중층적인 구조를 지니고 있다는 것이다.

제3절 기업과 환경의 전략적 적응모형[1]

1. 기업과 환경의 전략시스템

앞 절에서 기업을 둘러싸고 있는 환경은 중층성을 지니고 있다고 지적하였다. 이러한 복잡한 환경과 더불어 살아가기 위하여 기업은 여러 가지 연구를 하는데, 연구의 모든 내용은 기업과 환경 사이의 중간영역과 관련이 깊다. 기업은 우선 생산기술을 높이려고 노력하고 있으며, 효율성 있게 생산을 진행하기 위하여 종업원 사이의 유대 네트워크(Network)에 주의를 기울이고 있다. 더구나 기업은 단순한 생산을 위한 물리공간으로부터 다양한 문화와 가치라고 하는 눈에는 보이지 않는 의미로 꽉 찬 의미공간도 있다. 따라서 어떠한 문화도 기업활동과 깊이 관련된다고 본다.

기업의 열역학적 이론에도 주목하고 있다. 동시에 생물이 환경 안에서 자신들의 생활의 장을 니쯔로서 선택하는 것과 마찬가지로 기업도 문화 생태계 안에서 자신들의 활동의 장으로서 니쯔를 선택하는 것도 중요하다.

중간영역을 다음과 같은 5개의 층으로 나누어 입체적으로 살펴보기로 한다.

2. 열역학의 층

앞 절에서 살펴본 바와 같이 기업은 입력환경을 통하여 원재료를 구하며, 출력환경에 자신의 재화를 출하한다. 뿐만 아니라 출하된 재화는 소비된 후 폐기물로서 다시 기업과 관련되는 등 여러 연유로 기업은 자연과 필연적으로 공존하지 않을 수 없다. 더구나 생산과정 그 자체도 자연계의 법칙을 따라야만 가능한 것이다.

---

1) 상게서, pp. 40-45.

기술이란 실천을 기반으로 하는 객관적 법칙성의 의식적 작용인 것이다. 따라서 생산현장에는 전기의 법칙, 화학반응의 법칙, 역학의 법칙 등 다양한 자연법칙들이 적용되며, 이들은 생산기술의 핵심부분이 된다. 특히 환경과의 주목할 법칙은 열역학 법칙이다. 이는 엔트로피(Entropy)라는 단어가 전문분야의 연구자 사이에서 뿐 아니라, 기업 내부 및 외부에서 폭넓게 화제가 되고 있다.

열역학이라는 것은 물질과 에너지 흐름을 중심으로 한 거시적 법칙을 다루는 학문이다. 기업의 생산활동은 그 어느 활동보다도 기초활동으로서 물질과 에너지 흐름이 유지되는 것을 요구한다(상세한 내용은 제 8 장 참조).

3. 적소층

기업은 자신의 활동영역을 선택하여 생산운영을 하고 있다. 활동영역으로 우선 지리적 환경이 중시되는 것은 생물의 경우 장소가 중요한 것과 마찬가지다. 기업의 바람직한 지리적 환경은 추구하고자 하는 생산활동의 내용에 따라서 다르다. 전자산업 같은 지식집약형 생산을 추구하는 기업에 있어서는 높은 기술수준의 기술자 채용이 용이한가? 새로운 기술정보를 쉽게 획득할 수 있는가? 등이 중요한 조건이 된다. 반면에 화학공업 등 대량의 연료를 필요로 하는 기업은 수송수단이 무엇보다도 중요한 지리적 환경요인이 된다.

생물이 생활활동 지역으로 선택한 영역은 생태학에서는 니쯔라 불린다. 확대해서 기업이 활동범위로 선택한 영역도 니쯔로서 개념화할 수 있지 않을까? 기업의 활동영역을 고려할 때 지리적 장소뿐만 아니라, "생물이 어떠한 먹이를 선택하고 있는가?"와 같이 "기업도 어떤 분야의 재화를 생산하려고 하는가?"도 중요하다. 그리고 기업이 독창적인 재화를 생산하려고 노력하는 모습은 서로 비슷한 종류의 생물들이 각기 다른 종류의 먹이를 선택하려고 노력하는 것과 유사하다고 인식된다. 따라서 어떤 재화를 생산하여야 하는가를 살펴보는 생산분야도 니쯔로서 이해될 수 있다. 무엇보다도 기업과 환경간의 상호작용을 둘러싸고 니쯔의 층으로서 받아들일 수 있는 중간영역이 존재한다는 사실이 중시된다. 이와 함께 중요한 것은 기업활동의 영역을 니쯔로 간주하는 것에 덧붙여 생태학에서의 니즈의 이론을 기업의 니즈를 이해하기 위해서 이용할 수 있다는 사실이다(구체적 내용은 제9장 참조).

4. 기술층

적소의 층에서 "어떤 재화를 생산하여야 하는가?"가 결정되면 다음으로는 "어떠한 생산방식을 선택할 것인가?"를 중심으로 하는 기술의 층이 부각된다. 기술은 본래 생산 현장과 밀접한 관계를 갖는다.

생산을 하려면 원재료, 자본 및 노동이라는 3가지 생산요소가 필요하다. 그러나 같은 원재료를 투입하여도 기업에 따라서 재화로 변환되는 과정상 그 효율이 달리 기록된다. 이러한 변환의 효율이 경제학에서 기술이다.

한 단위의 자본을 투입하여 어느 정도의 재화생산이 가능한지를 조사하여 보면, 결과는 기업이 소유하고 있는 기계설비의 성능에 따라서 달라진다. 이는 곧 자본에 관계한 기술차이 때문이라고 말할 수 있다. 또한 종업원의 단위 노동시간당 재화생산량은 그 종업원의 능력에 따라서 달라진다. 이와 같이 단위 노동시간당 재화의 산출량이 노동이 관계된 노동의 능력(기술수준)이 되는 것이다. 그러나 컴퓨터 제어로서 작동되는 기계설비에서 재화가 생산되는 무인화 공장이 만들어지면 이러한 노동생산성 차이는 거의 없어질지도 모른다.

각 제품에 관련하여 자본에 관계된 기술수준과 노동에 관계된 기술수준 두 가지가 존재하고 있고, 그들이 전체 기술수준의 높이를 결정한다고 볼 수 있다. 그 결과 기술의 층에서는 이러한 기술수준을 향상시키기 위한 다양한 연구개발이 이루어지고 있다(상세한 내용은 제9장 참조).

5. 조직층

기술은 인간에 의해 사용되어 본연의 그 역할이 완수되며, 또 새로운 기술을 창조하는 것은 다름 아닌 인간의 창조력이다. 즉, 기업 내부에서 기술이 이용되고 또한 새로운 기술이 창조되는 것은 기술과 인간들과의 유대관계로 구성된 네트워크를 통해서만 가능한 것이다. 이와 같이 기술의 층은 사람들 유대관계의 층과 결부되어 있으며, 이러한 맥락에서 기업의 구성원들이 어떠한 유대관계의 네트워크를 구성하고 있는지에 관한 내용은 중시되며, 이는 일명 조직의 층이라 불린다.

기업을 하나의 생물로 파악하면 기업에 있어서의 조직은 생물의 형태와 매우 비슷한 면을 가지고 있다. 생물의 행동유형은 그 생물형태와 밀접한 관계가 있다. 꽃의 꿀을 빨아먹고 사는 벌새의 경우, 주둥이 길이와 형태가 다른 여러 종이 있고 또한 각기 꽃의 꿀을 빠는 방법이 다르다. 주둥이가 가늘고 긴 벌새는 꽃 앞에서 주둥이를 집어넣어 꿀을 빨지만 주둥이가 두껍고 짧은 벌새는 꽃의 밑을 까서 옆에서 꿀을 빨려고 한다.

기업의 조직도 생물의 형태와 같은 역할을 담당한다. 기업조직의 기본방향은 기업의 행동방식과 깊은 관련이 있다고 생각된다. 예를 들면 전형적 조직체인 관료적 조직은 정해진 업무를 효율적으로 처리하는 데는 적당하다. 복잡한 과제를 정해진 규칙의 틀 안에서 해결하려고 하는 것이 관료제 조직의 행동패턴이다. 그러므로 예외적인 행동은 피하게 된다. 예외를 허용해서는 대량의 복잡한 과제를 효율성 있게 해결할 수 없는 것이다. 따라서 이러한 형태의 조직은 환경이 크게 변화 중인 시대에서는 오히려 효율성이 떨어진다. 변동기에는 규칙에 꼭 들어맞지 않는 예외가 많이 발생하기 때문이다. 그러면 수평형 조직이 변동기에 적절한 조직일까? 이에 대비한 수평형 조직은, 대부분의 조직연구자들이 모색하고 있는 실정이다. 사업부제 및 매트릭스 조직의 도입, 그리고 호손(Hawthorne)적 경영이라고 불리는 여러 가지 연구가 기업에서 시도되어지고 있는 것도 지금까지의 수직형 조직 중심의 구조를 극복하려고 하는 노력의 일환인 것이다(구체적 내용은 제9장 참조).

6. 문화층

기업은 사람들이 모여서 변환을 시도하는 물리공간인 동시에 눈에 보이지 않는 가치와 신념 등을 지닌 의미공간으로서도 존재하고 있다. 의미공간을 통하여

기업은 종업원에게 적절한 행동의 지침을 부여하며, 나아가서 고용원들은 의미공간을 통하여 그들의 일상생활에서의 의미를 찾기도 한다.

이러한 의미공간은 기업의 풍토, 체질 또는 사풍 등과 같은 개념과 관련이 있다. 최근에는 이들을 통합하여 '기업문화'라는 용어로 사용되고 있다. 기업문화는 다음 3가지 요소를 포함하고 있다. 첫 번째 요소는 기업의 성격을 결정하는 이념이다. 이는 예를 들면 "최고의 품질로 향한다", "서비스를 강화한다"와 같은 슬로건 형식으로 표현된다. 두 번째 요소는 기업의 이념을 실현시키는 영웅이다. 영웅을 둘러싼 전설은 종업원에게는 무엇보다도 하나의 중요한 사례가 된다. 세 번째의 요소는 의례이다. 기업은 문화를 조직 내에 정착시키기 위해서 여러 가지의 축제를 시도하고 있다.

〈그림 7-3〉 중간영역의 중층성

자료: 상게서, p. 47.

이와 같이 기업의 문화를 살펴보면 조금 비약하는 것 같으나 다양한 민족이 지니고 있는 신화 또는 종교 같은 성격을 발견하게 된다. 신화와 종교에도 공통적으로 이념과 영웅 그리고 의례가 도입된다. 그리고 사람들이 물리공간 내부에서 어떤 방식의 운영을 선택하는가는 그 사람들이 지니고 있는 설화나 종교를 근거로 하여 해석하지 않으면 이해할 수 없는 것이다.

기업문화는 눈에 보이지 않는 규범성으로서 종업원들에게 영향을 미치고 있다. 기업이 발전하기 위해서는 기술수준의 향상은 물론 기업문화가 유효 적절하게 작용되지 않으면 안 된다. 그러면 기업문화는 어떻게 만들어져서 확산되어 가는 것일까? 단순히 최고경영층이 설정하여 전 종업원에게 강요하는 성질의 것은 아닌 것 같다. 사원들 스스로 기업문화에 동참하여 공유하지 않고는 기업문화는 정착될 수 없는 것이다. 즉, 기업문화는 기업 내부에서 자기조직화 되어야 하는 것이다(상세한 내용은 제9장 참조).

요약하면 이상 5가지 층으로 구성되는 중간영역은 〈그림 7-3〉과 같이 도해될 수 있다.

[요 약]

- 적응전략은 생물이 살아남는 데 선택된 전략을 말한다. 즉 생물의 형태와 행동을 말한다. 생물의 형태와 행동이 진화하는 과정을 게임법칙으로 파악하려는 것이다. 게임의 특징은 자기의 행동 유효성뿐만 아니라 상대의 행동에 의해 결정된다. 인간과 사회 그리고 자연의 복잡·다양한 환경에서 여러 가지 생물들이 상대적 게임으로 그 환경에 적응할 수 있는 전략을 선택하는 생물만이 살아갈 수 있다는 관점이 진화게임이다.

- 생명체는 비평형상태, 즉 저 엔트로피의 상태이다. 예컨대 체온과 주위의 온도차이는 바로 비평형상태를 유지하려고 음식물의 에너지를 이용한다. 이러한 생명현상의 관점에서 지구는 거대한 생명체로서 비평형의 저 엔트로피의 상태임을 알 수 있다. 생명체는 지구 전체를 변화시키고 역동적 상호 인과관계를 맺으면서 나간다. 이는 분리된 개체가 아니라 전체적 하나의 시스템이다.

- 주체인 기업과 객체인 환경은 중간영역의 매개물로 상의 상관된 것이다. 중간영역의 하나인 사회는 경제, 정치, 과학·기술, 문화에 이르기까지 그 폭이 넓다. 이러한 사회도 물질과 에너지의 흐름을 바탕으로 하여 흐름과 문화까지 포함하는 문화생태계이다. 따라서 기업과 환경은 하나의 유기체계로서 개방시스템이다. 여기서의 중간영역은 열역학, 적소, 기술, 조직, 문화 등이다.

제 8 장

전략경영의 구조와 과정

제 1 절　전략문제와 접근모형

전략의 수행은 정책의 실현과정이며 조직의 존립근거와 생명력을 부여한다. 그리고 전략의 심장인 고객욕구의 투영이 사명인데, 이는 기업의 존재이유를 제공하며, 환경과 기업 및 전략의 상호작용과 상의상관적 순환을 알 수 있다. 그리고, 기업의 성장은 장기 · 단기 전략의 균형이다. 전자는 시장과 제품 및 고객을 목표로 삼고, 후자인 단기전략은 생산성, 즉 운영효율성인 원가절감과 자원효율성을 극대화한다. 또, 전략경영의 관건은 장 · 단기의 목표균형, 재무 · 비재무 요인의 균형유지와 전략 · 정보 · 지식의 공유 등과 같으며, 이는 기업의 생산성과 성장력을 강화하고 촉진한다.

1. 인간의 전략적 시야

대개 사람은 자신의 행동과 주의를 필요로 하는 일련의 관심이나 문제를 가지기 마련이다. 이러한 문제는 여러 모로 그에게 영향을 줄 것이다. 그는 식량을 구하기 위해 많은 시간을 소비하고 있는지도 모른다. 또한 그는 권력에 관심을 갖고 있을지도 모른다. 그는 자기의 일생 동안 일어나는 세계적인 규모의 전쟁이나 국지적인 전쟁에 신경을 쓰고 있을지도 모른다.

〈그림 8-1〉 인간의 전략적 시야[1)]

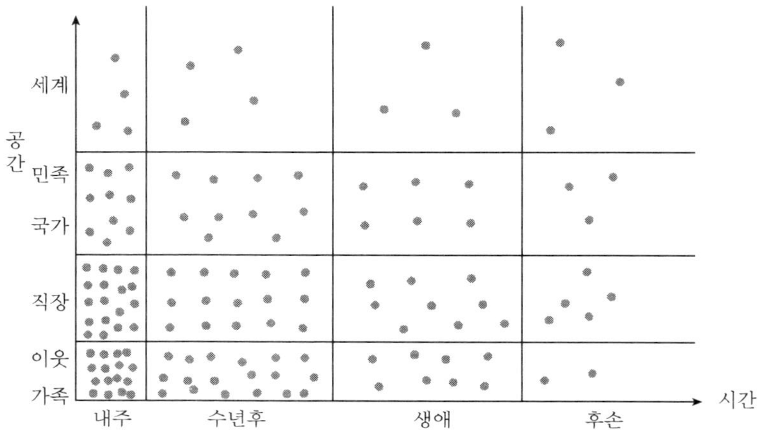

자료 : D. H. Meadows, 김승한 역, 『인류의 위기(*The Limits to Grouth*)』, 1986, p. 17.

인간의 관심이 각기 상이함을 〈그림 8-1〉과 같이 나타낼 수 있다. 이 그림은 공간과 시간의 두 차원을 가지고 모든 사람의 관심이 어느 정도 지리적 폭을 갖고 있는지, 또 어느 정도 시간적 폭을 갖고 있는지를 설명한다. 이들에 따라 두 차원은 그림의 어느 한 점에 만날 것이다. 대부분의 사람은 그림의 왼쪽 아래편에 관심이 집중될 것이다. 이들의 나날의 생활은 힘이 들고, 식량을 확보하기 위해 모든 노력을 기울여야만 한다. 그리고, 일부의 다른 사람은 시간의 축과 공간의 축에서 멀리 떨어진 문제를 생각하거나, 처리할 것이다. 그들의 관심은 그들이 소속된 공동체에 있으며, 그들의 행동은 여러 시간, 여러 해에 걸치는 먼 미래에까지 뻗치고 있다.

개인의 시간적·공간적 시야는 과거의 경험, 문화, 그가 직면하는 문제의 시급

1) 인간의 시야는 시간적·공간적으로 각기 다르나, 모든 인간의 관심은 공간=시간이라는 매트릭스의 어디에도 해당된다. 대부분의 사람은 가족이나 친구에 대한 단기적 사물에 한정되나, 일부의 사람은 미래를 내다보면서 국가나 민족에 관심을 가지며, 극소수의 사람만이 먼 장래에 널리 확대될 세계에 관심을 갖는다.

성에 따라 각기 다르다. 거의 대부분은 우선 좁은 범위 안의 문제, 그 다음에 보다 넓은 범위의 문제에 대하여 차례로 해결해야만 한다. 일반적으로 어떤 문제가 공간의 폭이 넓거나, 시간적 길이가 길수록 이를 해결하기 위한 관심을 갖는 사람의 수는 적어진다.

그런데, 너무 좁은 범위로 시야를 한정할 경우에는 실망을 초래할 수도 있다. 또, 눈 앞의 사소한 문제를 해결하고자 온 힘을 다해 노력해 보았지만 보다 큰 문제로 인해 모든 노력이 수포로 돌아가는 예도 많다. 예컨대, 농부가 조심스레 손질한 밭은 전쟁에 의해 결판나는 수가 있으며, 지방 공무원의 계획은 국가 정책에 의해서 뒤집히는 경우도 있다. 한 나라의 경제 발전은 세계 경제의 영향을 받으며, 실제로 개인이나 기업, 또는 국가의 목적이 장기적이고 세계적인 경향에 의해 결국은 저해될지도 모른다는 염려가 오늘날 짙어져 가고 있다.

이와 같은 세계적인 문제의 해결을 위해서 인류는 어떤 방법을 가지고 있으며, 그 방법을 사용했을 경우에 어떤 결과를 초래할 것인가, 비용은 어떠할까? 그런 까닭에 우리의 관심은 시간과 공간의 매트릭스에 있어서 오른쪽 상위에 위치하고 있는 것이다. 이것이 바로 전략적 시야로 특히 경영자에게 시사하는 바가 클 것이다.

2. 전략문제와 접근모형

모델이란 복잡한 시스템에 관한 가정을 질서있게 집합한 것이다. 이는 과거의 경험과 인식 작용으로부터 당면한 문제에 적합할 만한 일반성을 지닌 집합체를 골라냄으로써 다양한 여러 현상에 대한 이해를 도모하려는 것이다.

농부는 매년 어떤 작물을 재배할까를 결정하기 위해 토지, 자산, 시장성, 과거의 기후 등에 관한 경험적 모델을 쓰고 있다. 측량 기사는 도로 계획을 돕기 위해 실물적 모델인 지도를 만들며, 경제학자는 국제 무역의 흐름을 이해하고 예측하기 위해 수학적 모델을 만든다.

모든 차원에 있어서 정책 결정자는 미래의 세계를 그리기 위해 무의식 가운데 관념적인 모델을 쓴다.

〈그림 8-2〉 세계 모델의 표준화[2)]

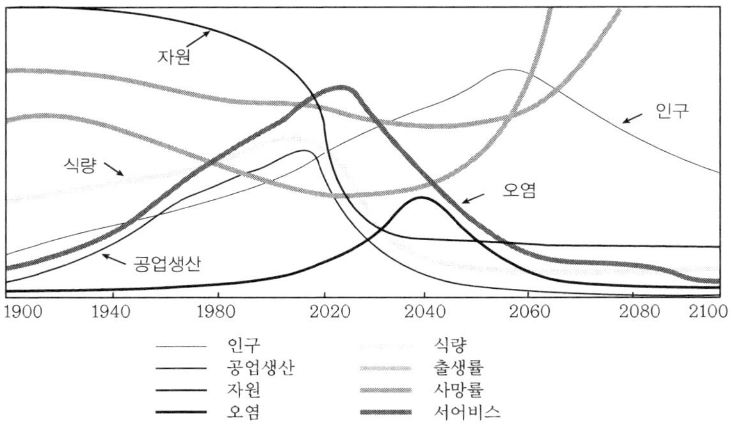

자료 : D. H. Meadows, 김승한 역, 『인류의 위기(The Limits to Grouth)』, 1986, p. 135.

그리고 〈그림 8-2〉와 〈그림 8-3〉은 정식화되고 기술된 미래적 세계 모델인 것이다. 이는 장기적이고 세계적인 문제에 관한 관념적 모델을 개선하려는 잠정적인 시도에 불과하며, 세계 관심사 중 5대 추세 - 가속적으로 발전하는 공업화, 급속한 인구 증가, 천연 자원의 고갈, 환경의 악화, 식량 부족 등을 분석하기 위해 마련된 것이다. 이러한 추세는 여러 가지 형태로 모두 서로 연관되고 있으며, 월 또는 연 단위보다는 10년이나 100년 단위로 측정되는 경향이 있다. 이 모델을 이용하여 이와 같은 추세의 원인과 상호 관계 및 그 의미를 100년 후의 미래에까지 이해하려는 것이다.

2) 세계모델의 표준화는 세계 시스템의 발전을 지배해온 물리적, 경제적, 사회적 요소에는 큰 변화가 없다고 가정, 식량, 공업 생산, 인구의 기하 급수적 성장으로 끝내는 자원의 감소가 공업 생산을 저하시키고, 시스템의 시차로 인구와 오염은 공업화의 절정 후에 잠시 증가를 계속한다. 인구는 식량과 의료의 감소로 인한 사망률의 상승으로 정지하게 된다는 것이다.

〈그림 8-3〉 세계 모델의 안정화[3)]

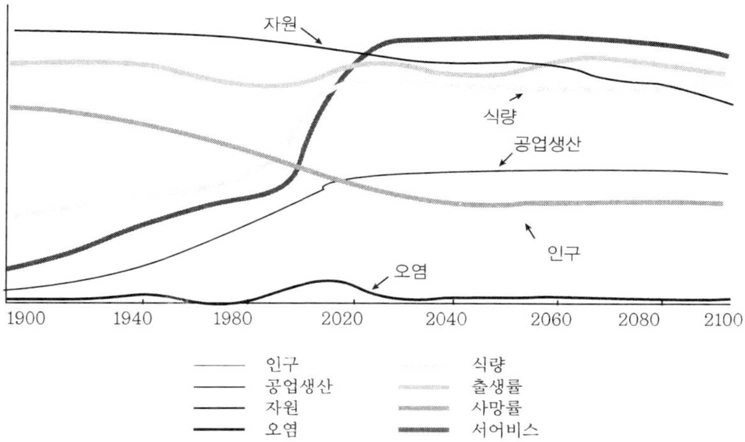

자료 : 김승한 역, 상게서, p. 190.

그런데, 이 모델이 너무 단순하고 미흡하며, 또 미완성이긴 해도 미래적 세계 모형으로서 30년 이상의 장기적 방향을 제시하며, 또 인구, 식량 생산, 오염과 같은 중요한 변수가 독립적인 것이 아니라 동태적으로 상호 작용하는 정식화된 모형이다.

매일 매일의 결정은 앞으로 수십 년에 걸쳐서 세계 시스템의 물리적, 경제적, 사회적 현상에 영향을 미칠 것이다. 이러한 결정은 완전한 이해가 가능한 모델은 아니지만, 특정의 모델에 의해 이루어질 것이다. 그리고, 이 모델은 정책이나 전략을 결정함에 있어서 무엇인가 도움이 될 것이며, 현대의 급변하는 환경의 원인과 결과에 대한 이해를 도모하고 그러한 논의의 단서를 제시한다.

여기에서 다음과 같은 내용을 알 수 있다.

첫째, 세계의 인구, 식량, 오염, 공업화, 자원의 사용이나 그 성장률이 현재와 같이 일정하게 계속된다면 앞으로 100년 이내에 지구의 성장은 한계점에 이르

3) 균형 상태를 유지하기 위해 쓴 성장 억제 정책과 기술 정책으로 자원의 재순환, 오염 방지 장치, 자본의 수명 연장, 황폐한 토양의 재생이 가능하다. 공업 생산보다 식량과 서비스에 중점을 두는 가치관의 변화를 볼 수 있으며, 출생률과 사망률이 같고, 자본 투자는 자본 감소와 같다. 1인당 공업 생산의 평균치는 1970년도의 3배이다.

게 될 것이다. 가장 일어나기 쉬운 일은 인구와 공업화의 급격한 감소일 것이다.

둘째, 이러한 성장의 추세를 조정하고 장기적으로 지속 가능한 생태학적 및 경제적 안정성의 확보는 가능할 것이다. 전반적인 균형 상태는 모든 사람의 기본적 욕구가 충족되고, 개인적인 인간의 능력이 발휘될 수 있는 평등한 기회를 갖도록 설계할 수 있을 것이다.

셋째, 세계의 인류가 둘째의 희망을 달성하기 위해 노력한다면, 그리고 그것을 달성하기 위한 실천을 빨리 시작하면 할수록 성공의 기회는 더욱 확대될 것이다.

이러한 결과는 그 영향이 지대할 것이며, 더 많은 문제가 제기될 것이다. 그러나, 우리의 관심은 시간적, 공간적 영역을 확대하고, 전체적으로 균형이 잡힌 성장, 즉 위대한 전환기를 우리 모두가 함께 공유하려는 것이다.

제 2 절 전략경영의 개념

전략경영과 경영정책은 기업의 성장과 생산성의 향상을 위한 전략과 정책의 수립 · 수행이며, 이러한 전략과 정책은 기업의 존재이유인 사명 · 비전 · 가치로부터 도출되며, 또 기업의 사명은 환경, 즉 고객의 욕구와 전략자원에서 비롯됨을 알 수가 있다.

1. 전략경영의 개요

오늘날 기업은 끊임없는 변화와 다양한 환경에서 그의 생존과 성장 및 발전을 위한 새로운 경영의 개념을 요구하기에 이르렀다. 이 요구에 부응하여 나타난 것이 바로 전략적 경영이다. 전략적 경영이란 기업이 직면할 환경의 기회와 위협을 자사의 능력과 결합하는 의사결정의 과정인데, 변화무쌍한 환경의 변화에 따라 기업을 적응시키려는 개념이다.[4)]

4) A. J. Rowe, et als, *Strategic Management & Business Policy* (Addison-Wesley,

이것은 기업으로 하여금 임기응변의 의사결정이 아닌 장기 예측에 의해 새로운 변화의 추세를 파악하여 그 초기 단계에서 전략적 도전과 대응을 취하며, 동시에 기업을 능률적으로 경영을 하기 위한 충분한 시간의 확보가 가능하다. 또, 전 구성원과 함께 지식과 정보 및 전략을 공유함으로써 질적·양적 성장을 향상시키며, 종업원의 직무 만족도가 향상된다.

경영은 전략적 경영과 업무적 경영으로 구분된다.[5] 전자는 최고 경영자가 행하는 경영 활동으로서 급변하는 환경에 초점을 두는 성장 전략이며, 후자는 생산성 향상을 위한 조직의 능률에 초점을 둔 관리자의 주된 기능으로서 안정된 환경에서 효과적이다.

전략적 경영의 특성은 최고 경영자의 의사결정이라는 것, 미래지향적이고, 전략적 계획뿐만 아니라 관리 기능 모두를 포괄하고 있다는 것이다. 그리고, 장기·단기의 목표, 유형·무형의 자산, 재무요인·비재무 요인의 균형을 유지하고, 환경의 변화에 적합하기 때문에 기업의 성장을 확보하려는 〈환경 적합론(contingency theory)적〉 성질을 가진다. 또, 이러한 포괄적인 전략 시스템은 전략적 문제와 우발적 상황의 관리도 가능한 것이다.

전략적 계획은 전략적 경영의 핵심이 되는 과정이다. 전략적 경영은 또 업무적 경영에 지침과 범위 및 방향을 제시하고, 제품-시장의 성장 전략과 같은 외부 환경에 대응하면서 내부의 능력을 새롭게 재배치한다. 그리고, 전략 계획은, 전략 수립은 물론 전략 수행과 전략 통제를 포함하게 된다.

그래서, 바우어(M. Bower)는 전략적 경영의 내용을 기업의 사명, 경영이념, 목표 설정, 전략 수립, 방침 설정, 조직 구조, 인원 충원, 시설, 자본, 표준 설정, 운영 계획, 통제, 동기 부여 등으로 설명하고 있다.[6]

경쟁이 격심한 시장에서는 제품이나 시장의 성장을 위한 다각화 전략을 도입한다. 이러한 다각화 전략의 선택·평가를 위한 기준이 되는 것은 시너지[7] 전략

1982), p. 2.

5) G. A. Steiner, et als, *Management Policy and Strategy* (McMillan, 1982), pp. 5-6.

6) M. Bower, *The Will to Manage: Corporate Success Through Programmed Management* (McGraw-Hill, 1966), pp. 17-18.

7) 시너지의 어원은 생물학에서 유래한다. 즉, 두 개 이상의 근육이나 신경이 결합되어 일어나는 결합 연관 작용을 뜻한다. 神·人의 결합설을 말한다.

인 것이다. 시너지 효과란 상승 효과를 말한다. 즉, 새로운 제품과 기존 제품간에 일어나는 상승 효과가 2 + 2 = 5가 될 경우, 이를 정(+)의 시너지 효과가 있다고 한다. 이에 비해 그 효과가 2 + 2 = 4라면 시너지는 0이며, 더 나아가 2 + 2 = 3의 효과라면 부(-)의 시너지 효과가 나타난다. 이 시너지 효과가 전혀 없거나, 마이너스(-)일 경우에 경영 전략은 신중해야 한다.

이 때에 경쟁적 환경에서는 기업의 성장이 있을 수 없기 때문이다.

이와 같이 시너지 전략은 성장 전략의 기능 발휘하며, 성장의 기회를 선택하고 평가함으로써 기업의 수익성을 향상시킨다. 그 유형에는 판매, 생산, 기술, 경영관리 등 여러 가지 시너지가 있다.

전략적 경영은 이러한 시너지 효과의 극대화를 도모하기 위한 성장의 개념인 것이다.

2. 전략경영의 정의

전략경영이란 피어스(Pearce)와 로빈슨(Robinson)에 의하면 "조직의 목적을 달성하기 위해 설계된 전략결정과 실행효과에 의해 생겨난 결정이나 행동결집"[8]이라 정의되고 있다.

핵스(Hax)와 마쥬라프(Majluf)는 "궁극적인 목표로서는 기업내의 모든 사업, 권한, 라인에 걸쳐, 모든 조직계층에서 전략적인 의사결정과 업무적인 의사결정을 연결하는 전체적인 가치, 관리능력, 조직의 책임, 관리시스템을 만들어 내는 것"[9]이라고 정의하고 있다.

기업은 궁극의 목표인 '존속'을 유지하기 위해 장기간에 걸쳐 성장성이나 수익성을 계속 확보하지 않으면 안 된다. 그러기 위해 기업이 나아가야 할 장래의 방향을 결정하고 기업이 지니고 있는 인력, 상품, 자본, 정보 등의 귀중한 경영자원을 개발시켜 나가야 한다.

---

8) J. A. Pearce and R. B. Robinson, *Strategic Management* (Irwin, 1985), p. 6.
9) A. C. Hax and N. S. Majlof, *Strategic Management-An Integrative Perspective* (Prentice-Hall 1984), p. 72.

이와 같이 '조직방향을 제시하고 목표를 설정하여, 조직이 수행해야 할 계획을 만들어 내는 전체적인 관리기능[10])을 전략수립이라 한다. 그러나 수립된 전략이 아무리 효과적이라 해도 그것을 실행하기 위한 시스템이 준비되어 있지 않으면 조직목적을 달성 할 수는 없다.

조직목적의 달성은 전략수립과 전략실행에 따라 크게 좌우된다. 조직이 가지고 있는 내부의 경영자원을 수립된 전략적인 방향을 향해 효과적으로 전개시켜갈 필요가 있다. 그렇기 때문에 전략의 실행을 "선택된 전략에 의하여 목표의 달성이 가능하도록 실행하는 일"이라 한다면 전략수립과 전략실행이라는 차의 양륜이 잘 맞게 기능함으로써 효과적으로 조직목적이 달성되게 된다.

그러므로, 전략경영이란 전략적인 의사결정과 일상적・업무적인 의사결정을 통합하기 위한 조직구조, 관리시스템, 조직문화를 포함한 통합적인 경영관리 활동이라고 할 수 있겠다. 전략적인 의사결정과 업무적인 의사결정을 연결하는 역할을 하고 있는 관리활동은 장기 경영활동에서 생겨난 독자적 관리 스타일이 있으며 또, 각자의 신념이나 가치관은 조직문화로 함양되어 인간행동을 규제하고 있다. 따라서 관리활동은 전략경영시스템의 중핵적인 역할을 행하고 있다고 할 수 있다.

3. 전략경영의 단계

피어스(Pearce)와 로빈슨(Robison)은 전략 경영이 다음과 같은 9단계의 의사결정이나 행동으로 성립하고 있다고 서술하고 있다.[11]) ① 기업의 비전을 정의할 것. 회사의 목적이나 사상, 철학, 목표에 대한 폭넓은 성명까지도 포함하여, 기업이 어떤 사명으로 존재하고 있는가에 대한 정의에 관련된 결정. ② 회사의 내부상황이나 능력을 반영한 회사의 프로필(Profile)의 작성에 관한 결정. ③ 회사가 직면하고 있는 경쟁상황에 관한 요인과 그 배후에 있는 일반적인 환경요인을 명백히 하여, 회사의 외부환경을 평가하는 결정. ④ 회사의 프로필과 외부의 환경

10) A. Jr. Thompson and A. J. Stickland, *Strategy Formulation and Implementation-Tasks of General Manager* (Irwin, 1989), p. 3.

11) Pearce and Robinson, *cit.*, 1985, p. 6.

을 서로 비추어 보아 현재는 대상으로 하고 있지 않으나, 자사의 능력으로 보아 가능성이 있는 여러 대안을 분석할 것. ⑤ 그 가능성을 회사 사명과 서로 비추어 보아 바람직한 대안을 명백히 할 것. ⑥ 회사에 있어서 바람직한 대안을 선정하기 위해 필요한 장기 목표와 전략을 선택하여 결정할 것. ⑦ 장기목표와 중요한 전략과 조화된 연차 목표와 단기전략을 작성해 낼 것. ⑧ 예산으로서 배분된 자금에 근거하여 전략 안을 실행하기 위한 업무, 인간, 조직구조, 기술, 정보시스템과의 적합 관계를 강화할 것. ⑨ 통제활동을 위한 기초로서 활용하기 위해, 혹은 장래의 의사결정에 활용하기 위해 성공적인 전략의 수립, 실행과정을 평가하고 분석할 것. 이것들의 의사결정이나 행동은 〈그림 8-4〉와 같은 전략경영시스템으로서 체계화할 수 있다.

〈그림 8-4〉 전략 경영의 흐름도

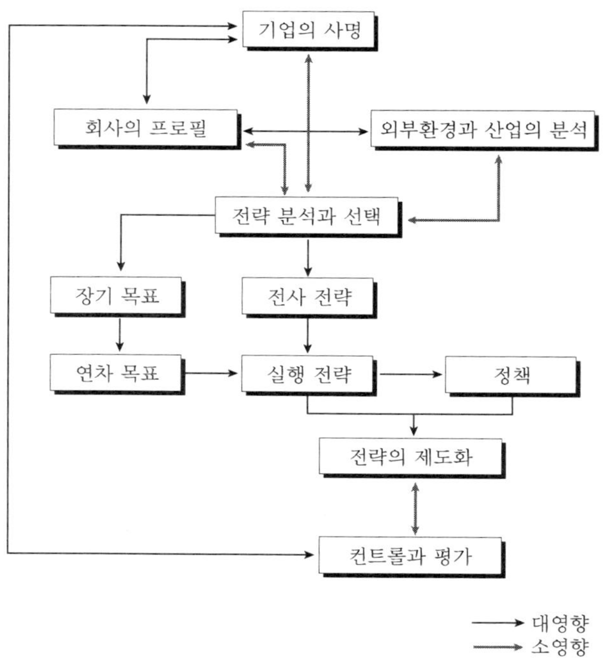

자료 : 이덕훈, 『기업과 환경』, 학문사, 1997, p. 131.

전략수립의 과정은 다음과 같이 5단계로 분류한다. 제1단계는 기업이 어떤 것인가를 정의하는 것이다. 회사가 어떤 사업을 시행하는가에 대해 제품이나 시장, 기술의 범위, 진출을 정하는 것이다. 즉, 사업영역의 결정이다. 제2단계는 기업이 지니고 있는 자원의 프로필을 작성하고, 내부자원을 판단하여 기업의 강점과 약점을 명백히 하여야 한다. 제3단계는 외부환경을 평가하고 산업의 평가, 환경변화 예측 등의 경쟁상황을 평가하는 것에 의해 의부환경의 기회와 위협을 분석하는 것이다. 제4단계는 기업의 내부분석, 외부의 환경분석을 통해 가능성이 있는 전략대안을 사명에 비추어 보아 최적의 전략을 선택하는 것이다. 그리고 제5단계는 전략을 장기전략과 단기전략으로 분류한다.

전략을 실행하기 위해 조직구조, 보수시스템, 조직 문화 등과 조화함으로써 효과를 발휘하나, 그를 위해서는 전략을 구체적인 정책으로 전환함으로써 전략의 제도화가 이루어진다. 이와 같이 전략경영시스템은 전략수립과 전략을 실행하는 과정을 포괄한 전사적인 시스템으로 이해할 수 있다.

〈그림 8-5〉 전략경영의 단계화

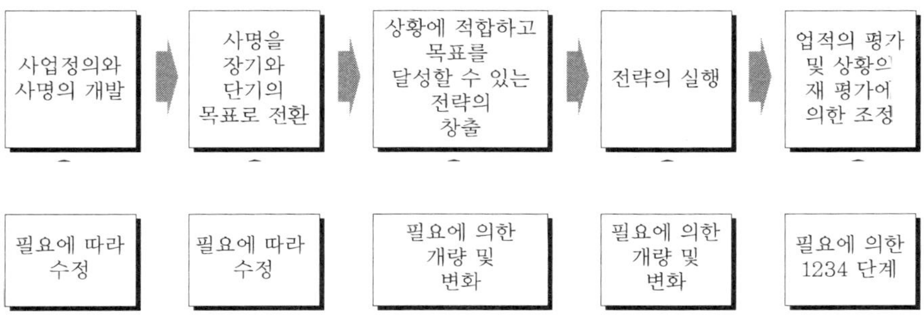

자료 : 상게서, p. 133.

톰슨(Thomson)과 스트릭랜드(Strickland)는 전략 경영에 관련된 경영관리자의 역할을 다섯 단계로 분류하고 있다. ① 사업의 개념을 개발하고, 조직을 이끄는 장기 비전을 만들어낼 것. ② 사명을 특정한 장기, 단기의 업적목표로 구체화할 것. ③ 조직의 상황에 적합하고, 성과를 낼 전략을 만들어낼 것. ④ 선택된 전략의 능률적, 효과적으로 실행할 것 ⑤ 업적을 평가하고 상황을 감안하여 조정할 것.

그리고 다섯 개의 전략경영의 단계를 〈그림 8-5〉와 같이 도식화하고 있다.

톰슨과 스트릭랜드의 전략경영의 단계는 피어스와 로빈슨과 마찬가지로 비전 수립으로 시작되어 사명을 기초로 한 전략의 수립, 전략의 실행 등의 활동으로 이루어져 있음을 알 수 있다.

제3절 전략적 의사결정

1. 전략의 구성요소

전략적인 의사결정이란 어떤 내용의 의사결정을 의미하는 것일까. 앤소프(Ansoff)는 “기업의 목표달성을 최적으로 가능하게 하는 방법으로, 자원전환의 과정을 결정하는 것”이 전략이며, 기업이 어떤 방향으로 진출하는가 라는 것과 같은 기업과 외부 환경과의 관계에 대한 의사결정이 “전략적 의사결정”이라고 한다. 제품믹스와 시장선택이 중심적인 내용이다. 또한 전략을 “환경변화가 만들어 내는 기회와 위협에 조직자원을 연계시켜 조직능력을 유효적, 능률적으로 발휘시킨 것”이라고 정의하기도 한다. 이들의 정의에서 전략에 관련된 의사결정에서는 다음과 같은 특징을 볼 수 있다. 즉 전략적인 내용은 ① 최고경영자의 결정이 요구된다. ② 회사가 지니고 있는 대부분의 자원배치를 포함하고 있을 것, ③ 회사의 장기적 번영에 중요한 영향을 갖고 있을 것, ④ 미래 지향적일 것, ⑤ 다 기능, 혹은 다 사업의 성과를 초래할 것. ⑥ 외부 환경의 요인을 고려할 것 등의 요소를 포함한다.

이러한 것을 고려하여 모든 전략을 4개의 구성요소로 분류할 수 있다. 호퍼(Hofer)와 쉔델(Schendel)은 전략의 구성요소를 다음과 같이 구분하고 있다.

① 영역과 범위; 조직이 목표를 달성하려는 행동영역.

② 독자능력; 조직이 목표를 달성할 때에 사용하는 기능이나 자원.

③ 경쟁우위성; 조직이 기능과 자원을 사용하여 목표를 달성하기 위한 우위성.

④ 시너지(Synergy); 조직이 기능과 자원을 전개하는 방법에서 발생하는 상승효과.

첫 번째 구성요소인 '영역과 범위'란 조직이 환경과의 상호작용을 행할 범위를 의미하고 있으며, 제품과 시장의 선택과 관련된 요소이다. 두 번째의 '독자능력'이란 자원개발이라고도 하며, 조직이 과거로부터 어떻게 경영자원을 개발·배양하여 현재에 이르고 있는가 라는 조직독자의 자원개발능력을 의미하고 있다. 세 번째의 '경쟁우위성'이란 주로 조직이 가지고 있는 독자능력이나 제품 시장의 포지션에서 창출되며, 경쟁자에 대한 우위성을 유발하는 요소이다. 그리고 네 번째의 시너지란 조직이 자원을 개발할 때에 생기는 상승작용을 의미하고 있다.

이들 네 개의 구성요소 중 조직의 범위, 독자능력, 경쟁우위성은 조직의 유효성을 결정하는 요소인 것에 비해, 시너지는 조직의 능률을 규정한다.

2. 전략의 공식성

전략적 의사결정을 행할 경우에 그것을 결정하는 과정이 '공식성'을 갖고 있는 편이 바람직하다. 공식성이란 "의사결정을 할 때에, 구성원, 책임, 권한, 재량권이 확실하게 정해져 있는 정도"를 의미하고 있으며, 공식성이 높아지면 높아질수록 계획을 수립하는 활동이 증가되며 전략의 정확성은 높아지고 계획이 성공할 확률도 높아진다.

그러나, 모든 조직이 공식성을 지닌 전략을 필요로 하고 있는 것은 아니다. 공식적인 전략수립이 필요하게 되는 것은 조직의 규모, 관리 스타일, 환경의 복잡성, 생산과정, 문제의 성질, 계획 시스템의 요인에 따라 다르나, 기업의 규모와 발전단계가 전략의 공식성을 정하는 중요한 요인이다. 즉 기업규모가 확대되어 발전단계가 진화함에 따라 전략을 수립하기 위한 시스템은 보다 공식성을 지니게 된다. 그렇기 때문에 환경변화의 유형, 지리적인 조건, 제품라인, 제품유형, 조직규모 등을 들어 〈표 8-1〉과 같이 정리하고 있다.

〈표 8-1〉 공식적인 전략경영이 필요로 하게 되는 조건

환경변화율	:	원만 ―		― 급변
환경 변화의 유형	:	연속적 ―	증가	― 불연속적
지리적조건	:	국가적 ―	필요	― 다변적
제품라인	:	단일 ―	공식적	― 다양
제품기능	:	관련 ―	전략적	― 다각화
조직	:	수직적 ―	관리	― 수평적
규모	:	소규모 ―		― 대규모

자료 : 상게서, p. 136.

기업이 직면한 환경변화율이 급격하며 변화유형도 불연속적인 경우, 혹은 생산판매가 다변적이고 제품의 다양화와 기능의 다각화 기업인 경우에 유용한 수단인 것을 알 수 있다. 그런고로 제품다양화전략을 수립하고, 분권적인 사업부제조직을 지닌 대규모의 조직에서 필요한 전략수립의 방법이다.

3. 전략의 중층성

이상과 같은 특질을 지닌 전략적인 의사결정은 크게 기업전략, 사업전략, 기능별 전략으로 분류된다. 기업, 사업, 직능별이라는 명칭에서도 이해되듯이, 전략적 의사결정은 조직의 관리계층과 대응되고 있다. 기업전략은 최고경영계층, 사업전략은 중간 계층, 기능별 전략은 하부 계층과 대응하고 있다.

기업전략은 기업전체의 전략을 의미하고 있으며, 비전 등의 기업목적이나 이념에 관한 의사결정이 포함되고 있다. 즉 어떤 사업을 행하는 가와 같은 기업의 존재에 관한 의사결정, 사업의 영역에 관련된 의사결정을 가리키고 있다.

그런고로 최고경영자가 대처해야할 의사결정이며, 불확실한 상황하에서의 의사결정인 점에서 객관적 이념, 주관적인 요소와 관련이 있다. 또한 위협이 큰 의사

결정이므로 장기적인 관점에서 고려하지 않으면 안 되는 성격일 것이다.

호퍼(Hofer)와 쉔델(Schendel)은 전사전략으로서 사업영역, 사업간에 있어서 자원개발의 결정 등이 중요한 의사결정사항이라는 것이다. 즉 어떤 사업영역(범위)을 선택하는가, 자원을 각 사업에 어떻게 배분하는가 라는 문제이다. 그것에 대해 회사 내부의 프로필의 작성이나, 기업을 둘러싼 경쟁 상황 등의 평가는 사업에 따라 필요로 하는 경영자원이 다르며, 사업을 둘러싸고 있는 경쟁기업의 상황도 다르다. 그런고로 이와 같은 의사결정은 특정 제품과 시장에서 어떻게 경쟁하는가에 관한 의사결정이며, 사업부에서의 의사결정이다. 이와 같은 전략은 '사업전략'이며, 기업 독자능력과 경쟁우위성의 확보에 관한 의사결정이 사업전략에 있어서 중요한 의사결정이다. 회사내부의 프로필은 기업의 독자능력을 판단하기 위해 필요하며, 외부의 경쟁상황의 평가는 경쟁우위성을 얼마나 확보하는가 라는 판단과 대응하고 있다.

또 기업이나 사업부에서 수립된 전략은 직능의 책임자가 실제로 지휘하고 감독하는 것에 의해 경영성과와 연결될 수가 있다. 이들의 업무수준에서의 의사결정은 일상의 업무내용에 관한 사항이며, 단기적 의사결정이다. 그런고로 업무수준에서의 의사결정에 있어서 요구되는 것은 '자원 생산성의 극대화'이며 그를 위해서는 상승 효과인 시너지전략과 독자 능력의 개발이 중요한 요소가 된다.

이상과 같이 전략경영에 포함되어 있는 행동이나 의사결정은 각각의 관리계층에 대응하며, 기업수준의 의사결정, 사업부에서의 의사결정, 직능수준에서의 의사결정 등으로 3분류할 수가 있다.

피어스(Pearce)와 로빈슨(Robinson)은 전사적, 사업적, 기능적인 의사결정의 특징을 유형, 측정 가능성, 빈도, 적정성, 현재의 활동에 대한 관계, 위협, 잠재적인 이익, 비용, 시간폭, 유연성, 협력의 필요성에서 〈표 8-2〉와 같이 정리하고 있다.

전사적인 의사결정은 개념적이고, 가치판단이 지배적인 의사결정이며, 의사결정의 빈도는 정기적 혹은 수시적이나 혁신적인 내용이 요구된다.

그 때문에 위협은 크고, 많은 시간이 필요하며, 고도의 유연성이 요구되며, 의사결정의 결과로서 얻어지는 잠재적인 이익도 크다는 특징이 보여진다. 그리고 직능적인 의사결정은 업무적이며, 양적인 판단이 가능하며, 의사결정이 발생하는 빈도는 정기적이다. 그래서 의사결정의 위협은 작고, 단기적 의사결정인 것을 알 수 있다. 사업부의 의사결정은 기업과 기능의 중간적 위치의 특징을 갖고 있다.

〈표 8-2〉 전략적 의사결정의 특징

특 징	전략의 수준		
	기 업	사 업	직 능
라인	개념적	배합	업무적
측정성	가치판단	양적 판단	양적 측정
빈도	정기적 혹은 수시적	정기적 혹은 수시적	정기적
적정성	낮다	중간	높다
현재의 활동에 대한관계	혁신적	배합	보완적
위협	광범위	중간	협소
체제적 이익	큼	중간	적음
비용	큼	중간	적음
시간적 범위	장기	중기	단기
유연성	큼	중간	적음
협력의 필요성	높음	중간	낮음

자료 : J. A. Pearce and R. B. Robinson, *Strategic Management*, Irwin, 1985, p. 10.

4. 전략의 실행 시스템

수립된 전략을 효과적으로 실행하기 위해서는 그 수행을 관리하기 위한 시스템, 전략을 수행하기 위한 책임과 권한의 배분형태인 조직구조, 조직내에 있어서 인간 행동을 규제하고 있는 조직문화가 통합된 시스템을 구축하지 않으면 안 된다.

헥스(Hax)와 마주라프(Majluf)는 유효한 전략경영시스템은 전략적인 의사결정과 업무적인 의사결정을 연계하기 위해 경영시스템, 관리통제시스템, 조직구조, 커뮤니케이션과 정보시스템, 동기유발과 보수시스템, 조직문화 등의 통합을 강조한다.

전략경영시스템을 조직의 모든 계층에 있어서 전략적인 의사결정과 업무적인 의사결정을 조정하기 위한 전사적인 가치, 관리능력, 조직의 책임, 관리 체계를 개발하는 것이라고 정의하고 있다. 그것은 조직구조와 관리시스템 및 전사적인 조직문화를 통합하는 것에 의해 여러 관리계층에 있어서 전략적인 의사결정과 업무적인 의사결정을 연결시키려고 하는 시도이다.

〈그림 8-6〉 계획 · 관리 · 통제활동의 통합

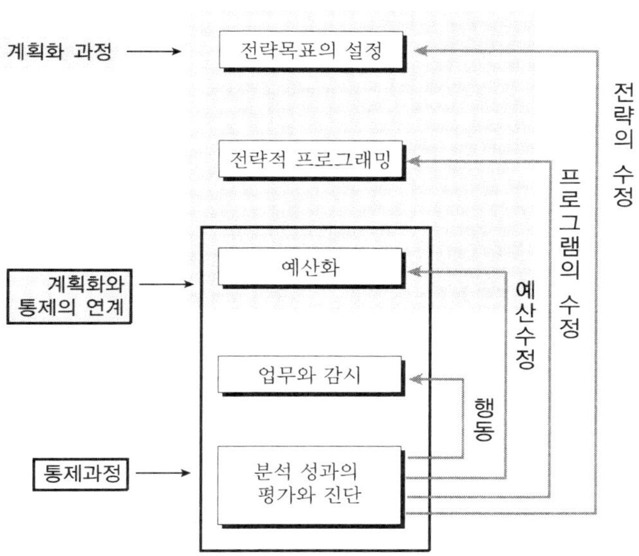

자료: A.C. Hax and N.S. Majluf, *Strategy Management-An Integrative Perspective*, Prentice-Hall 1984, p.75.

〈그림 8-6〉은 계획과 관리 및 통제활동의 통합을 나타낸 것이다. 전략적인 목표를 설정하여, 그것을 경영전략으로서 구체화하고, 실행 가능한 과제로 체계화하여 예산화하는 것이 계획화의 과정이라고 하면, 예산으로 배분된 계획이 실행된 후, 결과를 분석, 평가하고 전략목표나 전략적인 과정을 평가하여 수정하고, 실행과정을 재평가하는 활동이 관리 통제 활동이다.

조직목표의 설정, 전략적 프로그래밍, 예산화라는 계획화 과정, 업무의 감독, 분석, 성과의 평가 및 진단 등의 통제과정이 예산화라는 활동에 의해 구체화되고 있다. 같은 현상으로 권한과 책임의 배분인 조직구조와 계획 시스템의 통합에 대해서도 책임을 명확히 하고 계층구조로 설계한 것이 조직구조이므로 전략계획을 어떤 책임과 권한으로 분류하는 가에 의해 전략계획이 효과적으로 실행되는 가를 결정하게 된다.

또 조직문화와 조직제도의 적합성이 중요하다. 가령 조직문화나 풍토에 대한 다양한 정의가 있으나, 그것이 "타조직의 구성원으로 구별하는 영속적인 내부환경의 특질"이라면, 이와 같은 조직문화는 경영자의 행동이나 정책에 의하여 형성되며 조직요원은 그것을 인지하여 행동에 연결되는 힘의 원천으로서 작용한다. 더구나 이들의 특질은 영속적이며, 요원의 행동에 영향을 준다. 그런고로 시장의 상황에 맞춰 전략과 실천에 영향을 주는 조직문화와 적합하지 않으면 전략의 효과적인 실행은 불가능해진다.

제 4 절 전략경영의 형성 단계

전략경영이 전략의 수립과 실행을 통합한 경영시스템을 의미하는 것은 앞서 서술한 대로이다. 그러나 전략경영이 효과적으로 기능하기 위해서는 여러 조건을 고려하지 않으면 안 된다. 조직의 규모, 관리스타일, 환경의 복잡성 등은 전략경영이 필요하게 될 조건이나 그 중에서도 기업의 규모와 발전단계가 중요한 요인이다.

조직의 성장, 발전단계와 대응시켜 전략경영의 진화과정에 대해 고찰한다.

1. 전략경영의 형성과정

(1) 글럭, 카호만, 월렉 등의 견해

많은 회사의 경우를 검토한 결과 공식적인 전략계획으로 발전하는 단계는 어느 회사에서도 유사한 유형을 볼 수 있다고 지적하고, 전략계획이 발전하는 단계를 4가지 유형으로 분류하고 있다.

① 기본적인 재무계획

수익, 비용, 필요한 자금의 예측, 지출의 상한 등의 연도 예산에서 볼 수 있듯이 기업문제를 재무상황으로 대체하려는 시스템이다. 그런고로 계획의 수립은 예산을 작성하는데 있어서의 하위시스템으로 간주되어 연차목표와 이익 등의 각 연도별 재무목표의 수립단계이다. 이 단계에서는 전략의 질은 최고 경영자의 능력에 의존하게 되며, 전략계획은 단기 예산을 편성하고, 예산에 적합한 일상업무적인 통제활동이 시작된다.

② 예측에 근거한 계획

환경의 복잡성이 증가하면 계획시스템은 제2단계인 예측에 근거한 계획수립에 들어간다. 이 단계에서는 기업의 정치, 경제, 시장 등의 외부환경의 상황을 예측하는 일에 역점이 놓여지며, 그들의 변화가 어떻게 경영에 영향을 주는 가에 대한 예측이 이루어져 포트폴리오 계획에 근거한 정태적인 예측기법이 활용되는 장기적인 계획수립이 특징이다.

③ 외부지향의 계획

제3단계의 외부지향적 계획수립에서는 시장동향이나 경쟁상황으로의 대응이 증가하고, 상황분석이나 경쟁평가, 전략적인 대안의 평가, 경영자원의 동태적 배분을 통해 대처하는 계획 시스템이 된다. 포트폴리오, 매트릭스상의 사업을 보다 매력적인 분야로 이행시키고 신규사업을 추가하여 경쟁력을 더 발휘할 수 있는 분야로 발전시킬 계획 등이 포함되어 있다. 그 때문에 고객의 욕구, 공급업자의 능력, 유통업자의 요구, 규제의 동향, 경쟁업자의 동향을 항시 파악하는 것에 의해 다수의 시장, 사업을 관리할 수 가 있다. 이 단계가 되면 전략의 수립뿐만이 아닌 전략의 실행과정에 대해서도 고려하게 되며, 고도로 다각화한 사업과 관련한 분야를 모아 전략적인 사업단위(SBU)로 조직화한다. 그런고로 외부지향의 계획단계에서는 전사적인 전략계획과 전략적인 사업단위마다 전략계획이 수립되게 한다.

④ 전략경영시스템

제4단계의 전략경영시스템에서는 전략수립과 전략의 실행시스템을 통합한 하나의 조직과정이다. 경쟁우위성을 확보하기 위해 모든 경영자원을 집결하고, 조직구조, 경영전략, 경영시스템, 경영스타일, 기능, 가치 등을 상호작용시킨다. 즉 창조적이며, 유연한 계획수립의 프로그램과 그것을 돕는 가치시스템과 사풍을 형성하는 활동의 통합을 의미하고 있다.

따라서 전략경영시스템은 다음과 같은 계획의 틀, 계획과정, 전사적인 가치시스템 등의 메커니즘을 기능화 시키고, 전략수립의 활동과 전략실행의 활동을 통합하고 있는 데 그 내용은 다음과 같다.

i) 조직의 구조를 넘어 소비자에 대한 전략적 의사결정을 계획의 틀로 한다.

ii) 계획과정은 기업가 정신을 장려한다.

iii) 전사적인 가치시스템으로서 전략에 대한 관리자의 추진력을 강화케 한다.

그런고로 공식적인 전략계획이 지닌 가치시스템도 4단계를 거쳐 진화하며 〈표 8-3〉과 같이 정리되어 있다.

제1단계는 기본적인 재무계획의 단계로서 '예산책정'이 중심이 되고 제2단계의 예측에 근거한 계획단계는 '미래예측', 제3단계의 외부지향의 계획단계가 되면, '전략발상'이라는 전략적인 사고가 나타나게 된다. 그리고 제4단계의 전략경영에서는 '미래창조'에 비중이 놓여지게 된다.

〈표 8-3〉 전략계획 진화 단계

1단계	2단계	3단계	4단계	5단계
기본적재무계획	예측 중심의 계획	외부 지향의 계획	전략적 경영	통제 및 평가
예산통제, 단기예측, 부문중심.	성장을 지향한 효과적 계획. 환경분석, 장기예측. 자원의 정태적 배분	시장과 경쟁으로의 대응관계, 상황분석과 경쟁력 평가, 전략대체안의 평가. 경영자원의 동태적 배분	경쟁우위 창출을 향한 모든 경영자원을 전략적으로 선택한다. 창조적이며 유연한 계획 그것을 돕는 가치 시스템과 사풍 등	경영계획의 실효성 일관성 유지 성과평가
예산 책정	미래예측	전략발상	미래창조	가치실현

자료 : 상게서, p. 143.

이와 같이 계획의 진화과정에서, 제2단계의 예측에 근거한 계획에서 제3단계인 전략적 계획에 이르는 단계에는 격차가 존재한다. 즉, 기업계획시스템을 전략적 계획으로 이행하기 위해서 질적인 변화를 유도하지 않으면 안 된다. 제3단계에 있어서 기업은 외부환경을 중시하며, "계획활동의 중심이 매상고와 이익의 예측에서 미래의 재무실적을 추정하고, 변화하는 고객욕구, 기술발전, 경쟁적 지위, 경쟁상대의 이해를 도모하고 예측하는" 일이다. 제4단계의 전략경영시스템에서는 "전략계획과 업무결정을 연계시켜 시장에서 계획을 실행하는 것이다. 이것이 가능한 추진력은 도전정신과 경영스타일 및 시스템에서 생겨나고 있다."는 것이며, 미래를 창조하는 가치를 발견해 내는 것을 강조하고 있다.

경쟁상의 이점을 만들어 내기 위해, 모든 자원이 동원되고, 창조적이며 유연한 전략수립 과정에서 전략이 결정되고, 동시에 전략실행을 위한 가치 시스템과 풍토가 조성되게 된다. 더욱이 경쟁에 이기도록 경영과정을 항시 수정하고 재평가하여 경영방법을 개선하고, 자기혁신이 가능한 기업으로 육성해야 하는 것이다. 그를 위해서는 조직구조나 전략, 그것을 실행하기 위한 시스템, 구성원 ,조직의 문화, 가치 등과 상호관련하여 상승효과를 촉진 할 필요가 있다. 제5단계는 전략의 일관성 유지와 성과에 대한 평가 및 가치실현을 위한 통제 및 평가 단계이다.

(2) 핵스와 마쥬라프 등의 견해

전략경영이 등장한 배경과 전략경영에 이르는 진화단계를 예산과 재무통제, 장기계획, 사업전략계획, 전사적 전략계획, 전략경영 등의 5단계로 분류하고 있다.

기업이 대규모는 아니고 외부 환경 변화나 복잡성이 비교적 안정할 경우 기업의 계획시스템은 제1단계의 '예산과 재무통제'에 의해 충분히 환경에 대응할 수 있다. 그러나 기업규모가 크고 업무의 다양성이 증대함에 따라 기업의 계획시스템은 점차로 고도화하고 단기적인 관점에서 장기적인 시각으로 변화하게 된다. 장기경영계획이 등장하는 것은 기업을 둘러싼 환경이 변화하고 장기적인 관점에서 계획할 필요성이 증대하기 때문이다. 그것이 사업부의 필요성을 야기시켜 사업전략계획의 등장을 촉진하는 것이다.

〈그림 8-7〉은 기업과 사업부에서 전략계획의 6단계의 과정을 보이고, 〈그림

8-8〉에서 기업과 사업부 및 기능의 3개 수준의 의사결정과 행동에 대한 12단계를 도식화하고 있음을 알 수 있다.

〈그림 8-7〉 기업 · 사업부의 전략계획과정

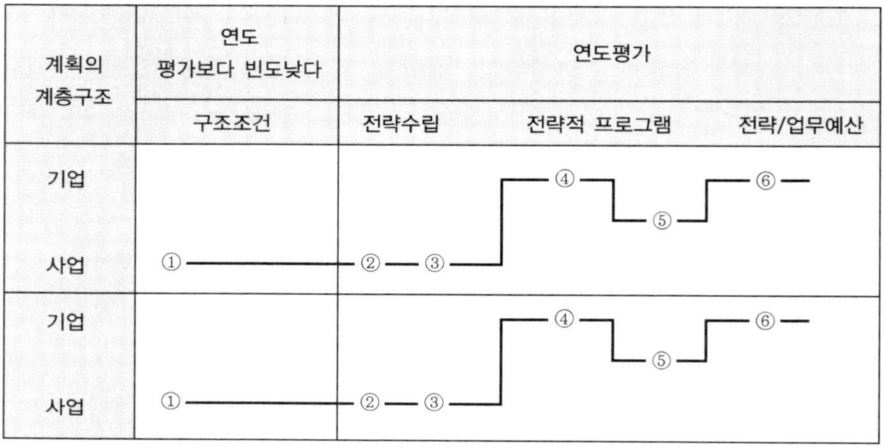

자료 : 상게서, p. 144.

전략계획의 수립은 기업과 사업부의 수준으로 나눌 수가 있다. 사업부에서는 사업의 방향과 사명의 정의가 이루어져 기업의 내부상황의 파악, 외부환경의 평가에 의해 사업전략의 세부계획이 확정된다. 기업에서는 사업부의 업적측정과 예산의 배분이 이루어진다.

과정을 보면, ㉠ 사명의 정의, ㉡ 내부분석, ㉢ 외부 감사를 통한 사업전략의 수립과 세부계획의 수립, ㉣ 사업전략과 행동계획의 건의 및 자원의 배분과 통제를 위한 업적 평가지표, ㉤ 사업부의 예산이 편성되고, ㉥ 예산안의 승인이라는 과정으로 진행하고 있다.

전사적 전략계획의 단계에서 전략의 수립은 복잡해지며 보다 정연화된다. 즉 전략의 계획과정이 전사, 사업부, 직능부문 등 3계층이 되며, 조직의 관리계층과 대응하여 역할이 분할된다. 즉 기업 수준에서는 전사적인 내용이 계획되고, 사업부에서는 시장의 상황에 적합한 제품, 시장전략이 수립된다. 기업과 사업수준에서는 〈그림 8-7〉에 나타나 있듯이 6단계의 행동과 의사결정이 있다. 〈그림 8-8〉

에 있어서 구조적인 조건, 전략의 수립, 전략적인 프로그램, 전략적 및 실행의 예산이라는 과정 등과 같이 기업과 사업 및 직능의 3개 수준에서 12단계의 구체적인 활동을 나타낸 것이다.

〈그림 8-8〉 기업 · 사업 · 기능의 전략계획과정

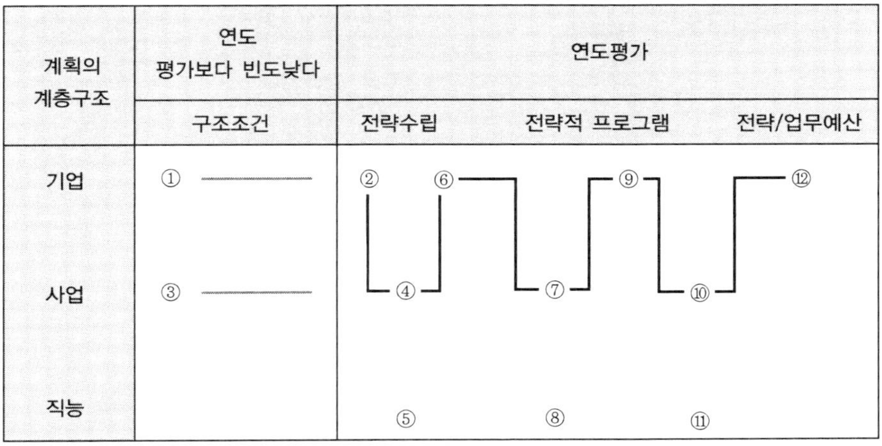

자료 : 상게서, p. 144.

기업의 전략계획은 전사수준에 있어서 기업의 비전을 정의하는 것에서 시작된다. 비전에서는 전사적인 철학, 기업의 사명이 정의되고 전략적인 사업단위가 정의되어, 각 SBU간의 상호관계가 명확해진다.

기업비전과 기업이 지니고 있는 능력, 가능성, 동기, 역량 등의 전사수준에서의 내부분석 및 전사수준에서 이루어지는 환경감사에 의해 전략적인 의도와 계획의 지침이 작성된다. 가령 전략적인 의도란 전략적인 공격, 전사적인 목표, 기업, 사업, 직능에서의 도전적 계획 등으로 구성되고, 기업의 전략적인 방향을 가리키는 것이다. 또 계획의 지침이란 계획의 예정표, 형식, 관리책임의 할당 등에 의해 나타나듯이 계획의 개념적인 구조를 가리킨다.

기업의 비전에서 전략적인 의도와 계획의 지침의 작성에 이르는 과정은 다음과 같다. 사업수준에 있어서는 사업의 범위와 제품, 시장의 세분화, 사명이 확정되고, 전사에서는 전략적인 의도와 도전적인 계획을 수립하면서 장기적이고 광범위한 세부계획의 사업전략이 수립된다.

사업수준에 있어서 내부분석과 외부의 환경감사가 실현된다. 사업수준의 전략 수립의 과정은 〈그림 8-9〉와 같이 표시된다.

사업전략이 수립되면 사업계획에 각 직능이 어떻게 참여하는가, 혹은 구체적인 세부계획은 어떤 것인가 하는 직능의 전략이 수립되어 그것들이 전사수준의 사업전략과 직능전략이 통합되게 된다. 이상이 일반적인 전사전략계획의 수립 과정이다.

〈그림 8-9〉 기업의 비전과 전략적 의도

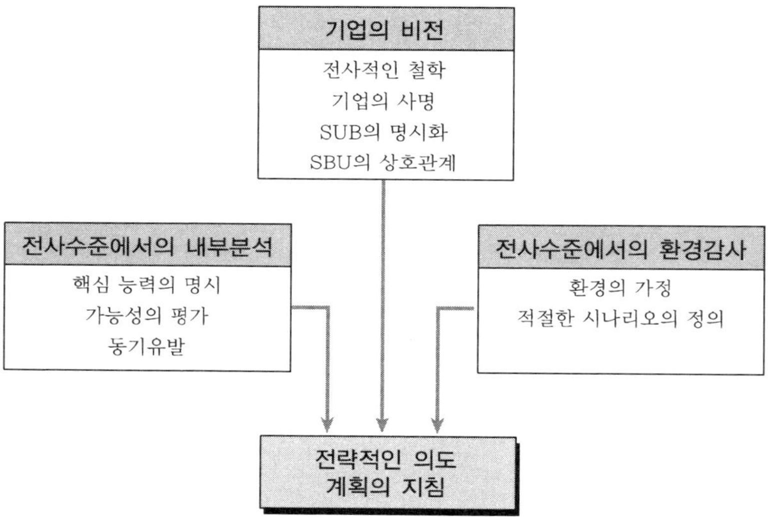

자료 : 상게서, p. 146.

전략이 수립되면 그것이 사업수준이나 업무수준에서 세부계획에 반영되어 자원배분과 예산이 정해진다. 각 수준별로 경영활동을 통제하기 위한 업적을 측정하는 항목과 예산승인이 이루어진다.

2. 전략경영의 과정

전략경영은 어느 과정에서 추진될 것인가. 〈그림 8-10〉은 조직의 관리계층과 전략의 수립 및 실행과정을 대응시켜 전략수립에서 실행에 이르는 전략경영의 과정에 있어서 이루어지는 의사결정과 실행순서를 그린 것이다.

전략경영의 과정은 크게 세 단계로 구성되며 제1단계는 목표설정, 제2단계는 전략수립, 제3단계는 전략실행으로 분류되어 있다.

목표설정은 전사와 사업부가 관계하고 있는 과정이다. 또 전략을 실행하는 과정도 기업, 사업, 기능 등의 모든 계층이 관련되어 있음을 알 수 있다.

첫 번째의 단계는 목표설정에 관한 과정이며, 두 번째와 세 번째는 전략수립과정, 그리고 네 번째와 다섯 번째가 실행에 관련된 과정이다.

〈그림 8-10〉 전사적인 계획 과정에서의 사업전략의 수립

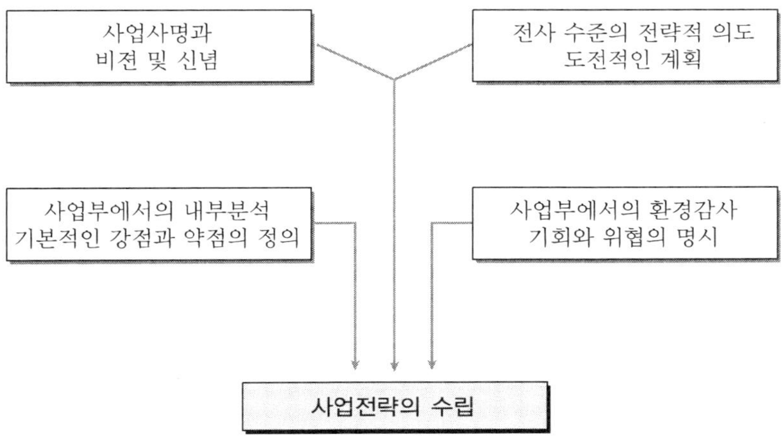

자료: 상게서, p. 147.

전략경영을 추진하는 과정이 모든 관리 계층에 걸쳐 있으며, 전사적인 활동인 것을 이해할 수 있다. 전사수준은 최고경영층, 사업부는 사업부의 관리층, 업무수

준은 기능관리층을 나타내고 있다. 다음은 목표설정과 전략의 수립 및 실행을 요약해 본다.

(1) 목표설정

목표설정 과정은 사업부가 지향하고 있는 방향에 전사적인 목적을 비추어 보고 전사적인 입장에서 사업의 포트폴리오와 사업부의 목적 및 전략을 제공하는 과정이다. 이 과정은 경영자가 전사적인 목적과 사업계획을 요구하고, 사업부가 그것에 대해 사업부의 이념, 목적, 전략을 정의하여 사업부의 목표와 필요한 자원을 요구한다. 즉 경영자가 전사전략과 전사목표, 사업목표를 결정하는 일련의 의사결정이나 행동을 말한다.

(2) 전략의 수립

전사수준에서 설정된 사업목표에 근거하여, 사업부가 기능수준에서의 실행계획까지 포함한 전략을 수립하는 과정이다. 사업부에서는 사업목표와 전략을 직능부문에게 하달하고 프로그램의 대안을 요구한다. 그리고 직능부문에서는 프로그램의 대안을 수립한다.

프로그램을 경영자에 보고하고, 필요한 자원을 요구한다. 전사수준에서는 전사목표와 하위목표를 확정하여, 사업계획에 대해 자원배분을 행하는 과정이다.

(3) 전략의 수행

전사수준에서 사업부의 예산이 요구되고, 사업부에서는 사업목표를 설정하고 예산을 기능관리자에게 요구한다. 기능수준에서는 예산을 편성한다.

그리고 예산안을 사업부에 제시하고 승인을 구한다. 사업부에서는 이 안을 검토하고 조사하여 예산을 확정한다. 전사수준에서는 예산을 편성하고, 1년의 단기예산을 배분한다.

〈그림 8-11〉 전략기획과정의 통합

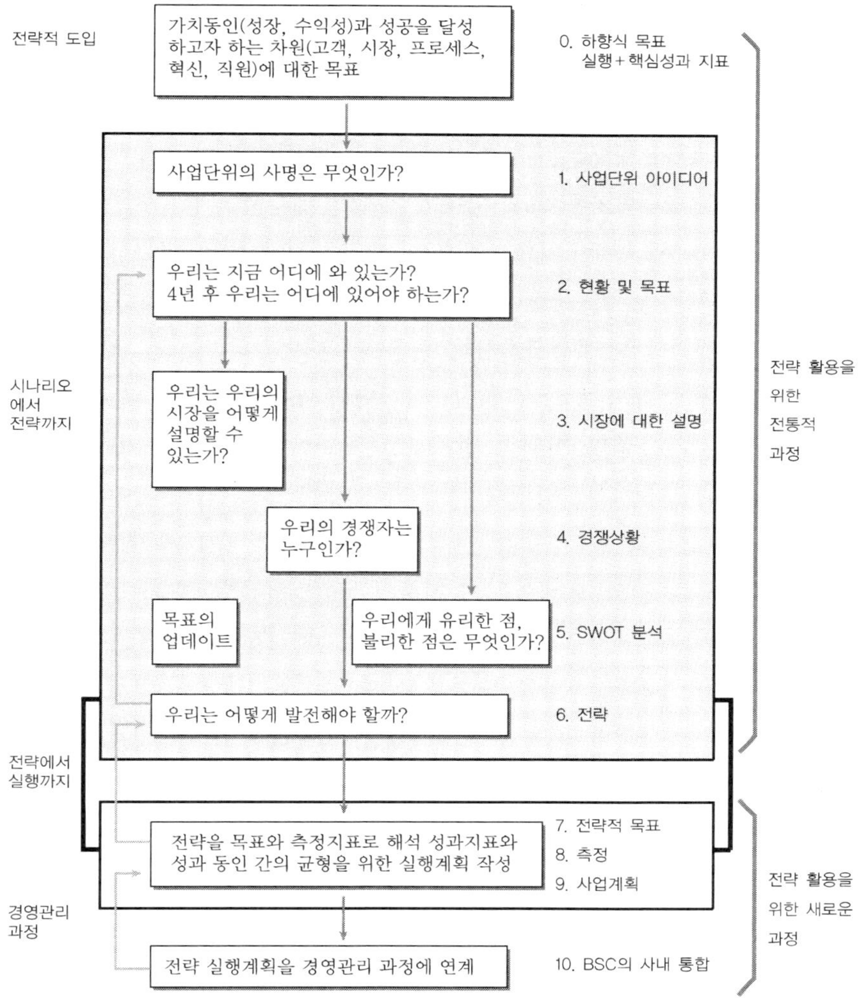

자료 : 이재욱 외 공역, 전게서, p. 366.

3. 전략기획과 전략통제

계획수립과 예산편성을 통합할 수 있는 개념적 모형을 〈그림 8-11〉에서 볼 수 있다. 여기에서 그림의 상단부는 계획수립과정의 전통적 측면을 보여준다. 즉 사업부의 사명과 시장의 위치를 재확인하고 미래의 재무성과를 달성하기 위한 도전적 목표를 개발하며, 고객·기술·경쟁자·정부·경제 등의 시장상황을 종합적으로 고찰하고 SWOT분석을 실시한 후에 사업부의 전략을 개발한다.

이러한 전략개발과정은 전략실천이나 활용의 과정이 미비하여 전략은 구성원의 활동 및 업무에 연계되지 않아서 그것을 변화시킬 수 없었고 예산편성과정에 영향을 미치지 못했다. 뿐만 아니라 정기보고는 전략에 부합하지 않아 구성원의 일상업무가 전략수행과는 무관하였다.

그림의 하단부에서 알 수 있듯이 전략과 누락된 연계 고리가 보완되었다. 즉 전략목표와 측정지표 간의 연계성을 설명하기 위해 전략체계도가 개발되었으며, 이러한 전략수행의 과정은 각 사업부가 전략기획시 설정한 목표의 달성을 위해 전략 프로그램이나 계획을 개발하고 이를 실행하는 과정으로 이루어져 있다. 그리고 〈그림 8-12〉는 단계적 통제와 하달절차를 이용하여 기업의 관리과정에 전략이 통합할 수 있음을 보여준다. 첫째, 전략을 목표와 측정지표로 전환하고, 둘째, 중기사업계획을 수립하고 각 전략목표의 중간 결과를 점검할 수 있는 이정표와 함께 도전적인 목표를 설정한다. 셋째, 사업계획을 실행하기 위한 전략계획을 수립한다. 각 계획별로 일정표와 그 실천을 위한 담당 직원 또는 부서를 결정한다. 넷째, 각 계획이나 프로그램의 세부 실천계획을 수립하여 운영예산에 반영하고 컴퓨터로 세부적인 실천계획을 점검하며, 이들은 피드백 순환고리에서 볼 수 있듯이 경영관리에 대한 정기적인 점검과정의 한 부분으로 구성된 것이다.

〈그림 8-12〉 전략통제의 과정

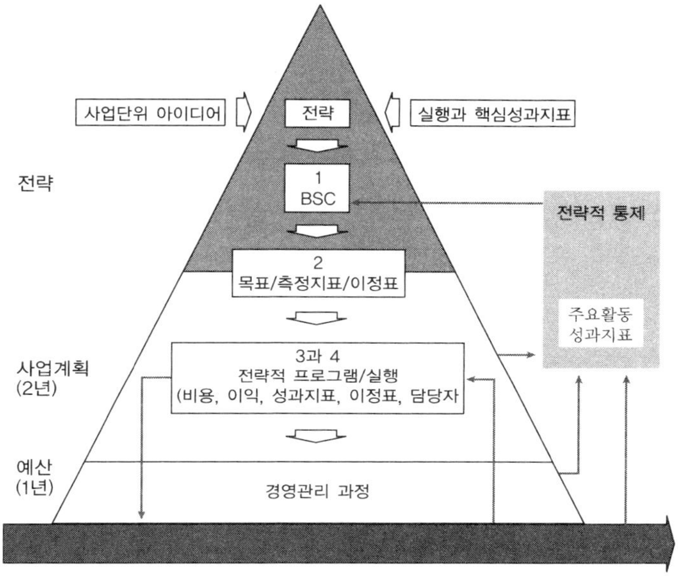

자료 : 상게서, p. 367.

[요 약]

- 경영이란 모든 경제주체가 사회적 존재로서 생존·발전하기 위해 인적, 물적 자원 및 정보 등을 계획·조직화·지휘·통제하는 연속적인 과정을 의미한다. 이러한 경영의 원리는 영리조직인 기업뿐만 아니라 가계나 국가 등 비영리 조직에도 적용될 수 있다.

- 전략경영은 환경변화에 기업이 적응하는 동태적 과정인데, 그 내용은 사명, 이념, 목표, 전략, 정책, 구조, 표준, 프로그램, 예산, 일정, 절차 등이 포함된다. 전략경영은 시너지효과를 극대화함으로써 기업의 생산성과 성장을 향상시킨다. 여기에는 기업전략, 사업전략, 기능전략과 사회전략이 있으며, 이 경우의 사회전략은 초기업전략 또는 국가전략이라고 한다. 전략경영은 정책·전략의 수립과 수행 및 평가의 순환과정이다. 다시 말하면 환경과 기업 및 전략의 끊임없는 무한순환은 바로 기업의 영구적 성장을 말한다.

- 전략의 대안평가는 기업의 사명과 외부환경 및 내부능력에 대한 분석·평가이며, 목적과 기회 및 전략의 조합에 대한 평가로 전략의 최적 대안을 선정한다. 전략수행의 성과에 대한 평가는 전략이 외부환경에 끼친 어떤 영향이나 충격을 평가함으로써 유발된 변화의 요인을 미래의 계획에 반영하며, 또 고객의 만족이나 경영의 효율성·효과성, 조직의 학습과 성장, 기업의 수익성 등을 평가한다. 통제는 일관성의 유지이며, 책임, 신뢰, 의무 등의 완성을 위한 분위기·사풍·문화 등을 함양함으로써 위험과 불확실성을 감소하고 예방하는 것이 최고경영자의 핵심 역할이다. 사업전략은 시장에서 경쟁우위를 확보하기 위해 제품의 차별화 전략의 수립과 탁월한 핵심능력의 개발이 중요한 요소이다. 그리고 기능전략의 통합, 즉 시너지 효과의 극대화가 이루어져야 한다. 기능전략은 지역의 다변화, 제품의 다양화, 기능의 다각화 등을 통합하여 투자전략의 개발이 핵심요소이다.

제 9 장

전략적 기업

제 1 절 인간과 기업

분업과 협업의 실체인 기업은 창의성과 생산성을 함양 · 발휘하는 그릇이다. 기업의 존립이유인 사명은 고객욕구와 기호의 반영이며, 전략자원의 투영이다. 특히 고객은 전략의 심장이다. 환경과 기업 및 전략의 상호작용과 무한순환을 볼 수 있다. 전략수행은 정책실천과정으로서 조직의 존속과 유지의 원동력이며, 존립근거를 마련한다.

또 전략의 수립과 수행이 순환하면서 정책창출과 병행하는 동태적 일상성을 보여준다. 그리고 이념은 경영의 존재이유요, 경영자의 가치관과 사고의 근거를 제공한다. 전략과 정책의 바탕을 부여하며, 최선의 정책은 정직이고, 성실은 인류의 문명발달의 추진력이다. 천지실리요 심지본체인 성실은 인간사회를 성장 · 발전시키는 생명력이다.

1. 인간학적 문제

인간이란 하나의 사회 안에서 문화적인 전승을 내면화(內面化)함으로써 비로소 인간이 되는 그러한 존재이다. 따라서, 사회는 인간의 생활을 위한 외부의 우연한 조건이 아니고, 그의 생활과 불가분으로 연결된 인과현상이며, 그의 자아실현을 위한 본질적이고 필연적인 유전연기이다.

실제로 우리의 가치관과 윤리 이념은 우리의 인간 이해에 좌우된다. 우리가 인간을 어떻게 이해하고 있느냐에 따라서 우리의 가치관, 윤리 이념이 달라질 수 있다는 것이다. 인간은 다른 동물과 달리 자기의 존재에 대한 이해를 필요로 하는 그러한 동물이다. 이러한 인간의 자기 이해는 가치관과 윤리 이념을 포함한 그의 전체적인 세계관의 기초가 된다. 인간의 모임을 사회현상이라고 하며, 일은 그 중심이다. 또 일은 자아성취이며, 심신일치인데, 진선미의 구현과정으로서 언행일치를 이루고, 협력적 선을 실천하면서 몰입해야 되며, 일의 완성을 지향하는 미의 경지다.

일은 참된 삶의 진수이다. 더불어 함께 해야만 일을 할 수가 있게끔 우주법칙이 작용한다.

게렌(A. Gehlen 1904~1976)은 "인간이 자기 자신을 하나님의 피조물이냐, 혹은 진화된 원숭이로 이해하느냐에 따라 현실적인 사람에 대한 그의 태도가 달라질 것이 틀림없다. 두 가지 경우에 있어서 그는 서로 다른 두 가지 명령을 그의 마음 속으로부터 들을 것이다."라고 말하고 있다.

우리가 윤리의 문제를 다루는 데 있어서 인간이 무엇이냐는 인간학적인 문제로부터 출발하고자 하는 이유가 바로 여기에 있다. 인간학의 문제는 최근 철학뿐만 아니라 여러 인문·사회 과학과 의학에서도 중요하게 다루어지고 있다. 이는 인간의 삶의 여러 분야를 다루는 학문의 방향 정립을 위해서 인간 이해가 필요하기 때문이다.

우리는 인간학적 문제 제시 이전에 이미 통상적인 인간 이해를 가지고 있다. 사회에서 타인과 더불어 공동생활을 하고 있는 사람은 누구나 인간이 무엇이냐에 대한 보편적인 이해를 지니고 있다. 이를 개념화, 체계화, 과학화하려는 것이 현대 철학의 큰 과제중의 하나이다.

그리고, 인류 역사상에 나타난 정치, 종교, 교육, 예술 등에 있어서 거의 모든 정신 운동은 언제나 하나의 새로운 인간 이해에 의하여 뒷받침되었다. 모든 인간은 평등하고 자유로우며, 서로 사랑해야 한다는 인간 이해가 뒷받침된 프랑스 혁명, 인간은 근본적으로 죄인이기 때문에 오직 하나님의 은혜를 통해서만 구원받을 수 있다는 인간 이해에 의하여 뒷받침된 종교 개혁, 그리고, 인간은 상품처럼 만드는 것이 아니고 주어진 소질을 조화롭게 자라나게 해야 한다는 식물 재배의 표상을 따르는 인간 이해에 근거한 신교육 운동 등이 그것을 증명한다. 우리가 인류사적으로, 또 국가·사회적으로 인간학의 문제를 제시해야 하는 이유가 바로 여기에 있는 것이다.

인류는 역사 이전에 이미 특이한 인간 이해를 가지고 있었다. 인류는 인간과 동물, 인간과 자연, 그리고 개인과 개인을 구별하지 않는 의인주의적(擬人主義的)인 인간 이해를 동물, 바위, 물고기, 나무 등이 하나의 자연으로서 객관적으로 관찰되지 않고, 나 또는 우리의 인격적 상대인 너로서 다루어졌다. 이는 오늘날 현대인의 의식 속에 잠재되어져 공동체 의식이나 종교 의식으로 표출되기도 한다.

그리고, 인류는 하나의 민족 생활권을 중심으로 인간을 이해하기도 하였다. 이때에는 인간이란 자기와 같은 생활 풍습, 윤리 도덕을 따르는 존재만을 가리켰다. 이러한 민족 중심적인 인간 이해도 아직 현대인의 의식 구조 속에 남아 있어서 인종 차별이나 편협한 민족주의로 나타난다.

또한, 인류는 오랫동안 종교를 중심으로 인간을 이해하였다. 인간의 창조, 삶, 생(生)·사(死)·화(禍)·복(福) 그리고 내세에 관한 지식을 인류는 오랫동안 종교에 의해 배워왔다는 것이다. 이러한 인간 이해 역시 현대인의 사상과 생활 속에 아직 생생하게 살아있다.

인류가 의식적으로 '인간이 무엇인가'를 생각하기 시작한 것은 기원전 5세기경부터였다. 서양에서는 소크라테스(Socrates), 인도에서는 석가, 중국에서는 공자가 거의 같은 시기에 나타나서 인간 본질의 문제를 생각하고 가르치기 시작하면서 인류의 문화는 크게 발전하기 시작하였다.

오늘날 인류의 거의 대부분을 지배하는 서양 문명의 토대가 된 인간 이해는 이성적인 인간관이었다. 인간은 이성을 통해서 다른 동물과 구별되며, 이성을 통해서 진리를 발견하고, 또 스스로 행동을 결정한다는 것이었다. 이러한 이성적 인간관(理性的 人間觀) 위에 서양의 문화와 오늘의 문명이 발전하게 된 것이다.

사회제도, 예술, 사회 생활, 윤리, 사상은 모두 이성적 인간관에 의해 뒷받침된 것인데, 이러한 이성의 개념은 시대에 따라 달라졌다.

그리스시대에는 이성(理性)과 감성(感性)이 분리되어져 진리는 오직 이성을 통해서 얻을 수 있으며, 이 이성은 자율적인 것으로 믿었다. 중세기에도 이성의 자율성을 믿었으나 충족성은 믿어지지 않았다. 이성이 진리에 도달하기 위해서는 계시로 보충되어야 했다.

근세에 들어와서 합리주의와 경험주의가 이성에 대한 이해를 달리하였으나, 전체적인 경향으로 보면 역시 이성의 자율성을 믿었고, 이러한 자율적인 이성이 진리의 최종 심판대였다.

현대 철학자는 이성의 자율성을 거의 믿지 않게 되었다. 낭만주의는 정서가 이성보다 더 고귀한 것으로 생각하였다. 그리고, 쇼펜하우어(A. Schopenhauer, 1788~1860)는 인간에게 있어서 의지가 주인이고, 이성은 그 종이라고 주장한다. 삶을 위해서 방향과 목표를 설정하고 행동을 결정하는 것은 의지이며, 이성은 다만 의지에 봉사할 뿐이라는 것이다. 또, 동물 심리학, 심층 심리학 등이 발전하여 사유와 능력은 인간에게만 주어진 것이 아니며, 인간의 심층적 충동이 그의 사유와 판단에 작용하고 있다고 설명하므로 이제는 이성의 자율성을 믿는 사람이 거의 없게 되었다.

그런데, 우리의 윤리 이념이나 질서 관념은 대개 자율적 이성에 대한 믿음에 근거한다. 오늘날, 자율적 이성을 잃음으로써 윤리 이념이나 질서 관념뿐만 아니라 자율적인 인격마저 상실하게 되었다. 이와 같은 현대적 상황에서는 새로운 인간 이해를 통해서 이성에 대한 이해를 되찾는 것이 매우 중요한 의의를 갖는다.

2. 생물학적 특징

우리는 인간의 본질을 살펴보기 위해 어떤 형이상학적 명제나 특정한 종교의 교리에서 출발할 수는 없다. 그래서, 인간에 관한 개별적 과학 중에서 생물학을 통해서 고찰하기로 한다.

다윈(C. R. Darwin, 1809~1882)의 진화론에 따르면 인간은 다른 생물과 마찬가지로 다른 하나의 동물로부터 진화된 동물이라고 한다. 특히 원숭이와 인간의 생물학적 유사성으로 인해 인간을 원숭이의 혈통을 이어 받은 동물이라는 것이다. 인간은 하나의 진화된 동물에 지나지 않으며, 인간이 진화를 통해서 다른 동물로부터 분리된 후 오늘날까지 아무리 오랜 세월이 흘렀고, 인간 진화의 역사가 아무리 길어도 그것은 인간이 다른 동물로부터 분리되기 전에 동물로서 지낸 더 오랜 세월에 비교하면 문제가 되지도 않을 만큼 짧은 기간이라고 한다.

인간은 근본적으로 하나의 동물에 지나지 않기 때문에 인간의 특수한 본질이니, 인간의 이성적 윤리니 하는 것은 그렇게 중요하지 않다고 생각했다.

다윈의 진화론이 큰 영향력을 가진 이유는 모든 현상을 인과 발생학적으로 관찰하려는 19세기의 과학 정신과 일치하기 때문에, 또 그 당시의 문화와 종교에 대한 반발적인 경향에 편승했기 때문이다. 종교는 윤리적으로 타락했고, 문화는 규범의 굴레로 인간의 삶의 생동력을 억압한다. 그래서, 인간은 문화에 반발하고 자연으로 돌아가기를 원한다. 18세기에 루소가 '자연으로 돌아가자'고 말함으로써 큰 반응을 불러일으킨 것은 이런 이유에서였다.

그런데, 진화론의 한계가 드러나고, 19세기에는 인과 발생적 관찰이, 20세기에는 현상학적 형태론의 영향을 받아 여러 가지 현상을 형태적 · 구조적 특이성을 파악하려는 경향이 나타났다. 따라서, 인간과 동물의 유사성보다는 인간이 다른 동물과는 다른 특이성에 더 많은 관심을 가진다.

인간의 특이성을 요약하면 동물의 육체적 구조와 기능이 인간보다 더 전문화되어 있다는 것이다. 즉, 동물의 육체적 기관은 자연의 환경 조건과 특수한 환경에 적합하게 되어 있다는 것이다. 따라서, 동물이 환경에 대한 반응으로서 행동의 양식이 기계적으로 결정되어 있는 반면에 인간은 매우 미약한 본능만을 가졌다. 예컨대, 동물의 치아는 육식이나 초식에 적합하게 되어 있으나, 인간의 치아는 육식에도 또한 초식에도 꼭 알맞은 것이 아니다. 그러므로, 농사나 또는 어떤 요리이든지 간에 그것은 인간 스스로 결정할 문제이지 본능이나 육체적 기관에 의해 미리 결정된 것이 아니다.

이처럼, 인간의 육체적 기관이 특수화, 전문화되어 있지 않다는 것은 생존 경쟁에 있어서 불리할 수도, 유리할 수도 있다. 동물의 특수한 기관은 특수한 환경

조건에서 매우 능률적이다. 이에 비해 인간은 여러 가지 생활 조건에 적응할 수 있기 때문에 다양한 환경 변화에 반응하고 적응하기 위해서 선택할 수 있는 기능을 발전시켰다. 이러한 관점에서 인간은 '생각하는 갈대'라는 것이다.

그런데, 인간의 이성은 선험적이거나 자율적인 것이 아니라, 전문화되지 않은 미완성의 기관과 기능을 가지고 태어나서 여러 가지 환경과 대결하면서 발전시킨 것이다.

또, 하나의 인간의 특이성은 그의 성장 과정이다. 다른 동물에 비해 인간으로 완성되기 위해서는 오랜 시간이 필요하다. 10개월이라는 인간의 임신 기간은 짧은 셈이고, 20년 이상을 자라야 하나의 완전한 성인이 되는데, 같은 포유동물인 고래는 2년 동안 20m에 이르는 거의 완전한 크기로 성장한다. 동물은 모태 내에서 육체 기관이 성숙한 뒤 출생하기 때문에 오랜 성장기간을 필요로 하지 않는다.

그리고, 인간의 성장리듬도 매우 특이하다. 출생하면 20년 동안 계속해서 일정하게 성장하는 것이 아니라 성장과 정지 리듬이 다른 동물에 비해 특이한 것이다.

이처럼, 인간의 본질은 근본적으로 미완성의 존재로서 매우 큰 가소성(可塑性)을 가졌다. 인간은 자신을 완성해 가야 할 책임을 스스로 지니고 있다. 또, 인간은 자연의 모태에서 출생한 대로는 미완성의 존재이나 문화의 모태 안에서 완성되어 간다. 제1의 모태에서 가소성만 가지고 태어나 제2의 모태인 사회에서 문화를 습득하면서 자신을 이룩해 간다는 것이다.

그리고, 인간은 매우 제한된 본능을 가지고 자연으로부터 출생하기 때문에 행동을 기계적인 본능으로만 결정하지 않고 문화적 규범에 따라 선택할 수 있다. 인간은 다른 동물처럼 폐쇄적인 자연 환경을 가진 것이 아니고, 생물학적 조건으로서 개방적이므로 스스로 문화적 환경을 창조한다. 이와 같이 행동을 선택하고 문화를 창조하면서 인간의 자아 의식과 자유 의식 및 사유 능력을 발전시킨다. 따라서, 인간은 자연의 아들이 아니고, 문화적 유산을 간직한 사회의 아들이다.

3. 기업과 사회

인간이 만약 자연으로부터 출생한 상태에서는 아직 미완성의 동물이고, 사회

안에서 비로소 인간다운 인간이 되는 것이라면 인간은 철두철미한 사회적 존재이다. 자연으로부터는 가소성만을 가진 미완성의 존재로 태어나서, 사회화되면서 인간이 된다. 여기에서 쓴 '사회화'라는 개념은 1902년 뒤르껭(E. Durkheim, 1858~1917)으로부터 시작된 것이라 할 수 있다.

인간성은 사회적 환경에서 상호 작용과 상호 행동에 의해 이루어지므로 사회화의 과정이 바로 사람됨의 과정이다. 이처럼 인간이 사회화의 과정을 거쳐 인간이 된다면 인간은 사회를 떠나서 존재할 수가 없다. 인간은 처음부터 본질적으로 사회적 존재인 것이다.

인간은 개체로서 먼저 존재하고 그 다음에 필요에 따라서 사회를 이루는 것이 아니라, 인간이라는 존재는 사회와 더불어서만 생각할 수 있다. 사회를 떠난 인간은 관념적으로 상상할 수 있어도 현실적으로는 존재할 수 없다. 인간은 참으로 인간 사이에 있어서만 인간이다.

19세기의 포이에르바하(L. A. Feuerbach, 1804~1872)는 미래의 철학을 위한 원리를 다음과 같이 설명한다.

인간은 그 본질에 있어서 도덕적인 존재라고 하든지, 또는 이성적 존재라고 하든지간에 그것은 고립된 개인을 의미하는 것은 아니다. 인간의 본질은 인간을 연결하는 공동체 안에 있는 것이다. 양심이니 이성이니 하는 것도 사실은 문화적인 유산의 모체로서의 사회에서 싹트고 자라나며 꽃피는 것이다.

하이데거(M. Heidegger, 1889~1976)는 타인이 자기 곁에 실제로 존재하지 않고, 또 지각하지 않을 때도 역시 공존이 존재적으로는 현존을 결정한다. 독존은 다만 공존의 하나의 변태적 형식에 불과하다. "독존의 가능성은 공존의 증거이다."라고 말한다.

이는 〈인간의 독존 가능성〉, 즉 고독을 느낄 수 있는 것이 이미 본질적으로는 사회 안에서 타인과 더불어 존재하는 공존임을 증명한다는 뜻이다. 고독의 쓰라림은 공존에의 그리움, 곧 '너' 없이는 존재할 수 없는 '나'의 애달픔이다. 인간의 삶도 행복도 자유도 철두철미하게 사회에 의존한다. 조직적인 산업 사회에서는 정치가 경제와 문화적 일체인 사회 구조를 지배한다. 우리의 의·식·주를 비롯한 모든 생활 필수품의 획득은 사회에 의존해야만 한다.

인간의 삶을 위해서는 여러 가지 과제가 부여되는데, 이는 여러 사람의 분업적 공동 작업으로만 가능한 것이다. 또, 오늘날과 같은 기술 문명의 산업 사회에서만 그러한 것이 아니고 이미 고대 그리스 철학자 플라톤도 분업을 인간의 삶의 본질적인 조건이라고 했다. 인간의 수요의 다양성은 상호 협조자를 모아서 공동체를 이루게 한다. 이러한 공동체를 우리는 기업이라고 한다.

제 2 절 산업 사회의 윤리

1. 산업 사회의 윤리

인간이 사회의 아들이라면 인간을 창조하는 오늘날 사회가 어떠한 사회인가를 알아보자.

오늘날 우리가 살고 있는 시대를 〈과학 · 기술의 혁명 시대〉, 또는 〈제2의 산업 혁명의 시대〉라고 한다. 경제적 생산력의 향상, 생산 방법과 생활 양식의 기계화 · 자동화의 시대에 우리는 살고 있다. 과학적 지식이 폭발적으로 늘어나고, 또 과학과 기술이 급변하는 시대라는 것이다.

이에 따라서 인간의 사고 방식, 의식 구조, 생활 양식 등이 변화하고 있다. 기술과 산업의 발전과 더불어 우리 생활이 편리해지고 모든 생활 환경이 합리화되고 있다. 오늘날 발전된 산업 사회에서는 의 · 식 · 주의 생활 양식 뿐만 아니라 의식구조 및 행동 유형이 거의 세계적으로 획일화되어 가는 추세이다.

이러한 시대적 상황을 배경으로 하고 있는 산업 사회는 인간의 운명에 대하여 두 가지 가능성을 보여준다. 하나는 인간 해방의 가능성이고, 다른 하나는 인간 조종(人間操縱)의 가능성이다.

과학과 기술의 발전으로 인간의 물질적 수요가 충족되므로 인간은 굶주림과 헐벗음에서 해방되고, 더 많은 여가의 이용으로 정신적 메마름으로부터의 해방, 그리고 인간 욕구의 충족으로 사회의 지배 체제가 협동 체제로 바뀔 수 있는 가능성도 보인다. 인간과 인간이 서로 돕는 것을 말한다.

그러나, 이와는 반대로 산업 사회에서는 인간 조종의 가능성이 그 운명을 위협할 수도 있다. 발전된 과학과 기술, 향상된 생산력이 인간 조종에 이용되면 인간에 의한 인간 지배는 거의 완벽한 형식으로 굳어질 수 있다. 즉, 인간으로 하여금 최선의 자아를 실현할 수 있도록 하는 조건일 수도 있고, 반면에 인간을 로봇처럼 조종하기 위해서 미숙한 상태로 억눌러 둘 수도 있다는 것이다.

산업 사회에서 우리의 사회 윤리적인 자각이 중요한 의의를 갖는 것은 그 때문이다. 산업 사회는 그 무한한 가능성으로 인해 인간에게 큰 희망을 주기도 하지만 그 반면에 심각한 위협을 주기도 한다. 오늘날과 같은 기술 문명의 시대에는 산업화를 포기하면 노예화를 자초하는 것이 된다. 그러나, 이와 반대로 인간 조종이 더 발전하면 인간의 자율적 인격이 상실되어 로봇처럼 되어갈 것이며, 이로 인해 산업 사회의 무한한 잠재력은 파괴적 역할의 가능성이 높아진다.

과학과 기술의 능력이 인간의 자율적 인격과 이성에 의해 구제되지 못하면 이는 우리의 희망이 되기보다는 오히려 위협이 될 수도 있다. 그러므로 우리는 사회 윤리적인 자각을 위해서 산업 사회의 본질적인 특징을 이러한 관점에서 더욱 정확히 인식할 필요가 있다.

산업 사회에서는 인간의 삶과 이를 위한 여러 조건이 합리화, 기계화로 인해 문화적인 개성은 사라지고 획일화되어 가는 경향에 있다. 이러한 합리화, 기계화, 집단화의 경향은 산업 사회의 특징이며, 이것이 인간의 삶과 그 존재를 거의 전적으로 지배하고 있다. 산업 사회는 다만 기술적인 지능만을 가진 인간을 창조한다. 스스로 판단하고, 스스로 행동을 결정하고, 그러한 행동의 목표와 의미를 반성하도록 하는 이성은 거의 마비되어 간다.

도구화된 지성으로서의 기술적인 지능은 어떤 목적을 위해서도 쉽게 이용할 수도 있다. 이러한 수단 우위성은 인간의 도덕 의식을 배제시키고 있다. 전통적 윤리 이념과 도덕 의식이 거의 완전히 몰락하게 된 것도 도구화된 지성이 가져온 하나의 결과인 것이다. "인간은 그 자체가 목적이기 때문에 결코 단순한 수단으로 취급될 수 없다."고 한 칸트(Kant)의 경고는 오늘날 산업 사회에 적중하는 것이다.

목적이나 이념의 문제를 배제하고 가치 판단으로부터는 중립을 표방하는 사회과학은 쉽게 인간 조종을 위한 기술적이고 합리적인 수단을 개발하여 대중지배에 이바지하고 있다. 따라서, 산업 사회의 합리화는 기술적 수단의 합리화에 불과하다. 발전된 산업 사회는 늘 새로운 수요를 창조하고 새로운 수요는 광고와 촉진 전략으로 인해 인간의 필수적인 것으로 만든다. 따라서, 산업 사회는 라디오에, TV에, 패션쇼에 마음을 빼앗겨 새로운 상품을 소비하는 그러한 인간이 조종을 통해 만들어진다. 사실 현대인은 모든 생활이 조종당할 뿐만 아니라 행동양식과 사고 방식에 이르기까지 산업 사회의 강력한 지배 체제에 의해 조종당하고 있다. 스스로 판단하기보다는 합리적인 지배 체제에 의해 주어진 궤도를 따라서 생각하고 미리 예정된 판단을 내린다. 스스로 판단하는 어려움 앞에 항복한 로봇, 이것이 산업 사회에서 조종당하는 인간의 모습이다. 기술적인 지능은 가졌으되 자율적 이성은 마비된 인간, 정신적 가치에 둔감하면서 감성적인 자극에 민감한 인간, 이것이 산업 사회의 인간의 모습이다.

산업 사회가 가진 거의 무한한 잠재력과 윤리적인 책임을 생각하면 이는 매우 중대한 문제이다. 이성을 잃고 감성적인 자극에만 예민하게 반응함으로써 조종당하기 쉬운 대중적인 인간은 상황에 따라서는 완전히 질서를 잃어버릴 수도 있기 때문이다.

2. 미래에의 도전

현대 기술 문명의 산업 사회에서는 이른바 '계획'이라는 것이 큰 의미를 가진다. 예컨대, 경제 계획, 과학 계획, 교육 계획, 개발 계획 등이 인간의 사회 생활을 규제하고 있다. 이러한 계획은 이미 언급한 효율화·합리화·기계화·집단화에 직접·간접으로 이바지 하면서 미래를 지향하는 것이다.

급변하는 현대 사회는 필연적으로 미래 지향적이다. 변화가 느린 사회는 과거의 전통에 의존하지만, 변화가 빠른 사회는 미래에 더욱 가까워진다. 오늘날 미래에 대한 관심이 매우 높아진 것은 그 때문이다. 급변하는 사회에서 우리의 관심을 과거에 돌리면 비현실적인 회상에 빠지고, 현재에 관심을 집중하면 우리는 시대에 뒤떨어져 버린다. 미래에 대한 관심이 미래학이라는 새로운 학문을 낳고, 많은 학문이 미래의 문제로 눈을 돌린다. 그런데, 미래학의 성격이나 방법에 대하여 이론(異論)이 분분하다.

과학은 사실을 분석하는 것인데, 미래는 아직 사실이 아니기 때문에 과학적으로 인식할 수가 없다. 미래는 우리의 희망이고, 기대이며, 또 예측이지 객관적 사실이 아니다. 또, 현재의 추세를 연장하여 미래를 예측한다고 하지만, 거기에는 한계가 있다. 과학으로서의 미래학에는 이러한 여러 문제가 있음에도 불구하고 오늘날 급변하는 상황아래서 불가피하고 우리의 삶의 방향 설정을 위해서도 또한 그러하다. 미래에 대한 엄밀한 과학적인 인식이 어렵고, 또 여러 가지 흥미로운 표상을 미래에 대해 그려보는 것도 큰 뜻이 없다고 할지라도 우리가 관심을 갖지 않을 수 없는 것은 미래의 가능한 한계 상황(限界狀況)이다. 즉, 인류 역사의 단절, 인간 생존의 종말, 인류 문명의 파괴와 같이 있을 수 있는 한계 상황에 관심을 갖지 않을 수 없다는 것이다. 이는 인간 존재에 대한 미래의 도전이기 때문이다.

인간 존재를 위협하는 가장 심각한 미래의 문제에는 전쟁, 인구와 식량, 자원과 공해 등이 있다.

우리의 미래를 위협하는 전쟁을 이용될 수 있는 과학과 기술이 개발되고 있다. 이러한 전쟁 수단이 총동원된다면 지구의 인간은 생존이 불가능할 것이다. 그러므로, 평화는 이제 단순한 정치·군사적인 문제가 아니고 인류사적 문제가 되었다. 인간의 생존을 보장하려면 전쟁만은 회피해야 한다. 어떤 이해 관계나 이데올로기의 대립도 전쟁을 통한 해결이 시도되어서는 안 된다.

그런데, 우리의 숙명은 평화를 위해서 더욱 철저히 무장하고, 전쟁 수단을 발전시키지 않을 수 없다는 데 있다. 무장을 통한 평화의 관념은 전쟁의 수단의 개발을 촉진시키며, 이는 순간마다 힘의 균형을 위협한다. 어떤 비이성적인 판단이 항상 전쟁을 일으킬 수 있다.

바로 얼마전 세계 인구는 60억을 돌파했고 식량과 인구 문제도 매우 심각하다. 이러한 인구의 증대는 그만큼 식량의 부족을 야기한다(〈그림 9-1〉 참조).

〈그림 9-1〉 세계의 인구[1)]

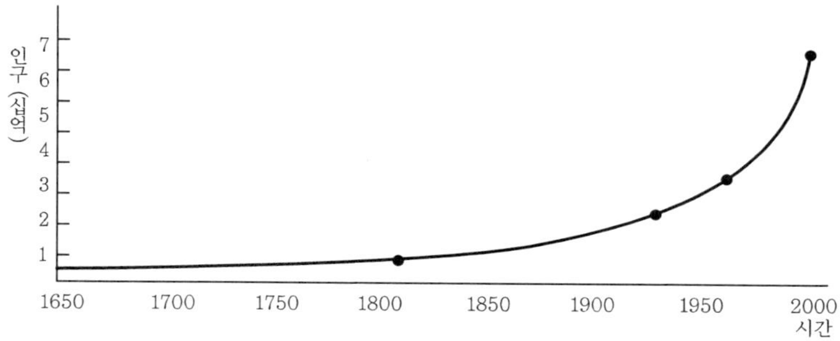

자료 : D. J. Bogue, *Principles of Demography* (New York : John Wiley and Sons, 1969).

〈그림 9-2〉 세계의 인구[2)]

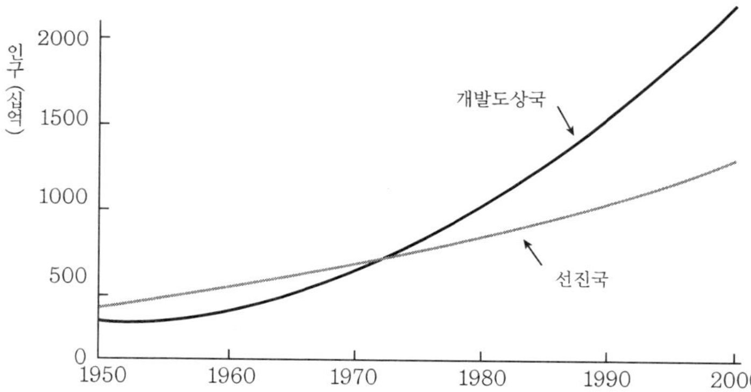

자료 : 유엔 경제 사회분과위편, *The World Population Situation in 1970* (New York : UN, 1971).

저개발 국가의 인구가 격증하고, 경작지의 확대가 한계에 도달하여 60%의 인구가 영양 부족 상태에 있고, 20%의 인구는 기아에 허덕인다는 것이다. 그런데, 상품 시장인 저개발 국가가 일어설 수 없을 정도로 빈곤과 혼란에 빠지면 이는

1) 세계 인구는 1650년 이래 기하 급수적인 성장을 보이며, 현재 세계 인구의 연간 성장률은 2.1%이며 이는 33년간에 배증하는 추세인 것이다.
2) 개발 도상국의 인구는 기하 급수적 증가의 추세를 보이고 15년간 배증한다. 선진국은 대략 직선적 증가 추세를 나타낸다.

산업 국가를 위해서도 치명적인 타격을 준다(〈그림 9-2〉 참조).

그러므로, 인구와 식량의 문제에 대해 인류는 연대 책임을 지고 이성적으로 규제하지 못하면 곧 파탄에 직면할 것이다.

다음은 자원의 한계와 심각한 공해 문제이다. 주목을 끈 '로마클럽'의 보고서[3]에 따르면 현재의 추세로 자원이 채굴되면 금세기에 은, 아연, 우라늄, 크롬 등은 거의 바닥이 날 것이고, 2050년까지는 여러 광물이 바닥을 드러낸다고 한다(〈그림 9-3〉 참조).

〈그림 9-3〉 크롬의 매장량[4]

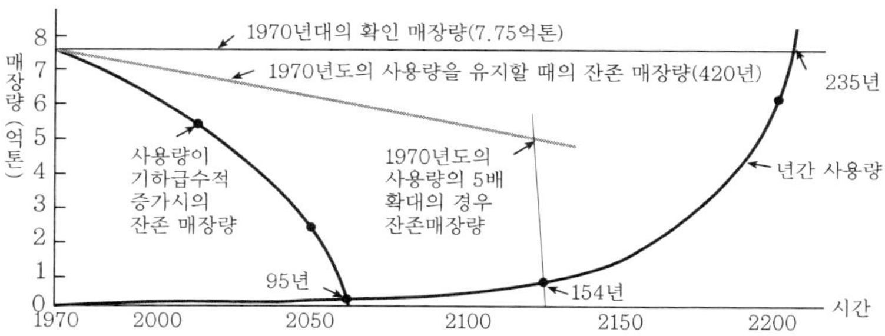

자료 : D. H. Meadows, et als, 김승한 역, 『인류의 위기』, The Limits to Growth, 삼성미술문화재단, 1986, p. 65.

공업의 발전으로 야기되는 환경의 오염으로 인해 지구상에 생물이 생존하기 어려울지도 모른다고 경고하고 있다. 즉, 오염물질(탄산가스, 폐열, 핵폐기물)이 급속히 번지고 있으며, 이러한 오염 물질의 극한치가 얼마인지 아직 밝히지 못한 실정이므로 이를 규제하지 않으면 모르는 사이에 극한치에 도달할 수 있다. 많은 오염 물질이 전 지구에 퍼진다. 이러한 사실은 우리에게 절대적 의미의 교훈을 준다. 즉, 생물의 생존을 위협하는 공해는 매우 심각하고, 이에 대처하기 위해서

3) D. H. Meadows, et als, 김승한 역, 『인류의 위기』, *The Limits to Growth*, 삼성미술문화재단, 1986.

4) 크로움 매장량의 수명은 사용률에 의존한다. 가령, 1970년도부터 모든 크로움이 재이용된다 해도 수요가 기하 급수적으로 증가한다면 235년 후에는 공급을 초과할 것이다(수평선). 이것이 자원의 한계 상황이다.

모든 국가는 연대 책임을 져야 한다는 것이다(〈그림 9-4〉 참조).

〈그림 9-4〉 자연 환경의 DDT의 유량[5)]

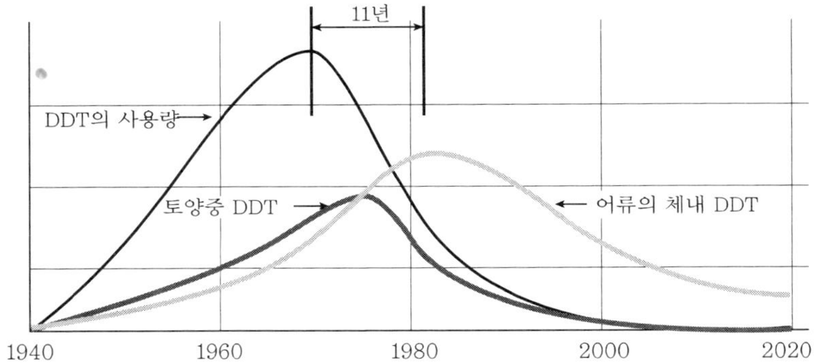

자료 : D. H. Meadows, et als, 김승한 역, 『인류의 위기』, The Limits to Growth, 삼성미술문화재단, p. 90.

이상과 같은 미래의 도전은 한결 같이 이성의 질서를 요청한다. 현대인에게 거의 마비되어 가는 이성을 회복해서 이성적으로 판단하고 이성적으로 행동한다는 것이 요청되고 있다.

이를 위해서 현대 사회는 이성의 질서에 의해서 지배되고 또 국제 사회도 이성의 질서에 의해 규제되어야만 한다. 미래의 도전은 인간의 인격과 생존 및 그의 역사를 위해서 이성의 회복이 요청된다.

3. 이성의 회복

산업 사회가 지닌 한없는 잠재력은 정의로운 사회를 건설할 수 있는 조건을 마련할 수도 있고, 또 이와 반대로 조종을 통해서 인간을 완전히 지배하는 억압

5) 1970년부터 DDT의 사용량을 감소시켰다면 DDT량은 어떻게 변화할 것인가를 추정한 그림이다. 즉, 토양의 DDT은 감소하나, 어류의 체내에 있는 DDT는 11년간 상승되어 1995년까지는 1970년의 수준만큼도 회복되지 않는다. 조류나 인간과 같이 어류를 먹는 생물의 체내에 누적되는 DDT는 또 더 긴 시간으로 지연되는 반응을 보여줄 것이다. 모든 유독성 물질의 수명의 시차에 따른 영향을 예시한다.

적인 체계를 강화할 수도 있다는 것을 살펴보았다. 그런데, 현대인은 인간 조종을 통해서 감정적인 자극에 대해서만 예민하게 되어가면서 이성은 상실해 가고 있다고 했다. 현대인은 기술 문명으로 인해 기술적 지능은 발전했지만, 자율적 이성은 상실했다는 것이다.

따라서, 현대인이 피와 살을 가진 로봇이 되지 말고, 성숙한 인간이 되기 위해서는 또, 산업 사회의 한없는 잠재력이 인간 조종으로 동원되지 않고, 인간 해방을 위해 봉사할 수 있도록 현대인은 이성을 되찾아야 하겠다. 뿐만 아니라, 우리가 미래의 도전을 극복하기 위해서도 이성의 질서가 절실히 요청된다. 그래서, 이성의 회복은 현대인의 가장 중요한 과제이다.

오늘날, 우리가 살고 있는 시대를 흔히 도덕적 암흑 시대라고 한다. 윤리 이념과 도덕 의식이 몰락한 시대라는 것이다. 기독교의 금욕주의적인 윤리 이념도, 기사도적 윤리 이념도 오늘의 사회에서는 발붙일 곳이 없다. 근세의 합리주의적 윤리 이념과 인도주의적 윤리 이념도 기술 문명의 수단으로 발전한 대중적이고 조직적인 산업 사회에서는 그 타당성을 잃어버리게 되었다. 현대인은 더욱 감성적인 자극에만 민감하게 되어서 조종당하기 쉽게 되었다.

이러한 윤리 이념의 몰락에는 현대 철학의 경향에도 그 부분적 책임이 있다. 분석 철학은 윤리적 언어의 분석에만 치중하므로 윤리의 본질적 문제가 배제되었으며, 실존주의는 실존적인 차원의 절대적 결단만을 강조하므로 실제로 윤리의 문제를 소홀하였다. 마르크스주의는 오직 계급 투쟁의 원리만을 인간의 사회적 행동의 기본 원리로 받아들인다. 그런 이유에서 참다운 윤리적 반성은 배제되고 있다.

현대 철학은 지금까지 게을리 한 윤리 문제에 대한 반성을 하고, 실천적인 이성의 문제를 다루지 않으면 안 되게 되었다. 오늘의 과학기술의 문명 시대에는 종교와 형이상학이 이미 우리의 정신 생활에 대해 영향력을 잃은 상황, 우리의 윤리 이념과 도덕 의식을 위한 새로운 발판을 찾으려면 이성의 개념으로 돌아갈 수밖에 없다. 따라서, 이성의 회복은 인간학적 과제일 뿐만 아니라 윤리적인 과제이기도 하다.

이성의 회복은 이성의 자율성을 창조적으로 되찾는 것이며, 이는 우리에게 주어진 것이 아니고, 우리가 애써 이룩해야 한다는 것이다. 이를 위해 인간이 이성적으로 생각하고 행동할 수 있는 사회적 삶의 조건을 만드는 일이 필요하다.

억압적인 조건에서는 누구도 이성적으로 생각하고 행동하기가 어렵다. 독재적 사회 체제에서는 지배자나 피지배자도 이성적인 사유나 행동을 하지 못한다. 즉, 공동의 진리에 도달할 기회가 없기 때문이다. 평등한 인간 관계가 보장된 민주주의 사회에서만 이성의 회복이 가능하다. 대화를 통해서 공동의 진리에 도달할 수 있는 기회가 여기에는 주어져 있기 때문이다. 모두 서로 다른 여러 제약과 삶의 장을 초월하여 대화로 공동의 진리에 도달할 기회, 민주주의는 하나의 정치 제도이지만, 이는 삶의 철학이다. 인간이 이성적인 생각으로 행동하지 못하면, 민주주의는 불가능한 것이다. 자유·정의·진리 등의 개념은 인간의 이성을 전제하고 있다. 민주적인 삶의 조건과 이성의 회복은 이처럼 상호의존관계에 있다. 이성은 지배체제가 아니고, 평등한 협동 체제에서 상호 작용으로 이루어지기 때문이다. 타인과 더불어 공동의 진리를 지향할 때, 우리는 이성을 되찾는다.

가정이든 학교이든 특수한 집단이나 기업이든 간에 그것은 언제나 전체적인 사회 체제를 내다보면서 평등한 인간 관계를 통한 바른 상호 작용이 이루어질 수 있는 조건을 마련함으로써 이성의 회복을 가능하게 해야만 할 것이다.

제3절 전략적 기업

1. 경영 이념과 기업 윤리

철학과 이념의 실천방법이 비전이다. 전략적 기업이란 정보 수집, 즉 환경 변화의 추세를 파악하고, 이에 대응해 나가야 함을 의미한다. 〈정보 없이 전략 없다〉는 것은 바로 이것이다. 그런데, 환경은 부단히 변화한다. 이것은 곧 경영 이념의 변화를 가져온다. 이러한 경영 이념을 살펴보기로 하자.

(1) 경영 이념

사고의 체계인 경영 이념은 기업의 목적과, 이를 달성할 수 있는 원칙이나 기능을 설정하는 것이다. 즉, 일련의 문제를 해결하기 위해 목적이나 원칙 및 전반적인 접근 방법을 논리적으로 기술한 것이다. 그러므로 경영 이념은 경영의 존재 이유를 뜻하기 때문에 기업 자체의 문제일 뿐만 아니라 사회에 미치는 영향의 지대함을 주목해야 한다.

경영 이념은 타당하고 바람직한 목적이 무엇인가에 관련된 최고 경영자의 사고를 결정하고, 가치의 개념을 정립하기 위한 근거를 제공한다. 이는 경영 정책과 전략의 기반이 된다. 현대 경영 정책은 기업의 이상이나 사상에 따른 가치관이 기본적인 문제이므로 경영 이념은 경영 정책론의 과제인 것이다.

이러한 경영 이념의 어휘로는 사훈, 사풍, 신조, 강령, 지침, 슬로건, 사시, 방침, 사명 등 다양하며, 이는 경영 사상과도 유사한 개념이다. 따라서, 소기업이나 영세기업은 경영 사상이 그대로 경영 이념인 것이며, 대기업에서도 경영자가 창업자인 경우에는 전자와 동일하거나, 아니면 창업자의 사상이 간접적으로 경영 이념에 반영되기도 한다.

기업의 윤리나 도덕이 이로부터 형성되며, 기업의 지도 원리의 측면에서 경영 이념은 자계형, 모범형, 방침형 등 세 가지 유형으로 구분되고 있다.[6]

자계형의 경영 이념이란 최고 경영자 자신의 행동 규제와 후계자에 대한 교훈을 제시하며, 스스로 언행을 구속한다. 따라서, 이는 윤리적 도덕적인 성격을 가진다. 모범형의 경영 이념은 내부 관료와 내부 통제적인 성격을 가지며, 방침형은 기업의 경영 전략이나 기업이 직면하는 여러 문제에 대해 일반 사회에 호소하는 의도를 지닌다.

이처럼, 경영 이념은 대외적 효과를 제1차적으로 고려함과 동시에, 조직의 기본 방향과 전략적 사명을 나타내기도 한다. 경영 이념이 구비해야 할 요건으로서, 경영 이념의 가치관은 사회의 규범이나 철학과 조화를 이루어야 하고, 종업원의 수용이 요구되며, 포괄적이고 정당성을 확보할 수 있어야 한다.

6) D. A. Wren, *The Evolution of Management Thought* (1979). p. 419.

견물생심이라고…. 물질은 인간을 지배하기 쉬우나 쉽게 사라지고 정신은 역사로 남아 자손 만대에 영향을 미친다.

(2) 기업 문화

사회에 문화가 있고, 개인에게 개성이 있는 것과 같이 기업에도 각기 독특한 성격인 기업 문화가 있다. 이의 특성으로서 예를 들어 삼성 그룹과 현대 그룹이 자주 비교 대상이 되고 있다. 현대 그룹이 진취적 기상과 창조적 의지, 그리고 검소한 기풍은 세계적 기업체로서의 문화적 특성을 가진다. 이에 반하여 삼성 그룹은 우수성에 입각한 제1주의와 완벽한 관리 제도, 그리고 깨끗하고 분명한 상인 정신과 행동이 역시 세계적 기업으로 발전한 조직 문화의 특성이다.

문화(culture)는 사회를 구성하는 모든 사람이 공동으로 소유하는 가치관과 신념, 이념과 관습, 지식과 기술을 포함한 거시적이고 종합적인 개념인데, 사회 구성원의 행동에 영향을 주는 요소이다.[7)]

이러한 거시적인 문화 개념을, 사회 체계를 구성하는 기업이라는 미시적 조직체 수준에 적용한 것이 기업 문화이다.

조직 문화의 요소로서 가치관, 환경, 인물, 의식과 관례 등이 있으며,[8)] 이는 비공식적 지침으로서 조직을 통합시키는 응집 요인이다.

기본 전제로서 조직 문화의 개념은 환경, 인간의 활동과 본성, 시간과 공간에 대한 가정이 포함된다. 이러한 전제는 조직체가 오랜 기간동안 내외 환경과의 상호작용에서 그 타당성이 입증됨으로써 조직구성원 모두에게 상황 판단과 문제 해결에 있어서 유효한 사고, 문제 접근, 분석방법으로 적용하도록 하는 사회화 과정에 사용된다.[9)]

이와 같이 조직 문화는 조직체의 행동을 지배하는 개념으로서, 가치관과 신념, 규범과 관습 등 여러 요소로 형성되어 있다. 이러한 구성 요소의 상호 관계를 개념화하여 조직 문화의 연구에 도움을 주는 것이 〈그림 9-5〉이다.

---

7) D. Jr. Light and S. Keller, *Sociology* (New York : Alfred A. Knopf, 1975), p. 82.
8) T. E. Deal and A. A. Kennedy, *Corporate Cultures : The Rites and Rituals of Corporate Life* (Mass. : Addison-Wesley. 1982), pp. 8-13.
9) E. H. Schein, *Organizational Culture and Leadership : A Dynamic View* (New York : Jossey-Bass, 1985), pp. 5-21.

〈그림 9-5〉 기업 문화의 형성

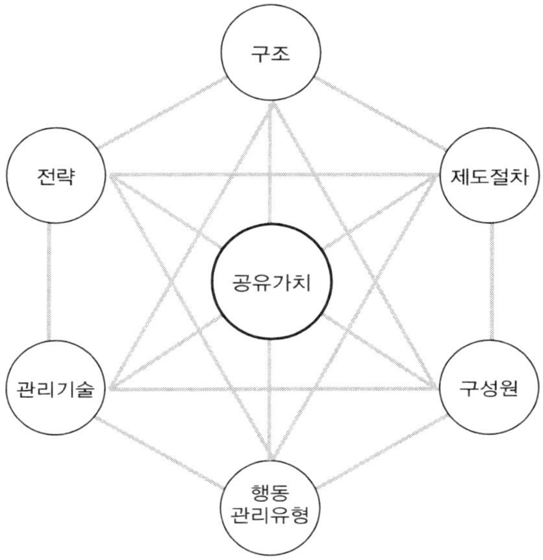

자료 : T. J. Peters and R. H. Jr. Waterman, *In Search of Excellence* (New York : Harper and Row, 1982), pp. 8-13.

이것은 조직 문화의 구성요소에서 공유 가치, 전략, 구조, 제도 · 절차, 구성원, 관리 기술, 행동 · 관리 유형을 들고, 이 가운데 공유 가치가 문화 형성에 중요한 역할을 한다고 밝히고 있다.[10)]

경영 이념은 흔히 사시 · 사훈의 형식으로 표현되며, 그 순위는 인화(47.8%), 성실(46.1%), 단결(44.4%), 창의(41.2%) 등의 높은 빈도를 나타낸다.[11)] 성공하는 기업에는 훌륭한 최고 경영자의 경영 철학이 있고, 이에 뒷받침된 기업 문화의 형태로 조직의 말단까지 침투되고 있다. 미 · 일의 우량 기업을 비교하면 경영 풍토의 차이와 사풍의 공통된 특징으로 의욕적이고 의사소통의 원활화, 공유된 가치관 등이 있다.[12)]

10) R. T. Pascale and A. G. Athos, *The Art of Japanese Management* (New York : Penguin Books, 1981), pp. 78-84.
11) 이한검, 『경영 정책 · 전략론』, 형설출판사, 1986, p. 138.
12) 상게서, p. 143.

사풍은 보이지 않는 경영 자원이며, 문자 그대로 회사에 흐르는 바람과 같은데, 사내에 있는 사람은 오히려 별로 의식하지 못하긴 해도 기업의 일상 생활에 큰 영향을 미친다. 이것은, 창업 이래 오랜 세월에 걸쳐 형성되는데, 좋은 사풍을 유지하는 기업은 그 업적이 장기적으로 향상되고 있다. 사기가 향상되면 사풍은 활기에 넘치고, 우수한 인재를 확보할 수 있다. 훌륭한 사풍은 즐겁고 신바람을 일으키는 무형의 전략재산이다.

(3) 기업의 윤리

윤리는 정의와 부정에 대한 판단이며, 무엇인가보다는 무엇이 되어야 하느냐에 대한 결론을 내린다. 정책 결정을 할 경우에는 정당성을 부여한다. 오늘날 경영자의 정책 결정은 고객, 주주, 정부, 종업원의 마음에 들어야 하고, 자기 양심에도 지지되고 정당해야 한다. 이러한 윤리는 직업적 표준인데, 경영자는 항상 표준, 즉 효율의 표준, 품질 관리나 원가 통제의 표준에 관심을 가지고 있다.

기업 윤리는 관리 행위에 대해 선과 악이 무엇인가에 관한 것으로서, 경영자는 항상 여러 가지 행동 대안에 직면하여 비교 가능한 여러 상황에서 하나를 선택해야 한다. 이 때 건전한 경제적인 결정과 행동에 대한 도덕적이고, 윤리적인 표준을 계속 추구한다면 가장 효과적이다.

우리의 예의 · 범절이나 공통적 정직성에 대한 개념은 우리의 운명을 결정한다. 기업 활동에 있어서 "무엇이 바르고 그르냐?" 하고 자문해 본다. 우리의 결정이나 행동의 표준은 결국 도덕적 기준인 것이다.

우리의 직업능력을 상승시키는 교육과 훈련은 도덕적 요소이다.

이는 경쟁적 사회에서 안정된 생활을 영위하고자 할 때에 받는 압력을 제거해준다. 도덕적 인격의 요구는 점증하며, 정직은 기업에 있어서 최상의 정책임을 확신해야 한다.

어떤 기업이라도 최대의 재산은 공적 신뢰와, 그 제품과 용역에 대한 존경이다. 제품이나 기업, 또는 개인에 대한 공적 견해는 즉시 형성되어져 작용한다. 예컨대, 영화에 대한 관중의 자발적인 반응을 보자. 몇 회의 상영으로 대중의 판단이 내려지고, 그 영화의 질에 대한 평판은 산불처럼 퍼진다. 사전의 광고는 장기

상영에 큰 역할을 하지 못하며, 사람의 신뢰, 찬성만이 장기적인 기업의 성공을 보장한다.

기업가는 자기 회사에 대하여 정직해야 할 책임을 지며, 정직한 의견을 발표하고, 자기의 신념을 지지하고 변명해야 한다. 중역은 상사나 동료 및 부하와 주주에 대해 도덕적 책임을 져야 하며, 외부에 대해서도 그 영향이 크므로 기업은 윤리적 표준을 강화·발전시켜야 한다. 건전한 기업은 윤리적 책임을 직시하고, 그 통제를 위해서 자신의 표준을 가져야 한다. 백 가지의 장점을 지닌 사람이라도 한 가지의 결점 때문에 큰 시련을 겪는 수가 있다. 이러한 약점은 기타의 많은 장점에도 불구하고 그 지도력을 발휘할 수 없게 한다. 그가 뛰어난 지도자라 할지라도 정직하지 못하고, 무책임과 비도덕적이라면 한 가지의 악덕은 열 개의 미덕을 상쇄하고 그 지도력은 효과가 없어진다.

우리의 큰 약점은 우리 스스로는 남이 우리를 보는 것 같이 볼 수 없다는 것이다. 우리는 용기를 가지고 우리의 타성, 과오, 나쁜 습관 등에 대해 진실을 들을 수 있어야 한다. 그렇지 않으면 우리는 재난이 숨어 있는 자아 도취에 빠질지도 모른다.

저항의 순간이 있다. 사람의 운명은 장기간에 걸쳐서 결정되는 것이 아니고, 어떤 순간, 즉 저항의 순간에 결정된다. 당신은 '예' 또는 '아니오'라고 말해야 할 순간이 있다. 바로 이 저항의 순간이 열쇠가 된다. 상황이나 사물을 정확히 알고 '아니오'라고 생각하면 그렇게 말을 해야 한다.

진실로 성공한 사람은 자기 기업이나 직장 생활에 있어서 약속을 지키며, 모든 가치를 부여하고, 비평을 받으며, 응징되기도 한다. 정직은 엄격한 규칙으로서 영원히 지배할 뿐만 아니라, 윤리적인 길이 기업 활동의 유일하고 최선의 지침임을 과거의 경험이 확인해 주고 있다. 기업자가 실패한 대부분의 원인은 인간의 도덕적 실패에 있으며, 어떤 지식이나 기술 부족에 있지 않다는 점은 비극이다. 정직이야말로 사회가 일어설 수 있는 유일하고 완벽한 기초이다. 그 기초가 흔들리면 전체적 구조는 넘어지고 말 것이다. 성실이 없으면 세계는 광신의 집이요, 생명은 이어지지 않는다. 성실과 도덕만이 문명을 전진하게 한다.

도덕률은 개인과 마찬가지로 사회를 위하고 국가를 위한 것이다. 사회가 도덕률을 배반한다면 개인의 경우와 마찬가지로 그에 대한 처벌을 받기 마련이다. 진리는 인간의 발명물이 아니다. 도덕은 미신이 아니다. 우주는 성실이라는 기본 법칙을 무시하는 사회를 그대로 놓아두지 않는다. 문명은 지식이나 지성의 부족으로 붕괴하지 않으며, 인격이 부족하면 틀림없이 붕괴하고 만다.

인생의 가장 큰 위기는 성실성의 부족으로 인해 야기된다. 사회는 성실에 의해 유지되고 있다. 사회가 정직을 무시하게 되면 옛 바빌론처럼 멸망해 버린다. 가장 기초적인 개념은 인간 그 자신이다. 인간은 신의 모습대로 창조되었고, 그 속에 존엄성이 있다고 믿기 때문에 우리 사회의 중심은 곧 생명과 인간에 대한 존엄성인 것이다.

환언하여 육과 물질보다는 영과 정신을 취하는 인간적 가치를 목적으로 할 때 인류의 평화와 복지가 이루어지고 기업이나 국가가 영원히 발전할 것이다.

2. 기업의 사명

소비자의 욕구를 찾아서 그에 필요한 제품과 서비스의 창출이 기업의 사명이다. 전략적 경영의 본질은 기본 목적과 존재 가치라는 관점에서 기업의 사명과 임무를 명확히 설정하고, 이를 위해서 장기 목표의 설정과 그 달성을 위한 행동 경로와 자원 배분을 다루므로, 전략적 경영 과정은 목표의 달성을 위한 방책을 포함한다.

(1) 기업의 목표

목표는 소비자가 느끼는 상품의 가치를 높이는 일이며, 이는 산업사회 발전의 원동력이다. 기업이 경영 전략을 수행하려면 먼저 기업의 목표를 설정해야 한다. 이는 궁극적으로 달성하려는 결과를 의미하며, 기업은 이를 달성하기 위해 전략을 활용한다. 그래서, 목표는 전략적 경영에서의 중요한 위치를 차지한다. 이러한 목표는 조직을 정의하고, 의사결정을 도우며, 조직 성과의 평가에 있어서 표준을 제공한다.

〈그림 9-6〉 전략적 목표의 계층

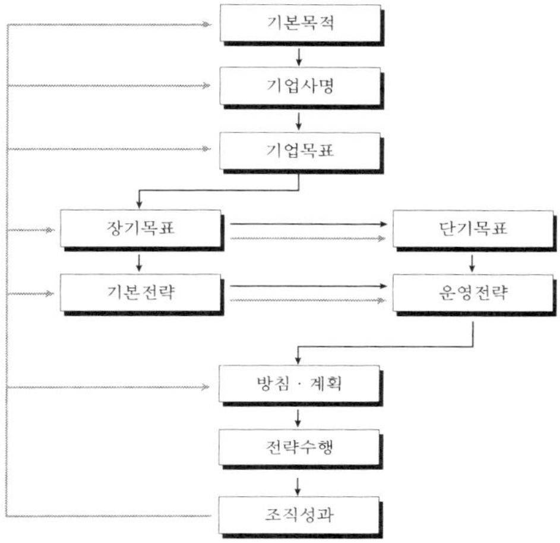

자료 : 김인호, 『경영정책과 전략적 경영』, 비봉출판사, 1986, p. 49.

목표의 개념에는 계층적 구조가 있는데, 즉 〈그림 9-6〉과 같이 최상위는 기업의 기본 목적으로부터 점차 구체성을 더하여 최종적으로는 설정 목표의 달성을 위한 전략적 행동 계획이 구체화됨을 볼 수 있다.

• 기업의 기본 목적[13)]

기업의 개략적 방향과 행동 지침 및 존재 가치를 포함하며, 여기에는 시간이나 양의 개념이 없으므로 완전한 달성이 어렵다. 예컨대, 제품의 품질 향상에 전력한다는 것은 목적이 되고, 성장 기업이 된다는 것은 존재 가치인 것이다.

• 기업의 사명

기업의 의지를 일반적으로 표현한 것이 기업의 사명이다. 전략적 의사 결정자의 기업 철학을 구체화한 것으로서, 기업의 이미지와 존재 의의를 반영하고 있다.

13) 목적의 개념은 추상적이고, 시간과 양의 개념이 없다. 목표의 개념은 구체적이며, 시간과 양의 개념을 지닌다.

• 기업 목표

기업이 달성할 미래의 상태나 결과이며, 이를 달성하면 기업의 목적과 존재 가치에 근접한다. 그리고, 여러 가지 목표를 가질 수 있으니, 시장 점유율의 증가, 생산성 증가, 수익성 증가 등이 그것이다.

• 장기 목표

주어진 기간에 무엇을 기대할 것인가를 나타내며, 이는 측정이 가능하고, 여러 기업 활동의 집합이다. 예컨대, 5년 내에 ROI를 20%로 증가시킨다.

• 기본 전략

기업이 장차 어떻게 되어져야 할 것인가 하는 광범위한 문제를 다루고, 장기 전략으로서 자원의 획득과 배분을 다룬다. 그리고, 동태적인 외부 환경에서 장기 목표의 달성을 위한 포괄적이고 종합적 접근 방법이다. 다음에 상술할 것이다.

• 단기 목표

대개 1년 내에 달성하려는 결과의 수준이며, 단기 전략을 유도하기 위해 그 목표가 구체적이다.

• 운영 전략

사업 기능의 단기 목표를 달성하기 위한 전략으로서, 단기간에 사용될 방법에 대한 세밀한 설명서이다.

• 방침과 계획

방침은 운영 전략을 수행하는 데 이용되는 구체적 행동 지침이고, 계획은 방침을 충족시키면서 필요한 조치를 강구하는 것이다. 예컨대, 품질 관리는 각 단위별로 수행한다.

(2) 기업의 사명

사명은 욕구를 제품화하는 일이다. 기업의 사명은 기업의 전략적 의지를 확보할 기본 목적과 존재 이유, 기업의 이념을 분명히 하는 일이며, 이는 기업의 윤리와 태도 및 방향에 관한 기술이다.

사명에는 전략적 의사 결정자와 기업의 이념이 구체화되고, 기업의 이미지가 암시되며, 또 자기 인식을 반영한다. 따라서, 사명은 주요제품 및 서비스의 영역과 고객의 욕망을 나타낸다. 즉, 전략적 의사결정자의 가치와 우선 순위를 나타냄으로써 기업이 강조하는 제품·시장·기술의 영역을 시사하는 것이다.

사명의 내용서는 기본 목표와 설계 및 활동을 설명한다. 이는 조직 구성원에게 책임을 강화하고, 보다 분명한 사명 의식을 강조하나, 이 때문에 오해와 논쟁의 여지가 생길 우려가 있다. 개괄적인 개념과 추상적인 기술 때문이다.

추상적이고 모호함이 오히려 장점일 수도 있다. 너무 구체적 기술은 반발을 유발하고, 조직의 경직화와 변화에 대한 저항을 야기할 수 있다. 그래서, 애매한 내용은 세부 내용의 보충이 가능하고 변화하는 환경에의 적응이 용이하다.

기업의 사명에는 제품과 서비스의 기본 형태, 시장과 고객, 생산과 유통의 기술, 기업 이념, 이미지, 사회적 책임 등이 있다.

(3) 기업의 장기 목표

장기적인 기업의 성장과 수익성을 도모하기 위해서 단기적 이익을 추구해서는 안 된다. 가난한 사람에게 빵을 주면 계속 가난을 면치 못한다. 그러나, 농사짓는 방법과 종자를 주면 근본적으로 가난을 벗어날 수 있는 것과 같이 전략적 의사결정자의 경우에도 이와 유사한 상황을 고려해야 한다. 당장의 이익을 획득하기 위해 배당·지급과 재고의 정리, 연구 개발비의 삭감, 비수기에 종업원의 해고 등과 같이 종자마저 먹어치워야 할 것인가, 아니면 성장기회에 이익을 재투자, 즉 종업원에 대한 교육·훈련, 광고비의 증대 등으로 종자를 더욱 많이 뿌리고 가꾸어 나가야 할 것인가, 그 답은 명백한 것이다. 현재의 활력을 유지하기 위해 이익이 대부분을 장기적 발전의 목적으로 재투자해야 할 것이다. 이러한 논리는 장기 목표의 설정에 있어서도 도입하는 기준이다.

장기 목표의 조건에는 적절성, 측정 가능성, 실행 가능성, 수용성, 탄력성, 동기부여, 이해성, 관련성 등이 있어야 한다.

목표 설정의 방법에는 업적 기준, 시장 추세, 시장 점유율, 자원의 이용 가능성, 협상, 전략의 교류, 목표 제시, 전략과 목표 등이 있다. 이때 하향식이 일반적이지만, 하향식과 상향식의 결합이나, 팀 접근 방법을 사용하기도 한다.

3. 기업의 사회적 책임

(1) 사회적 책임의 개념

기업의 사회적 책임은 성숙된 지구 문명의 증표이다.[14] 일반 대중과 국가로부터 끊임없이 증가하는 압력으로 인해 사실 기업의 자율성은 서서히 붕괴되어 왔으며, 경제 주체로서의 기업이 가진 리더십도 서서히 신뢰를 잃어가고 있지만, 사회는 기업의 사명으로서 이익 극대화보다는 기업의 사회적 책임을 더 강조한다.

사회적 책임이란 기업의 사회에 대한 모든 의무이다. 의무에는 경제적, 윤리적, 법적 영역과 의사 결정의 범주가 포함되고 있다. 이들의 범주는 상호 보완적이고, 가치 판단의 기준과 관련되고 있다.[15] 사회적 책임이 강조되는 이유는 기업의 존립과 발전뿐만 아니라, 사회에 미치는 영향이 크므로 이에 상응하는 책임도 져야 한다는 것이다.[16] 더 나아가서는 사회 체제, 즉 자본주의 경제 체제의 유지를 위해 필요한 것으로 보아야 한다. 그 내용은 대개 주주에 대한 적정 이윤의 보장, 종업원의 직무 만족, 고객의 욕구 충족, 노조의 이익 보장, 법률 준수, 일반 대중의 생활의 질 향상 등이 있다.

오늘날 기업이 계속 발전・성장하기 위해서는 생활 문화를 창조하여 소비자를 계도해야 하므로, 전략적 경영을 수행함에는 기업의 사회적 책임이 필수적이라 하겠다.

---

14) K. Davis, "The Arguments and against Corporate Social Responsibility," *Academy of Management Journal*, No. 2, 1973.
15) A. B. Carroll "A Three-Dimensional Conceptual Model of Corporate Performance," *Academy of Management Review*, No. 4, 1979.
16) K. Davis and R. L. Blomstrom, *Business and Society : Environment and Responsibility* (McGraw-Hill, 1975).

[요 약]

• 인간은 삶을 위해서 여러 가지 과제를 풀어나가야 한다. 즉 분업적 협동작업을 수행함으로써 공동체를 이룬다. 이러한 공동체를 기업이라고 하며, 삶의 본질적 조건이다. 창업은 다양한 소비자의 욕망·욕구·기호를 만족시키기 위해 창업 아이디어를 가지고 자본을 동원하여 제품이나 서비스를 생산하는 기업을 설립하는 것을 의미한다. 이는 불확실성 하에서의 의사결정과 신규자원의 투입에 따른 위험이 동반되는 기업가 정신이 요구되는 특징을 가진다.

• 전략적 기업은 환경변화의 추세에 대응해 나가야 함을 말하고, 환경의 변화는 이념의 변화를 초래한다. 경영이념은 경영의 존립근거를 제공한다. 즉 일련의 사건을 해결하기 위해 목적이나 원칙 및 전반적인 접근방법을 논리적으로 기술한 것이다. 이는 사회에 미치는 영향이 지대함을 주목해야 한다. 올바르고 바람직한 목적과 가치관의 근거가 되며, 경영정책과 전략의 기반이 된다. 그리고 문화, 사훈, 분위기, 사풍, 신조, 강령, 지침, 슬로건, 사시 등으로 표현한다. 이로부터 기업의 윤리와 도덕이 함양된다.

• 기업의 사명은 그것의 존재이유와 목적을 도출해낸다. 이를 위해서 장기목표의 설정과 행동경로 및 자원배분을 다룬다. 목표는 달성하려는 결과이며, 목적은 기업의 개략적 방향과 행동 및 존재가치를 내포한다. 예를 들자면 품질향상은 목적이고 기업의 성장은 존재가치이다. 기업의 의지의 표현은 사명이며, 이는 기업철학의 구체화 현상이다. 기업 이미지와 존재의의를 반영하고 있다. 기업의 윤리와 태도 및 방향을 기술하고, 사명은 기업의 이념을 구체화시켜 제품과 서비스의 영역과 고객의 욕구를 반영한다. 기업의 사회적 책임은 성숙한 지구문명의 증표이다. 즉 사회에 대한 모든 의무이다. 또 기업가 정신은 일을 도모하고 이끌어 개척함으로써, 즉 용기, 모험, 야심, 창의력, 추진력, 실천력 등과 같은 특성이 있다.

제 10 장

전략적 경영자

제 1 절 경영자의 개념

경영자의 임무와 역할은 경영철학과 이념의 구현을 위한 비전정립이며, 이를 향한 협력을 배양할 문화를 창조해야 한다.

전략적 경영자는 천변만화하는 환경에 도전과 응전으로 기업을 대응함으로써 기업의 존속과 유지가 가능하다. 즉 새로운 환경과 목표 등과 같은 황무지의 개척이라는 난관을 극복할 수 있는 전략적 리더십이 요청된다. 〈그림 I〉은 기업과 환경의 상호작용과 전략 및 정책의 무한순환을 보여주며, 고객이 전략의 심장이며, 욕구의 반영이 기업의 사명을 시사한다. 또 전략수립과 수행의 무한순환을 나타내고 있다. 이것이 조직의 존립의 터를 제공한다.

1. 경영자의 개념 변천

기업은 영리 경제 단위이며, 이를 지배・경영하는 주체인 기업가는 영리 활동을 행하는 자본가이다. 이는 고전적인 개념이지만, 개인 기업의 전형적인 모습이다.

그러나, 소유와 경영이 분리된 현대 경영에 있어서 기업을 지배하고 이끌어 가는 사람은 기업가가 아닌 경영자이다. 이러한 경영자는 소유 경영자와 고용 경영자 및 전문 경영자 등 세 가지 유형이 있다.

• 소유 경영자

출자와 함께 기업을 경영 관리하는 직능도 아울러 수행함으로써 실제로 기업을 소유·지배하는 기업가를 말한다.

생산 기술이나 방법이 간단한 이것은 기업이 소규모이거나, 큰 기업이라도 전문적 경영 능력을 갖춘 기업가가 있을 경우에 흔히 볼 수 있다. 그는 자기의 자본으로 생산을 담당하며, 동시에 출자자이므로 경영에 관한 의사결정과 지휘·관리를 담당한다.

일반적으로 소유 경영자는 출자자로서 자본 증식의 욕구가 강하므로, 자기 자본의 수익성에 대해서만 관심을 기울이며, 또 타인 자본의 경우에도 이의 반환과 이자 지급 등과 같은 자본 이동의 측면만을 고려하기 쉬우므로 현대적인 기업의 경영자로서는 부적합한 것이다.

• 고용 경영자

기업의 규모가 점차 확대되어 경영 관리 활동이 복잡하게 되므로 소유 경영자인 기업가는 혼자서 기업을 합리적으로 경영하고 관리할 수 없게 된다. 이 경우에는 전문가를 고용하여 경영의 일부를 위임, 또는 분담하게 된다. 이를 곧 고용 경영자, 또는 유급 경영자라고 한다.

고용 경영자는 기업가와는 별도로 독자적인 경영 활동의 임무를 수행할 수 없으므로, 성격상 자본 출자자의 이익을 대변한다. 따라서, 실제로는 소유 경영자와 별로 차이가 없게 된다. 이를 보통 지배인이라고 하고, 상법에 규정된 상업 사용인의 성격을 찾는다. 경영자의 성격에는 이러한 측면이 항상 남아 있음을 유의해야 할 것이다.

• 전문 경영자

기업의 규모가 확대되고 경영 활동이 고도로 복잡하게 되면 기업을 과학적이고 합리적으로 경영할 수 있는 전문적인 사람이 요구된다. 이러한 필요성에 의해 태어난 경영자가 전문 경영자이다. 이는 소유 경영자와는 다른 새로운 계층으로서, 고도의 기술 혁신과 제품의 다양화, 시장의 다변화 등이 나타남에 따라 종래의 고용 경영자로서는 감당할 수 없는 경영 기술이 요구된다.

현대 기업은 주주와 종업원 및 고객 등과의 이해 관계를 맺고 있어서 기업의 경영 성과는 이들에게 큰 영향을 미친다. 그러므로, 기업은 사회적 책임을 완수하는 관점에서 경영을 해야 한다. 이러한 개념을 가진 전문 경영자가 곧 현대 경영자의 본질인 것이다.

2. 현대 경영자의 사명

선진국에서 100여년간 경제 발전의 원동력이었던 기업과 기술은 성숙하여 이제 성장과 발전이 한계에 이르렀다. 다만 개발 도상국에서만 발전의 여지가 남아 있을 뿐이다.

선진국에서 어느 정도는 기업의 수익성이 지속되고 있지만, 고용 증대나 국민 소득에 기여하는 능력이 감소되고 있다. 이러한 사양 산업은 3대 성장 산업이었던 철강 공업, 자동차 공업, 농업 등이다. 이에 반해 새로운 산업으로 부각되고 있는 것은 정보 산업과 해양 산업 및 재료 산업이다. 정보 산업에서의 컴퓨터는 전기 산업에서의 발전소의 역할에 비유할 수 있다. 즉, 컴퓨터 없는 정보 산업은 있을 수 없다. 또, 전기 산업에서 투자의 대부분이 전선이나 전구 등의 전달 장치에 쓰이듯이 정보 산업에서도 자금과 기술이 컴퓨터에 정보를 수록하는 것보다는 정보를 전달하고 응용하는 데 쓰인다. 정보 산업은 고용 증대의 효과가 큰 전망이 밝은 분야이다.

해양은 미개발의 자원 보고이다. 해양 자원은 지하 자원과 비교가 안될 정도로 풍부한테도 불구하고, 우리는 모르고 있었다. 이제 바다를 찾고 도전함으로써 인간은 새로운 식량과 원료를 획득 할 수 있고, 또 새로운 기술과 산업 및 기업이 탄생할 것이다.

유리, 철, 비철금속, 도기, 목재, 종이 등의 재료 산업은 이제까지 수천 년 동안 이용되어 온 것이다. 근대에 와서 고무, 알루미늄 등이 개발되었으며, 최근에는 화학 섬유와 더불어 플라스틱이 나타났다. 이는 'X선'의 굴절에 의해 개발된 것으로, 그 용도가 다양한 새로운 산업이다. 이러한 재료 혁명은 기존 산업 구조에 커다란 충격을 주고 신흥 산업을 촉진할 것이다.

현대 경영자는 이러한 발전 과정을 분석하고 통찰할 수 있는 능력을 구비해야만 한다. 소극적으로 현 경제 체제의 유지나 이해 집단의 조정만으로는 미흡한 것이다. 현대 경영자의 사명은 ① 경영 규모가 확대되면 경쟁이나 조직의 경직화, 노사 대립 등을 해소하고, 안정적이고 지속적인 계속 기업으로 발전시키는 원동력의 역할을 완수해야 한다.

② 기업 합동이나 기업 연합의 체계가 대두되므로 전체적인 목표의 달성을 위하여 과학적인 관리에 유능한 전문 경영자가 요청된다.

③ 이익 위주의 자본적 지배에 대한 사회의 비판을 예방하고, 기업가의 보호와 자유 기업 체제 및 민주주의를 유지할 책임이 요구되고 있다.

현대 경영자는 이와 같은 여러 사명을 완수할 전문가라야 한다.

3. 현대 경영자의 과제

현대 경영자는 경영 지식이 풍부하고, 또 이것을 가지고 사회에 적용할 수 있는 능력과 용기를 가진 사람이다. 즉, 사회에 필요한 기능인으로서 리더십을 발휘할 수 있는 자질과, 정신적·도덕적 협력이 가능하고, 이를 경영의 측면에서 통합해야 한다. 보다 구체적인 과제로는 전략적 의사결정, 환경 적응, 이해 조정, 혁신, 관리 등이 있다.

• 전략적 의사 결정

급변하는 환경에 끊임없는 도전과 응전으로 기업의 성장을 지속시키는 역할이 경영자의 전략적 의사결정이다. 이는 주로 외부의 환경을 대상으로 하여 기업이 처한 내부자원과의 관계를 최적으로 개선·유지하는 데 필수적이다.

그 주요 내용은 기업의 목적과 목표의 설정, 제품·시장의 다양화, 시장의 지위 향상 등이다. 이러한 의사 결정은 하위 시스템의 방향과 그 범위를 제시하게 된다.

• 환경 적응

기업은 외부 환경에 신속한 적응이 없이는 계속 기업으로서의 사명을 완수하기가 어렵다. 현대의 고도 산업 사회에서 기업이 성장하고 존속하기 위해서는 다변하고 동태적인 환경에 적응해야 한다. 기업은 상위 시스템인 환경을 파악하고, 이에 적극적으로 대처해 나감으로써 계속 기업으로서 번영할 것이다.

• 이해 조정

현대 기업은 여러 가지 이해 집단-경영자, 출자자, 투자가, 정부, 지역 사회, 소비자, 종업원 등에 이르기까지 사회 전체적으로 이해 관계를 가진다. 실로 복잡하고 다양하다. 이러한 여러 이해 집단과 기업 및 각 집단 간에는 대립적 관계가 형성되므로 이에 대한 조정의 역할이 중요하다.

• 혁신

기술의 진보, 생활의 변화 등에 적응하기 위해 창조 기능을 발휘해야 한다. 즉, 신결합(新結合, new combination)이 요구된다. 끊임 없는 신제품의 개발, 시장개척 등의 혁신 뿐만 아니라 경영 활동 전반에 걸치는 변혁이 바로 혁신(innovation)인 것이다. 그래서, 경영자는 창조적 분위기의 조성과 기업의 전체적인 창조적 활동이 일상화가 되도록 유도해야 한다.

• 관리

경영자는 조직의 일부분이며, 그 행동은 조직의 과정을 형성한다. 그러므로, 조직을 합리적으로 발전시키고, 목적을 달성하기 위해 조직의 구성원을 협동시켜 나가야 한다. 즉, 효율적인 관리를 수행해야 하는 것이다. 현대 기업의 특징은 대규모의 집단적 조직인 주식회사를 이루며, 유기적 협동 관계로 형성된 것이라는 점이다.

제 2 절 전략적 경영자

1. 전략과 최고 경영자

경영자의 담당 기능은 전략과 관리 및 업무 등 세 가지로 나누는 것이 일반적이다. 여기서 전략이란 특정한 기업이 미래의 목표를 설정하고, 이에 자원을 배분하는 기능을 뜻한다. 그리고, 관리는 결정된 목표와 전략을 효과적으로 달성하려는 활동이다. 업무는 단순하고 일상적이며 반복적인 기업 활동이다. 즉, 생산, 판매, 통제, 조정 등의 구체적인 행위를 말한다.

이러한 구분은 하나의 개념적인 분류에 불과하다. 그런 이유에서 경영자를 최고 경영자로부터 중간 관리자를 거쳐 하위 감독자에 이르는 하나의 연속체로 이해하는 것처럼, 경영도 전략으로부터 관리와 업무에 이르는 하나의 연속체로 보아야 할 것이다.

그리고, 경영 활동을 담당하는 주체가 어떤 위치에 놓여 있는가에 따라 같은 경영 활동이라도 전략이나 관리, 또는 업무 중 어느 것으로 규정할 수 있다. 대개 최고 경영자는 전략, 중간 관리자는 관리, 그리고 하위 감독자는 업무를 담당한다고 볼 수 있다.

그런데, 최고 경영자라고 하여 전략에만 몰두할 뿐, 관리나 업무에는 무관하거나, 또 하위 감독자는 전략이나 관리에는 관여하지 못하고 업무에만 종사하지는 않을 것이다. 〈그림 10-1〉에서 볼 수 있는 것처럼 비교적 최고 경영자는 시간의 대부분을 전략적 의사경정에 할당하고, 남은 시간의 상당한 부분을 관리에, 그리고 극히 적은 부분만을 업무에 사용함을 알 수 있다. 중간 관리자는 대부분의 시간을 관리에, 또 전략 및 업무에는 나머지 시간을 할애한다. 이에 비해 하위 감독자는 대부분의 시간을 업무에 할당하고, 극히 적은 시간만을 전략, 또는 관리에 사용한다.

〈그림 10-1〉 경영자의 의사결정영역

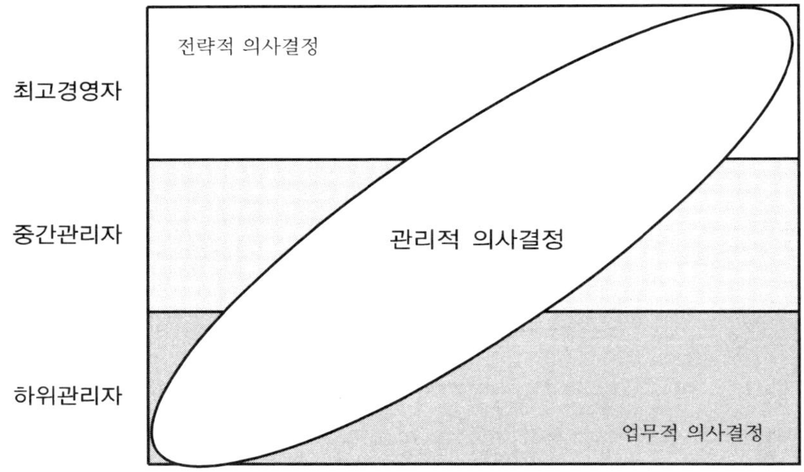

2. 최고 경영자와 전반 경영자

최고 경영자의 전략적 사고방향은 〈그림 10-2〉에서 파악할 수 있지만 자세히 설명하자면, 최고 경영자는 경영자의 폭에서 최상부에 있는 경영층을 말한다. 따라서, 그의 임무는 주로 전략을 담당하나, 관리 및 업무에도 관여하고 있다. 이에 비해 전반 경영자는 기업의 최종적인 책임자로서 기업 목표를 선정하고 이를 달성하기 위한 전략을 담당한다. 그러므로, 전반 경영자는 대개의 경우 최고 경영자이나 반드시 최고 경영자가 아니라는 사실을 알 수 있다.

전반 경영자는 상속과 같은 특수 관계에 의해 선임된 최고 경영자에게 맡길 것이 아니라 경영자의 능력에 따라 결정해야 한다.

〈그림 10-2〉 경영자에게 필요한 사고

순서	기존의 사고	BENCHMARKING적 사고
1	과거의 연장형 사고 • 과거=금과 옥조 • 과거→현재→미래	전략적 사고 • 현재=미래의 씨앗 • 과거→현재→미래
2	자기 중심적 사고 • 5,000×15% 성장 • 자기 중심적 시각	상대적 사고 • 타기업의 30% 성장 • 상대기업을 벤치마킹
3	INSIDE-OUT 사고 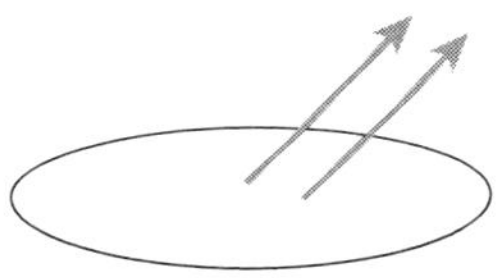	OUTSIDE-IN 사고 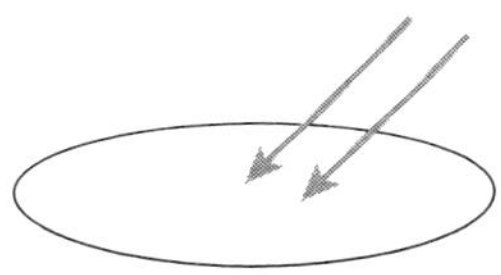
4	평면적 사고 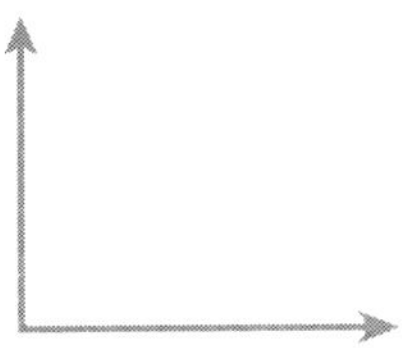	입체적 사고 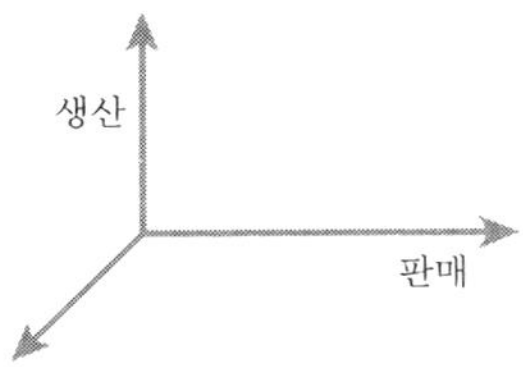
5	논리적 사고 1+1=2 4×4=6	비약적 사고 4^2=256 (제조, 판매)
6	개미형 사고 땀을 짜내는 사고	베짱이형 사고 두뇌를 짜내는 사고
7	늙은 사고	젊은 사고

그런데, 많은 경우를 보면 특수한 관계, 즉 상속에 의하거나 친척, 또는 학벌 등의 관계에 의해 최고 경영자로 선임되면서 동시에 전반 경영자의 직책을 맡게 된다. 이는 자기의 재산 관리자나 낭비자로서의 역할이지 결코 독립된 인격을 가진 기업의 전반적인 책임자라는 역할을 수행하는 것이 아니다.

우리는 소극적이고 반사회적인 경영자의 상을 지양하고, 더 나아가서 전반 경영자로서의 시야를 넓히고 이러한 전반 경영자가 되기 위한 노력을 경주해야 할 것이다.

3. 최고 경영자의 역할과 요건

전략적 경영의 핵심적인 역할을 담당하고 있는 최고 경영자가 곧 전략가임은 이제까지 살펴본 바와 같으며, 이에 따라 이사회는 전략의 결과를 검토하고, 참모는 전략의 수행을 지원한다. 전략적 계층과 연관시켜 볼 때 기업 전략은 이사회나 최고 경영자 및 전반 경영자, 사업 전략은 사업 부장 또는 전반 경영자가, 그리고 기능 전략은 담당 관리자가 각기 전략가의 역할을 수행하는 것이 된다. 전략적 경영 요소 가운데 전략가의 유형은 이처럼 여러 가지가 있으나, 주된 전략가는 최고 경영자임을 알 수 있다.[1)]

이러한 전략가로서의 최고 경영자의 역할은 주전략과 기본 전략의 수립, 표준의 설정, 조직의 설계와 유지, 이해 집단의 조정, 우발 상황에의 대응 준비 등으로 설명한다. 그러나 이는 모든 산업에 일률적으로 적용할 수 있는 전략가의 기능은 아니다. 따라서 기업마다 상황에 따라 각기 다르며, 또 최고 경영자에 따라 독특하다는 것을 이해해야만 할 것이다.[2)] 그러므로, 상황적합 이론의 개념을 적용해야 할 것이다.

전략가로서의 경영자가 가져야 할 조건에는 지식과 기술 및 자세 등 세 가지가 있다.

경영정책의 영역은 조건이 각기 상이한 여러 분야를 종합하여 의사 결정을 행하고, 그 결과를 추정해야 하는 학문이므로 그 여건의 통제가 어렵다. 그리고, 결과에 대한 예측력이 미약하므로 경영정책의 기본적 지식은 전략의 개념이라고 할 수 있다. 전략이 무엇인가, 기업의 목표를 달성하려면 어떤 전략이 필요하며, 그 전략을 어떻게 실현해야 할 것인가 등이 이 분야의 초점인 것이다. 그런데,

---

1) D. Karger and Z. Malik, "Long Range Planning and Organizational Performance", *Long Range Planning*, 1975.

2) P. F. Drucker, Management (Harper and Row, 1974), p. 611.

경영정책은 복잡 다양한 사회 현상을 수용해야 하므로 이론의 정립이 아직 미흡하여 일반화되지 못한 실정에 있으므로 경영정책의 지식을 습득하기 위해서 사례 연구가 강조된다.

사례는 기업체에서 발생한 경영 활동에서 일정한 주제를 중심으로 하여 의사결정에 필요한 자료, 예컨대 그 기업의 산업체의 역사, 상황, 기업 능력, 한계 상황, 개인의 임무와 성격 등을 서술한 것이다. 이 사례를 통해서 객관적인 정보에서 문제의 핵심을 찾아내고, 그 해결 방안을 도출하는 능력의 향상, 즉 정보의 내면에 흐르는 사고의 맥락을 찾아서 문제의 단서를 풀 수 있는 능력을 육성하는 훈련이 가능한 것이다. 전략적 사고력의 개발을 위함이다.

상황을 이해하고, 사건의 핵심을 꿰뚫어 볼 수 있는 통찰력을 기르고, 여기서 파생될 문제를 예측하여 그 대응책을 마련하는 등의 예지능력을 개발하기 위해서는 이 사례를 통해 여러 문제가 각기 다르고 그 조직이나 사람의 가치관과 성격의 차이에서 오는 의사결정의 영향력을 어떻게 고려할 것인가 등의 문제를 다루어야 한다.

경영학은 다른 사회과학과 마찬가지로 고유 영역과 가치를 가진 일반 과학이면서, 동시에 그 이론을 현실에 적용하는 기술적인 측면도 포함한다. 즉, 이론과 현실의 양면성을 가진 과학인 동시에 기술인 것이다.

기술에는 분석적 기술과 관리적 기술이 있는데, 전자는 학교와 같은 교육기관에서 배양할 수 있으며, 내외의 상황 조건을 능력과 기회의 관점으로 연계하고, 궁극적으로는 각 기능간의 비체계적인 관계를 체계화시킬 수 있는 능력이다.

후자인 관리적 기술은 기업의 목표를 설정하고 이를 달성하려는 노력이다. 이것은 시행 착오적이고 반복적인 경험에 의해 터득되는데, 개인의 의지적 노력이 요구된다. 현실의 유지보다는 창의와 개혁에 의한 능동적 지도력이 요청된다. 사회 환경은 부단히 변화무상하므로 이에 적극적으로 대응하는 자세가 요청되고, 사고력과 창의력을 발휘할 수 있는 실천적인 자세이어야 한다는 것이다. 비록 기업이 가진 정보가 부족하고, 그 결정에 대해 비판을 받을지라도 현실적으로 가능한 분석과 위험 부담을 가지고 주저없이 결정된 대안을 행동에 옮길 수 있는 적극적인 자세가 필요하다(<그림 10-3>참조).

사업이 실패할 경우를 예상하고 재기의 자세를 갖추어야지, 좌절에 빠지거나, 재기의 의욕을 잃는다면 전략가로서 또 최고 경영자로서의 자세는 아닐 것이다.

이처럼, 전략가의 자질은 능동적이고 의욕적이면서 현실적이어야 한다. 이러한 능력의 배양이 전략 경영 능력의 진수일 것이다.

〈그림 10-3〉 경영자의 동기부여

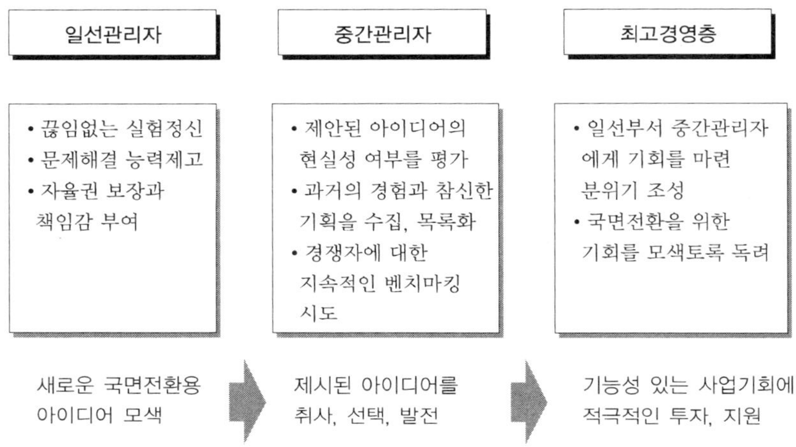

자료 : Financial Times, *Mastering Management*, 손현덕 · 박봉권 역, 『핵심경영전략』, 매일경제신문사, 1998, p. 69.

제 3 절 전략적 경영자의 기능

시간과 공간 및 인간의 결합 구조로 이루어진 복합체를 관리하고 환경변화에 대처하면서 모순 · 대립을 조정 · 통제 · 지도해 나가는 주체를 경영자라고 한다. 이러한 경영자의 범위는 피라미드형을 이루어 최고 경영자, 중간 관리자, 하위 감독자로 구분하지만 이는 상대적 개념에 불과하다고 이미 앞에서 설명했다.

예컨대, 회사의 부장을 회사의 전체적 수준에서 보면 중간 관리자이겠으나, 그의 부서에서는 최고 경영자인 것이다. 경영자라면 누구나 경영의 구조적 특성에 의해 당면해야 하는 3차원의 기능을 수행해야 한다. 3차원의 기능-관리자로서, 창조자로서, 지도자로서의 역할을 말한다(〈그림 10-4〉 참조).

〈그림 10-4〉 경영 계층별 기능

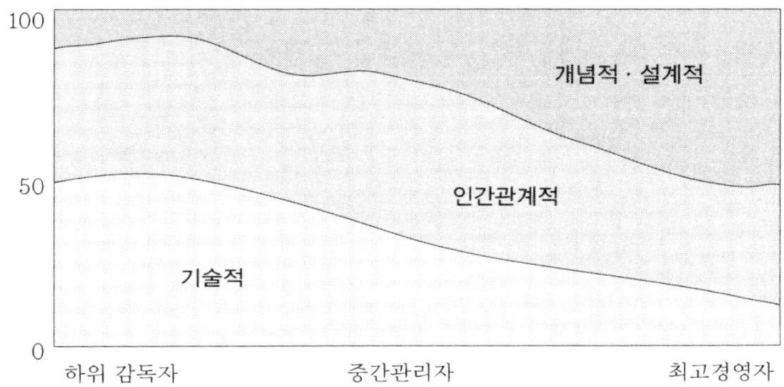

자료 : H. Koontz, et. als, *Management* (McGraw-Hill, 1980), p. 539. 이한검, 『경영정책 · 전략론』, 형설출판사, 1986, p. 160.

이러한 관점은 〈경영 기능의 믹스이론〉으로서, 효과적인 목표 달성을 위해서는 계층별 기능의 혼합도를 각기 달리해야 한다는 것이다.[3] 최고 경영자는 개념적이고 설계적 기능을, 중간 관리자는 인간관계적 기능을, 하위 감독자는 기술적 기능이 지배적임을 그림에서 볼 수 있다.

경영은 대자연이나 또는 우주라는 보다 포괄적인 상황에 포함되며 그래서 우주 법칙에 의해 제약당한다. 즉, 경영에 있어서 주어진 현실을 제약 조건으로 하여 비교적 반복이 가능한 단기적 성질의 일이지만 조직의 생존을 위해 필요한 일이다. 이것이 관리자적 차원의 일상적 업무대상인 것이다

경영자에게는 변화에 대응하는 예측자, 더 나아가 변화를 이끌어가는 창조자의 역할이 요청된다. 이는 경영이 항상 시간의 변화 선상에 놓여 있고, 또 그 주체인 인간이 변화를 원하기 때문이다. 따라서, 예측자 또는 창조자로서의 역할은 경영의 목표와 연계되어 있다.

3) 윤석철, 『경영학적 사고의 틀』, 경문사, 1982, pp. 144-145.

경영자에게 요청되는 세 번째의 측면은 지도자로서의 역할이다. 경영 세계의 구성원인 인간은 경영의 주체인 동시에 객체이며, 경영의 목표인 동시에 수단이라는 이중성을 갖는다. 지도자로서의 기능은 이러한 이중성이 원인이 되어 발생하는 갈등, 즉 시간 차원에서 조직을 위한 단기적 최적과 장기적 최적이 충돌할 때 단기적 최적의 희생을 조직 구성원에게 호소해야 하고, 공간 차원에서 소공간의 이익과 대공간의 이익이 대립될 때 소공간의 양보를 호소해야 하는 데서 기인한다. 따라서, 지도자로서의 역할은 당위적 문제가 된다.

어느 경영자도 이러한 3차원적 요청을 모두 담당할 능력이 없다. 그러므로, 각 경영 단위는 경영자 집단의 피라미드가 형성되어 이들이 서로 보완하면서 전체적인 경영이 이루어진다. 각 차원별로 살펴본다.

1. 관리자적 기능

경영에 필요한 자원 중에서 시간은 증산과 재생이 불가능하며, 모든 일에 필수적으로 소요되는 자원이다. 이처럼 귀중한 자원인 시간의 소비를 최소화하려는 경영의 노력은 우회 축적(迂廻蓄積)으로 가능하다는 것이다. 대자연이 관리되고 운영되어 가는 기본 원리를 구명해보면 시간 절약, 에너지 절약, 물자 절약, 마찰 최소화 등은 하나의 원리 즉 우주의 관리 원리요, 대자연의 법칙인 것이다. 이를 경영의 원리로 도입할 수 있다[4].

우리 인류는 아직까지 시간을 생산하거나 증산하지 못하고 있다. 그리고, 일단 사용한 시간을 재생하여 쓰는 방법도 모르고 있다. 에너지 문제도 마찬가지다. 열역학 제2법칙에 의하면 에너지도 증산시키는 것이 불가능하고, 엔트로피(entropy) 증가 원리와 함께 일단 사용된 에너지는 다시 재생시켜 사용할 수도 없다. 그래서, 우주가 우리에게 부과하는 가장 엄격한 제약 조건은 시간과 에너지를 절약해야 한다는 것 같다. 인지와 과학이 아무리 발달해도 시간과 에너지의 제약 조건은 극복할 수 없음을 시사한다.

이러한 관점에서 보면 우리의 미래를 위한 에너지에 대한 장기 계획이 요구된

4) 상게서, pp.163-164.

다. 석유가 인류를 위해 할 수 있는 일을 원자력이나 태양열이 모두 대신해 줄 수는 없을 것이다.

모든 생명을 평등한 가치로 존중해야 하는 시기가 있는 반면에, 모두 살리려다가는 모두 함께 죽는 사실이 우리에게 부과된 숙명적인 제약 조건이 될 수 있다. 시기와 상황에 따라서는 살아남아야 할 자와 살아남을 수 있는 자를 위해 그렇지 못한 자를 희생시켜야 하는 선택의 주기가 필요하다는 점을, 우주의 원리는 우리에게 시사하는 것 같다. 이상과 같은 시사에 의해 과학 만능주의에 대한 우리의 신앙이 헛됨을 우리는 깨달아야 하고, 선진국에서 실시되는 완벽한 사회 보장 제도가 인류의 이상이 될 수 없다는 것으로 풀이할 수 있다. 이것은 사회 보장제도에 대한 긍정이나 부정이 아니고, 인(仁)과 의(義)의 주기에 의한 교호 원리(交互原理)의 선택을 의미한다.

이처럼, 대자연과의 화합을 가정한 관리의 기준에 따르면 관리자로서의 경영자는 자기의 전문 지식을 토대로 자기가 맡은 영역에서 시간과 에너지 및 물자의 절약을 실현시켜야 한다. 다만, 공간 차원에 있어서 자기가 속한 소공간에만 집착하지 말고 전체와의 원만함과 조화를 고려해야 하고, 또 시간 차원에서는 눈앞의 단기에만 집착하지 말고 장기적 흐름을 관찰하여 유연한 투명성을 발휘해야 하겠다.

2. 창조자적 기능

인간 사회에서는 끊임없이 변화가 발생한다. 이러한 변화는 그 원인이야 무엇이든 간에 제품이나 용역의 수명주기에 영향을 미치게 된다. 경영자는 시장의 변화를 예측하여 여기에 알맞은 신제품을 생산하거나 제품 개발을 추진하여 큰 성과를 이룩할 수도 있고, 또 이러한 변화를 잘못 예측, 파악함으로써 실패할 수도 있다. 예컨대, 포드(H. Ford)가 신제품은 T형 자동차로 1910년대에 역사적인 성공을 거둔 사실은 알려진 이야기다. 그러나, 소비자의 선호가 시간의 흐름 위에 변한다는 사실을 무시한 포드는 그 사실에 유의한 GM에게 뒤진 사실도 있다. 또, 세계적 기업인 Singer회사의 가정용 재봉기도 의류산업이 발달해서 가정에서

의복을 만들어 입는 습관이 사라지고 있는 요즈음에는 가정에 재봉기를 보유하는 경향이 감소되어 큰 시련을 겪는다.

1970년대의 석유 에너지 문제는 자동차의 판매 감소라는 양적 변화와 자동차의 소형화 등 질적 변화를 초래하였으며, 더 나아가 교외의 대형 쇼핑 센터보다는 시내의 소형 유통 기구를 선호하는 자동차의 구매 유형의 변화까지 가져왔다.

이러한 변화를 예측하여 미리 대처하거나, 미래의 상황에 적합한 변화를 창조하는 일은 앞서의 관리자 사명, 즉 시간, 에너지, 물자의 절약·관리보다 더욱 필수적이라고 할 수 있겠다. 변화에의 적응과 창조의 방향이 잘못되면 관리 차원에서 아무리 철저히 하여도 그 기업의 운세는 기울어지기 때문이다[5].

또, 변화의 대처나 이의 창조는 단순히 그 기업의 존속과 성장에 영향을 미치는 기회나 위협에 그치지 않고 윤리적 책임의 문제를 수반 할 때가 많다. 과학이나 학문 혹은 예술 세계의 결과나 성과를 기업화하거나, 경영의 갈등 문제를 해결하기 위한 변화의 도입에는 역사 의식을 갖는 향도적 성격이 포함되어야 할 것이다.

최근에는 시험관 아기의 사회적 문제가 지적되고 있다. 그러나, 이는 순수한 과학적 입장에서 찬양할 만한 성취이며, 특정한 가정의 불임 문제를 과학의 힘으로 해결하기 때문에 이는 큰 공헌이기도 하다. 그런데, 어떤 가정의 요청과 관계없이 어느 기업이 상업적으로 시험관 아기를 대량 생산한다면 그것은 사회적 문제가 될 것이다.

컴퓨터와 로봇 문제도 마찬가지다. 이들이 절실히 요청되는 분야에의 사용은 필요한 것이지만, 노조와의 갈등 문제라는 경영의 구조적인 문제를 회피하기 위해 노동 대체로 이용한다면 이는 실업 문제의 야기로 결국 사회적 구매력을 저하시켜 기업계 및 자신의 사활이 걸리는 문제로 귀결될 것이다.

이와 같이 경영자에게는 과거로부터 이어지는 역사적 변화를 인식하는 동시에, 현재의 역사적 과제에 대한 지각을 가지고, 이러한 변화가 미래에 어떤 결과를 초래할 것인가를 탐구하면서 현재의 결정에 임해야 할 당위가 부여된다. 과거와 미래가 현재의 의사결정 속에 살아 움직이는 역사적 감각을, 경영자에게 부과되

5) 상게서, pp. 174-175.

는 역사 의식이라고 한다.

경영자가 창조자로서의 역사 의식을 가지고 미래를 예측하면서 창조적 작업을 하는 데는 많은 위험 부담이 따른다. 따라서, 창조자의 차원에서의 경영자는 용기와 정열, 그리고 비전과 꿈이 있어야 할 것이다. 이는 앞서의 관리자 차원으로서의 경영자에겐 전문 지식과 이성, 그리고 필요에 따라 유연성을 발휘할 수 있는 능력이 필요했던 것과는 대조가 된다.

경영 환경은 단기적인 아이디어의 경쟁이나 그로 인한 제품의 수명 주기의 단축 현상과, 공간 차원에서 보호주의와 민족주의의 선택 등 목표 설정에 있어서 경계의 축소 현상이 심화되고 있다. 이것은 경영자를 위한 창조적 역할의 여지가 줄어들고 있다는 것을 의미한다. 이러한 시대적 전개는 그동안 인류의 장래를 생각하는 역사 의식을 가진 지도자의 부족으로 해석된다.

이러한 맥락에서 보면 거시적 관점에서 오늘날 경영에 활력을 불어넣을 수 있는 방법을 두 가지로 압축할 수 있겠다. 하나는 세계를 하나의 경영 단위로 보는 공간 차원적 철학의 정립이고, 다른 하나는 역사 의식의 시간 차원에서 장기 우회론의 선택이다. 전자는 UN기구와 같은 세계 기구의 강화나 발전으로 실현할 수 있을 것이고, 후자는 구체적으로 우회 축적을 할 대상을 찾음으로써 가능해질 것이다. 선진 과학과 기술로 미개발 지역의 잠재력을 개발하는 연구에 대한 투자는 인류를 위해 우회 축적을 통한 장기 최적을 추구할 수 있는 주요 목표가 될 것이다.

이러한 양자의 관계는 서로 결합된 구조로 얽혀 있다. 이는 전쟁으로 인한 수요의 창출보다 더 바람직한 길이다. 그러나, 이러한 방법을 선택하려면 내일을 위해 오늘을, 대를 위해 소를 희생할 수 있는 이념과 철학이 먼저 정립되어야 할 것이다.

3. 지도자적 기능

지도자 차원의 경영자는 결국 조직과 구성원간의 조정과 조화를 위해 필요한 희생을 본인에게 요청하고 실현시키는 일이다. 물론 이러한 희생과 실현은 권한으로도 행사할 수 있다. 이를 위해 지도자에게 적절한 권한이 위임되어져야 하겠지만, 희생을 강압에 의하지 않고 스스로 이를 감수하면서 지도자를 따를 때 그 지도력은 훨씬 효과가 클 것이다.

이처럼, 조직의 공식화된 권한 이외에 지도력의 원천이 있다면 그것은 곧 경영학적 연구의 대상이다. 그에 대한 자명한 해답이 있다. 남에게 어떤 희생을 강요함이 지도자의 역할이라면 지도자 역시 필요한 희생을 스스로 솔선 수범해야만 한다[6].

자신에게 필요한 희생이 무엇인가를 찾아 그것을 실현하는 작업은 과학적 분석 이상의 것, 어떤 의미에서 예술·철학의 문제일 것이다. 미의 본질은 조화에 있고, 조화는 각 구성원에게 요청되는 절제를 행할 때 달성되기 때문이다. 예컨대, 관현악(symphony)의 경우 모든 악기가 욕심껏 소리를 낸다면 음을 통한 미의 추구는 불가능할 것이다. '각 악기가 필요한 절제를 행할 때 화음, 즉 미가 실현된다. 따라서, 우리가 여기서 자기 절제를 자기 희생과 동일시하면 자기에게 필요한 희생의 추구는 곧 예술적 미의 창조가 되고, 미는 시·공의 유형을 초월하여 모든 사람을 끄는 매력이나 호소력을 갖는다.

이와 같이 지도자는 자기에게 필요한 희생을 찾아 실천에 옮길 때, 그는 미를 창조하는 것이며, 이러한 미를 통해 그 추종자는 지도자의 매력과 호소력을 느끼는 것이다. 호소력에 의한 지도력은 단순한 권력에 의한 지도력보다 훨씬 저항을 적게 받을 것이므로 보다 적극적인 호응을 유발할 것임은 당연하다.

필요한 희생은 스스로 자기의 것에 대해 필요한 만큼의 희생인 것이다. 예컨대, 개발 도상국에서 어느 대기업가가 호화 승용차를 탈 능력이 있으나, 강제되지 않은 상황에서 스스로 일반차를 탄다면 이는 자기 절제이고 자기 희생이므로 곧 미요 매력이며 호소력이 될 수 있다.

---

6) 상게서, pp. 181-183.

〈그림 10-5〉 경영자의 4대 기본조건

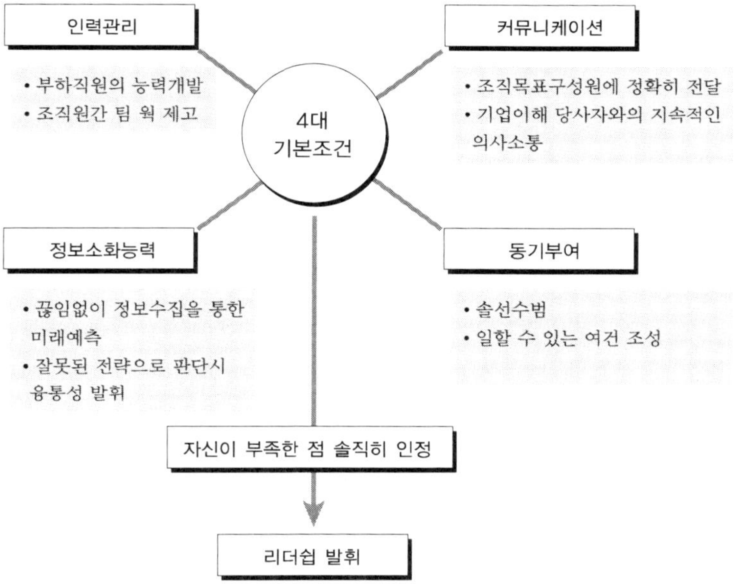

자료 : Financial Times, *Mastering Management*, 손현덕 · 박봉권 역, 『핵심경영전략』, 매일경제신문사, 1998, p. 51.

필요한 만큼의 포기는 중용(中庸)의 개념인데, 도가 지나치면 오히려 매력을 잃는다. 지도자가 자기 희생을 견디어 나갈 때 구성원은 지도자의 인내에 대한 보상으로 조직의 목표달성에 대한 협조 이외에 또 무엇을 제공해야 한다. 이유는 자기희생을 위해 태어나는 인간은 그리 많지 않으며, 조직 사회는 지도자의 희생이 요구되기 때문이다(〈그림 10-5〉 참조).

여기에 대한 해답은 존경과 명예에서 찾아야 할 것 같다. 존경과 명예가 가치관의 정점에 있는 조직 사회가 권력이나 부를 가치관의 정점에 두는 사회보다 인간의 이상 사회에 훨씬 가까운 상황이라는 것은 물론이다. 지도자의 필요 조건이 자기 희생일 때 조직 구성원은 존경과 명예를 가지고 그에게 따라야 할 것이다.

제4절 전략적 경영자와 기업의 흥망

우주에서 균형이나 정지된 상태란 순간, 또는 극히 짧은 시간을 제외하고는 존재하지 않는 것 같다. 자연 법칙에 따라 물은 아래로 흘러 어디에 조용히 고여 있어야 하지만, 명경지수(明鏡止水)란 문학적 표현에 불과할 뿐, 조용히 움직이지 않는 물은 없다. 바다는 바람 때문에 늘 출렁이고 지구와 달의 상호 작용으로 밀물과 썰물이 나타나며, 때로는 대기와의 작용에 의해 해일까지 일어난다. 마찬가지로 인간도 무한욕망과 무명으로 인해 고요한 평심을 누리기가 어렵다고 하는 것 같다.[7)]

삼라만상(森羅萬象)은 모두 변화무상 속에 있으며, 특히 개성이 다른 인간의 집합체인 사회, 그 사회의 장기적 변화과정인 역사 현상에 내재하는 변화 원리는 끝없는 탐구의 대상일 것이다.

경영자는 이처럼 심오한 변화 원리를 깨달아 환경 변화에 무한도전과 응전으로 적응해 나가야 한다. 예컨대, 자유주의 경제 체제에서는 무수히 많은 기업이 탄생하여 성장·발전하는 반면에, 또 한편으로는 패망하고 소멸해 가고 있다. 세계 100대 기업이 100여년간 생존하는 것은 하나 뿐이며, 기업의 평균 수명이 30년이라는 보고가 있다. 어떤 기업은 단명으로 끝나고 어떤 것은 장수하고 있다. 인간을 위시한 모든 생명체의 수명에는 단명의 비운과 장수의 행운이 있다. 또, 평균 수명이라는 개념이 존재한다. 그러나, 기업의 경우는 어떨까? 기업체도 생명처럼 숙명적인 존재일까? 아닐 것이다. 인체와 같은 생명체와 기업과 같은 조직의 생명체는 각기 생명을 유지하는 기본 체계가 다르기 때문인 것이다. 전자는 생화학적 존재임에 비해 후자는 그렇지 않는 것만은 확실하다.

그러면 기업의 흥망은 무엇에 의해 결정되는가? 조직의 죽음은 두 가지 유형이 가능한데, 하나는 외부로부터의 죽음이고, 또 다른 하나는 내부로부터의 죽음

7) 상게서, pp. 187-188.

이다. 외부로부터의 죽음이란 환경 변화를 감지하지 못했거나, 또는 그에 적응하지 못하여 생명력을 잃게 되는 경우이다. 내부로부터의 죽음이란 내부의 어떤 붕괴·균열이 일어나 조직이 패망하는 경우를 뜻한다. 전자의 경우는 창조자 차원의 경영자가 그 기능을 잘 수행할 수 없을 때 도태하고, 후자의 경우는 지도자 차원의 경영자가 타락할 때 발생한다.

창조자 차원의 경영자는 발생하는 변화를 예측·감지하고, 이에 적절히 대처해야 할 뿐만 아니라, 역사 의식을 가지고 변화를 창조해야 한다. 거듭 말하지만 이러한 변화에의 대응과 창조를 위해 경영자는 시간 차원에서는 우회 축적을, 공간 차원에서는 구조·기능적 유연성을 항상 고려해야 한다. 우회 축적은 가장 빨리 일을 성취할 수 있는 힘의 원천이고, 또 일체의 변화는 조직의 구조·기능적 재조정을 요하기 때문이다.

창조자 차원의 경영자가 그 기능을 제대로 못하면 관리자 차원의 경영자가 완전한 기능을 수행해도 그 기업은 외부로부터의 죽음을 면하기 어렵다. 조직의 흥망성쇠에 관한 위의 가설이 진실이라면 기업은 창조자 차원의 경영자가 변화에의 성공적인 대처가 가능하고, 지도자 차원의 경영자가 자기 절제를 통한 호소력 있는 지도력을 발휘하는 한 무한한 수명을 향유할 수 있다는 결론이다.

그런데, 아무리 철저한 노력을 기울이는 창조자라도 미래 예측에서 실패한 확률은 언제나 내포한다고 보아야 한다. 이러한 창조자 차원의 위험 부담이 두려워 안전 제일주의로 관리적 차원에만 완벽을 기하려는 기업은 역시 영구적인 생존이 곤란할 것이다. 이제까지 살펴본 바와 같이 기업은 무한한 수명을 누릴 수 있는 가능성은 가지고 있으나, 경영자가 아무리 노력해도 그것이 보장되지 않는다는 논리에 귀착하게 된다.

1. 경영전략과 기업의 운명

전략은 선택과 포기를 결정하는 과정이다.

기업은 끊임없이 변화하는 환경에 신속하게 시의 적절히 대응해야 한다. 변화의 흐름을 놓치면 경쟁대열에서 낙오할 수밖에 없다. 어제의 승자가 내일에도 승자가 되기 위해서는 환경 변화를 수용·극복하는 일이 급선무이다.

최고경영자가 환경변화에 대응하기 위한 전략 평가에 따라 그 기업이 채택하는 전략 방향이 달라질 수 있다. 즉, 기업의 운명인 흥망을 결정하는 것이다.

기업이 추구하는 전략에 따라 장기 고도성장전략, 단기이익 극대화 전략, 현상유지전략으로 평가할 수 있다.

첫째, 장기 고도성장 전략은 단기적으로 높은 투자부담 때문에 현금흐름이 마이너스가 되나, 현금 흐름이 빠른 속도로 호전되어 장기적으로 높은 수익성을 실현하는 전략이다. 삼성전자가 반도체 투자를 처음 할 당시에는 그 사업의 초기 투자가 높고 실패할 위험이 크기 때문에 상당히 주저했으나, 장기적으로 전자기업이 추구하는 장기 고도 성장을 위해서 과감하게 투자함으로써 지난 4-5년 동안 고도 성장을 할 수 있게 되었다.

둘째, 단기이익 극대화 전략은 단기적으로는 높은 현금흐름을 실현하나, 지속적인 투자 부족으로 장기적으로는 경쟁력을 상실하여 현금흐름이 마이너스로 반전되는 경우이다. 이 경우에도 삼성전자의 전자레인지 사업을 생각해 볼 수 있다. 90년도 중반에는 전 세계 전자레인지 생산의 30% 이상을 점유했지만 최근에는 후발주자로서 등장한 중국, 대만, 동남아시아의 저가공세에 밀려 점차적으로 시장에서 밀리고 있다. 전자레인지 시장의 포화상태로 그동안 신제품에 대한 지속적인 투자 부족과 관심부족으로 점차 경쟁력을 상실하고 있다.

〈표 10-1〉 전략적 대안의 기간별 평가

	재무적 영향		전략실행 난이도		잠재적 위험		전반적 평 가
	단기	장기	조직 능력	재무 자원	경쟁업체 반 응	기술적 변 화	
장기고도 성장전략							
현상유지 전략							
단기 이익 극대화전략							

셋째 현상유지 전략은 보수적인 현상유지 전략으로 큰 투자 부담없이 소득의

현금흐름을 지속적으로 유지하는 전략이다. 이 경우에도 삼성전자의 백색가전 제품인 컬러TV, 냉장고 사업부문을 들 수 있다. 과거에 투자된 설비시설에 약간의 기술개발, 제품디자인의 변화 등을 고려하여 보수적인 현상유지 전략으로 사업을 지속적으로 유지하고 있다.

이러한 각각의 전략적 대안은 장·단점이 있으므로 기업의 장기적인 목표, 자금, 상황 및 위험요인들을 고려하여 최적대안을 선정할 필요가 있다.

위의 3가지 전략적 대안은 기간별로 각각의 장, 단점을 객관적인 기준에 따라 비교, 평가할 필요가 있다. 〈표 10-1〉에서는 장기적 고도성장 전략, 단기적 이익 극대화 전략, 현상유지 전략의 3가지 전략적 대안을 다음과 같은 기준에 따라 평가하고 있다.

〈그림 10-6〉 전략적 대안의 현금흐름 분석

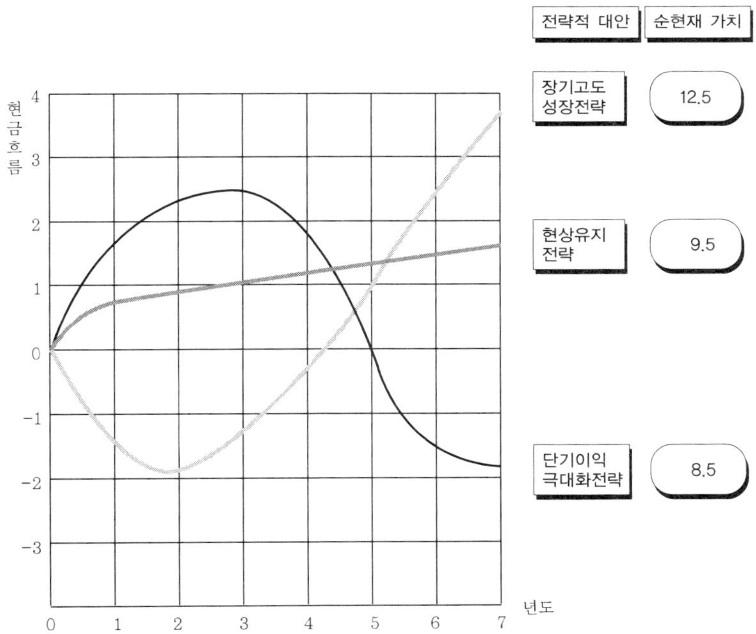

(1) 재무적 효과는 각 대안별로 예상되는 수익성 및 현금흐름을 추정하고 시간에 따라 단기(1-2년)와 장기(3-5년)으로 나누어 검토할 수 있다. (2) 실행상의

난이도는 전략을 실행할 수 있는 조직의 역량과 자금 상황을 고려하여 평가한다. (3) 예상되는 위험은 경쟁사의 반응과 새로운 기술혁신에 따른 위험요인들을 예측하여 평가한다.

각 평가항목들의 상대적 중요도에 따라 가중치를 달리할 수 있으며, 이들 가중치를 반영한 종합적인 전략평가를 통해 기간별로 최적안을 선정할 수 있다. 여기에서는 향후미래에 예상되는 현금흐름과 각 전략대안의 순현재가치를 추정해서 기간별 전략을 평가할 수 있다(〈그림 10-6〉 참조).

[요 약]

• 소유와 경영이 분리된 현대경영에서 기업을 지배하고 이끌어 가는 사람을 경영자라고 한다. 여기에는 소유경영자, 고용경영자, 전문경영자 등으로 분류한다. 특히 전문경영자를 현대경영자라고 하며, 그 과제로서 전략적 의사결정, 환경적응, 이해조정, 혁신, 관리 등이 있다. 경영자의 기능에는 전략과 관리 및 업무 등으로 분류되며, 최고경영자는 주로 전략을 담당하나 관리 및 업무에도 관여한다. 중간관리자는 관리기능이 위주이나 전략과 업무에도 부분적으로 담당하며, 하위 관리자는 주로 업무관리를 수행하고 전략이나 관리도 담당하게 된다.

• 전략경영의 핵심역할을 담당하는 최고경영자가 곧 전략가이다. 전략가로서의 경영자는 지식과 기술 및 자세 등의 요건을 구비해야 한다. 지휘활동은 기업의 목표를 달성하기 위해 종업원이 적극적으로 몰입하도록 도와주는 경영자의 활동이다. 이러한 지휘활동은 리더십을 발휘하거나 동기유발을 통해서, 또 구성원간의 원활한 의사소통을 통해서 이루어질 수 있다.

• 효과적인 목표의 달성을 위해서 계층적 기능의 혼합도는 각기 상이해야 하는 데, 즉 개념적이고 설계적 기능은 최고경영자, 인간 관계적 기능은 중간관리자, 기술적 기능은 하위 감독자가 각각 담당한다. 경영에 있어서 주어진 현실을 제약조건으로 하여 비교적 반복이 가능한 단기적 업무는 관리자 차원의 일이며, 조직의 생존에 필수적 업무이다. 변화에 대응하는 예측자, 변화를 유도하는 창조자의 역할이 요청되며, 이는 변화를 추구하기 때문이다. 예측자・창조자로서의 역할은 경영목표와 상의상관적이다. 경영의 구성원인 인간은 경영의 주체인 동시에 객체이며, 경영의 목표인 동시에 수단이라는 이중성을 갖는다. 즉 시간차원의 장기・단기 최적의 조화, 공간차원의 부분과 전체의 최적화를 위한 지도자의 역할은 당위 문제이다. 이러한 세가지 차원의 조화가 기업의 생명이다.

제3부

경영전략과 경영정책의 실천

제 11 장

기업의 내부환경 개념

제 1 절 내부환경의 개념분석

1. 내부분석의 목적

기업의 존재이유인 사명은 고객의 욕구로부터 도출함으로써 전략과 정책을 수립·수행할 수 있는 전략경영과 경영정책이 등장한다. 이는 기업의 성장과 생산성향상을 위한 전략자원과 조직능력을 개발하고 함양한다. 그리고 경쟁력을 확보할 수 있게 한다.

내부분석의 일차적 목적은 기업이 보유한 내부 자원과 능력을 평가하여 경쟁우위의 원천이 되는 강점과 약점을 파악하는 데 있으며, 보다 궁극적으로는 외부기회에 대해 강점을 활용하거나 또는 새로운 자원(핵심역량 등)이나 능력의 개발과 축적을 통해 강점을 강화하고 약점을 보완함으로써 경쟁우위를 지속시키는 데 있다. 이때 강점이란 기업이 경쟁기업보다 잘하는 무엇, 또는 주요 능력을 뒷받침하는 뛰어난 특성을 의미한다. 그리고 약점은 기업이 부족하거나, 경쟁기업에 비해 잘하지 못하는 것, 또는 열위에 처하게 하는 조건을 의미한다. 따라서 기업의 경쟁우위는 그 기업의 강점과 약점에 의해서 결정된다.

이 장에서는 경쟁우위의 원천이 되는 내부분석의 중요성과 함께, 기업이 보유하고 있거나 이용 가능한 자원과 조직능력을 파악하고 평가하는 것에 대해 살펴볼 것이다.

2. 내부분석의 중요성[1)]

기업의 내부자원과 능력을 파악하고 이를 평가하는 것이 전략수립에 있어서 얼마나 중요한가 하는 것은 다음의 두 가지 측면에서 살펴볼 수 있다.

첫째, 기업의 사명을 규정하는 데 있어서 내부자원의 역할이라는 측면을 고려해 볼 수 있다. 전략수립에 있어서 출발점은 기업의 정체성과 존재목적을 규정하는 것이다. 이는 다음의 의문에 답을 하는 기업의 사명으로 구체화된다. "우리는 어떤 사업에 종사하고 있는가?" 그리고 보다 세부적인 사업범위는 기업이 대상으로 하는 시장을 통해서 정의되는데, 예컨대 "우리의 고객은 누구인가?" "우리는 고객의 어떤 욕구를 충족시키려고 하는가?"라는 질문에 답을 함으로써 구체화된다.

그런데 대상고객이 빈번하게 바뀌고 고객의 욕구를 충족시키는 기술의 변화가 빈번하며, 동일한 고객욕구를 충족시키기 위해 다양한 기술을 사용하는 기업들이 치열하게 경쟁하는 불확실한 환경 하에서는 외부환경에 중점을 둘 경우, 기업의 장기전략을 수립하는 데 필요한 안정적 기반을 얻는 데 도움이 되지 않는다. 따라서 기업의 외부환경이 급변할 경우 기업이 보유하고 있는 내부자원이나 능력을 기준으로 기업사명을 규정하고, 나아가서 장기전략을 수립하는 것이 보다 일관되고 안정적인 방법이 될 것이다.

둘째, 수익성이라는 측면에서 내부분석의 중요성을 확인해 볼 수 있다. 기업의 수익성은 두 가지 원천으로부터 나온다. 그것은 기업이 속한 산업의 매력도와 산업내에서 그 기업이 누리는 경쟁우위의 정도이다. 이를 좀더 깊이 분석해 보면 산업의 매력도와 경쟁우위는 결국 기업이 보유하고 있는 자원에 그 근거를 두고

1) 어윤대 외, 전게서, pp. 208-209.

있다.

먼저 경쟁우위의 측면에서 본다면 경쟁기업에 비해 원가우위를 달성할 수 있는 것은 규모의 효율성이 높은 공장, 우월한 공정기술, 양질의 원료산지 등을 보유하는 것에 달려있다. 차별화 우위는 브랜드명, 특허권, 광범위한 유통 및 서비스망과 같은 특정자원을 보유하거나 통제 할 수 있는 것에 의해서 뒷받침된다. 따라서 경쟁우위를 통하여 기업이 얻는 높은 수익성은 기업의 보유자원에 대한 대가(일종의 렌트)로 볼 수 있다. 따라서 자원이 쇠퇴하거나 노후화할 경우, 또는 다른 기업에 의해 모방될 때 기업의 수익성도 하락한다.

한편, 매력적인 산업에서 얻을 수 있는 초과이익은 일반적으로 개별 기업보다는 산업 전체와 관련된 것으로 간주된다. 매력적인 산업에서 기업이 완전경쟁보다 높은 이익을 얻을 수 있는 것은 시장지배력의 결과이다. 그렇다면 시장지배력의 원천은 무엇인가? 산업조직론에서는 진입장벽을 시장지배력의 중요한 원천으로 보고 있다. 그런데 진입장벽은 자본장비면의 규모의 경제, 특허권, 브랜드명 등과 같이 기존 기업은 보유하고 있으나, 잠재적 진입기업이 취득하기 어렵거나 많은 비용을 투자하여야 취득할 수 있는 자원이 그 원천이 된다. 따라서 시장지배력과 그에 따른 수익성도 결국 내부자원에 의해서 결정된다는 것을 알 수 있다.

이상에서 우리는 내부자원의 중요성을 두 가지 측면에서 살펴보았는데, 기업이 누리는 경쟁우위와 수익성의 원천이 기업이 보유한 내부자원에 의해서 뒷받침됨을 보았다. 이런 점에서 볼 때 기업의 내부자원을 분석하고 이를 통해 기업의 강점과 약점을 평가하는 내부분석의 중요성이 크다고 하겠다. 한편 기업의 내부자원에 대한 분석은 기업의 수익성이 내부자원에 의해서 결정된다는 점에서뿐만 아니라, 전략에 관한 기존 연구가 주로 외부환경을 분석하는 데 치중하였던 것에 대하여 내부분석의 중요성을 인식한다는 점에서도 그 중요성이 강조된다.

제 2 절 내부분석의 과정[2)]

앞에서 내부분석의 목적을 첫째, 기업이 보유한 내부자원과 능력을 평가하여 기업의 강점과 약점을 파악하고 둘째, 강점을 활용하거나 새로운 자원이나 능력의 개발과 축적을 통해 강점을 강화함으로써 경쟁우위를 지속시키는 데 있다고 하였다. 따라서 내부분석은 다음과 같은 두 단계로 나누어 살펴볼 수 있다.

첫 번째 단계는 기업이 보유한 내부자원, 예컨대 특허권, 브랜드명, 자본장비, 기계, 경영자와 종업원의 능력 등과 같은 개별자원의 존재와 그리고 이들 자원을 결합하여 활용하는 능력을 파악하고, 파악된 자원과 능력에 대한 양적 및 질적인 평가를 통해 강점과 약점을 파악하는 것이다. 두 번째 단계는 기업의 경쟁우위가 어떻게 창출되는가를 보기 위해서 이들 강점과 약점(자원과 능력)이 어떻게 기업의 경쟁우위로 연결되는가를 보는 것이다. 이러한 과정을 그림으로 나타내면 〈그림 11-1〉과 같다.

일반적으로 내부분석은 첫 번째 단계의 분석만을 의미한다. 그러나 내부분석의 궁극적 목적이 기업이 보유한 강점을 전략을 통해 활용하는 데 있다는 점과 기업이 누리는 경쟁우위의 원천이 내부자원에 있다는 점을 고려해 볼 때, 강점과 약점에 대한 파악만으로는 성공적인 전략을 수립할 수가 없다. 경쟁우위를 창출할 수 있는 내부자원이 무엇이며, 이를 어떻게 획득하고(외부조달), 개발하고(자체개발), 축적할 것인가 하는 측면에 대한 분석이 이루어져야 할 것이다. 여기에 관련된 문제가 핵심성공요인과 강점과의 관계를 파악하고 내부자원과 전략간의 적합성을 달성하는 문제라고 하겠다.

2) 상게서, pp. 210-220

〈그림 11-1〉 경쟁우위의 원천과 내부자원

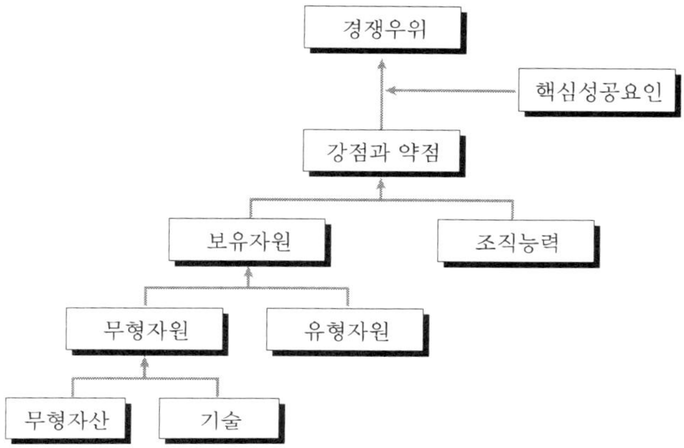

자료 : 상게서, p. 211.

내부자원과 전략간의 적합성은 전략이 다음의 세 가지 경우에 도움이 될 때를 의미한다. 즉, 전략이 ① 기업이 보유한 강점을 최대한으로 활용하거나 이를 더욱 강화하는 데 도움을 주고, ② 부족한 자원을 개발하고 축적하는 데 도움을 주며, ③ 기업의 약점을 회피하는 데 도움을 주어야 한다는 것을 의미한다. 하나의 전략을 통해 이들 세 가지 사항을 동시에 충족시키기는 어렵지만 모든 전략이 직접 및 간접적으로 이들 세 가지 사항과 연관을 가지고 있다. 이런 점에서 전략가는 기업의 지속적 경쟁우위를 구축하는 데 원천이 되는 내부자원을 사전에 파악하여야 하는데, 이를 위해서 현재와 미래의 핵심성공요인을 파악하고 예측하여야 한다. 그리고 기존의 자원을 더 개발할 것인지, 아니면 새로운 자원을 개발할 것인지를 결정하여야 한다.

1. 내부자원의 분류

내부자원이란 기업이 효율성과 효과성을 증가시키기 위한 전략을 수립하고 실행하는 데 도움이 되는 것으로 기업이 보유하고 있는 모든 자산, 능력, 정보, 지식 등을 포함한다. 따라서 내부자원의 종류를 전부 나열하는 것은 불가능하다. 보다 유용한 방법은 내부자원을 유형별로 분류하는 것이라고 하겠다. 〈표 11-1〉과 같이 내부자원을 재무자원, 물적 자원, 인적자원, 기술자원, 조직자원으로 분류하는 것이 대표적인 예라고 하겠다.

〈표 11-1〉 내부자원의 분류

내부자원	내부자원의 예
재무자원	현금흐름, 신용도, 신규자본 조달능력
물적자원	공장, 설비, 재고자산, 지역적 입지, 연료산지의 접근성
인적자원	관리자 및 노동자 개개인의 경험, 판단, 훈련, 지능, 관계, 통찰력
기술자원	제품 및 공정기술, 일반관리기술, 노하우, 정보
조직자원	기업의 공식적 보고체계, 공식적 및 비공식적 계획/통제/조정제도, 기업 내 집단간 비공식관계, 기업과 외부기업간의 비공식적 관계

자료 : 상게서, p. 213.

내부자원의 분류를 위해 어떤 방법을 사용할 것인가에 따라 내부자원을 상당히 다른 유형으로 분류할 수 있다. 기업이 누리는 경쟁우위의 원천이 무엇인가를 정확하게 파악하기 위해서는 내부자원의 종류와 개념에 대한 정확한 이해가 필수적이다.

기업이 보유한 자원을 크게 분류한다면 유형자원과 무형자원으로 나누어 볼 수 있다. 유형자원은 재무적 및 물질적 자산(기계, 장비, 공장 등)과 같은 가시적 자원을 의미하며, 무형자원은 기업의 명성, 기술, 노하우와 같은 비가시적 자원을 의미한다. 기업의 경쟁우위를 뒷받침하는 데 있어서 보다 중요한 자원으로 지적되고 있는 것이 무형자원이다. 그런데 무형자원이 경쟁우위의 주요한 원천이 되고 있음에도 불구하고, 실제 기업의 성공이나 전략과 관련하여 무형자원의 본질과 역할을 파악하고 분석하는 체계가 부족하다.

이는 한편으로 무형자원의 교환가치를 산정하는 데 어려움이 있기 때문이라고 하겠다. 특히 기업의 명성이나 상표명과 같은 것은 교환의 대상이 되지 않으므로, 이들 가치를 환산하는데 어려움이 있다. 회계학이나 경제학이 주로 유형자원을 관심의 대상으로 삼고 있는 것도 이런 측면과 연관이 있다고 하겠다. 일반적으로 기업의 시가총액(주식발행수×주식가격)에서 대차대조표상의 자산총액을 뺀 것을 무형자원의 가치를 나타내는 것이라고 볼 수 있다. 그러나 이러한 계산법의 정확성은 논외로 하더라도 그 결과수치는 무형자원 전체에 대한 개략적 측정치에 지나지 않는다. 즉, 개별무형자원의 가치를 산정하는 데는 여전히 어려움이 있다.

기업이 보유한 무형자원은 크게 무형자산과 기술로 구분할 수 있다. 무형자산이란 지적소유권, 특허권, 등록상표, 복사권, 등록된 디자인, 계약, 라이센스, 거래비밀, 데이터 베이스, 개인간의 네트워크 등과 같이 소유의 대상이 되는 무형자원을 의미한다. 기업의 명성도 소유의 대상이 된다는 점에서 무형자산으로 분류할 수 있다.

한편, 기술은 종업원들의 노하우와 조직문화를 구성하는 집단적 성향을 의미한다. 무형자산이 소유의 대상이라면, 기술은 어떤 일을 할 수 있는 능력으로 행위적 측면과 관련이 있다. 이러한 기술은 무형자산에 비해 판매와 이전에 있어서 제약을 받는다. 따라서 기업이 다른 기업을 인수할 경우 그 기업이 소유하고 있는 특허권, 지적소유권과 같은 무형자산은 명확히 획득할 수 있으나 노하우, 문화와 같은 기술을 그대로 획득할 수 있을지는 확신할 수가 없다.

한편, 기업의 자원이 전통적으로 사람, 상품, 자본으로 정의되는데, 여기에 정보라는 자원을 추가할 수 있다고 하였다. 고객의 신뢰, 상표이미지, 유통관리, 기업문화, 관리기술 등이 정보자원에 포함될 수 있는데, 이와 같이 정보에 기초를 둔 자원을 무형자산이라고 하였다. 따라서 정보는 무형자산의 중심이라고 할 수 있으며, 정보의 양뿐만 아니라 정보를 수집하고 전달하는 정보채널도 기업의 중요한 무형자산이 된다고 하였다. 예컨대 기업문화는 조직이 상식적으로 가지고 있는 태도, 사고과정의 패턴, 기업이 가치를 두는 사람의 유형 등을 나타내는데, 이를 정보흐름의 시각에서 보면, 기업문화란 기업에 속한 각 개인에게 정보를 전달, 처리하는 공통되고 독특한 방법을 제공하는 것이라고 할 수 있다. 이러한 기업문화는 그 자체가 기업의 무형자산인 동시에 다른 무형자산의 축적을 촉진시키는 역할을 한다.

2. 조직능력

최근에 와서 경쟁우위의 원천으로 중요시되고 있는 개념이 능력 또는 조직능력이라는 개념이다. 이 개념은 기업이 보유한 개별자원과 이들 자원을 결합하여 활용하는 조직능력을 구분해 줌으로써 개별자원과 경쟁우위와의 관계를 설명하는 데 도움을 준다. 앞에서 기업이 보유한 자원을 유형자원과 무형자원으로 나누고 무형자원을 다시 무형자산과 기술로 나누었는데, 일반적으로 자원이란 기업이 보유하고 있거나 통제 가능한 생산요소의 량을 의미한다. 이들 자원은 기업의 여타 자산이나 기술과 결합하거나, 경영정보시스템이나 유인제도와 같은 결합 메커니즘을 통해 최종제품이나 서비스로 전환된다.

이에 비해 조직능력이란 원하는 목적을 달성하기 위해 조직과정을 통해 자원을 다른 자원과 결합하여 활용할 수 있는 기업의 능력이나 역량을 의미한다. 예컨대 품질좋고 저렴한 원료를 조달할 수 있는 능력은 ① 다양한 원료산지에 대한 광범위한 정보, ② 생사업자로서 그 동안 구축해 온 명성, ③ 대규모 구매를 가능하게 하는 자금력과 신용도, ④ 이를 뒷받침하는 기업의 규모, ⑤ 협상력이 뛰어난 조달담당자 등과 같이 기업이 보유하고 있는 유형 및 무형의 자원들이 결합하여 나타나는 결과인 것이다.

개별자원들이 집단적으로 결합하여 창출되는 것이 조직능력이라는 점에서, 자원은 본질적으로 개별적이고 능력은 집단적이다. 따라서 단순히 능력이라고 표현하기도 하지만 이러한 집단적 특성을 고려하여 조직능력 또는 기업능력이라고 표현한다. 개별자원이 저량의 개념이라면 조직능력은 유량의 개념으로 비유된다. 조직능력은 자원의 생산성을 증대시키는 일종의 중간재라고도 할 수 있는데 기업이 보유한 자원들간의 복잡한 상호작용을 통해서 장기간에 걸쳐 개발된다. 이런 점에서 조직능력은 기업의 인적자본(경영자)을 매개로 정보를 개발하고 보유하고 교환하는 정보 중심적 능력이다.

조직능력은 기능별 분야에서 개발되기도 하고(예컨대 마케팅부문에서의 상표관리능력), 다양한 물적, 인적, 기술적 자원이 결합되어 전사적 차원에서 개발되기도 한다. 이에 따라 제품과 공정의 끊임없는 혁신, 제조상의 유연성, 시장추세에 대한 적응성, 유리한 원가구조, 짧은 제품개발주기, 신뢰성 높은 서비스조직 등과 같은 기업차원의 능력을 축적할 수 있다. 앞에서 언급하였듯이 최근에 와서 기업의 경쟁우위를 창출하는 원천으로 조직능력이 중요시되고 있는데, 여기에 대해서는 제16장에서 자세히 살펴볼 것이다.

기업이 보유한 무형자원과 능력과의 관계를 알기 쉽게 보여 주는 것이 〈표 11-2〉이다.

〈표 11-2〉 무형자원의 종류와 조직능력

<table>
<tr><th rowspan="2">무형자원</th><th colspan="4">능 력</th><th rowspan="2"></th></tr>
<tr><th>기능적</th><th>문화적</th><th>지위적</th><th>규제적</th></tr>
<tr><td>기 술</td><td>종업원/
공급업자/
유통업자의/
노하우/
경험 등</td><td>품질/고객
우선적 사고
학습능력</td><td></td><td></td><td rowspan="2">사람에
의존적</td></tr>
<tr><td rowspan="2">무형자산</td><td colspan="4">명성
네트워크</td></tr>
<tr><td></td><td></td><td>데이터
베이스</td><td>계약
지적소유권
특허권</td><td>사람과
독립적</td></tr>
</table>

자료 : 상게서, p. 216.

〈표 11-2〉는 기업이 보유한 능력을 네 가지, 즉 기능적 능력, 지위적 능력, 문화적 능력, 규제적 능력으로 나누고, 이들 능력을 뒷받침하는 무형자원이 무엇인가를 보여주고 있다. 이들 능력은 지속적 경쟁우위의 원천이 되는데, 이들 능력에 있어서 기업간에 얼마나 차이가 나는가에 따라 경쟁우위의 정도가 달라질 것이다.

기능적 능력은 어떤 일을 할 수 있는 능력으로, 일반적 의미의 능력을 의미한다. 이러한 능력은 종업원이나 가치사슬상의 공급업자 등이 보유한 지식, 기술, 경험에서 발생한다. 문화적 능력은 공급업자 등이 보유한 지식, 기술, 경험에서 발생한다. 문화적 능력은 조직 전체와 연관이 있는 것으로 조직내에서 개인이 가지고 있거나 집단이 공유하는 습관, 태도, 믿음, 가치관 등을 의미한다. 구체적으로는 고품질에 대한 인식, 도전에 대응하는 능력, 학습능력, 고객을 최우선으로 하는 사고 등으로 나타난다.

지위적 능력은 고객으로부터 얻은 명성이나 유리한 생산입지 등과 같이 과거의 행동이나 의사결정의 결과로부터 얻는 것이다. 지위적 능력은 경쟁우위의 원천이 될 뿐만 아니라 경쟁기업이 이에 맞서기 위해서는 상당한 시간이 소요되므로 방어적 지위를 구축하는 데 도움이 된다. 규제적 능력은 지적소유권, 특허권, 계약 등과 같은 법률적 권리를 소유함으로써 얻을 수 있다. 이들 권리는 소유자가 법률로 보호받을 수 있으므로 방어적 지위를 구축하는 데 도움이 된다.

앞에서 무형자원을 무형자산과 기술로 분류하였는데, 이를 다시 사람에 의존하는 것과 그렇지 않은 것으로 분류할 수 있다. 크게 볼 때 기능적 능력과 문화적 능력은 기업이 보유하는 기술이나 역량에 의존한다고 하겠으며, 지위적 능력이나 규제적 능력은 기업이 보유하는 무형자산(브랜드명, 생산입지 등)에 근거를 두고 있다. 따라서 앞의 두 가지 능력은 '행위'와 연관이 있으며, 뒤의 두 가지 능력은 '소유'와 연관이 있다.

3. 강점과 약점

기업이 보유한 자원과 능력을 표현하는데 있어서 자원, 자산, 기술, 역량, 능력 또는 조직능력, 핵심역량, 차별적 역량, 전략적 자산 등과 같은 다양한 개념들이 사용되고 있다. 그런데 학자들간에도 사용하는 개념에 있어서 차이가 나며, 이들 개념의 의미가 조금씩 다르게 사용되고 있다.

자원과 능력에 관한 주요 개념들의 의미차이를 구분하는 데 있어서 가장 먼저 고려해야 할 사항은 탁월성 또는 뛰어남이라는 가치판단이 포함되어 있는가 하는 것이다. 가치판단이란 자원의 질에 있어서 상대성, 즉 경쟁기업이 보유한 자원과 비교한 우월성의 상대적 정도를 의미한다. 예컨대 기술을 '경쟁기업보다 뛰어난 업무수행능력'이라고 정의한다면, 이 정의에는 뛰어나다는 가치판단이 포함되어 있다. 따라서 기술을 '경쟁기업에 비해 우월한 능력, 또는 어떤 과업을 우월하게 또는 보다 효율적으로 수행할 수 있는 능력'으로 정의하는 것과 '어떤 일을 수행할 수 있는 능력'으로 정의하는 것은 다르다. 첫 번째의 정의에는 우월성(또는 효율성)이라는 가치판단이 포함되어 있다. 이런 점에서 핵심역량과 차별적 역량은 경쟁기업보다 특별히 잘 할 수 있는 능력을 의미하며, 전략적 자산은 거래되거나 모방하기 어렵고 희소하며 특화된 기업의 자원과 능력을 의미하고 있어서 이들 개념에는 가치판단이 포함되어 있다. 예컨대 노사간의 신뢰나 암묵적인 조직지식과 같은 전략적 자산은 조직의 역사에 뿌리를 두고 있는 것으로 경쟁기업이 모방하기 어렵다.

기업이 보유한 자원과 능력에 대해 '뛰어나다' '탁월하다' '보다 효율적이다' 등과 같은 표현을 사용하거나 핵심역량, 차별적 역량, 전략적 자산과 같은 개념을 사용하는 것은 경쟁우위의 본질이 상대적이기 때문이다. 즉, 경쟁기업보다 우월한 경쟁우위를 누리기 위해서는 경쟁기업이 보유한 자원이나 능력보다 뛰어나거나 보다 효율적인 자원이나 능력이 뒷받침되어야 하기 때문이다. 이러한 상대적 우월성을 표현하는 데 도움이 되는 것이 강점과 약점이라는 개념이다.

강점이란 기업이 경쟁기업보다 잘 하는 무엇, 또는 주요한 능력을 뒷받침하는 뛰어난 특성을 의미한다. 구체적으로 기업이 누리는 경쟁우위(예컨대 저렴한 가격, 질 좋은 제품, 높은 상품인지도, 우월한 기술, 뛰어난 고객서비스)의 원천이 되는 우수한 기술이나 능력, 유용한 조직자원이나 경쟁능력을 의미한다. 약점은 기업이 부족하거나, 경쟁기업에 비해 잘 하지 못하는 것, 또는 열위에 처하게 하는 조건을 의미한다.

그러면 기업의 강점과 약점은 내부자원이나 능력과 어떤 관계에 있는가? 결론적으로 기업이 보유한 내부자원과 능력은 우월성의 상대적 정도에 따라 기업의 강점이나 약점이 된다. 예컨대, 기업이 우수한 기술을 보유하고 있다면 그 기술은 기업의 강점이 된다. 또한 어떤 기업이 신규투자를 수행하기에 충분한 내부자금을 축적하고 있지 않다면 자금 면에서 약점을 가졌다고 하겠다. 그러나 금융시장에서 기업의 신용도가 높아 외부자금조달에 문제가 없다면 신규투자를 수행하는 데 문제가 없을 것이다. 이 때 기업의 높은 신용도는 그 기업이 가지는 강점이다. 따라서 기업의 강점과 약점, 나아가서 기업이 지속적 경쟁우위를 누릴 수 있는가의 여부는 기업의 보유한 자원의 상대적 우월성에 의해서 결정된다.

이상의 내용을 고려해 볼 때 기업의 강점과 약점은 경쟁기업과 비교한 상대적 관점에서 평가하여야 한다. 예컨대, 장기간의 연구개발을 통해 새로운 기술을 개발한 경우 신기술 그 자체가 바로 기업의 강점이 되지는 않는다. 보유자원면에서 본다면 신기술이라는 새로운 자원의 스톡이 증가하였다고 하겠다. 따라서 신기술이 경쟁우위를 뒷받침하는 강점이 되기 위해서는 그 기술을 통해 경쟁기업보다 효율적인 생산이 가능하거나, 고객욕구에 보다 잘 부합하는 새로운 제품을 생산할 수 있어야 할 것이다. 신기술이 경쟁기업의 기술보다 효율적이지는 않지만 그 기업이 보유하고 있던 기존기술보다 효율적이라면 신기술은 그 기업의 약점을 상대적으로 보완하였다고 하겠다.

4. 핵심성공요인과 강점 및 약점

강점과 약점에 대한 평가가 이루어졌다고 하여 〈그림 11-1〉에 대한 설명이 완전하게 된 것은 아니다. 강점과 약점은 이들이 시장경쟁에서 얼마나 중요한가에 따라 유리한 조건 또는 불리한 조건으로 작용하여, 경쟁우위를 강화하거나 약화시키는 원천이 된다. 이 때 시장경쟁에서의 중요성이란 기업의 강점과 약점이 그 시장에서 성공하기 위해서 반드시 갖추어야 할 핵심성공요인과 얼마나 일치하느냐의 여부를 의미한다. 기업이 보유한 강점(약점)이 사업의 핵심성공요인과 일치할 때, 강점(약점)은 경쟁우위(경쟁열위)의 원천이 된다. 기업이 보유한 강점이 산업의 핵심성공요인과 일치하지 않을 때 그 산업에서 경쟁우위를 누릴 수 없다. 이런 점에서 본다면 기업의 강점이란 경쟁우위의 잠재적 원천이라고 할 수 있으며, 이것이 산업의 핵심성공요인과 일치할 때 잠재성이 발휘된다고 하겠다. 따라서 강점과 약점을 산업의 핵심성공요인과 연관시켜 평가할 때, 경쟁우위가 창출되는 과정을 나타낸 〈그림 11-1〉을 완전하게 설명할 수 있다.

전략경영의 핵심은 기업이 가장 잘하는 것(강점)을 중심으로 전략을 구축하는 데 있다. 기업의 강점은 경쟁우위의 원천이 되므로 성공적인 전략을 수립하는 근거가 된다. 따라서 기업이 효과적인 전략을 수립할 수 있는 경쟁자원이나 핵심능력이 부족한 경우, 이러한 자원과 능력을 신속하게 구축하기 위해 노력하여야 할 것이다. 또한 좋은 전략은 기업을 취약하게 하고, 성과달성을 저해하며, 매력적인 기회를 추구하는 데 제약이 되는 약점을 보완할 수 있어야 한다. 결론적으로 전략은 기업의 강점이나 약점과 적합성을 유지해야 하는데, 이를 위해 강점을 근거로 하는 전략을 추구하고 약점에 의존하는 전략을 회피하여야 할 것이다.

5. 강점과 약점의 평가

기업이 강점과 약점에 대한 평가를 내릴 때는 내부자원을 주의 깊게 평가하여야 할 것이다. 즉, 자사가 보유한 강점이 경쟁우위를 구축하는데 얼마나 도움이 되는가 하는 측면에서 평가하여야 할 것이다. 강점과 약점에 대한 예를 들어보면 다음의 〈표 11-3〉과 같다.

〈표 11-3〉 강점과 약점의 지표

경쟁적 강점의 지표	경쟁적 약점의 지표
* 주요기능부문의 핵심역량 보유	* 주요기능부분의 핵심역량 부족
* 높은 시장점유율	* 경쟁기업에 의한 시장기반의 잠식
* 선도적이며 탁월한 전략	* 불명확한 전략 방향
* 고객기반과 고객의 충성도 증대	* 시장점유율의 감소
* 유리한 전략집단에 속함	* 부정적인 제품 이미지
* 상당히 차별화된 제품	* 유통채널의 미비
* 평균 이상의 수익률	* 평균 이하의 수익증가율
* 낮은 생산원가	* 재무자원의 부족과 취약한 재무구조
* 규모의 경제를 통한 효율성 증대	* 고객의 이탕과 기업명성의 쇠퇴
* 기술과 제품의 혁신능력	* 쇠퇴하는 전략집단에 속함
* 수직적 통합(전방 및 후방)	* 기술과 제품개발에서 뒤쳐짐
* 독점적 기술의 보유	* 고원가 생산업자
* 풍부한 재무적 자원	* 위협에 대처하는 능력의 부족
* 창조적이고 기업가적인 경영층	* 낮은 품질수준
* 기회를 포착하는 능력	* 낡은 기계 및 공장설비

자료 : 상게서, p. 221.

이상에서 살펴본 기업의 강점과 약점을 핵심성공요인과 연관시켜 평가할 때 기업이 누리는 경쟁우위의 정도를 평가할 수 있을 것이다. 이를 위해 다음의 〈표

11-4>와 같은 방법으로 경쟁기업과 비교한 경쟁지위를 평가할 수 있다. 핵심성공요인은 그 중요성에 따라 적절한 가중치를 부여할 수 있을 것이다. 표에 의하면 품질과 성능 면에서 뛰어난 경쟁기업 A(단순합계로는 경쟁기업 B)가 가정 강력한 경쟁지위를 구축하고 있다고 할 수 있다.

〈표 11-4〉 강점과 약점의 평가

핵심성공요인	가중치	자사	기업A	기업B	기업C	기업D
품질과 제품성능	0.35	5/1.75	10/3.50	3/1.05	4/1.40	1/0.35
신제품 개발능력	0.15	5/0.75	7/1.50	10/1.50	4/1.60	1/0.15
생산기술의 숙련도	0.10	2/0.20	10/1.00	4/0.40	1/0.10	5/0.50
광고 선전비	0.10	5/0.50	10/1.00	7/0.70	1/0.05	3/0.30
유통 및 서비스망	0.10	8/0.80	7/0.70	10/1.00	6/0.60	1/0.10
신속한 공정변화	0.10	8/0.80	5/0.50	10/1.00	6/0.60	1/0.10
기업의 명성/이미지	0.05	9/0.45	4/0.20	10/0.50	1/0.05	5/0.25
상대적 원가지위	0.05	9/0.45	4/0.20	10/0.50	1/0.05	5/0.25
풍부한 자금력	0.05	10/0.05	1/0.05	7/0.35	8/0.40	3/0.15
단순합계	1.00	61	58	71	32	25
가중합계		6.20	8.20	7.00	2.90	2.10

자료 : 상게서, p. 222.

제 3 절 전략경영의 수행체계

1. 내부자원과 기업성과

내부분석의 중요성을 설명하면서 기업의 수익성이 내부자원에 의해서 결정된다고 하였다. 이 때 내부자원이란 결국 기업이 보유한 강점과 약점을 의미한다. 다라서 기업이 보유한 강점과 약점이 기업의 수익성 또는 성과에 미치는 영향을 좀더 구체적으로 살펴보자.

현재 특정산업에 속한 기업들이 제각기 자신의 고유한 시장점유율을 확보하고 있다고 하자. 이를 특정시점에서 본 정태적 시장균형이라고 한다면 이러한 균형에서 이탈하여 새로운 시장균형이 달성되고, 그 결과로 기업간의 성과차이(이익수준이나 시장점유율의 차이)가 발생하기 위해서는 다음과 같은 두 가지 조건이 충족되어야 한다. 첫째는 산업내에 환경변화가 일어나야 하며, 둘째는 이 변화로 인하여 개별기업이 받는 영향의 정도가 달라야 한다.

환경변화는 산업의 내부적 및 외부적 요인에 의해서 발생하며, 이들은 기회와 위협으로 작용한다. 먼저 외부적 변화요인은 사업의 외부환경, 예컨대 고객의 기호변화, 법적 규제조치의 변화, 투입물(임금, 원재료, 중간재 등)의 상대적 가격변화를 그 예로 들 수 있다. 산업의 내부적 변화요인은 새로운 제품이나 새로운 공정의 개발, 새로운 관리기법이나 마케팅기법의 개발 등을 그 예로 들 수가 있다.

이러한 환경변화로 인해 기업들의 성과가 차이 나기 위해서는 환경변화로 인하여 각 기업이 받는 영향의 정도가 달라야 한다. 환경변화로 인하여 기업이 받는 영향의 정도는 첫째 기업이 보유하고 있는 자원의 규모나 특성(보유기술, 정보, 소비자와의 관계, 시장지위 등을 포함)이 경쟁기업과 비교하여 뛰어난 정도, 즉 강점과 약점의 정도에 따라 달라지며, 둘째 기업이 환경변화에 어떻게 대응하였는가 하는 전략의 효과성에 따라 달라질 것이다.

예컨대 고객의 기호변화나 요소가격의 상승이라는 환경변화가 기업간의 성과차이를 유발하기 위해서는 이 변화가 각 기업에 불균등한 영향을 주어야 한다. 어떤 기업은 고객집단이나 대상시장의 범위가 다르기 때문에 고객의 기호변화에 따른 영향을 덜 받거나, 아니면 제조기술이 달라 요소투입비율이 다르기 때문에 요소가격상승에 따른 영향을 경쟁기업에 비해 덜 받을 수 있다. 그리고 어떤 기업은 효과적인 전략을 신속하게 수립함으로써 환경변화에 잘 적응하거나, 환경변화를 기회로 활용할 수 있다면 기업이 받는 영향의 정도는 덜할 것이다.

〈그림 11-2〉 환경변화와 성과차이

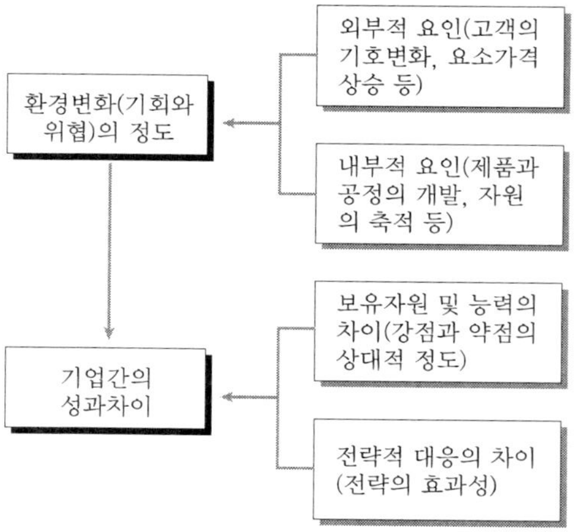

자료: 상게서, p. 224.

이상의 내용을 요약하면 〈그림 11-2〉와 같이 같은 산업에 속한 기업들이 성과(또는 수익성)에서 얼마나 차이가 나는가 하는 것은 첫째, 내부적 및 외부적 환경변화(기회와 위협)의 정도가 얼마나 큰가 하는 것과 둘째, 기업들이 보유자원(강점과 약점)과 전략적 대응(전략의 효과성)에 있어서 얼마나 차이가 나는가에 따라 달라질 것이다

2. 전략경영의 수행체계

전략체계도는 무형자산을 유형자산과 재무적 성과로 전환시켜 주는 과정을 설명함으로써 지식경영시대에 전략을 설명하고 관리하는 틀을 제공한다.

예컨대 〈그림 11-3〉에서 소매기업을 위한 전략체계도의 구조가 나타나 있다. 인과 관계의 논리구조는 전략적 가설을 내포하고 있다. 재무관점은 주주가치를 향상시키기 위한 성장성과 생산성을 포함하며 고객관점의 가치명제는 성장전략을 위한 보편적 제품라인의 중요성을 강조하고 있다. 지배적인 브랜드 이미지와 구매 및 유통 등의 내부 경영 과정의 관점이 가치명제를 고객에게 제공하고 재무적으로는 생산성 향상에 기여한다. 그리고 제품의 품질과 구매가능성이라는 고객목표에 영향을 미치며 고객유지와 성장의 달성을 알 수가 있다.

〈그림 11-3〉 소매기업의 전략체계도(1)

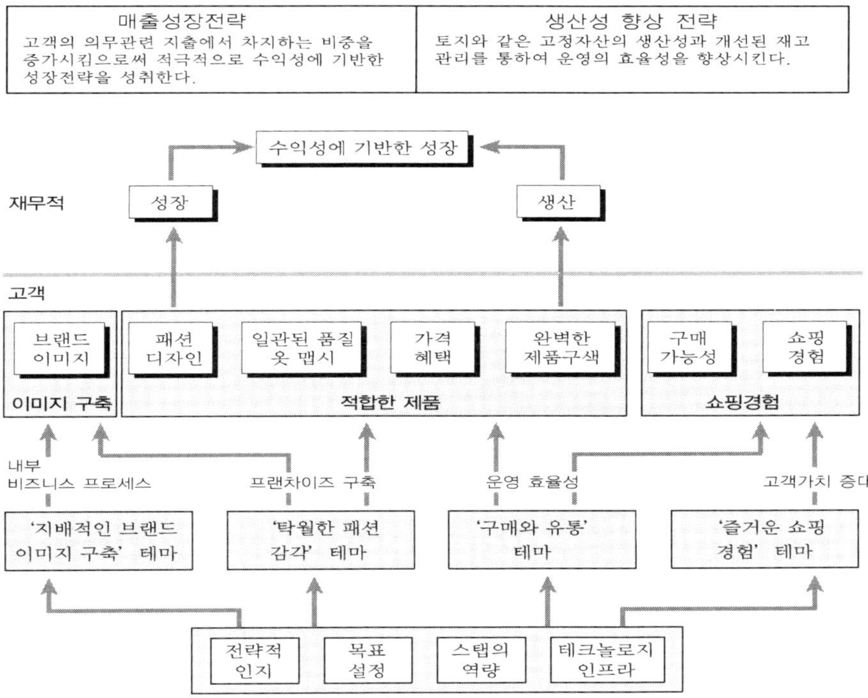

자료 : 이재욱 외 역 『전사적 전략경영을 위한 SFO』, 한언사, 2001, pp.106-107.

또한 공장관리 프로그램과 생산라인의 기획과정은 이러한 목적에 기여하며, 새로운 기술과 정보 시스템은 앞의 두 가지 과정을 모두 지원한다. 구매와 유통을 위한 전략체계도 및 측정지표는 제품, 품질, 구매 가능성에 대한 논리적 접근법을 보여준다. 전략체계도의 측정지표, 목표 및 지표의 과제 등의 인과 관계로 구매와 유통을 위한 전략을 구성하게 된다.

전략체계도는 조직이 응집력 있게, 전체적인 관점에서 체계적으로 전략을 관찰하는데 유용하다. 이 밖에도 전략의 이해를 도모하고 신속·정확하고 효과적으로 전략을 이행할 수 있는 경영시스템의 기초를 마련해 준다.

〈그림 11-3〉 소매기업의 전략체계도(2)

구매와 유통테마	측정지표	타킷(목표치)	이니티브
재무적 수익성 수익성	-영업이익 -동일상점 성장률	-20% 증가 -12% 증가	-프로그램개발
고객 매출성장 즐거운 쇼핑경험	-반품률 품질 기타 -고객충성도 최근 방문 고객수 구매품목	-매년 50% 절감 -60% -2.4 품목 이상	-품질관리 -고객충성도 제고활동
내부 비즈니스 프로세서 'A' 등급 공장 생산라인 기획관리	-A등급공장 제품구매 비율 -구비품목수	-3년간 70% 달성 -85%	-전사적공장 개발 프로그램수립
학습과 성장 공장관계 기술 상품구입 기획 시스템	-전략적 스킬 가용비율 -계획대비 전략적시스템 구축도	-1년(50%) 3년(75%) 5년(90%)	-전략적 스킬계획 -머천다이저 데스크탑 구비도

자료 : 이재욱 외 역 『전사적 전략경영을 위한 SFO』, 한언사, 2001, pp. 106-107.

3. 사명과 성과의 연계

전략은 독립적인 경영과정이 아니고 넓은 시각으로 경영을 보면 사명으로부터 출발하는 일련의 체계가 나타난다. 이러한 사명은 개인의 행동과 상의 상관할 수 있도록 쉽게 전환되어야 한다. 관리 시스템은 이러한 전환이 효과적으로 이루어지도록 도모해야 하며 전략은 논리적 체계의 한 단계로서 조직의 상위수준의 사명을 사업부와 지원부가 수행해야 할 업무로 바꾸어 준다.

전략을 설명할 수 있는 일관성의 체계를 구축하려면 다른 관리 과정과 관련된 전략의 위치를 제시하는 일관된 방법을 가져야 한다. 〈그림 11-4〉는 실무에서 효과적으로 사용되고 있는 전략의 개요를 제시하고 있다. 조직의 사명은 비전의 출발점의 역할을 한다. 즉 사명은 조직의 존재이유와 각 사업부가 기업수준에서의 위치를 지정한다.

〈그림 11-4〉 사명과 성과의 상의상관

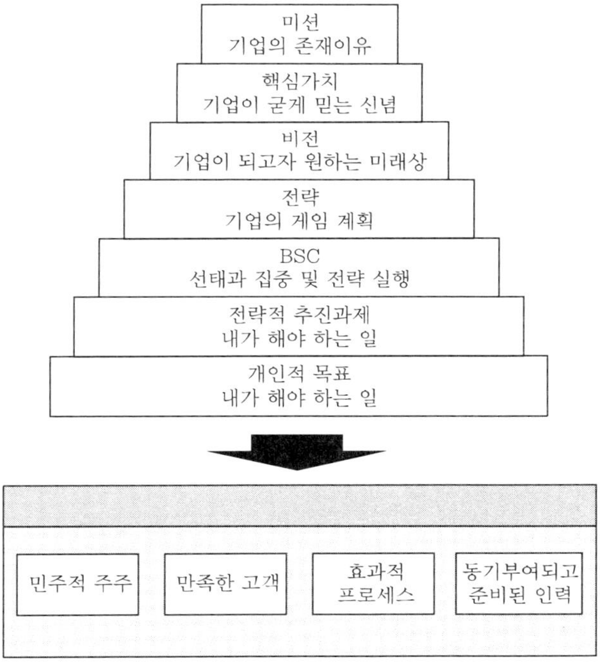

자료: 상게서, p. 110.

사명과 이에 수반되는 핵심가치는 시간의 경과로 안정되며 조직의 사명은 방향을 제시하고 미래의 기업상을 그려주며, 구성원이 조직을 지원해야 하는 이유와 방법을 이해하는 데 도움을 준다. 이 외에도 안정적인 사명과 핵심가치로부터 연속체의 다음 단계인 동태적 전략으로 옮기게 한다. 시간의 경과에 따라 전략은 현실세계에서 야기된 변화조건을 충족시키기 위해 개발되고 진화한다.

[요 약]

• 기업의 내부분석은 기업이 보유한 자원과 능력을 평가하여 경쟁우위의 원천이 되는 강점과 약점을 파악하려는 것이다. 기업의 내부자원과 능력을 파악하고 이를 평가함은 전략 수립의 근거가 된다. 전략 수립의 출발점은 기업의 정체성 및 목적을 규정하는 것이며, 이는 기업의 사명으로 구체화된다. 기업의 수익성의 원천은 산업의 매력도와 경쟁력이다.

• 조직능력은 목적의 달성을 위해 유형자원과 무형자원의 결합으로 활용할 수 있는 능력 · 역량이다. 자원은 정태적 저장량이고 능력은 동태적 유량이다. 기업의 강점과 약점은 자원의 상대적 우월성 정도이다. 강점을 근거로 삼아 전략을 개발해야 한다. 기업의 성과는 환경변화의 정도와 자원 및 전략의 효과성에 좌우된다.

• 전략체계도는 무형자산을 유형자산과 재무성과로 전환시키는 과정의 설명이며, 지식경영에서 전략을 설명하고 관리의 틀을 제공한다. 또 조직이 응집력 있게, 전체적 관점에서 체계적으로 전략을 관찰하는데 유용하다. 인과관계의 논리적 구조는 전략적 가설을 내포하고 있으며, 재무관점은 주주의 가치를 향상시키기 위한 성장성과 생산성을 함유하고 있다. 고객관점의 가치는 성장전략을 위한 보편적 제품라인의 중요성을 강조한다. 또 측정지표와 목표 및 지표의 과제 등의 인과관계로 구매와 유통을 위한 전략을 형성하게 된다.

제 12 장

기업의 전략자원 개발

제 1 절 전략자원의 개발과 함양

전략자원과 조직능력의 개발·함양으로 경쟁력을 확보하게 됨으로써 기업의 성장과 생산성의 향상이 가능함을 시사한다. 그리고 고객의 욕구로부터 기업의 존재이유인 사명·비전을 도출하여 전략과 정책을 개발함으로써 전략경영과 경영정책의 수립 및 수행이 가능함을 나타내고 있다.

1. 경쟁우위와 전략성

완전경쟁시장에서 기업이 누릴 수 있는 초과이익(이윤)의 크기는 제한되어 있다. 그러나 현실적으로 기업은 완전경쟁시장에서 얻을 수 있는 이익수준, 즉 정상이윤을 넘어서는 초과이익을 얻을 수 있다. 이는 첫째로 기업이 사업영역으로 매력적인 산업을 확보할 수 있거나, 둘째로 경쟁기업보다 뛰어난 경쟁우위를 확보함으로써 가능하다고 하겠다. 그런데 초과이익을 획득할 수 있는 이상의 두 가지 대안 중에서 경쟁우위의 확보를 통해 초과이익을 획득하는 대안의 중요성이 최근에 와서 더욱 증가하고 있다. 이는 개방화와 국제화에 따르는 경쟁의 심화라는 측면과 산업의 동태적 성장과정에 수반되는 자연적인 현상으로 설명할 수 있다.

먼저 전세계적으로 진행되고 있는 개방화와 국제화라는 관점에서 볼 때, 각국의 무역규제조치와 보호장벽이 완화됨에 따라 외국기업도 국내에서 동일한 경쟁조건하에서 국내기업과 경쟁할 수 있게 되었다. 이에 따라 각종 보호장벽과 규제조치로 외국의 경쟁기업을 배제시킴으로써 매력적 사업영역을 독점하는 것이 불가능해졌다. 더욱이 기업의 국제화가 고도화되고, 다국적기업의 활동영역이 확산됨에 따라 이익기회가 예상되는 사업영역은 국경을 초월하여 전세계 기업의 각축장이 되고 있다.

따라서 과거 어느 때보다 매력적 사업영역을 독점적으로 확보하는 것이 점점 더 어려워지고 있다. 일시적으로 그러한 지위를 구축할 수는 있으나 중장기적으로는 다른 기업들이 이를 허용하지 않을 것이다. 이러한 사실은 1960년대에 비해 국제화가 고도화된 1980년대 이후 미국이나 유럽기업의 수익성이 실질적으로 감소하는 추세에 있다는 사실에서 실증적으로 뒷받침되고 있다. 따라서 매력적 사업영역을 독점적으로 확보함으로써 초과이익이나 성장잠재력을 높일 수 있는 가능성은 점점 더 낮아지고 있다.

한편, 산업의 동태적 측면에서 보더라도 지속적 경쟁우위를 확보해야 하는 중요성은 증대되고 있다. 산업의 초기에는 다른 경쟁기업이 진입하지 않기 때문에 독점적 이익을 누릴 수 있다고 하더라도, 시간이 지남에 따라 그 산업의 잠재적 이익규모와 매력도를 다른 기업도 알게 될 것이다. 이에 따라 그 산업에 진입하기 위한 경쟁기업의 노력은 증대될 것이므로 그 산업은 곧 치열한 경쟁에 당면하게 될 것이다. 어떤 산업이든 경쟁기업이 존재하지 않는 산업은 존재하지 않는다고 말한 바와 같다. 이상과 같은 측면에서 볼 때 경쟁기업에 비해 우월한 경쟁우위를 어떻게 확보하고 지속시킬 것인가 하는 문제가 경영전략에 있어서 주요한 과제로 대두되었다고 하겠다.

이상에서 살펴본 개방화와 국제화 그리고 산업의 동태적 성장이라는 두 가지 요인을 고려해 볼 때, 전략의 핵심은 지속적 경쟁우위를 누리는 것이라고 할 수 있다. 그렇다면 기업이 지속적 경쟁우위를 누리게 하는 요인은 무엇인가? 이는 외부환경(기회)에 적절하게 대응하였기 때문인가, 아니면 내부자원(강점)을 잘 활용하였기 때문인가? 여기에 대해서는 다음 절에서 보다 구체적으로 살펴볼 것이다.

2. 초과이익의 실현과 지속성[1)]

기업이 뛰어난 성과를 지속시킬 수 있는 이유는 무엇인가? 이는 외부환경(기회)에 적절하게 대응하였기 때문인가, 아니면 내부자원(강점)을 잘 활용하였기 때문인가? 기업이 누리는 초과이익을 설명하는 연구는 크게 세 부분으로 나누어 진행되어 왔다. 첫째, 기업의 외부환경을 중심으로 기회와 위협에 중점을 두어 연구(외부환경과 전략간의 적합성)하거나 둘째, 기업의 내부자원 즉 강점과 약점에 중점을 두어 연구(내부자원과 전략간의 적합성)하거나 셋째, 외부환경과 내부자원을 동시에 고려하여 연구(외부환경-내부자원-전략간의 적합성)하는 것이다.

전략경영분야의 기존 연구는 첫 번째 연구, 즉 기업의 외부환경에 중점을 두는 연구가 대부분이었다. 기업의 외부환경에 중점을 둔 연구는 주로 산업조직론의 주요 개념과 이론을 이용하여 기업이 높은 성과를 달성하는 데 영향을 주는 외부환경요인, 특히 산업의 구조적 특징을 분석하는 데 중점을 두고 있다. 포터의 산업구조분석모형도 자유로운 시장경쟁을 제한하는 외부경쟁요인을 제시하고, 이를 통해 기업이 초과이익을 얻을 수 있는 가능성(산업의 매력도)에 대해서 설명하고 있다. 또한 포터의 『경쟁우위(Competitive Advantage, 1985)』라는 연구에서는 경쟁전략분석을 확대하여, 사업환경에 적합한 포지셔닝을 통해 시장지위를 구축함으로써 지속적 경쟁우위를 달성하는 방법에 대해서 설명하고 있다. 이와 같이 외부환경에 중점을 두는 연구는 기업의 내부특성이 경쟁지위에 미치는 영향에 대해 큰 관심을 두고 있지 않다.

이에 비해 볼 때 기업의 내부자원에 관한 연구는 상대적으로 덜 이루어졌다. 그 동안에 이루어진 내부자원에 관한 대부분의 연구도 전략의 실행문제에 중점을 두었다. 이에 따라 관심의 대상이 되었던 내부자원들은 주로 조직구조, 통제 및 유인제도, 최고경영층의 리더십과 스타일 등과 같이 전략실행과 관련된 변수

1) 어윤대 외, 전게서, pp. 327-328.

들이다. 그 결과 성과달성에 영향을 주는 이들 특성들이 기업이 활용 가능한 내부자산으로 간주되기보다는 전략선택을 제한하는 제약변수로 간주되거나, 아니면 수립된 전략을 실행하는 단계에서 고려해야 할 변수로 취급되었다.

이러한 맥락에서 기업의 내부자원에 중점을 둠으로써 기업의 성과를 설명하려는 시각이 등장하게 되었다. 이를 자원준거관점 또는 자원기준관점이라고 한다. 이 관점은 기업이 얻는 초과이익을 독점적 시장지위에 따르는 시장지배력의 결과로 보는 것이 아니라 독특한 자원의 결합에 대한 렌트로 인식함으로써, 기업이 보유하고 있는 특화되고 모방하기 어려운 자원의 중요성을 강조하고 있다. 이러한 자원을 창출하는 것이 최고경영자가 수행해야 할 기업가적 행동으로 보고 있다. 그러므로 경영전략의 중점은 내부자원의 존재와 질을 적절하게 파악하고, 이를 통해 제품시장의 지위를 구축하며, 이들 자원을 가장 효과적으로 활용, 유지, 확장하는 조치를 취하는 데 두어야 한다고 본다.

3. 전략자원과 능력함양

앞에서 살펴보았듯이 기업의 뛰어난 성공을 설명하는 이론적 관점에는 다음의 두 가지가 있다. 첫 번째는 산업조직론의 개념과 이론에 의존하는 것이다. 전통적인 산업조직론은 진입장벽으로 대표되는 구조적 장벽을 강조하고, 기업이 속한 산업의 특성에 의한 산업효과가 지속적 초과이익을 창출한다고 한다. 여기에 관한 실증연구의 결과도 산업내 경쟁요인을 제약하는 구조적 변수들이 존재하기 때문에 특정산업이 더욱 매력적이 되어 기업이 지속적 경쟁우위를 누린다는 것을 뒷받침하고 있다.

기업의 뛰어난 성과를 설명하는 최근의 관점은 개별기업의 특이성에 중점을 두는 자원준거관점이다. 자원준거관점을 간단히 설명할 수 있는 일관성 있는 이론이 아직은 체계화되어 있지 않다. 자원준거관점의 이론적 핵심은 기업을 유형자원과 무형자원의 독특한 집합체로 파악하는 것이다. 기업은 장기간에 걸쳐 자원과 능력의 독특한 결합을 구축하고 있는데, 이들 자원과 능력의 차별적 역량에 근거하여 경쟁 우위를 얻을 수 있다는 것이다. 특히 자원준거관점은 기존 연구들이 상대적으로 등한시하였던 조직능력, 핵심역량, 기업문화, 경영자의 능력 등과 같은 무형자산을 중요하게 다루고 있다. 이러한 자산은 대부분 무형적이며 암묵적이므로 경쟁기업이 모방하기가 어렵다. 따라서 기업의 경쟁우위가 다른 기업이 쉽게 구입하거나, 훔치거나, 모방하거나, 대체할 수 없는 전유적 자산에 의해서 뒷받침될 때 경쟁우위는 지속된다.

이런 점에서 볼 때 산업조직론에 근거를 둔 외부환경모형이 제품시장의 구조적 특징을 통해 전략을 파악하는 데 비해, 자원준거관점은 기업의 내부자원에 초첨을 맞추고 있다. 특히 이들 자원이 요소시장에서 획득되거나, 아니면 자체 개발되어 축적되는 과정을 밝힘으로써 지속적 경쟁우위의 원천을 설명한다는 데 자원준거관점의 독창성이 있다. 산업구조모형과 자원준거관점의 차이를 좀더 구체적으로 비교해 보면 다음의 〈표 12-1〉과 같다.

〈표 12-1〉 상업구조모형과 자원준거관점의 비교

	산업구조모형	자원준거관점
자원의 이질성	- 보유자원의 동질성	- 보유자원의 이질성
자원의 이동성	- 기업간 이동 가능함(요소시징에서 즉시 구입 가능함)	- 기업간 이동의 어려움(요소시장에서 구입하기가 어려움)
분석 중점	- 기업의 외부환경, 특히 산업구조(산업의 매력도)	- 기업의 내부환경(보유자원 및 능력)
초과이익의 근거	- 시장의 지배력(제품시장의 불완전성)	- 독특한 자원에 대한 렌트(요소시장의 불완전성)

자료 : 상게서, p. 330.

산업조직론에 이론적 근거를 둔 포터모형은 다음의 두 가지 측면을 가정하고 있다. 첫째, 같은 산업에 속한 기업들은 그들이 보유하고 있으나 통제 가능한 자원과 전략에 있어서 기본적으로 동질적이다. 둘째, 산업이나 기업집단(전략집단)간에 보유자원의 이질성이 존재할 경우, 이들 자원은 기업간에 이동가능하기 때문에 자원의 이질성은 곧 사라질 것이다. 즉, 기업은 필요한 자원을 전략적 요소시장에서 구매하거나 불필요한 자원을 매각할 수 있으므로 자원의 이질성은 일시적 현상이라고 가정한다.

이상의 두 가정은 외부환경이 기업성과에 미치는 영향을 명확하게 이해하는 데 도움을 주는 것임에 틀림이 없다. 예컨대 우수한 경영능력이나 자원을 시장에서 구입 가능하다고 가정함으로써 기업의 내부조건을 동일하게 만든 후, 참가기업들의 초기조건(산업구조, 전략적 지위, 행동반경 등)의 차이로 인하여 발생하는 성과 차이를 연역적으로 도출할 수 있다. 따라서 산업구조모형은 제품시장(산업)마다 다른 외부경쟁요인과 진입장벽을 분석함으로써 산업에 참가하는 기업의 수익성을 평가하는 데 유용한 분석수단이 된다. 또한 산업의 핵심성공요인을 도출하는 데 있어서도 필수적으로 사용하여야 할 분석수단이다.

경쟁우위에 관한 자원준거관점은 기업의 내부특성과 기업성과간의 연관성을 중시하기 때문에 이들 가정들과는 양립할 수 없다. 다시 말해 자원준거관점은 경쟁우위의 원천이 되는 자원에 있어서 기업간의 동질성과 이동성을 인정하지 않는다. 자원준거관점은 우선 기업이 통제 가능한 전략적 자원에 있어서 동일산업에 속하는 기업간에도 이질적이라는 것을 전제로 하며, 두 번째로 이들 자원은 기업간에 완전하게 이동할 수 없다고 본다. 따라서 자원의 이질성은 장기간 지속될 수 있다고 보며, 이것이 경쟁우위의 지속성을 뒷받침한다고 본다. 자원준거관점은 경쟁우위의 지속성에 있어서 이상의 두 가지 가정, 즉 자원의 이질성과 자원이동의 불완전성이 어떤 의미를 갖는가 하는 점에 초점을 맞추어 이론을 발전시키고 있다.

이에 따라 기업간의 성과차이를 설명하는 데 있어서도 두 접근법이 서로 다르다. 산업구조모형에 따르면 시장지배력(진입장벽의 구축 등)을 가진 기업이 산출물을 의도적으로 제한함으로써 제품시장의 불완전을 초래하고, 이를 통해 초과이익(독점이익)을 얻게 된다. 그러나 자원준거관점에서 볼 때 기업이 얻는 초과이익은 공급이 제한된 우월한 자원에 대한 렌트를 의미한다. 즉 요소시장의 불완전으로 인한 공급의 부족, 또는 자원의 본질적 희소성에 의해서 초과이익이 발생한다고 본다.

전략의 목적이 내부환경과 외부환경간의 적합성을 모색하는 데 있다고 한다면, 기존연구에서 등한시하였던 내부환경에 대한 연구가 뒷받침되어야 전략이 기업성과에 미치는 영향을 완전하게 이해할 수 있을 것이다. 이런 점에서 자원준거관점의 의의를 찾아 볼 수 있기도 하다.

제 2 절 전략자산의 축적과 배양

1. 전략자산의 종류

자원준거관점은 기업이 보유한 내부자원에 중점을 두어 기업을 특정시점에서 그 기업이 보유한 유형자원과 무형자원의 독특한 집합체로 파악한다. 특정시점에서 축적된 자원의 집합체로 기업을 설명할 수 있다는 것은 기업의 과거역사, 과거전략, 과거조직이 상호 결합하여 기업이 현재 보유하고 있는 자원의 독특한 집합체를 창출하였다는 것을 의미한다. 이는 기업이 과거에 다른 의사결정을 내렸더라면 자산축적의 경로가 달라졌을 것이고, 이에 따라 기업의 현재 모습도 달라져 있을 것이기 때문이다. 이런 점에서 본다면 기업의 미래전략도 기업의 역사에 의해서 결정될 것이다. 전략이 현재의 자원수준에 의해서 제약을 받거나 영향을 받을 것이므로 기업의 미래경로도 현재의 자원수준에 의해서 결정될 것이기 때문이다. 이렇게 볼 때 모든 기업은 개별적으로 독특한 존재라고 할 수 있다. 왜냐 하면 모든 기업은 그 기업이 지나온 역사를 통해 각각 다른 자원을 축적하였을 것이기 때문이다. 그리고 보다 중요한 것은 이 과정에서 암묵적인 학습과 동태적 일상성이라는 무형적 조직자산을 획득하였을 것이기 때문이다. 이러한 조직자산을 다른 기업이 모방하기 위해서는 동일한 기간 동안의 비가역적 투자와 선두기업이 경험한 학습과정을 거쳐야 할 것이다. 그러므로 이러한 조직자산은 다른 기업이 쉽게 모방하기가 어렵다.

따라서 자원준거관점을 이해하기 위해서는 자원준거관점에서 보는 내부자원의 개념과 종류에 대해 이해하는 것이 필수적이다. 자원준거관점에서 중요시되는 자원으로는 핵심역량, 조직능력, 관리적 유산을 들 수 있다(〈그림 12-1〉 참조).

〈그림 12-1〉 기업의 보유자원

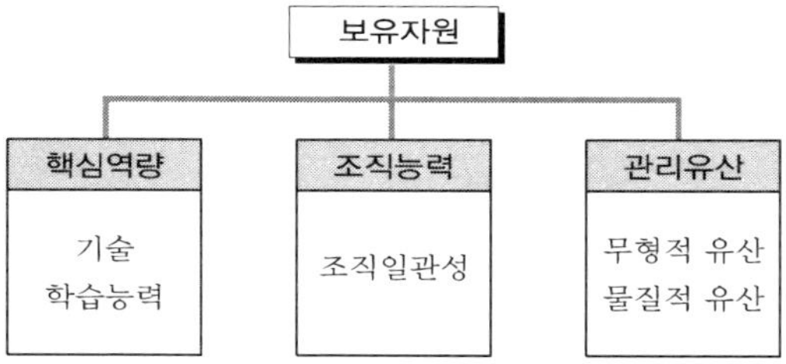

자료 : 상게서, p. 334.

(1) 핵심역량

핵심역량은 경쟁기업에 비해 특별히 뛰어난 자원이나 능력을 의미한다. 차별된 기술적 능력, 뛰어난 학습능력, 보완적 자산 등을 그 예로 들 수 있다. 프라할라드와 하멜은 물질적 자산의 중요성보다는 무형적인 자산의 중요성을 강조하여, 핵심능력을 조직의 집단학습, 특히 다양한 생산기량을 어떻게 조정하고, 복수의 기술흐름을 어떻게 통합할 것인가에 관한 학습이라고 정의하였다. 이들은 집단학습이 뛰어난 기업은 학습을 통해 조직 전체의 기술과 생산기법을 통합하여 개별 사업단위가 변화하는 기회에 신속하게 적응할 수 있는 능력을 창출해 준다고 보았다. 따라서 핵심역량은 기업의 자산투자에 대한 요약표라고 할 수 있으며, 종합적으로 기업의 전략적 지위를 결정하는 주요 결정요소라고 하였다.

그런데 모든 기업이 핵심역량을 개발하기를 원하지만 이러한 능력은 차별성(탁월성)이 뒷받침될 때 가치가 있다. 이는 경쟁적으로 독특하고 우월한 핵심역량만이 경제적 가치창출의 원천이 되기 때문에, 기업이 보유한 자원은 경쟁기업이 보유한 자원과 상대적으로 비교·평가되어야 한다는 것을 의미한다.

(2) 조직능력

조직능력이란 조직이 습득한 동태적 일상성으로서의 무형자산을 의미한다. 구체적으로는 기업의 효율성과 효과성을 지속적으로 개선하고 증진시킬 수 있는 경영능력을 의미한다고 하겠다. 일반적으로 성공보다는 실패를 거듭하는 기업에서 발견되는 특징의 하나로 들 수 있는 것이 조직의 타성이다. 타성은 환경변화에 원활하게 적응하지 못하는, 그래서 결과적으로 비생산적인 행동방식이나 일상성을 조직내에 고착시킨다.

이에 비해 성공기업의 특징은 지속적으로 기업을 개선시키는 방향으로 외부변화를 혁신하고 수용하는 집단적 능력을 보유하고 있다는 것이다. 이러한 능력을 보유하기 위해서 기업은 혁신을 촉진하고, 집단적 학습을 조장하며, 조직간에 정보와 기술을 이전시키는 동태적 일상성을 창조하여야 한다. 이러한 세 가지 활동이 원활하게 이루어 질 때, 새로운 접근법이 시도되는 환경이 조성되며, 유익한 발전이 내부적으로 보전되며, 의사결정권이 적절한 지식을 가진 사람에게 귀속될 수 있다.

(3) 관리유산

위의 두 가지 자산과는 달리 관리유산은 전략선택에 있어서 조직의 제약조건으로 주로 작용한다. 관리유산은 무형적 문화유산과 달리 물질적 유산으로 나눌 수 있다.

무형적 문화유산은 설립자 또는 지배적 관리자의 카리스마적인 리더십 스타일과 비전, 조직의 전반적 문화, 역사적인 상징적 행동 등을 의미한다. 이러한 무형적 요소들이 누적됨으로써 전략적 의사결정이 이루어지는 과정에 직접적으로 영향을 주거나, 개별기업의 문화를 다른 기업의 문화와 차별화시키기도 한다. 그리고 조직구조, 시스템, 절차, 과정 등도 무형적 문화유산에 속하는 데, 이들은 기업이 환경변화에 적응하는 과정에서도 좀처럼 변하지 않는다. 이에 따라 전략을 변화시키려는 기업의 의도적 노력에도 불구하고 문화유산은 전략변화의 속도와 방향을 제약하는 타성으로 작용한다. 따라서 조직구조와 같은 문화유산은 전략에 의해 결정되기도 하지만 그와 동시에 전략선택의 제약 조건이 되기도 한다.

한편 물질적 유산에는 공장의 입지, 사무시설, 통신시스템, 기계장비 등이 포함되는 데, 이들 요소 또한 의사결정에 영향을 준다. 예컨대 신규투자에 대한 의사결정은 이로 인해 영향을 받는 당사자들의 기득권과 조직내 권력관계(문화유산)

에 의해서 영향을 받을 뿐 아니라, 현존하는 물질적 자산(유산)에 의해서도 영향을 받는다. 또한 MIS(경영정보시스템)를 새로 구축하려고 할 경우 기존의 전산시스템과 하드웨어의 종류, 본사와 자회사간의 통신네트워크와 운영체제 등에 의해서 제약을 받을 것이다.

물질적 자산은 일반적으로 내구적 속성을 지니므로 대부분의 투자는 본질적으로 점진적 의사결정의 결과로 나타난다. 예컨대 공장이 지어지면 생산입지가 고정되므로 후속설비의 입지결정에 영향을 주게 된다. 비록 처음의 공장입지가 잘못 선정되었다고 하더라도, 이를 단기간내에 새롭게 재구축하는 것이 불가능하므로 다음의 의사결정에 영향을 준다는 점에서는 마찬가지이다. 이렇게 본다면 기업은 조직시스템의 전체구성을 일시에 변화시킬 수 없으며, 장기간의 점진적 조정을 통해 전체를 재구축할 수 있을 뿐이다.

이상의 내용을 고려해 볼 때 관리유산은 전략에 대한 기업특유의 제약조건으로 작용하는 누적자산의 일부라고 하겠다. 따라서 기업의 제품시장과 요소시장이라는 외부환경요인만을 고려해서는 기업의 행동을 정확하게 설명할 수가 없다는 것이 자원준거관점의 기본 관점이다. 그리고 누적자산의 영향으로 인해 기업의 자산구성을 외부환경요인에 맞추어 한순간에 최적화할 수 없다는 것이다.

2. 조직능력배양과 경쟁우위

(1) 연구추세

경영전략분야에서 이루어진 지난 30여년간의 연구를 요약한다면, 기업이 경쟁우위를 달성하는 규범적 방법을 제시하는 데 중점을 두어 왔다고 할 수 있다. 이에 따라 분석수준도 처음에는 현실적으로 관찰되는 기업간의 수익성 차이를 설명하기 위해 노력하였으나, 차츰 같은 산업에 속한 기업간에 발생하는 이익의 지속적 차이를 설명하는 기업 내부의 이질성을 설명하는 데 중점을 두게 되었다. 최근에는 기업간의 이질성을 창출하는 동태적 일상성을 분석하는 데 중점을 두고 있다. 이러한 분석수준의 변화는 접근방법의 변화를 가져왔는데, 처음에는 경쟁우위를 확보하게 하는 포터의 포지셔닝접근법에서 출발하여, 자원준거관점의 등장과 함께 경쟁우위의 지속성을 설명하는 조건을 파악하는 데 중점을 두었다. 그리고 최근에는 자원준거관점을 통해 조직능력의 중요성을 강조하는 방향으로 나아가게 되었다.

포터의 포지셔닝접근법에 따르면 차별화를 통해 누리는 기업의 경쟁우위는 제품이나 서비스의 독특성이 그 원천이 된다. 그런데 자원준거관점의 관점에서 본다면 제품이나 서비스의 독특한 특성을 경쟁기업이 모방한다면 이러한 경쟁우위는 일시적이다. 따라서 자원준거관점은 제품의 독특성을 즉각적으로 또는 비용부담없이 모방할 수 없게 하는 내부자원의 특성이나 조건을 파악하는 데 중점을 두고 있으며, 현재 기업이 구축한 시장지위와 자원스톡에 중점을 두기보다는 보다 동태적인 시각을 가지고 있다. 그리고 경쟁우위는 제품의 유용한 특징들을 경쟁기업보다 먼저, 그리고 지속적으로 창출하는 능력에 근거한 것으로 본다. 이러한 능력은 기업의 암묵적인 집단적 지식에 내재되어 있어서 인과관계가 모호하고, 경로 의존적이므로 쉽게 모방되지 않는다. 이런 점에서 자원준거관점은 효과적인 제품혁신을 창출하는 조직능력에 대해 관심을 가지게 되었다.

(2) 조직능력의 개념[2)]

조직능력의 본질과 원천은 무엇인가? 조직능력이란 상호보완적으로 작용하는 자원들이 결합된 결과이다. 따라서 하나의 조직능력이 발휘되기 위해서는 몇 가지의 자원들이 결합되고 상호보완적으로 작용하여야 한다. 그런데 조직능력은 학자들에 따라 저마다 다르게 정의되고 있어서 통일된 정의가 내려져 있지 않다. 그 동안의 정의를 분류해 보면 대체로 다음의 세 가지 범주로 나눌 수 있다.

첫 번째 범주에 속하는 정의들은 조직능력을 기업의 기본적인 기능별 활동, 예컨대 공장의 배치, 유통체제, 마케팅 등을 경쟁기업보다 효율적으로 수행하는 능력으로 정의하고 있다. 이러한 정의는 기업이 보유하고 있는 일반적 의미의 능력과 유사한 개념이라고 하겠다.

두 번째 범주에 속하는 정의들은 기업활동의 동태적 개선에 관한 것이라는 공

2) 상게서, pp. 345-346.

통점을 가지고 있다. 조직능력을 공정과 제품의 지속적 혁신, 제조상의 유연성, 시장추세에 대한 적응성, 짧은 제품개발주기 등으로 파악하거나, '기업이 지속적으로 학습하고 적응하고 변화하고 혁신하는 능력을 관리하는 동태적 일상성'으로 정의하는 것이 그 예라고 하겠다.

세 번째 범주에 속하는 정의들도 동태적 개선이라는 측면과 연관을 가지고 있으나 보다 형이상학적인 전략적 통찰력에 중점을 두고 있다. 전략적 통찰력은 기업으로 하여금 보유자원의 내재적 가치를 인식하게 하거나 새로운 전략을 경쟁기업보다 먼저 개발하게 한다. 조직능력을 '전략을 구상하고 선택하고 실행하게 하는 조직특징'이라고 정의하거나, '기업의 자원을 활용하고 새로운 자원을 개발하는 능력'으로 정의하는 것이 그 예라고 하겠다.

조직능력에 관한 기존의 정의를 세 가지 범주로 구분하였다. 그러나 이들 정의들은 모두 조직능력이 비슷한 자원을 보유한 경쟁기업보다 효과적으로 기업활동을 수행하게 하는 능력에 관한 것이라는 점에 대해서 인식을 같이 하고 있어서 이들을 명확하게 구분하는 것이 쉽지가 않다. 뿐만 아니라 조직능력의 무한한 다양성으로 인해 조직능력을 완전하게 분류하는 것도 어려운 일이다. 이런 점에서 볼 때 이들 정의들에 포함된 본질적 속성을 이해하는 것이 조직능력의 개념을 이해하는 데 보다 도움이 될 것이다. 이들 정의에 내재된 본질적 속성을 보면 다음과 같다.

첫째, 조직능력은 조직일상성에 내재되어 있어서 조직의 전체시스템에서 산출된다는 것이다. 따라서 이러한 일상성은 본질적으로 개인에 속하지 않으며, 개인에 의해서 구체적으로 설명되지 않는다. 이는 개인을 초월한 능력으로 개인의 기억 속에 축소되어 저장되지 않기 때문이다. 둘째, 조직능력은 기업이라는 블랙박스내에서 물리적 투입물을 산출물로 변화하는 것과 연관성을 가지고 있다는 것이다. 조직능력은 이 과정에서 생산효율성을 결정하는 기술요인을 보완하는 기능을 수행하게 된다. 따라서 뛰어난 기술과 마찬가지로 보다 나은 조직능력일수록 기업으로 하여금 제품이나 서비스를 생산하고 고객에 배달하는 데 필요한 활동을 보다 효율적이고 효과적으로 선택하고 실행하게 한다.

(3) 조직의 일상성

현재까지 조직능력의 본질에 관한 의미있는 연구결과 중의 하나가 넬슨과 윈터의 조직일상성이라는 개념이다. 조직일상성이란 개인들의 조화된 행동들의 연속으로 구성된 규칙적이고 예측 가능한 행동유형을 의미한다. 이를 다르게 표현하면 조직이 어떤 상황이나 문제에 직면할 때 이를 해결하기 위해 자동적으로 반복되는 집단적 행동유형이라고 할 수 있다. 이 때 집단적이라는 것은 앞에서 언급한 바와 같이 조직일상성은 개인을 초월한 능력으로 개인의 행동이나 능력이 결합되어 창출된다는 것을 의미한다. 이러한 일상성은 유사한 경험과 문제해결유형이 반복되는 학습과정을 통해서 개발되고 유지된다. 조직의 행동은 이러한 일상성의 거대한 네트워크로 볼 수 있다.

예컨대 제조단계에서 원재료와 부품들이 일정한 생산공정을 거쳐 최종완성단계까지 이동하는 것은 일련의 일상성에 의해 통제되기 때문이다. 판매 · 주문 · 유통 · 고객서비스활동들도 표준화되고 상호보완적인 일상성에 의해 조직되어 있다. 최고경영자의 활동도 사업단위들의 성과를 감시하는 일상성, 예산을 수립하는 일상성, 인사고과를 위한 일상성 등과 같은 몇 가지 일상성으로 구성되어 있다고 볼 수 있다. 기업의 전략도 하나의 일상성으로 볼 수 있는 데, 전략을 사건이나 환경변화에 대한 기업의 반응을 사전에 규정짓는 지침들의 집합이라고 할 수 있기 때문이다.

개인의 기술이 오랜 기간의 연습을 통해 습득되듯이 조직일상성도 경험을 통해서 개발되고 지속된다. 이런 점에서 조직일상성은 조직기억이나 경험을 기록하는 장치라고 할 수 있다. 조직기억이란 조직의 과거 역사로부터 축적한 정보를 의미하며, 이는 현재의 의사결정과 전략적 행동에 영향을 준다. 조직기억은 기업의 표준적 운영절차나 기업문화에 의식적으로 또는 암묵적으로 기록되는 데, 조직기억이 저장된 표준적 운영절차 또는 의사결정규칙을 일상성이라고 할 수 있다. 표준적 운영절차 또는 의사결정규칙은 기업이 장기간에 걸친 의도적인 문제해결노력, 기업가적 발견, 외부사건 등에 의해서 수정되고 저장된다.

기존기업이 신규기업에 대해 가지는 우위도 오랜 기간 동안 숙달시켜 온 조직

일상성에 있다고 할 수 있다. 어떤 상황에 대응하는 일상성이 개발되고 나면 이와 유사한 상황이 대두될 경우 신규기업보다 신속하고 효과적으로 대응할 수 있기 때문이다. 경험곡선도 경험과 성과간의 관계에 있어서 조직일상성의 이점을 표현한 것이라고 할 수 있다. 그러나 기술적 변화가 극심한 산업에서는 기존기업보다 신규기업이 우위를 누릴 수 있다. 이는 기존기업은 낡은 일상성에 상당한 투자를 하여 이에 얽매이는 데 반해, 신규기업은 새로운 일상성을 보다 빠르게 학습할 수 있는 가능성이 있기 때문이다.

이상에서 본 일상성의 개념적 특징이 어떤 기업의 활동을 다른 기업이 모방하기가 쉽지 않으며, 기업이 새로운 상황에 대응하는 것이 왜 어려운가 하는 것을 설명해 준다.

① 자원과 조직일상성과의 관계

조직일상성의 중요한 시사점은 기업의 뛰어난 역량이 기업이 통제 가능한 개별자원들은 단순히 한 군데 집합시킨 결과로 얻어지는 것이 아니라는 것이다. 기업이 보유한 자원의 유형, 규모, 품질, 수준이 작동 가능한 조직일상성의 범위와 조직일상성이 얼마나 잘 작동하는가에 영향을 주기 때문에 결과적으로 본다면 자원이 기업의 뛰어난 역량(무엇을 할 수 있으며, 얼마나 잘 할 수 있는가 하는 것)에 영향을 미친다고 할 수 있다. 그러나 자원이 기업의 뛰어난 역량을 전적으로 결정하는 것은 아니다.

자원과 조직능력의 상호관계에 있어서 핵심적인 요소는 조직일상성을 만들어 내는데 필요한 자원들을 협력하게 하고 조정하는 경영자 능력이다. 즉 일상성을 개발하기 위해서는 자원들이 서로 결합하고 협력하여야 하는 데, 이러한 협력과 조정이 달성되는 정도가 경영자의 능력에 달려 있다. 그리고 구성원들이 협력하고 헌신하게끔 동기유발하고 사회화시키는 경영자의 능력은 조직 스타일, 기업문화, 리더십, 통제시스템, 보상제도, 커뮤니케이션과정 등과 같은 요인들에 의해서 좌우된다. 이런 점에서 협력과 혁신을 촉진시키는 데 있어서 공유가치나 조직문화의 중요성이 강조되기도 한다.

② 효율성과 유연성의 상충관계

기술이 개인에게 속한 것이라면 일상성은 조직차원의 기술이다. 개인의 숙달된 기술이 의식적인 조정 없이 반자동적으로 수행되는 것과 같이, 조직일상성도 한 번 개발되어 조직 내에 자리잡을 경우, 경영자의 의도적 노력이 뒷받침되지 않더라도 어떠한 상황에 대응하거나 목표달성을 위해 자동적으로 작동된다. 또한 개인의 기술이 사용되지 않으면 퇴화하듯이 조직일상성도 적합한 상황이 극히 간헐적으로 발생할 경우 이에 대응하는 일상성을 계속하여 유지하기가 어렵다.

이런 점에서 효율성과 유연성간의 상관관계가 발생한다. 즉 일상성의 수가 많지 않은 경우 최고경영자의 적극적인 개입이 없더라도 일상성이 거의 완벽하게 작동할 수 있다는 장점(효율성)이 있으나, 새로운 일상성이 요구되는 환경이 등장하였을 때, 이에 대응하는 일상성이 조직 내에 없는 경우 기업이 적응하는 데 어려움(유연성 결여)이 있다. 그렇다고 모든 상황에 맞는 일상성을 개발하여 둘 수는 없다. 그에 따르는 비용과 함께 계속적으로 사용되지 않는 일상성은 그 자체로 퇴화하기 때문이다.

제 3 절 경쟁력의 배양과 유지

앞에서 자원준거관점의 두 가지 전제조건인 자원의 이질성과 비이동성에 대해 살펴보았다. 그런데 자원의 이질성과 비이동성이 충족된다고 하더라도 기업이 보유한 모든 자원이 지속적 경쟁우위의 원천이 될 수 있는 것은 아니다. 기업이 누리는 경쟁우위는 제품생산에 필요한 자원의 복잡성과 독특성으로 인해 다른 기업이 모방할 수 없을 때 지속될 수 있기 때문이다. 그러므로 기업의 자원이 지속적 경쟁우위의 원천이 되기 위해서는 다음의 〈그림 12-2〉와 같은 네 가지 특성, 즉 유용성, 희소성, 불한전한 모방성, 불안전한 대체성을 갖추어야 한다.

1. 자원의 유용성[3]

보유한 자원이 유용성이 있을 때 지속적 경쟁우위의 원천이 될 수 있다. 자원이 유용하다는 것은 기업의 효율성과 효과성을 증대시키기 위한 전략을 수립하고 실행하는 데 도움을 줄 수 있다는 것을 의미한다. 또한 전략이 기회를 활용하는 데 도움을 줄 수 있다는 것을 의미한다. 전략이 기회를 활용하고 위협을 중화시킬 수 있을 때 기업의 성과를 증가시킬 수 있으므로, 결국 자원의 유용성이란 기업이 외부환경에서 발생하는 기회를 활용하고 위협을 중화시키는데 도움을 주는 자원이라는 것을 의미한다.

〈그림 12-2〉 경쟁우위의 지속성

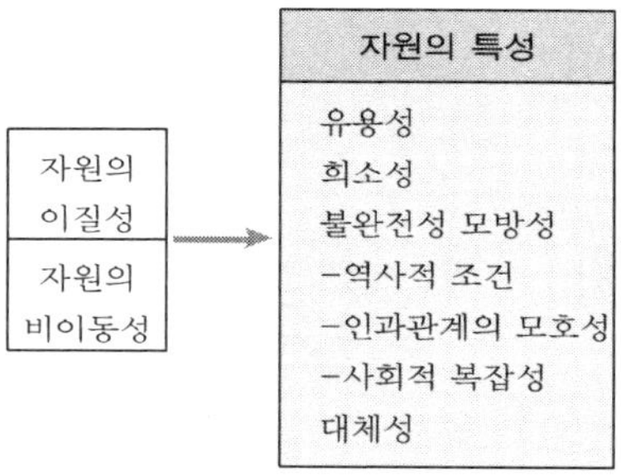

자료 : 상게서, p.366.

2. 자원의 희소성

어떤 기업이 보유한 자원을 다수의 경쟁기업과 잠재적 경쟁기업이 보유하고 있다면 이 자원은 경쟁우위의 원천이 될 수 없다. 즉, 어떤 자원의 유용성이 높다고 하더라도 희소성이 없을 경우 그 자원은 경쟁우위의 원천이 되기는 어렵다.

3) 상게서, p.367

이런 점에서 볼 때 다른 기업이 그 자원을 보유하고 있지 않을수록 자원의 희소성이 증대될 것이며, 경쟁우위의 강력한 원천이 될 것이다.

그러나 유용하고 희소한 자원의 중요성이 크다고 하여, 많은 기업이 보유하고 있는 공통자원(희소성이 없음)의 중요성이 크지 않다는 것을 의미하지는 않는다. 많은 기업이 공통적으로 보유하고 있으면서도 유용성이 높은 자원(특정산업에 종사하는 데 필요한 기본적인 생산기술이나 기계장비 등)은 특정 산업에서 생존하는 데 필수 적인 요인이 된다. 기업의 모든 경쟁조건이 동일한 경우 어떤 기업도 다른 기업에 대해 경쟁우위를 누릴 수는 없으나 다른 기업이 보유한 공통자원을 보유하여야만 시장에서 생존할 수 있다.

3. 불완전 모방성[4)]

유용하면서도 희소한 자원도 장기적으로 다른 기업들이 이들 자원을 획득할 수 없을 때, 즉 완전하게 모방할 수 없을 때 지속적 경쟁우위의 원천이 된다. 성공기업이 보유한 경쟁우위를 획득하기 위해서는 경쟁우위의 원천이 무엇인가를 분석하여 그 원천을 파악한 후에, 그러한 경쟁우위를 성공적으로 복제할 수 있어야 한다. 이를 위해서는 성공전략의 근거가 되는 자원을 획득하여야 하는 데 다음의 두 가지 대안이 선택 가능하다.

첫째, 외부요소시장으로부터 필요한 자원을 구입하거나 둘째, 내부투자를 통해 필요한 자원을 창출하여야 한다. 이러 점에서 본다면 경쟁우위의 지속성은 모방기업이 경쟁우위를 구축하는 데 필요한 자원을 얼마나 빨리 획득하느냐에 달려있다고 하겠다. 자원을 획득하는 데 소용되는 시간은 자원 자체의 특성(예컨대 역사성이나 복잡성의 정도)에 따라서 달라진다.

첫번째 대안에 있어서 자원을 외부에서 조달할 수 있는지의 여부는 자원의 기업간 이동가능성에 달려 있다. 그런데 자원준거관점은 자원이 기업간에 완전하게 이동할 수 없다는 것을 기본 전제로 하고 있다. 따라서 외부요소시장에서 필요한 자원을 구입하는 것은 쉽지 않다.

---

4) 상게서, pp. 368-370.

경쟁기업이 보유하고 있는 자원을 시장을 통해서 획득할 수 없는 경우, 기업내부적으로 이를 모방하여 창출하여야 한다. 그런데 이들 자원을 내부적으로 모방하려고 할 때 여러 가지 이유로 인해 완전하게 모방하는 데 한계가 있다. 모방의 불완전성에 영향을 주는 요인으로 다음의 세 가지가 특히 중요시된다. ① 특정자원을 획득하기 위해서는 독특한 역사적 조건(기업의 역사적 성장과정과 최고경영자의 독특한 자질 등)이 갖추어져야 할 때, ② 기업이 보유하고 있는 자원과 기업의 지속적 경쟁우위간의 연관성에 대한 인과관계가 모호할 때, ③ 경쟁우위가 복잡한 사회적 현상일 때이다.

(1) 역사적 조건

자원준거관점의 중요한 주장 중의 하나는 기업의 자산보유현황과 그에 따른 기업의 경쟁우위는 그 기업의 독특한 역사와 분리해서 이해 할 수 없다는 것이다. 이는 이미 앞장에서 설명하였듯이 기업을 유형자원과 무형자원의 독특한 집합체로 파악한다는 것이다. 기업이 설립되어 성장하고 쇠퇴하고 반전하는 과정을 거듭함에 따라 고유한 역사적 경로를 거친 기업만이 획득할 수 있는 독특한 자원이나 능력을 획득하게 된다. 예컨대 설립자의 독특한 가치관과 신념, 개별 경영자들의 성격, 기업이 당면하고 활용하였던 역사적 기회와 위협 등이 기업이 고유한 전략을 수립하고 선택하고 실행하는 데 영향을 주었을 것이다.

이와 같이 역사적 과정을 거쳐 창출된 자원이나 경쟁우위를 완전하게 모방하기 위해서는 동일한 역사적 과정을 재창조하여야 할 것이다. 그러나 역사를 재창조할 수 있는 능력은 당연히 제한된다. 아니면 그런 자원을 얻기 위해서 일정기간 동안 상당한 비용을 지불하여야 할 것이다. 즉, 필요한 자원을 내부적으로 창출하는 데는 일정한 시간적 투자(비가역적 투자)가 요구된다. 예컨대 팀워크에 의한 기술이나 조직일상성을 창출하기 위해서는 일정기간의 내부실습을 통해 기술이나 일상성을 개발하고 숙달하여야 한다. 그리고 새로운 기계를 구입함으로써 공정기술을 획득한 경우에도 기계를 운영하는 데 필요한 기술을 숙달하기 위해서는 상당한 시간이 소요되기도 한다. 미국 GM의 한 공장에서 전통적인 조립라인을 일부 도요타의 팀워크 생산방식으로 교체하였는데, 2년이 지난 후에도 새로운 생산방식이 완전하게 운영되지 못하였고, 생산성과 품질이 목표수준에 못 미친 것으로 나타났다.

(2) 인과관계의 모호성

성공기업의 전략을 모방하기 위해서는 먼저 성공기업이 누리는 경쟁우위의 원천이 무엇인가를 분석, 파악하여야 한다. 그런데 여기에는 다음의 두 가지 요인 때문에 그 원천을 파악하기가 쉽지 않다.

첫째, 대부분의 산업에 있어서 성공기업의 전략적 특징이 무엇인가. 즉 성공기업의 높은 성과와 그 성과를 가져온 전략의 특징이 무엇인가를 파악하기가 쉽지 않다. 특히, 기업의 내부분위기 또는 조직문화와 같은 무형자산은 눈에 보이지 않기 때문에 외부인이 이들을 파악하기가 쉽지 않다. 그리고 어떤 자원의 존재가 기업내에서 당연한 것으로 받아들여지고 있고, 업무를 수행하는 당연한 절차로서 기업의 일부가 되어 있는 경우, 기업의 내부경영자도 이들 자원의 전략적 의미를 완전하게 이해할 수가 없다.

둘째, 전략의 특징이 파악된다고 하더라도 그 전략이 기반을 두고 있는 내부자원들의 상호관계를 파악하는 것은 쉽지가 않다. 라프만과 러멜트는 이런 문제를 인과적 모호성으로 인한 불확실한 모방성이라고 이름하였다. 이로 인해 어떤 기업이 경쟁우위를 누리는 원천이 무엇인가를 설명하기는 어렵다. 경쟁우위의 원천이 무엇인가를 정확하게 파악할 수 없다면 이를 모방할 수가 없다. 이는 경쟁기업의 어떤 자원을 모방해야 하는지를 알 수 없기 때문이다.

이상의 내용을 IBM이 컴퓨터산업에서 높은 성과를 누린 경우를 누린 경우를 예로 들어 설명해 보자. IBM은 미국에서 뿐 아니라 전세계적으로 초우량기업의 대명사로 간주되고 있다. 그렇다면 전략적 특징면에서 IBM의 성공은 고객 서비스에 치중한 결과인가, 제품혁신에서 앞서 갔기 때문인가 아니면, 효율적이고 우수한 품질의 제조방식 때문인가? 그리고 이러한 전략을 뒷받침한 핵심자원은 무엇인가? IBM의 재무자원인가, 광범위하고 잘 정비된 판매 및 고객지원 네트워크 때문인가, 아니면 우수한 종업원들이 공동의 목표를 위해 헌신한 것 때문인가? 이상의 의문에 대해 확실하게 답을 한다는 것은 불가능하다. 이상에서 제시한 모든 요인들이 공동의 결합을 통해 성공을 가능하게 하였다고 할 수 있다. 그럴 경우 IBM을 모방하려는 기업은 어떤 것을 모방하여야 할 것인가? 어느 요인도 확실한 성공요인이 아닌 경우 이를 모방하는 것은 불가능하다. IBM의 모든 것을 똑같이 모방하는 것이 가장 확실한 방법이나 이는 불가능한 일이다. 이를 위해서는 IBM의 모든 것을 보유하여야 하기 때문이다.

(3) 경쟁우위의 사회적 복잡성

성공기업의 경쟁우위를 분석하는 데 있어서 불확실성을 증대시키는 요인은 경쟁우위의 복잡성과 그 우위를 뒷받침하는 자원과 능력의 복잡성(사회적 복잡성)이다. 기업의 자원이 복잡한 사회현상일 수 있다. 이 경우 기업 스스로 이를 체계적으로 관리하고 영향을 주는 것이 불가능하다. 기업의 고객이나 공급업자로부터 받는 평판, 기업내부 관리자들간의 개인적 유대관계 같은 것을 그 예로 들 수 있다. 기업의 경쟁우위가 이와 같이 복잡한 사회현상에 기초를 두고 있을 때 경쟁기업이 이를 모방할 수 있는 가능성은 당연히 낮아진다.

4. 불완전 대체성

기업의 자원이 지속적 경쟁우위의 원천이 되기 위한 마지막 조건은 대체자원이 존재하지 않아야 한다는 것이다. 즉, 희소하지 않거나 모방이 어렵지 않은 유용한 대체자원이 존재하지 않아야 한다. 서로 다른 두 가지의 유용한 기업자원이 존재하고, 각 자원을 동일한 전략을 실행하는 데 사용할 수 있다면, 이들 두 자원은 전략적으로 동등한 자원이라고 할 수 있다. 따라서 전략적으로 동등하게 사용될 수 있는 대체자원이 존재하지 않을 때, 그 자원은 지속적 경쟁우위를 창출하는 데 도움이 된다. 이는 전략을 수립하고 실행하는 데 사용되는 그 자원이 유용하고 희소하며 완전한 모방이 불가능하기 때문이다.

이상으로 경쟁우위의 지속성에 영향을 주는 자원의 특성들에 대해 살펴보았다. 이를 간단히 요약하면 다음의 〈표 12-2〉와 같다.

자원의 유용성은 기업의 기회를 활용하고 위협을 중화시킬 수 있느냐의 여부에 달려 있다. 기회를 활용할 수 있고 위협을 중화시킬 수 없는 자원은 경쟁우위를 창출하지 못한다. 기업이 보유한 자원이 유용하다는 것만으로는 경쟁우위를 창출한다고 할 수 없다. 다른 경쟁기업들도 동일한 자원을 보유하고 있다면, 보유자원을 활용함으로써 경쟁기업과 동등한 경쟁우위, 즉 경쟁의 동등성을 확보할 수 있을 뿐이다.

〈표 12-2〉 자원의 특성과 경쟁지위

자원의 특성				경쟁지위
유용성	희소성	모방의 어려움	대체제의 부재	
X				경쟁열위
O	X			경쟁의 동등성
O	O	X		일시적 경쟁우위
O	O	O	X	경쟁의 동등성
O	O	O	O	지속적 경쟁우위

자료 : 상게서, p. 372.

그러나 희소한 자원은 최소한 일시적인 경쟁우위를 창출할 수 있다.

유용하고 희소한 자원에 의해서 창출된 일시적 경쟁우위가 지속될 수 있는가 하는 것은 그 자원의 모방가능성에 달려 있다. 특정자원을 보유하지 않은 기업의 비용상의 상당한 불리성을 부담하지 않고 그 자원을 획득할 수 있다면, 그 자원을 획득함으로써 이미 보유하고 있는 기업과 동등한 경쟁지위를 누릴 수 있을 것이다. 반면 그 자원을 획득할 수 없거나, 자원을 보유한 기업에 비해 상당한 비용을 부담하여야 자원을 획득할 수 있다면 자원보유기업은 지속적 경쟁우위를 누릴 수 있다. 그러나 유용하고 희소하며, 모방할 수 없는 자원을 보유한 기업도 그 자원을 대체할 수 있는 대체재가 존재할 경우 경쟁의 동등성을 확보할 수 있을 뿐이다.

5. 선발기업의 유리성

후발기업에 의해서 성공기업의 전략이 모방된다고 하더라도 선발기업의 성공이 후발기업에 그대로 이전되는 것은 아니다. 선발기업이 경쟁우위를 지속시킬 수 있는 능력은 경쟁우위 자체의 누적성과 지속성에 의해서 더욱 강화되기도 한다. 성공이 성공을 낳는 이러한 예는 다음과 같은 요인에 의해서 가능하다. 그것은 ① 초기의 경쟁우위로 획득한 자금, ② 경험, ③ 투입물의 유리한 조달조건 등이다. 초기의 경쟁우위를 바탕으로 획득한 자금은 투자 상에 있어서 우위를 가져다 준다. 이를 통해 외부자금을 조달할 때 발생하는 비용을 낮출 수 있고, 경쟁기업을 인수할 수도 있다. 또한 다른 경쟁우위를 얻기 위한 투자자금으로 사용할 수도 있다. 선발기업이 가지는 또 다른 이점은 경험이다. 초기생산을 통해 습득한 경험으로 원가절감을 기할 수 있다. 이러한 원가절감효과는 경험곡선에서 보았듯이 누적적으로 가능하다. 마지막으로 선발기업은 필요한 투입물을 구입하는 데 있어서 유리한 조건으로 구입할 수 있다. 특히, 인적 자원의 조달에 있어서 우수한 인력이 선발기업을 선호하는 것은 상당히 중요한 의미를 띤다. 부품을 조달하는 데 있어서도 부품공급업체로부터 유리한 조건으로 거래를 할 수 있다.

[요 약]

- 전략의 핵심은 지속적 경쟁우위를 누리는 것이다. 이는 외부환경에의 적절한 대응과 내부자원의 활용에서 가능하다. 그래서 전략경영은 내부자원의 내용과 질의 파악으로 제품·시장의 지위를 구축해야 한다.

- 자원중점의 핵심은 기업을 유형자원과 무형자원의 독특한 결합체로 파악한다. 전통적 산업조직론은 구조장벽의 강조와 산업특성에 의한 산업효과가 지속적 초과이익을 창출한다는 것이다. 자원중점의 관점은 조직능력, 핵심역량, 기업문화, 경영능력 등의 무형자산을 중요시한다. 그리고 자원의 이질성과 자원이동의 불완전으로 인한 공급부족, 자원의 희소성에 의해서 초과이익이 발생한다고 본다.

- 자원중점의 중요한 자원에는 핵심역량, 조직능력, 관리유산 등이 있으며, 핵심역량은 기술능력, 학습능력이며, 조직능력은 조직의 일관성을 말하고, 관리유산은 무형유산과 유형자산을 가리킨다. 조직능력은 상호보완적인 자원의 결합된 결과를 말한다. 조직일상성은 개인의 조화된 행동으로 구성된 규칙적이고 예측 가능한 행동유형이다.

- 경쟁우위의 지속성을 유지하기 위한 원천에는 유용성, 희소성 그리고 불완전한 모방성, 불완전한 대체성 등 네가지의 특성이 있다. 자원의 유용성은 기업의 효율성과 효과성을 도모하는 전략의 수립·수행에 도움이 된다는 것이고, 자원의 희소성은 경쟁우위의 강력한 원천이다. 자원의 모방이 불가능할 때 경쟁우위의 원천을 확보하며, 대체자원이 없어야 경쟁우위의 원천을 확보하는 근거가 된다.

제 13 장

기업의 경쟁력 창출

제 1 절 경쟁력 창출의 개념

변화하는 환경, 즉 고객의 욕구로부터 기업의 존재이유인 사명 · 비전 · 가치를 도출하여 전략과 정책을 실현할 수 있다. 전략경영과 경영정책은 기업의 성장과 생산성을 향상할 수 있는 전략자원과 조직능력을 배양 · 함양함으로써 기업의 경쟁력을 확보할 수 있음을 알 수 있다. 또 실천적인 경영관리가 등장함을 보여준다.

지금까지 전략수립을 위해 필요한 외부분석과 내부분석에 대해서 살펴보았다. 이제는 이러한 분석결과를 바탕으로 경쟁우위를 창출할 수 있는 전략을 수립하여야 할 것이다. 그러면 기업이 누리는 경쟁우위란 무엇을 의미하는가? 그리고 경쟁우위에는 어떠한 것들이 있는가? 이러한 경쟁우위의 원천은 무엇인가? 이상의 세 가지 의문에 대해 차례대로 살펴보자.

1. 경쟁우위 개념

상거래란 시장에 참가하는 당사자들의 자유로운 의사에 의한 교환과정이라고 할 수 있다. 상거래가 이루어지는 동기는 교환을 통해 가치가 증가하거나, 보다 나아진다는 데 있다. 이 때 가치증가는 물리적인 면(경제적 부의 증가)과 정신적인 면(심리적 및 사회적 효용의 증가)을 포함한다. 교환을 통해 양당사자가 더 나아진다는 점에서는 교환은 가치창조의 과정이다. 따라서 교환이 이루어지기 위해서는 교환당사자들이 자신이 얻는 효용을 인지할 수 있어야 한다. 그리고 교환을 통해 창출되는 가치증가분이 어떻게 배분되는가 하는 것이 교환에 참가한 당사자들의 중요한 관심사항이 된다.

이상의 내용을 기업의 입장에서 본다면 기업이 경쟁우위를 누린다는 것은 경쟁에서 승리한다는 것, 즉 시장에서 고객이 그 기업의 제품을 교환대상으로 선택한다는 것을 말한다. 상거래의 동기가 가치증가에 있다는 점을 고려해 볼 때, 이는 동일한 대가를 받으면서도 경쟁기업보다 나은 가치를 고객에게 제공하였다는 것을 의미한다. 그리고 이러한 교환이 일회적인 것으로 그치거나, 불리한(원가이하) 교환이 되어서는 곤란하다. 자사제품과 교환하기를 원하는 고객의 수가 많아질수록(매출증대), 또한 교환에서 창출되는 이익의 많은 부분(판매마진)을 기업이 차지할수록 기업의 성과(수익성)는 높아질 것이다.

따라서 고객이 어떤 기업의 제품이나 서비스를 경쟁기업의 제품이나 서비스에 비해 더 가치가 있다고 평가하고, 원가 이상의 가격으로 그 제품이나 서비스를 구매하려 할 때, 그 기업은 경쟁우위를 보유하였다고 할 수 있다. 기업이 누리는 경쟁우위의 정도가 클수록, 경쟁우위를 누리는 기간이 길수록 기업은 높은 수익성을 얻을 수 있을 것이다.

2. 경쟁우위 종류

기업이 누릴 수 있는 경쟁우위에는 두 가지 유형의 경쟁우위가 있다. 그것은 원가우위와 차별화우위이다. 이들은 각각 경쟁기업과 비교한 상대적 원가와 고객이 지각하는 독특성에 근거를 두고 있다. 예컨대 원가우위는 규모의 경제나 효율적 조립공정으로 인해 경쟁기업에 비해 생산원가가 낮을 때 발생하며, 차별화우위는 독특한 디자인이나 유명한 상표명으로 인해 고객이 경쟁기업의 제품과 다르다고 인식할 때 발생한다.

두 가지 기본적 경쟁우위는 세 가지의 본원적 전략, 즉 원가우위전략, 차별화전략, 집중전략과 관련이 있다. 이들 전략은 경쟁우위의 유형과 경쟁우위를 얻고자 하는 경쟁범위에 의해서 구별된다. 〈그림 13-1〉에서 알 수 있듯이 원가우위전략과 차별화전략은 산업의 광범위한 영역에서 경쟁우위를 추구하는 반면, 집중전략은 세분된 영역에서 원가우위나 차별화우위를 추구한다. 따라서 집중전략은 다시 원가집중전략과 차별화집중전략으로 나눌 수 있다.

원가우위전략은 세 가지 전략 중에서 명확한 전략이다. 원가우위를 추구하는 기업은 산업 내에서 가장 낮은 원가를 실현하는 기업이 되기 위해, 즉 상대보다 1%의 원가절감과 1초의 빠른 서빙시간 및 1%의 불량률 감소를 위한 6∑운동을 위해 노력한다. 이러한 기업은 광범위한 영역에 걸쳐 다수의 세분산업에 참가하고 있는 경우가 많은데, 광범위한 사업영역에서 활동하는 것이 원가우위 창출에 도움되기도 한다. 원가우위를 추구하는 기업은 원가우위의 모든 원천을 찾아야 하는데, 일반적으로 표준화된 제품이나 단순한 제품을 생산함으로써 원가우위를 얻으려고 할 것이다.

원가우위를 뒷받침하는 원천은 다양하며 산업구조와도 깊은 연관을 가지고 있다. 경험곡선효과, 규모의 경제, 유리한 입지 등이 원가우위의 주요한 원천이 된다. 원가우위기업은 경쟁기업과 비슷하거나 낮은 가격에서도 높은 수익을 얻을 수 있다. 따라서 기업이 원가우위를 달성하여 지속적으로 유지할 수 있다면 산업평균 이상의 성과를 얻을 수 있을 것이다.

두 번째의 본원적 전략은 차별화전략이다. 차별화전략을 추구하는 기업은 고객이 인식할 수 있는 광범위한 차원에서 차별화를 추구하게 된다. 기업은 고객이 중요하다고 여기는 속성을 포착하고 여기에 맞추어 스스로 독특하게 차별화함으로써 가격프리미엄이라는 보상을 받게 된다. 차별화방법은 산업마다 독특하며 다양한 데 제품, 마케팅, 운송시스템, 그 밖의 광범위한 영역에서 차별화가 이루어질 수 있다. 예컨대 어떤 기업은 제품의 내구성과 서비스, 부품의 신속한 배달 등을 기초로 차별화할 수 있다.

〈그림 13-1〉 경쟁우위와 본원전략

<table>
<tr><td rowspan="2" colspan="2">우위
범위</td><td colspan="2">경쟁우위</td></tr>
<tr><td>원가우위</td><td>차별화우위</td></tr>
<tr><td rowspan="2">경쟁
위우</td><td>전체
시장</td><td>원가우위전략</td><td>차별화전략</td></tr>
<tr><td>세분
시장</td><td colspan="2">← 집중전략 →
원가집중전략 차별화집중전략</td></tr>
</table>

자료 : 어윤대 외, 전게서, p. 238.

기업이 차별화로 인해 발생하는 추가적 비용을 상회하는 가격프리미엄을 얻을 수 있다면 평균 이상의 성과를 달성할 수 있을 것이다. 따라서 차별화전략을 추구하는 기업은 차별화비용보다 높은 가격프리미엄을 어떻게 창출할 것인가 하는 방법을 항상 탐색해야 한다. 차별화우위를 추구하는 기업이라도 원가를 무시할 수는 없다. 명백한 원가열위가 가격프리미엄을 상쇄할 수 있기 때문이다. 그러므로 차별화 기업은 차별화우위에 영향을 주지 않는 모든 부문에서 원가를 절감함으로써 경쟁기업과 비슷한 원가수준을 유지하여야 할 것이다.

집중전략은 산업내의 세분시장을 목표시장으로 정하고, 여기에 적합한 전략을 수행함으로써 경쟁기업을 배제시키는 것을 목적으로 한다. 이 전략의 기본 전제는 전체 시장을 대상으로 하는 기업에 비해 좁은 시장을 대상으로 하는 기업이 보다 효과적이며 효율적으로 시장에 접근할 수 있다는 것이다. 전체시장을 대상으로 하는 기업은 세분시장의 차별적 특성을 중요하지 않는 경우가 대부분이어서 집중전략의 여지가 생기게 된다. 즉 시장범위를 좁힘으로써 특정고객의 욕구에 잘 대응하거나, 보다 낮은 비용으로 제품이나 서비스를 공급할 수 있다.

집중전략도 두 가지의 경쟁우위에 의해서 뒷받침되는데, 원가우위에 바탕을 둔 집중전략과 차별화우위에 바탕을 둔 집중전략으로 나눌 수 있다. 원가집중전략은 세분산업의 원가요인에 중점을 두는 한편, 차별화집중전략은 고객의 독특한 욕구에 중점을 둔다.

이상의 세 가지 본원적 전략은 경쟁우위를 획득하고 유지하기 위한 상이한 접근방식이다. 기업은 이들 본원적 전략 중에서 하나를 선택해야 하며, 그렇지 않을 경우 어중간한 상태에 머물게 된다. 현실적으로 원가우위와 차별화우위를 동시에 누리는 것은 쉽지가 않다. 이는 일반적으로 차별화에 추가적인 비용이 수반되기 때문이다. 그렇다고 원가절감과 차별화가 항상 상충되는 관계는 아니다. 차별화전략에 손상을 주지 않고도 원가를 절감할 수 있는 방법들이 있을 수 있으며, 효율적이고 효과적인 방법을 사용하거나 새로운 기술을 채택함으로써 원가절감과 동시에 차별화를 심화시킬 수 있을 것이다.

〈표 13-1〉 본원전 전략의 위험

저원가전략의 위험	차별화전략의 위험	집중전략의 위험
· 원가우위가 지속되지 못 할 때 - 경쟁기업의 모방 - 기술의 변화 - 원가우위의 근거가 사라질 때 · 차별화제품과의 근접성이 사라질 때 · 원가집중기업이 더 낮은 원가를 누릴 때	· 차별화가 지속되지 못할 때 - 경쟁기업의 모방 - 차별화의 근거가 고객에게 중요시되지 않을 때 · 원가상의 근접성이 사라질 때 · 차별화 집중기업이 더 뛰어난 차별화를 달성할 때	· 집중전략이 모방될 때 · 목표시장의 매력도가 구조적으로 낮아질 때 - 구조적 감소 - 수요의 감소 · 전체시장을 목표로 하는 경쟁기업이 세분시장을 장악할 때 - 세분시장간의 차이가 없어질 때 - 다양한 제품라인의 이점이 증가할 때 · 세분시장을 더욱 세분화하는 집중기업이 등장할 때

자료 : M. E. Porter, *Competitive Advantage: Creating and Sustaining Superior Performance*, Free Press, New York(1985), p. 21.

본원적 전략은 각 전략에 수반되는 상이한 위험을 안고 있다. 이를 요약해 보면 〈표 13-1〉과 같다. 이러한 위험이 발생했을 때 기업이 적절하게 대처하지 못할 경우 경쟁우위의 지속성을 유지하기가 어렵다. 따라서 기업이 경쟁우위의 지속성을 유지하기 위해서는 경쟁기업이 그 원천을 모방하지 못하게 하는 장벽을 구축하여야 한다. 그러나 이 장벽이 언제까지나 무너지지 않을 수 없으므로 기업은 경쟁적 지위를 개선하기 위한 투자를 함으로써 경쟁기업에게 장벽이 끊임없이 높아지거나 변하고 있음을 보여주어야 한다.

3. 절대우위와 비교우위

경영마인드에는 고객을 가장 먼저 생각하는 고객중심 마인드와 함께 경쟁회사와 비교해 볼 때 어떻게 하면 상대적으로 더 큰 만족을 제공할 수 있는가를 찾는 경쟁우위 마인드가 요구된다. 이러한 경쟁우위 마인드는 경쟁의 범위가 넓어지고 경쟁정도가 격화될수록 더욱 더 중요하게 작용한다.

경쟁우위는 절대우위나 비교우위와는 다른 개념으로, 글로벌 무한경쟁이 펼쳐지는 21세기에는 경쟁우위를 확보하지 않으면 살아남기 힘들다. 그렇다면 경쟁우위가 절대우위나 비교우위와 어떻게 다른 것인가를 살펴보도록 하자.

(1) 절대우위

절대우위란 한 나라나 기업이 특정제품에 대하여 독점적 지위를 갖거나 가장 낮은 비용으로 생산할 수 있어서 독보적인 위치를 차지하고 있는 경우를 말한다. 절대우위를 확보한 국가나 기업은 독점적 지위에 따른 초과이익을 얻을 수 있지만 이러한 절대우위를 갖는 경우는 매우 드물다고 할 수 있다. 그 이유는 어느 특정국가나 기업에서만 단독으로 생산되는 제품은 거의 없으며 경제적 조건이 급속하게 변화하기 때문에 생산비용에서의 우위를 계속 유지할 수는 없기 때문이다.

전통적으로 남아프리카는 다이아몬드에 있어서 절대우위를 갖고 있었다. 이는 생산되는 지역이 극히 한정되어 있었기 때문이었다. 하지만 독점적 이익을 겨냥한 많은 국가들이 다이아몬드를 찾아 세계 여러 곳을 탐사한 결과 캐나다 등지에도 매장돼 있다는 것을 발견하고 이를 개발하게 되면서 남아프리카의 절대우위는 사라지게 되었다.

마찬가지로 국가간 경계가 사라지고 글로벌 경쟁이 이루어지고 있는 현재의 상황에서 특정기업이 제품생산에 있어서 독점적 지위에 따른 절대우위를 확보하기란 매우 어렵다. 기업들은 부존자원을 독점적으로 확보하기가 어렵고 생산비용에서 가장 낮은 수준을 계속적으로 유지하기란 사실상 곤란하므로 절대우위를 확보하는 경우는 거의 없다.

만약 대외교류가 이루어지지 않는 폐쇄적인 국가에서 독점적인 생산권을 확보하는 기업이 있다면 절대우위가 가능할 것이다. 그러나 WTO체제가 들어서고 세계가 하나의 시장으로 변모하고 있는 상황에서는 국가나 기업이 절대우위를 확보하기란 매우 어려울 것이다.

(2) 비교우위

비교우위란 설령 한 나라가 다른 나라의 모든 제품에 대해 절대우위 또는 절대열위에 처해 있다고 할지라도 상대적으로 효율성이 높은 제품을 전문화하면 두 나라 모두에게 이익이 발생한다는 것이다. 비교우위는 국가간 분업이 일어나고 있는 상황을 설명 해주는 원리라고 할 수 있다.

예를 들면 A국가는 B국가에 비해 첫 번째 제품은 3배의 효율성을 갖고 있으며 두 번째 제품은 2배의 효율성을 갖고 있다고 하자. 이 경우에 A국가는 첫 번째 제품에 대해 비교우위를 갖고 있으며 B국가는 두 번째 제품에 대해 비교우위를 갖고 있게 된다. 물론 B국가는 절대우위라는 측면에서 보면 첫 번째 제품이나 두 번째 제품 모두에서 절대열위에 놓여 있게 된다.

대부분의 국가간 무역이 이러한 비교우위에 입각해서 이루어지고 있다. 예를 들어 인도네시아는 더운 날씨와 값싼 노동력을 이용하여 농산물을 전문화하여 수출하고 반면에 우리 나라는 기술력을 바탕으로 한 전자제품이나 자동차 등을 수출하는 경우가 여기에 해당된다. 자유무역에 의해 이익을 얻는 것은 바로 비교우위에 근거를 두고 있다. 이러한 비교우위는 주로 국가간의 교역에서 적용되지만 기업에서는 비교우위를 적용하기가 곤란하다. 그 이유는 비교의 원리가 부존자원의 양에 의해 결정되기 때문이며 또한 생산비용의 비교는 한 국가 내에서는 기업간 큰 차이가 없기 때문이다. 또한 기업간의 비교는 두 개의 기업만을 비교해서 우위가 결정될 문제가 아니다. 해당제품마다 수많은 기업들에서 생산되고 있으므로 단지 하나의 상대기업만을 대상으로 비교우위를 갖는다는 것에 그다지 큰 의미는 없다고 할 수 있다.

(3) 경쟁우위

국가를 대상으로 하지 않고 기업을 대상으로 할 때 하나의 제품을 단지 두 개의 기업에서만 생산되는 경우는 드물기 때문에 수많은 기업을 대상으로 우위를 갖는지 여부를 파악해야 한다. 여기서 대두되는 개념이 경쟁우위라고 할 수 있다.

경쟁우위는 어느 특정한 기업이 다른 수많은 기업과의 경쟁에서 우위에 설 수 있는지의 여부를 판단할 때 사용하는 개념으로 주로 두 국가간 우위를 판단하는 비교우위와는 다르다. 비교우위가 주로 임금, 금리, 환율, 부존자원 등의 거시변수를 가지고 특정산업이나 분야의 국제경쟁력을 판단하는 개념이라면 경쟁우위는 개별기업에 한정된 개념이다. 기업의 경쟁우위를 확보하기 위해서는 기업특유의 기술이나 탁월한 경영능력 등이 필요하다.

이러한 경쟁우위의 원천으로는 가치활동과 핵심역량을 들 수 있다. 이 때 가치활동은 창조적인 경영활동을 의미하고, 핵심역량은 기업의 경쟁력 확보에 결정적인 역할을 하는 중요한 경영자원이라고 할 수 있다.

그런데 이 두 가지는 본질적으로 밀접하게 관련되어 있다. 경영활동은 경영자원을 기초로 이루어질 수 있으며, 역으로 경영자원은 경영활동을 수행함으로써 획득될 수 있기 때문이다. 예를 들면 기업의 핵심역량이라고 할 수 있는 기술능력은 연구개발이라는 경영활동을 통해 축적될 수 있으며, 이렇게 축적된 기술력으로는 보다 나은 제품을 개발해 낼 수 있는 것이다.

따라서 특정한 기업활동이나 특정한 경영자원이 경쟁기업에 비해 우위에 있어야 지속적인 성장과 발전을 도모할 수 있을 것이다. 이 때 기업이 갖고 있는 특정한 경영자원이 경쟁기업에 비해서 우위를 가지려면 다음의 두 가지 조건이 충족되어야 한다.

· 기업이 가진 자원은 다른 기업들이 갖지 못한 희소한 자원이어야 한다. 즉 어느 기업이 갖고 있는 기술이 산업 전반에 널리 퍼져 있어서 타기업들도 그 기술을 쉽게 획득할 수 있다면 그 기술은 더 이상 그 기업에게 경쟁우위

를 가져다 줄 수 없다.

- 기업이 갖고 있는 자원이 핵심역량이 되려면 현재 그 산업에서 중요하게 작용하는 것이어야 한다. 중요하게 작용하지 않는 자원을 갖고 있어서는 다른 기업을 제압할 수 없으며 오히려 경쟁열위에 처해 지배를 당하게 될 것이기 때문이다.

제2절 경쟁력 창출의 원천

1. 가치활동창출[1)]

기업이 누리는 이러한 경쟁우위는 어디에서 발생하는가, 즉 경쟁우위의 원천은 무엇인가? 결론적으로 경쟁우위는 기업의 내부자원으로부터 발생한다. 그러나 이때 내부자원 자체가 경쟁우위가 되지는 않는다. 보다 엄밀하게 말한다면 자원의 보유 그 자체라기보다는 이러한 내부자원을 활용하는 과정에서 경쟁우위가 창출된다. 기업이 많은 현금을 보유하고 있다거나 창의적 아이디어를 가진 연구인력을 보유하고 있다고 해서 경쟁우위를 누린다고 할 수 없다. 기업의 경쟁우위는 기업이 보유하고 있는 내부자원을 활용하는 과정에서 발생한다. 우수한 연구인력을 활용하여 제품을 표준화하고, 풍부한 자금을 이용하여 규모의 경제를 누리는 설비투자를 함으로써 차별화우위가 발생한다.

이상에서 알 수 있듯이 기업이 내부자원을 활용하는 과정에서 경쟁우위가 발생한다. 따라서 경쟁우위의 원천을 이해하기 위해서는 기업이 수행하는 활동에 대해 살펴볼 필요가 있다.

(1) 기업의 가치활동

기업을 정의하는 데 있어서 기업의 여러 특성을 고려하여 다양한 정의를 내릴

1) 상게서, pp. 241-242.

수 있다. 예컨대 기업을 이윤(이익)을 추구하는 존재로 정의하는 것은 기업의 이윤극대화목적을 강조한 정의라고 하겠다. 이런 점에서 기업을 변형자라고 정의할 수 있다. 이 때 변형자란 기업이 수행하는 본질적인 기능을 중요시하여 내린 정의이다.

〈그림 13-2〉 기업의 가치창조활동

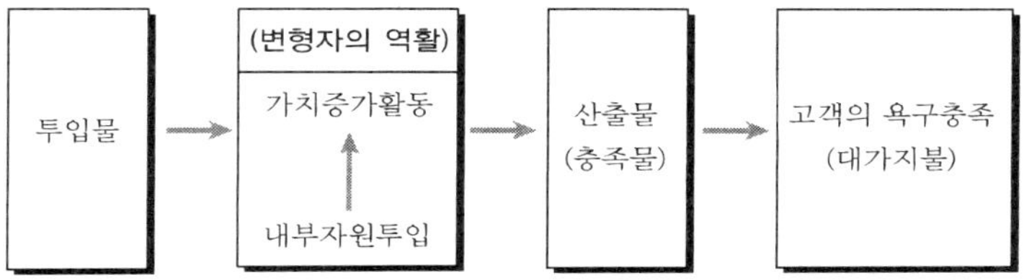

자료: 상게서, p.242.

〈그림 13-2〉에서 알 수 있듯이 기업은 외부 및 내부로부터 조달한 투입물을 내부의 가치증가활동을 통해 산출물로 변형시키는 기능을 수행한다. 즉 외부로부터 조달한 원재료, 중간재, 부품을 바탕으로 기업이 내부적으로 보유하고 있는 장비, 기술, 인력, 조직, 정보를 투입함으로써 시장에서 판매 가능한 상품을 생산해 내는 것이다. 이러한 기능을 수행하는 일련의 내부활동을 가치활동이라고 할 수 있다. 가치활동은 고객의 입장에서 볼 때 자신의 욕구를 만족시켜 주는 충족물을 기업이 만들어 준다는 점에서 중요시되는 활동이다. 투입물 자체는 고객의 욕구를 충족시키는 데 직접적인 도움이 되지 않으므로 고객의 입장에서 볼 때 가치가 없는 것이다.

그런데 기업이 일련의 내부활동을 통해 고객의 욕구를 만족시키는 상품을 만들어내고, 여기에 대해 고객이 생산원가 이상의 대가를 기꺼이 지불하려고 한다면, 기업이 내부활동을 통해 그만큼의 가치를 창출하였다고 볼 수 있다.

미시경제학에서는 투입물이 산출물로 변환되는 기업의 내부과정에 대해서 관심을 가지지 않는다. 기업은 자원의 효율적 배분을 통해 생산비용의 최소화를 달성하고자 노력하는 존재(생산의 효율성)로 가정된다. 이 때 자원의 효율적 배분에 영향을 주는 요인으로는 요소시장(투입물시장)의 요소가격과 판매사장의 제품가격이다. 따라서 기업의 변형자적 기능이 어떻게 수행되는가 하는 것은 블랙박스내의 문제로 남게 된다.

경영학이 관심을 가지는 것이 바로 이러한 블랙박스내의 문제, 즉 변형자적 기능을 수행하기 위해 필요한 구체적 기업활동이다. 원재료의 조달·수송·보관, 그리고 이의 가공·조립·이동, 인력의 충원·교육·현장투입·관리, 상품의 기획·제조·포장·광고, 유통채널의 선정·배분·운송, 광고선전·판매촉진·애프터서비스 등과 같이 물리적 생산활동 이전의 문제에서부터 고객이 상품을 소비하여 완전한 만족을 얻기까지 필요한 모든 활동에 대해 관심을 가지고, 이들이 실제로 어떻게 수행되고 있으며, 또 어떻게 수행하는 것이 기업의 목표달성에 유리한가 하는 점에 관심을 가지고 있다.

이러한 기업활동을 체계적으로 이해하는 데 도움을 주는 것이 가치사슬이라는 개념이다.

(2) 가치사슬과 활동

기업을 피상적으로 관찰해서는 경쟁우위의 원천을 파악할 수가 없다. 경쟁우위는 기업이 수행하는 조달, 생산, 마케팅, 운송 등의 활동과 이들 활동을 지원하는 여타의 활동을 통하여 발생하기 때문이다. 따라서 경쟁우위의 원천을 분석하기 위해서는 개별기업이 수행하는 모든 활동을 점검해 보고 이러한 활동들이 어떻게 상호작용 하는가를 체계적으로 알아보아야 한다. 이러한 체계적인 분석을 위한 도구로 사용할 수 있는 것이 가치사슬이라는 개념이다. 가치사슬은 기업의 활동을 전략적으로 연관성이 있는 몇 개의 활동들로 나누어 원가의 형태와 더불어 밖으로 나타나거나 내재된 차별화우위의 원천을 이해하기 위해 개발된 개념이다.

모든 기업은 연구개발, 제품설계, 생산, 판매, 운송 등을 포함하는 제활동의 집합체로 볼 수 있다. 이러한 활동은 〈그림 13-3〉과 같은 가치사슬로 나타낼 수 있다.

〈그림 13-3〉 가치사슬

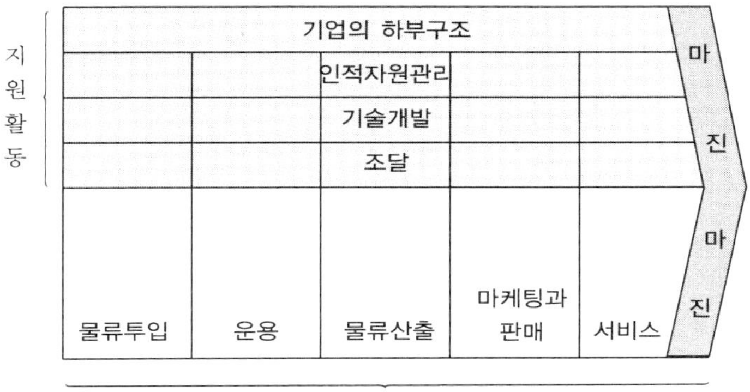

자료: 상게서, p. 244.

가치사슬은 총 가치로 표시되는데, 가치사슬은 크게 가치활동과 마진으로 구성되어 있다. 가치활동은 기업이 수행하는 활동 중에서 기술적 및 물리적으로 구별되는 활동으로, 구매자에게 가치 있는 제품을 생산하기 위해 필요한 기업의 구성요소이다. 마진은 총 가치에서 가치활동을 수행하는 데 소요되는 총 원가를 뺀 차액을 말한다. 공급업자나 유통경로의 가치사슬에도 마진이 포함되어 결과적으로 기업의 총비용에 합산되므로 원가발생의 전반적 요인을 이해하기 위해서는 공급업자와 유통업자의 가치사슬과 이윤에 대한 분석도 수행되어야 한다.

가치활동은 크게 일차적 활동과 지원활동으로 구분된다. 일차적 활동이란 기업의 본질적 활동, 즉 물리적 변환과정과 직접적으로 관련된 활동을 의미한다. 여기에는 투입과 관련한 물적 유통, 물리적 제고과정, 마케팅과 판매활동, 산출과 관련한 물적 유통, 서비스활동이 포함된다. 지원활동은 일차적 활동과 다른 지원활동이 지속적으로 수행될 수 있도록 보조해 주는 활동으로, 투입요소의 조달, 기술개발, 인적자원관리, 기업전반에 걸친 하부구조를 포함한다. 그런데 〈그림 13-3〉에서 지원활동에 점선이 그려진 것은 이들 활동인 개별활동을 지원하기도 하지만 동시에 전체 가치사슬을 지원하기 때문이다. 다만 기업하부구조는 특정의 일차적 활동을 지원하지 않고 전체 가치사슬만을 지원한다.

1) 일차적 활동

일차적 활동은 다음과 같이 다섯 가지의 활동으로 나누어지는데 각 활동은 기업의 전략과 기업이 속해 있는 산업의 특성에 따라 세분화된 하위활동으로 나누어진다. 예컨대 마케팅과 판매활동은 마케팅관리, 광고, 판매원관리, 판매원활동, 문헌작성, 판매촉진 등으로 세분될 수 있다.

① 물류 투입 : 투입요소를 구입, 저장, 운반하는 것과 관련된 활동으로서 자재관리, 저장, 재고관리, 장비사용계획, 공급자에 대한 반품 등과 같은 활동이 포함된다.

② 운영 : 투입요소를 최종제품으로 만드는 활동으로서 기계작업, 포장, 조립, 설비유지, 검사, 인쇄, 설비가동과 같은 활동이 포함된다.

③ 물류 산출 : 제품을 구매자에게 유통시키기 위한 수집 및 저장과 관련된 활동, 그리고 고객에게 제품을 직접 전달하기 위한 완성품보관, 자재관리, 운송장비관리, 주문 처리, 유통 계획과 같은 활동이 포함된다.

④ 마케팅과 판매 : 구매자가 제품을 구입하도록 하기 위한 활동으로 광고, 판매촉진, 판매원 및 판매량 할당, 경로선택, 경로관리, 가격책정과 같은 활동이 포함된다.

⑤ 서비스 : 제품가치를 유지, 증대시키기 위한 활동으로 제품설치, 수리, 사용방법, 교육, 부품공급, 제품조정과 같은 활동이 포함된다.

이상의 다섯 가지 활동은 산업의 특성에 따라 어떤 활동이 다른 활동에 비해 경쟁우위에 상대적으로 더 큰 영향을 주기도 한다. 예를 들어 유통업자의 경우, 물류 투입이나 물류 산출활동이 다른 활동보다 훨씬 중요한 반면, 식당이나 소매점의 경우를 보통 물류 산출활동이 생략되고 운영활동만이 중요시되기도 한다. 또한 기업대출을 주로 취급하는 은행은 대출금의 이율산정, 상환방법설정, 대출자의 선별 등과 같은 마케팅과 판매활동이 경쟁우위형성에 있어서 핵심적 역할을 하며, 고속복사기 제조업자는 서비스활동이 경쟁우위를 창출하는 데 있어 핵심활동이 된다. 그러나 어느 기업이든 다섯 가지의 일차적 활동은 항상 존재하여 경쟁우위를 창출하는 데 나름대로 기여를 하게 된다.

2) 지원활동

지원활동은 네 가지의 활동으로 나누어지는데 일차적 활동과 마찬가지로 산업의 특성에 따라 다시 여러 가지의 하위활동으로 나누어진다. 예를 들어 기술개발 활동의 경우 부품설계, 외양설계, 현장검사, 공정설계, 기술선택 등의 활동으로 세분될 수 있다.

① 조달 : 조달이란 구입되는 투입요소 자체에만 국한되는 것이 아니라 구입되는 투입요소와 관련된 모든 기능을 포괄하는 활동을 말한다. 구입되는 투입요소란 원재료, 비품, 소모품, 기계류, 실험시설, 사무기기, 건물 등을 뜻하는데, 이들은 일차적 활동과 지원활동 전반에 걸쳐서 사용된다. 다른 활동과 마찬가지로 조달활동에서도 기술이 사용되는데, 여기에는 공급자 관리절차, 품질검사기준, 구매정보시스템 구축 등이 포함된다.

② 기술개발 : 기술개발은 제품을 개발하고, 가치사슬상의 제활동이 수행되는 방법을 창조하고 개선시키는 활동을 의미한다. 모든 가치활동에는 노하우, 각종 절차, 공정기술 등과 같은 기술이 포함되어 있다. 대부분의 기업에서 사용되는 기술의 종류는 광범위한데, 문서작성기술은 물론 제품운반기술, 제품 자체에 포함된 기술 등을 그 예로 들 수 있다. 이러한 기술은 다양한 하위기술과 함께 많은 과학분야의 이론을 사용하고 있다. 예컨대 기계기술은 야금학, 전자공학, 기계공학의 이론이 도입되어 있다.

③ 인적자원관리 : 인적자원관리에는 채용, 훈련, 교육, 개발, 보상 등 인사관리의 제반활동이 포함된다. 인적자원관리는 개별적인 일차적 활동과 지원활동에 대한 지원을 하기도 하며, 전체 가치사슬(예컨대 노사협상)에 대해 지원하기도 한다.

④ 기업하부구조 : 기업하부구조에는 일반관리, 전략적 기획, 재무관리, 회계, 법률문제관리, 대정부관리, 품질관리 등과 같이 기업의 전반적 운영에 있어서 필수적인 활동을 의미한다. 이러한 활동은 다른 지원활동과 달리 대체적으로 전체 가치사슬을 지원하는 것이 보통이다. 단일사업기업은 기업하부구조가 하나의 통합된 형태를 보이는 데 비해, 다각화기업은 사업단위의 하부구조와 기업수준의

하부구조로 분리되어 있다. 예컨대 다각화기업에 있어서 소요자금의 조달과 상환활동은 기업수준에서 이루어지지만, 품질관리활동은 개별사업단위에서 이루어진다. 그러나 일반적으로 사업단위와 기업수준에서 같은 성격의 기업하부구조가 동시에 수행되기도 한다.

2. 핵심역량창출[2)]

(1) 핵심역량 개념

최근 기업이 보유하는 경쟁력의 원천으로 특히 강조되고 있는 것이 핵심역량이다. 탁월한 핵심역량의 개발과 축적이 기업성공의 필수적 요건으로 지적되고 있다. 프라할라드와 하멜에 의하면 1970년과 1980년대에 걸쳐 미국기업이 일본기업에 비해 시장에서의 성공이 상대적으로 적은 것은 핵심역량을 개발하여 축적하지 못하였기 때문이라고 한다. 더구나 미국기업이 일본기업에 비해 전반적인 기술능력, 인적 자원, 자본축적 면에서 상당한 우위에 있음에도 불구하고, 핵심역량을 개발하기 위한 의지와 조직구조가 뒷받침되지 않음으로써 장기적으로 시장에서의 경쟁적 지위를 구축하는 데 실패한 것으로 설명되고 있어 핵심역량의 중요성이 더욱 강조되고 있다.

핵심역량의 예로는 소니의 소형화능력, 필립스의 광미디어 기술 등을 들 수가 있다. 하나의 칩 위에 라디오를 설치하는 이론적 지식만으로는 명함보다 크지 않은 초소형라디오를 생산할 수 있는 기량을 제공해 주지는 않는다. 이를 위해서는 소형화, 마이크로프로세서 설계, 재료과학, 초박형 정밀케이스짜기 등의 노하우를 조화시켜야 한다.

핵심역량의 정의에서 알 수 있듯이 만약 핵심역량이 기술흐름을 조화시키는 것에 관한 것이라면, 그것은 업무의 조직화와 가치전달에 관한 것이기도 하다. 소니가 보유한 핵심역량 중의 하나가 소형화이다. 제품을 소형화하기 위해서 소니사는 기술자, 엔지니어, 마케팅담당자들이 고객의 욕구와 기술적 가능성에 대

2) 상게서, pp. 337-341.

해 공유된 이해를 갖도록 하여야 한다. 이런 점에서 핵심능력은 커뮤니케이션이고, 관여이며 조직의 경계를 넘나들며 일하는 깊은 몰두・삼매이다.

이러한 핵심역량은 사용할수록 진화되고 증식됨으로 여러 곳에 응용하여 사용할수록, 또한 기업 전체가 공유할수록 오히려 향상된다. 핵심역량은 현재의 사업단위들을 연결시켜 주는 역할을 하게 되며, 새로운 사업을 개발하는 데 있어서 원동력이 된다. 기업이 보유하고 있는 핵심역량의 유형에 의해 다각화의 방향과 새로운 시장으로의 진입여부가 결정된다. 따라서 경쟁기업의 핵심역량을 보면 잠재적인 시장진입의 방향을 예측해 볼 수 있을 것이다. 어떤 기업이 디스플레이 부분에서 탁월한 핵심역량이 있다면, 그 기업은 앞으로 전자계산기, 소형 텔레비전, 랩탑컴퓨터의 모니터 등의 산업에 진입할 수 있는 잠재능력이 있다고 하겠다. 따라서 일본의 카시오가 휴대용 텔레비전산업에 진입하는 것을 사전에 예측할 수 있었을 것이다.

핵심역량을 더 잘 이해하기 위해서는 핵심 제품이라는 개념에 대한 이해가 필요하다. 핵심제품이란 기업의 탁월한 핵심역량을 물리적으로 체화하고 있는 것이다. 시장에서 소비자를 대상으로 판매되는 제품이 최종제품이라고 한다면, 핵심제품은 최종제품의 가치증대에 실질적으로 기여하는 부품이나 중간재를 의미한다. 혼다의 자동차엔진이 이러한 핵심제품의 좋은 예라고 하겠다.

특정분야의 핵심역량에서 세계적 지위를 유지하기 위해서는 핵심제품의 전세계적 시장점유율을 높이기 위해 노력하여야 한다. 이에 따라 최종제품의 시장점유율과 핵심제품의 시장점유율이 차이가 날 수 있다. 캐논은 데스크탑용 레이저 프린터의 엔진(핵심제품)에 있어서 전세계시장의 84%를 점하고 있으나, 캐논의 레이저 프린터(최종제품)의 세계시장점유율은 그야말로 미미한 정도이다. 미쯔비시는 에어컨의 컴프레셔(핵심제품)에 있어서 전세계시장의 40% 정도를 점하고 있으나, 에어컨과 냉장고산업(최종제품)에 있어서의 시장점유율은 아주 적다. 이와 반대로 최종제품의 시장점유율이 핵심제품의 시장점유율보다 높은 경우도 있다. 중간재나 부품을 원재료나 임금이 저렴한 외국기업에서 조달하여 최종제품을 조립 생산하는 기업이 여기에 해당된다.

〈그림 13-4〉 핵심역량 : 경쟁력의 근원

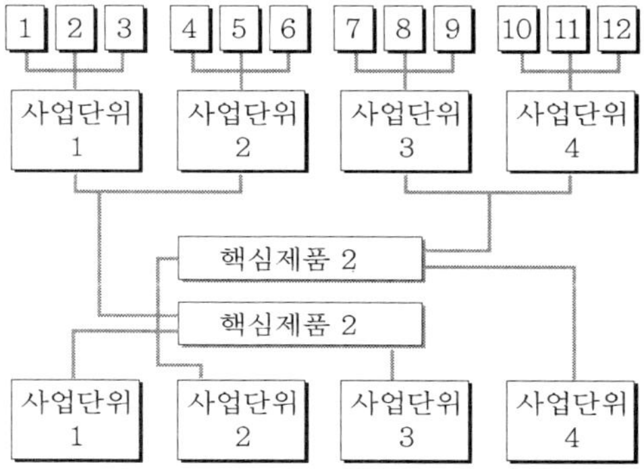

자료 : C. K. Prahalad and G. Hamel, "The Core Competence of the Corporation", *Harvard Business Review* (May-June 1990), p. 81.

다각화기업을 〈그림 13-4〉와 같이 나무에 비유할 수가 있다. 나무의 둥지와 큰 가지는 그 기업의 핵심제품에 비유할 수 있으며, 작은 가지들은 전략적 사업단위에, 잎과 꽃 그리고 열매는 최종제품에 비유할 수 있다. 그리고 이들에게 자양분을 공급해 주고 나무를 지탱하여 안정성을 유지해 주는 뿌리는 탁월한 핵심역량에 해당된다고 하겠다. 이렇게 본다면 기업을 분석할 때 최종제품에 중점을 두어 분석할 경우, 잎이나 가지를 보고 나무 전체를 평가하는 것과 마찬가지로 경쟁기업의 진정한 경쟁력을 간과할 수 있다.

따라서 자사의 경쟁력을 평가할 때 최종제품에 중점을 두어, 최종제품의 가격 대비 성능을 경쟁기업과 비교하여 평가한다면 핵심역량의 배양이라는 측면에 위배되는 결과를 초래할 수도 있다. 예컨대 기업이 비용측면을 중시한 나머지, 핵심부품을 자체적으로 생산하기 위해 필요한 내부투자를 등한시하고 외부공급업자들에게 의존할 경우 기업의 핵심역량이 쇠퇴할 가능성이 높다. 외부에서 부품을 조달할 경우 경쟁시장에 신속하게 진입할 수 있으며, 단기적으로 비용면에서 유리한 입장에 설 수도 있다. 그러나 다음 세대의 경쟁력있는 제품을 개발하는데 필요한 기술(핵심역량)은 핵심부품을 외부에서 조달하거나 OEM방식을 통해서 빌려올 수 있는 성질의 것이 아니다. 최종제품에 있어서 세계적 선도기업이 되는데 필요한 사람에 체화된 기술을 축적할 수가 없으며, 새로운 핵심역량을 개발하는 기회를 상실하게 될 위험이 있다. 이러한 교훈은 많은 미국기업의 예에서 얻을 수 있다.

1970~1980년에 GE, GTE, 모토롤라 등 미국과 유럽기업들은 컬러 텔레비전산업이 성숙기에 접어든 것으로 판단하고 이들 산업에서 철수하였다. 비디오와 관련한 핵심역량을 개선시키고 응용할 수 있는 기회가 소진되었다는 관점에서 본다면 컬러 텔레비전산업이 성숙기였다고 할 수 있었다. 그러나 실제로는 이들 기업이 컬러텔레비전산업에서 철수함으로써 비디오 관련 핵심역량에 의존하는 미래의 이익기회에 등을 돌리는 결과가 되었다. 이에 따라 1970년대에 매력적이지 못하다고 생각했던 텔레비전산업에서의 철수가 현재 매년 수백억 달러에 달할 것으로 예상되는 HDTV(고화질TV)시장의 이익기회를 추구하는 데 제약조건이 되고 있다. 이로 인해 민간기업이 보유하고 있지 않는 기술을 개발하기 위해 미국정부가 연구자금을 보조해야 될 입장에 처하기도 하였다.

이와 대조적으로 소니 같은 회사는 비디오테이프부문(베타맥스방식)에서 마쯔시타(VHS방식)에 참패하였으나, 비디오관련역량에 대한 전념을 줄이지 않고 VCR 부문에 계속하여 중점을 두었다. 이에 따라 비디오테이프녹화에 관한 핵심역량이 손상되지 않았으며, 현재 8미리 캠코드 시장에서 마쯔시타를 능가하고 있다.

(2) 전략 사업부의 핵심역량

프라할라드와 하멜은 핵심역량을 개발하고 구축하는 데 있어서 전략적 사업단위라는 조직구조에 대해 의문을 제기하고 있다. 이는 전략적 사업단위를 중시하는 기존의 관리체제하에서는 핵심역량을 원활하게 관리할 수가 없기 때문이다. 전략적 사업 단위란 독립된 전략을 수립하고 실행할 수 있는 사업단위를 의미한다. 일반적으로 전략적 사업단위는 서로 밀접하게 관련된 복수의 제품으로 구성되며, 다른 사업단위와 비용을 공유하지 않는 독립된 이익단위가 된다.

〈표 13-2〉 기업의 두 개념 : 전략적 사업단위와 핵심역량

	전략적 사업단위	핵심역량
경쟁의 근거	현재 제품의 경쟁력	경쟁역량을 구축하기 위한 기업간의 경쟁
조직 구조	제품시장면에서 관련성을 가진 사업들의 포트폴리오	핵심역량, 핵심제품, 사업들의 포트폴리오
사업단위의 상태	자율성은 손상받을 수 없다. 전략적 사업단위는 현금 외의 모든 자원을 소유한다.	전략적 사업단위는 핵심역량의 잠재적 저장소이다.
자원배분	분리된 사업단위가 분석단위이다. 자본은 사업별로 배분된다.	사업과 핵심역량이 분석단위이다. 최고경영층은 자본과 재능을 배분한다.
최고경영층의 긍정적 역할	사업들간 자본배본의 상충관계를 통해 기업의 수익을 최적화한다.	미래를 보장하기 위해 전략적 구조를 명시하고 핵심역량을 구축한다.

자료: 상게서, p. 342.

일반적으로 다각화기업은 복수의 전략적 사업단위들로 구성된 집합체로 간주되고 있다. 그러나 핵심역량을 중시하는 관점에서 본다면 다각화기업은 핵심역량의 집합체로 보아야 한다. 이는 핵심역량을 개발하고 발전시키기 위해서 기업 전체의 자원을 동원하여 이를 적절하게 결합하고 통합하여야 하기 때문이다. 이러한 두 가지 관점의 차이를 요약한 것이 〈표 13-2〉이다.

전략적 산업단위들간의 독립성을 중시하는 체제하에서 각 사업단위가 자원의 보유와 활용에 있어서 독립된 조직단위가 된다. 이에 따라 최고경영자가 복수의 사업단위들간의 자원을 통합하여 핵심역량을 구축하기 위한 비전이나 관리수단을 가지지 못하는 경우가 많다. 따라서 핵심역량을 구축하는 데 필요한 기술적 자원이 부족하지 않음에도 핵심역량을 개발하지 못하는 경우가 많다. 이는 기업을 전략적 사업단위들로 구성된 집합체로 볼 경우 핵심역량을 개발하기 위해 필요한 주요 자원을 사업단위들간의 영역을 넘어서 결합하고 풀링하는 데 제한을 받기 때문이다. 일반적으로 미국기업이 보유하고 있는 자원이 일본기업이 보유하고 있는 자원과 비교하여 규모와 질적인 면에서 뒤지지 않는다. 그러면서도 일본

기업들이 핵심역량을 개발하고 축적하는데 더 뛰어난 것은 바로 이러한 전략적 사업단위들간의 한계를 넘어서는 최고경영자의 통합능력 때문이라고 하겠다.

이런 점에서 프라할라드와 하멜은 전략적 사업단위를 중시하는 데 따르는 문제점을 세 가지로 제시하고 있다.

① **과소투자의 문제** : 먼저 기업이 복수의 전략적 사업단위로 구성되어 있다고 간주될 경우 각 사업단위들은 그들이 생산하여 판매하는 최종제품에만 신경을 쓰게 될 것이다. 따라서 어느 전략적 사업단위도 각 사업단위에 공통적으로 필요한 핵심제품(중간재)이 시장에서 생존적 지위를 유지하는 데에 대한 전적인 책임을 지지 않게 된다. 또한 하나의 전략적 사업단위에서 세계적 수준의 핵심역량을 구축하기 위해 필요한 투자액을 부담할 수가 없을 것이므로, 최고경영층의 보다 종합적이고 거시적인 시각이 뒷받침되지 않고서는 하나의 사업단위 책임자가 이에 필요한 만큼의 투자를 할 수가 없을 것이다.

② **자원활용의 제한** : 전략적 사업단위가 발전함에 따라 그 자체의 독특한 핵심역량을 개발한다. 이 때 일반적으로 이 역량을 보유한 인력은 특정사업단위에 소속되는 것으로 생각한다. 따라서 다른 사업단위에서 그런 인력에 대한 차출요구가 있을 경우 이를 거절하기 쉽다. 사업단위들간의 실적에 대한 경쟁이 치열할수록 이러한 경향이 강하게 나타날 것이며, 심지어는 사업단위의 관리자는 그런 능력이 있는 인력을 숨기려는 경향을 보이게 된다. 이에 따라 그 인력이 다른 사업단위에 배치되어 활용될 수 있는 기회가 제약을 받게 된다. 앞에서 언급하였듯이 핵심역량은 널리 사용되면 증식·진화되기 때문에 기업 전체적으로 유통되어 활용되는 것이 보다 유익하다. 그런데 전략적 사업단위별로 독립적으로 운영될 경우 이들 자원이 특정부분에 고정될 우려가 있다.

③ **제한된 혁신** : 기업의 각 부분에서 핵심역량의 활용가능성을 인식하지 못할 경우 개별 사업단위는 가까이 있는 혁신의 기회에만 집착하게 된다. 이에 따라 혁신의 수준도 제품라인이나 지역을 넓힌다는 측면에 있어서 한계적인 수준에 그치게 된다. 기업을 탁월한 핵심역량의 집합체로 생각할 때 혁신의 영역이 확대된다. 팩스, 랩탑 컴퓨터, 휴대용TV, 휴대용 음악 키보드 등의 상품은 전략

적 상업단위간의 영역이 결합될 때 등장할 수 있는 제품들이다. 캐논이 복사기시장에서 세계적인 선도기업이 되고자 준비하고 있을 때, 경쟁기업들에게 캐논은 카메라 산업에 종사하는 기업으로 인식되고 있었다. 기업을 핵심역량의 관점에서 생각할 때 혁신의 영역을 넓혀갈 수 있다. 이런 점에서 본다면 기업을 나무에 비유하여 기업조직이 핵심제품을 중심으로 구성되어 있고, 이 핵심제품은 핵심역량을 구체화하고 있는 것으로 비유하고 있는 〈그림 13-4〉는 유용한 시각을 제공해 준다고 하겠다.

제 3 절 기업의 가치극대화 전략

기업의 강력한 경쟁력을 확보하기 위해서 경영자가 가져야 할 경영전략은 〈그림 13-5〉와 같이 구체적으로 세 가지로 나누어 볼 수 있다. 첫째는 고객을 최우선으로 하는 고객중심 전략, 둘째는 치열한 경쟁 속에서 경쟁우위를 확보할 수 있는 방안을 찾는 경쟁우위 전략, 셋째는 기업자체의 가치를 극대화시키는 가치극대화 전략 등이다. 전략의 심장은 고객이다. 신규고객을 위한 리더십과 기존고객을 위한 관리의 조화가 수익성 극대화와 차별화 전략의 요체이다.

〈그림 13-5〉 전략경영의 핵심요소

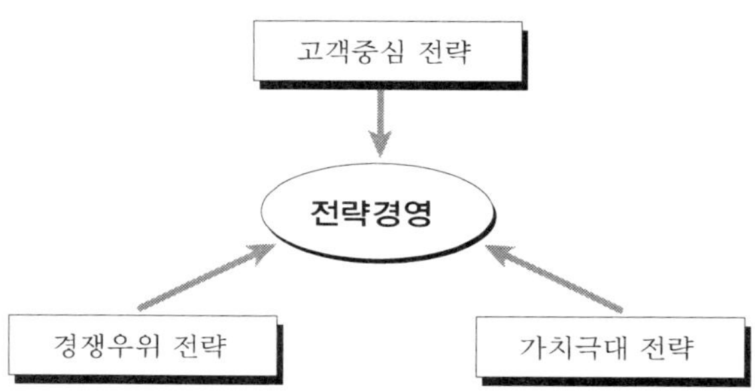

자료: 지호준, 『21세기경영학』, 법문사, 2001, p.38.

이러한 세 가지 전략이 종합적으로 연계되어 기업현장에서 실제로 추진되어야만 비로소 전략경영을 통한 혁신적 경영활동이 이루어진다고 볼 수 있다.

1. 고객중심 전략

오래 전부터 성공하는 기업들은 '고객이 왕이다' 또는 '고객 말은 항상 옳다' 등의 표현을 자주 사용해 왔다. 이는 그만큼 고객 중심적 사고와 고객만족이 기업에 있어서 중요하다는 의미일 것이다.

고객중심 마인드란 경영자가 기업을 경영하는 데 있어 가장 먼저 생각하는 것이 고객이라는 것이다. 즉, 고객에게 제공되는 일체의 물질적, 심리적 행동이 최상의 고객만족을 가져다주는 활동으로 이루어지도록 하는 것을 의미한다. 최근에는 고객만족을 넘어서 고객감동, 고객졸도에까지 이르도록 고객 중심적 경영활동이 요구되고 있다.

그러나 보통 우리는 고객의 의미를 단지 최종소비자로만 이해하고 있다. 하지만 단지 최종소비자만이 고객일까? 그렇지만은 않을 것이다. 기업에 있어서 고객은 최종소비자뿐만 아니라 기업에 투자하고 있는 주주도 고객이 될 수 있고, 기업에서 열심히 일하는 종업원까지도 고객이 될 수 있다. 따라서 고객의 의미를 좀더 폭넓게 이해할 필요가 있을 것이다. 폭넓은 개념의 고객을 대상으로 어떻게 이들을 만족시킬 것인가를 찾는 노력이 바로 경영마인드의 첫걸음인 셈이다. 이제 최종소비자, 주주, 종업원으로 고객을 보는 관점을 자세히 살펴보도록 하자.

(1) 소비자

현대사회는 서비스경쟁의 시대라고 말한다. 서비스 능력이 부족하면 고객만족을 달성할 수 없고 경쟁력을 확보할 수 없다. 따라서 이제는 상품의 개념이 단순한 제품에서 나아가 제품과 서비스가 합쳐진 것으로 바뀌고 있다.

고객만족이라고 하면 단순히 품질이 좋은 제품을 고객에게 제공하는 것이 아니라 고객의 욕구를 파악하여 그것을 충분히 만족시켜 주는 것을 말한다. 비록 제품의 품질이 좋더라도 서비스의 수준이 낮으면 고객들은 불만을 느끼게 되는 것이다.

실제 현실에서는 고객들이 불만을 느낄 때 고객의 말을 경청하고 이를 즉각 경영에 반영하는 기업은 그리 많지 않다. 오히려 기업은 고객들의 의견을 들어보지 않고 자기회사가 생각한 것이 소비자들에게 얼마나 중요한지를 알리기 위해 광고에만 심혈을 기울이는 경향이 있다. 이는 생각의 출발이 생산자 중심이며 고객만족이라는 것은 어디까지나 외부적으로 말하는 사탕발림으로 쓰여지고 있는 셈이다.

세계적으로 성공한 기업들은 그들의 제품이 잘 팔리고 있을 때에도 항상 고객의 불만을 경청하는데 최선을 다하고 있다. 그러나 실패하는 기업들은 현재의 고객들이 이탈하는 것을 대수롭지 않게 생각하고 새로운 고객을 찾아내려는 데만 많은 시간과 비용을 쏟아 붓고 있다. 따라서 성공하는 경영자가 되기 위해서는 최종소비자인 새로운 고객뿐만 아니라 현재의 고객도 만족할 수 있도록 하는 데 모든 생각의 초점을 모아야 할 것이다.

(2) 주주

기업의 가치가 주식시장에서의 주식가격으로 평가되는 상황에서 주주가 최고의 고객이라는 생각을 경영이념으로 구체화할 만큼 주주중심의 경영체제를 구축하는 것이 중요하다. 최근 들어 많은 기업들이 원만한 투자자관계를 통해 미래전망에 대한 포괄적인 정보를 투자자들에게 제공함으로써 주주이익과 경영투명성을 높여 기업의 자본조달을 원활하게 하고 있다.

이렇게 주주는 기업이 자본을 조달할 수 있도록 하는 창구로서 기업에 있어서는 그 역할이 매우 중요하다. 따라서 기업은 단순히 최종소비자만을 고객으로 볼 것이 아니라 자본을 조달하는 창구인 주주도 고객으로 볼 필요가 있다.

기업이 주주로부터 자본을 조달하기 위해서는 주주에게 신뢰감을 형성하도록 하고 정확한 정보를 전달하는 것이 무엇보다 필요하다. 기업은 어떤 면에서 소비자와 투자자인 주주의 신뢰를 먹고산다고 해도 과언이 아니다. 따라서 경영자는 주주를 가장 중요한 고객으로 보고 주주의 입장에서 경영활동을 수행함으로써 주주에게 이익이 돌아갈 수 있도록 해야 할 것이다. 우호적인 주주집단을 형성하고 이를 바탕으로 기업이미지를 높여 적절한 자본조달을 위한 환경을 만든다면 그 기업은 지속적인 성장과 발전을 이룰 수 있는 토대를 마련하게 되는 셈이다.

(3) 종업원

경영자의 입장에서는 매일매일 대면하는 종업원이 고객이 될 수도 있다. 경영자는 막상 최종소비자와 거래를 하거나 제품생산의 일부에 참여하기보다는 종업원들을 지휘하고 통제하는 활동에 대부분의 시간을 보내기 때문이다. 따라서 기업이 좋은 경영성과를 내려면 최종소비자에게는 물론 종업원에게도 따뜻한 배려와 너그러운 마음씨를 한껏 베풀어야 한다.

경영자는 종업원을 같은 배를 탄 내 가족으로 여기고 그들과 공동운명체라는 생각으로 서로간의 신뢰와 정을 나누는데 소홀해서는 안 된다. 그래서 최근에는 기업경영을 잘하는 필수적인 요건의 하나로 '종업원을 가족처럼 대하라'고 강조하고 있다. 하지만 기업을 경영하는 많은 사람들을 둘러봐도 그렇고, 사람들의 얘기를 들어봐도 이것을 실천하는 사람은 그리 많지 않은 것 같다. 대기업의 경우도 크게 틀리지 않는다. 특히 평판이 나쁜 기업을 유심히 관찰해 보면 경영자의 이중성을 어렵지 않게 발견할 수 있다.

최종소비자인 고객에게는 온갖 친절과 서비스를 다하면서도 종업원들에게 인색하거나 인간적으로 대하지 않고 있는 것이다. 그런 기업의 종업원이 고객에게 친절할 리가 없으며, 또 그들의 입을 통해 그 기업의 나쁜 점이 밖으로 새어나가 평판이 나빠질 수도 있다.

또한 종업원은 근무시간에는 단지 종업원에 불과하지만 근무시간 이외에는 역시 자사제품을 소비할 수 있는 최종소비자로 바뀔 수 있다. 종업원의 가족들도 다른 최종소비자와 마찬가지로 늘 최종소비자 위치에 있게 된다. 따라서 기업을 경영하는 경영자는 종업원도 고객이라고 생각하고 일심동체의 가족처럼, 최종소비자처럼 대해야 할 것이다.

2. 가치극대화 전략

지금까지 우리는 경영마인드를 갖는다는 것은 구체적으로 고객을 먼저 생각하고 그러한 고객에 대하여 어떻게 하면 경쟁기업에 비해 더 큰 만족을 제공할 수 있을까를 찾아보려는 노력이라고 설명하였다. 그런데 이 때 경쟁기업에 비해 더 많은 투자를 했는데 이익이 적게 돌아오면 오히려 상대적으로 손해를 보게 될 것이다. 따라서 경영마인드를 가진 의사결정은 위의 두 가지 조건을 따르는 수익성이라는 또 하나의 조건을 반드시 따라야 할 것이다.

수익성은 효과적이면서 효율적인 아이디어에 의해서 얻어질 수 있다. 즉 인적·물적자원, 자본 등의 경영자원을 투입할 때 효과적이면서 효율적인 아이디어가 가미되면 투입 이상의 산출이 발생하게 되며 이것이 기업의 성장으로 연결된다. 그러므로 효과적이면서 효율적인 아이디어에 의해 수익성이 커지면 커질수록 경영활동의 최종목표인 기업가치의 극대화에 도달할 수 있게 된다.

이처럼 기업의 가치를 극대화하기 위해서는 일반적으로 두 가지 방법이 있다. 하나는 주식시장에서 주가를 높여 기업의 가치를 극대화하는 방법이고 또 하나는 브랜드나 특허권 등 무형자산의 가치를 높여 기업가치를 극대화하는 방법이다.

(1) 주식가격

영리를 추구하는 기업에 있어서 주식가격을 통해서 기업가치를 높이는 것은 매우 중요하다. 기업의 주가가 상승한다는 것은 그만큼 투자자들이 투자가치가 있다고 판단하여 해당기업에 투자하는 것이기 때문이다. 또한 주가가 높아진다는 것은 그만큼 원활하게 자본을 조달할 수 있다는 것을 의미하기도 한다.

주식시장에서 결정되는 주가에 발행 주식 수를 곱한 것이 기업의 시장가치가 되기 때문에 주가가 높으면 높을수록 기업의 가치는 커지게 된다. 따라서 기업의 가치를 높이는 직접적인 방법은 주가를 높이는 방법이다.

주가를 높이기 위해서는 실질적인 기업의 수익성이 확보되어야 한다. 주가는 미래에 발생하게 될 현금흐름의 현재가치라고 표현된다. 따라서 눈에 보이는 비용절감에 의한 단기적인 이익창출뿐만 아니라 눈에 보이지 않는 방법에 의한 장기적인 이익창출도 주가를 크게 높일 수 있을 것이다. 그러므로 다양한 아이디어를 토대로 주가를 높일 수 있는 방안을 마련하는 것이 경영마인드를 갖추는 또 다른 지름길이 될 것이다.

(2) 브랜드 파워

브랜드는 곧 돈이다. 그 동안 기업의 가치를 평가할 때 자본금, 생산시설, 인적자원 등이 중요시되어 왔다. 이제는 브랜드가 제4의 자산으로 급부상하고 있다. 기업과 상품의 브랜드만으로도 수백억에 달하는 많은 돈이 왔다갔다 하기 때문이다.

브랜드 가치가 높다는 것은 "고객이 필요할 때 자동으로 해당 상품을 집어 들도록 만들었다"는 의미다. 따라서 강력한 브랜드는 소비자가 가격에 상관없이 항상 그 상품을 구매하도록 만드는 로열티(선호도)를 형성한다. 이는 기업이 우리 제품을 사달라고 끊임없이 광고를 하지 않아도 되는 것을 의미한다. 그만큼 마케팅비용을 줄이면서 상대적으로 높은 가격을 유지할 수 있게 된다.

현대사회에서 제품의 실체보다는 이미지를 중시하는 경향이 강해지고 있다. 뿐만 아니라 대부분의 제조기술이 평준화됨으로써 제품의 품질을 차별화하기 힘들어지고 있다. 이에 따라 좋은 브랜드가 갖는 위력은 더욱 커질 수밖에 없다.

21세기에 기업들이 효과적으로 브랜드 전략을 사용하기 위해서는 다음의 두 가지 조건이 필요하다. 첫째는 브랜드가 뚜렷한 경영목표나 비전을 담고 있어야 한다. 제너럴일렉트릭(GE)은 1996년부터 이미 GE라는 명칭과 로고, '전기를 통한 보다 나은 삶'이라는 슬로건을 만들어 지금까지 사용하고 있다. 자동차회사 아우디(Audi)는 '독일인의 장인 정신이 배어 있는 승용차', 베네통(Benetton)은 '다양한 인종이 조화롭게 살아가는 하나의 세계'라는 비전을 일관하게 제시하고 있다.

둘째로 브랜드 전략이 효과를 보기 위해서는 변덕스런 소비자의 심리를 정확히 읽어낼 수 있어야 한다. 1980년대 중반 일본자동차에 밀려 시장을 송두리째 내주다시피 했던 포드(Ford)는 먼저 광범위한 소비자 조사를 실시했다. 여기서 그들은 베이비붐 세대를 목표시장으로 설정했다. 이들의 특성이 레저를 선호하고 가족 중심적이라는 점을 파악한 포드는 모델 개발에서부터 광고에 이르기까지 이런 점들을 반영하는 일관된 전략으로 일본자동차들을 물리칠 수 있었다.

이처럼 기업이 향후 추구할 경영비전을 담고 있으면서 고객의 심리도 정확히 반영한 브랜드를 개발함으로써 기업의 가치를 극대화시킬 수 있을 것이다. 아울러 브랜드 개발뿐만 아니라 기술, 혁신, 동기, 충성도, 운용, IT, DB, 특허권이나 전문지식 또는 아이디어 등과 같은 다양한 무형의 지식자원들을 적극적으로 개발하여 기업의 가치를 극대화시키도록 노력하여야 할 것이다.

제4절 기업의 자원전략과 상황전략

1. 자원전략

21세기를 맞아 세계는 정보사회, 지식사회로 급격히 변화하고 있으며 이에 대응하기 위해 각국은 엄청난 노력을 기울이고 있다. 이처럼 중요한 시기에 우리나라는 IMF체제라는 혹독한 시련을 경험하였다. 이는 기업의 경쟁력이 부족했기 때문이다.

그렇다면 21세기에 기업이 강력한 경쟁력을 확보하기 위해서는 어떻게 해야 할 것인가?

21세기의 정보사회, 지식사회에 능동적으로 대처하기 위해서는 끊임없는 기술개발, 그리고 기업이 보유하거나 도입할 수 있는 모든 자원을 효과적으로 활용할 수 있어야 할 것이다. 이 때 필요한 핵심적 요인으로 등장하는 것이 정보, 지식 등의 자원이라 할 수 있다. 이러한 정보나 지식을 체계적으로 수집하여 기업가치를 극대화하기 위해서는 자원 중심적 전략의 활용이 새롭게 요구되는 것이다(〈그림 13-6〉 참조).

〈그림 13-6〉 자원전략경영

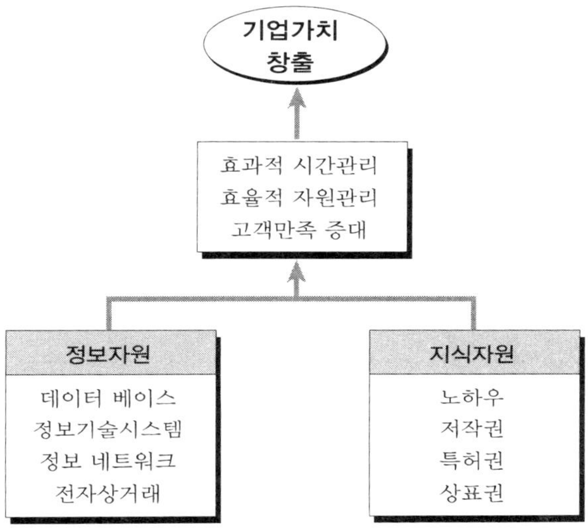

자료 : 상게서, p. 75.

상황적합적 경영에서는 기업이 각기 처해진 상황에서 자기 기업에 적합한 경영방법이 무엇인가를 찾는 데에 초점을 두었다. 따라서 과감한 글로벌경영과 전략경영을 통해서 이를 달성할 수 있는 것으로 기대하고 있다. 이에 비해서 자원 중심적 경영은 기업이 활동할 수 있는 핵심적 자원을 가지고 해당 산업에서 경쟁적 위치를 찾는 방법에 초점을 두었다. 따라서 정보사회, 지식사회로의 변천에 따른 정보경영과 지식경영을 통해 이를 해결할 수 있는 것으로 기대하고 있다.

(1) 정보전략경영

정보경영은 치열한 경쟁환경 하에서 경영자가 경쟁력을 강화하기 위하여 정보자원 및 정보기술을 효과적으로 이용하여 경영활동을 수행하는 것을 말한다. 과거에는 경쟁력 강화를 위한 많은 전략이 주로 인적자원이나 물적자원에 치중하여 강구되었다. 하지만 현대의 정보사회에서는 이러한 인적 · 물적자원 외에도 정보자원과 정보기술을 중심으로 하여 경쟁력 강화전략이 강구되어야 한다고 보는 것이다.

여기서 정보란 재고물량, 경쟁기업의 임금수준 등과 같이 가공되지 않은, 있는 그대로의 사실을 나타내는 데이터와는 구별된다. 있는 그대로의 데이터가 경영자의 목적에 부합되도록 가공처리된 것을 정보라고 할 수 있다. 이렇게 만들어지는 정보자원을 체계적으로 처리하는 정보기술을 활용하여 효율적인 경영의사결정을 내림으로써 기업의 경쟁력을 강화하는 것이 정보경영의 핵심이다.

기업경영에서 대표적으로 활용되는 정보기술로는 우선적으로 컴퓨터를 이용하여 표준화된 전자문서교환(EDI)뿐만 아니라 제품설계에서부터 생산, 판매, 관리에 이르기까지 제품라이프사이클 상의 전과정을 통합시키는 칼스(CALS) 등을 들 수 있다. 이외에도 기존의 의사결정 프로세스를 구조적으로 재편성하는 리엔지니어링 등과 각종 자원을 전사적인 차원에서 종합적으로 연결해서 활용하는 전사적 자원관리 등이 있다.

한편 정보사회에서 폭발적으로 성장하고 있는 인터넷을 활용한 경영활동은 향후 경영은 근본형태에 변화를 초래할 것으로 예상되고 있다. 이는 이미 인터넷시장을 통하여 수십억 달러의 자본을 축적한 넷스케이프, 야후, 아마존 등과 같은 기업들이 이러한 상황을 말해주고 있다.

또한 기업과 소비자간의 인터넷을 이용한 전자상거래뿐만 아니라 인터넷에 기초한 기업 네트워크 환경인 인트라넷과 엑스트라넷은 앞으로 기업의 경영활동에 큰 변화를 줄 것이다. 따라서 인터넷을 중심으로 하여 고객과의 양방향성을 가진 디지털 경영이 21세기 경영활동의 초점이 될 것이다.

(2) 지식전략경영

21세기는 산업사회에서 지식사회로의 전환이 확실히 이루어지고 있다. 과거 산업사회에서는 자본과 노동을 집약적으로 사용하였지만 인간의 창의력과 정보기술이 결합된 지식사회로 세계경제구조가 재편되고 있는 것이다. 따라서 지식사회에서는 자본과 노동의 투입비율보다는 창의력과 정보기술이 결합된 지식의 투입비율이 훨씬 커진다. 지식을 중요한 자원으로 활용해야 하는 지식사회에서는 경영활동도 기존의 방식에서 변화해야 한다. 이에 따라 대두되는 것이 지식경영이다.

지식경영이란 기업이나 종업원 개개인이 지니고 있는 지식을 체계적으로 발굴

하여 기업 내부의 보편적인 지식으로 발전시켜 기업 전체의 경쟁력을 향상시키는 원리를 말한다. 기업이 지식경영이라는 거대한 조류에 적응하고 이를 기회로 활용하려면 경영활동의 모든 면에서 인식의 대전환이 필요하다.

성공적인 지식경영활동을 위해서 기업은 내부에 보유된 지식뿐만 아니라 외부로부터도 지식을 축적하고 이를 활용함으로써 보유지식의 가치를 극대화시킬 필요가 있다. 이러한 지식은 끊임없이 변화하고 혁신된다는 속성을 지니고 있다. 따라서 인간의 지식능력에 기반을 둔 지식사회에서는 기업이 보유할 수 있는 지식을 끊임없이 혁신하고, 새롭게 창조해 나아가야 한다. 그렇지 못한 기업은 정체에 빠져들어 소멸하고 말 것이다. 그러므로 종업원 모두가 자발적으로 참여하는 정보공유의 문화 속에서 현장에서 실제로 사용될 수 있는 시장중심적 지식을 축적, 활용하는 지식경영은 미래 기업의 생존을 좌우할 수 있는 핵심적인 원리로 작용할 것이다.

2. 상황전략경영

과거의 경영이론은 보편 타당한 원리를 찾기 위해 공통요인을 찾는 실험이나 조사를 토대로 만들어졌다. 그러나 예상치 못한 오일쇼크나 환율급등락과 같이 환경이나 상황이 급속하게 변화되면서부터는 모든 상황에 똑같이 적용될 수 있는 경영이론은 있을 수 없다는 결론에 이르렀다. 이에 따라 등장한 것이 상황적합적 전략 또는 환경적응적 경영이다. 상황적합적 경영은 모든 상황에 적용되는 보편적 원리를 찾기보다는 해당상황에 비추어 볼 때 가장 적합한 원리를 찾는 데 초점을 둔 것이다(〈그림 13-7〉 참조).

상황적합적 경영학은 1980년 이후 환경이 급속히 변화되면서 과거에 적용되었던 경영원리가 이제는 더 이상 적용될 수 없는 상황이 발생하자 더욱 다양한 이론으로 발전되어가고 있다. 이 이론에 따르면 경영자는 시간이 변함에 따라 급속하게 변하는 경영상황에 대처하기 위해서 기업의 목표달성에 최적인 경영기법을 결정하게 된다.

〈그림 13-7〉 상황적합적 관점

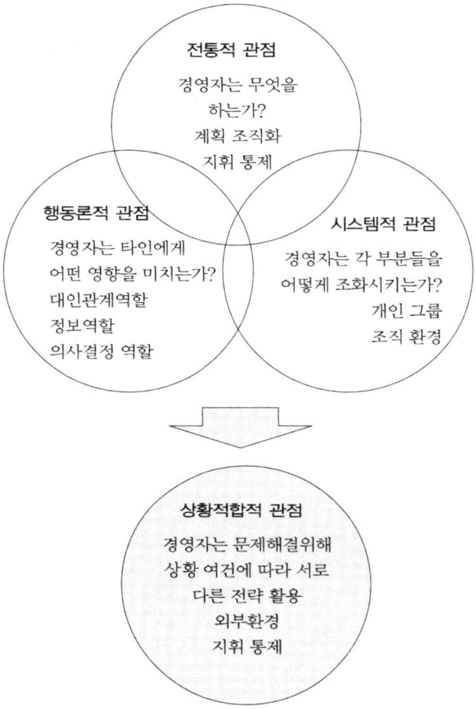

자료 : 상게서, p. 73.

예를 들어 생산성 증대를 해야 하는 경우에 과학적 관리에 따르면 작업 단순화를 위한 새로운 방안을 제안할 것이고, 행동론적 경영에 따르면 종업원의 동기부여를 통한 방안을 제안할 것이다. 그러나 상황적합적 경영에서는 현재 이 작업장의 상황에서 어떤 방법이 최적일 것인가를 분석하여 해결방안을 제안하게 된다. 따라서 상황적합적 전략의 주된 결정요인은 기업내부와 외부의 환경이다. 외부적인 경제, 사회, 정치, 기술환경과 내부적인 보유기술, 과업, 인적자원 등의 환경에 적합한 경영이 이루어져야 한다는 것이다. 최근 들어 많이 거론되고 있는 글로벌경영과 전략경영은 이러한 상황적합적 경영이론에 부합되어 개발된 것들이다.

환경이 변함에 따라 또는 상황이나 여건이 변함에 따라 어떻게 하면 미래환경에 가장 적합한 전략을 세워 대응하느냐 하는 문제를 중요한 과제로 삼고 연구하는 이론이 바로 상황적합적 전략인 것이다.

(1) 전략경영

환경의 급격한 변화에 적응하여 기업의 기본전략을 결정하는 의사결정능력이 이제는 모든 경영자의 필수적인 자격요건이 되고 있다. 이처럼 전략경영은 기업이 장기적인 목표를 결정하고 이것을 실현하기 위해 각종 정책들을 수립하여 이를 통해 자원을 배분하는 경영활동을 말한다.

현대의 기업경영에 있어서는 전략적 사고가 대단히 중요한 데 더욱이 치열한 글로벌경쟁에 직면하고 있는 요즘에는 전략경영이 더욱 더 중요한 의미를 갖게 된다. 글로벌경쟁이 벌어지고 있는 상황에서 경쟁기업과 비교해서 어떤 전략으로 경쟁우위를 획득할 수 있는가를 찾는 경영활동을 전략경영이라 할 수 있다. 이러한 전략경영을 통해서 변화하는 환경에 효과적으로 대응할 수 있는 의사결정을 내리게 된다.

(2) 글로벌전략

국제화, 개방화뿐만 아니라 정보화가 추진되면서 지구촌이 하나의 시장으로 변모되었으므로 이제 국내시장에 한정된 경영원리는 무의미해지고 있다. 국경의 개념이 없는 글로벌화된 시장내에서 시간이 갈수록 경쟁이 더욱 치열해지는 양상을 보이고 있으므로 기업은 이에 적극적으로 대처해 나가는 경영원리를 찾아야 한다.

이 때 글로벌화된 시장에서 적용되는 경영원리를 글로벌경영이라고 한다. 이는 일반적으로 기업이 개별국가시장에 대해 각기 다른 전략을 취하기보다는 전세계 시장을 하나의 시장으로 보고 통합된 전략을 수립하는 것을 의미한다.

글로벌화는 국제화와 비교된다. 국제화는 종전의 국가단위로 시장이 구성되었던 상황에서 한 국가에 있던 기업이 다른 국가로 진출하는 것을 의미한다. 반면에 글로벌화는 국경에 따른 시장구분의 의미 자체가 없어졌다는 것을 의미한다.

이에 따라 글로벌전략은 제품, 기술, 서비스가 각 국으로 자유롭게 이동하며 인적자원과 자본의 흐름도 자유로운 상황에서 효율적인 의사결정을 내리도록 하는 경영활동을 의미한다.

[요 약]

- 경쟁우위는 경쟁의 승리, 즉 시장에서 고객이 기업의 제품을 교환대상으로 선택하는 것이다. 경쟁우위의 유형은 원가우위와 차별화우위로 분류되며, 두 가지 기본유형의 경쟁우위는 세 종류의 본원전략, 즉 원가우위전략, 차별화전략, 집중전략 등이 있다. 절대우위는 특정제품의 독점지위를 확보하는 것이고, 비교우위는 상대적 효율성이 높은 제품을 전문화하면 양국에 모두 이익이 발생하므로 국가간의 분업이 가능함을 시사한다.

- 경쟁력 창출의 원천에는 가치창조활동과 가치사슬이 있다. 가치창조활동은 투입물을 산출물로 생산하는 활동이며, 가치사슬은 기업의 활동을 전략적 연관성이 있는 활동으로 분류하여 원가의 유형과 차별화우위의 원천을 이해하려는 개념이다. 핵심역량은 경쟁력의 원천으로서 기술흐름의 조화이다. 즉, 업무의 조직화와 가치전달의 수단이며, 몰입현상이다.

- 경쟁력 확보를 위한 경영전략에는 고객중점전략, 경쟁우위전략, 가치극대화 전략 등으로 분류한다. 고객은 소비자와 주주 및 종업원 등이며, 가치극대화에는 주식가격과 브랜드 파워가 있다.

- 정보화사회의 경영전략은 자원전략과 상황전략으로 분류할 수 있다. 그리고 전자는 정보전략과 지식전략으로 나누며, 후자는 전략경영과 글로벌전략으로 나누어 볼 수가 있다. 즉 변화무상한 환경을 예측・관찰하면서 창조적 적응・대응과 도전・응전이 시의적절히 요청되고 있으며, 내부적으로는 핵심역량의 증식과 진화가 가능하도록 하는 기업의 문화・사풍・분위기의 함양과 개발의 필요성을 시사한다.

제 14 장

경영전략의 혁신

전략경영과 경영정책은 기업의 성장과 생산성을 향상하기 위한 전략과 정책의 수립 및 수행인데 이는 기업의 사명과 비전 및 가치로부터 도출 개발된다. 그리고 이것을 실천하기 위한 경영관리 과정이 등장함을 알 수 있다.

1990년대 초부터 국내에서 활발히 전개되기 시작한 국내 기업들의 경영혁신활동은 요사이 모르는 사람이 없을 정도로 보편화되었다. 원래 '혁신'이라는 개념은 무엇인가 신선한 새로운 것을 의미하는 것인데도 이제 '경영혁신'이라는 말만 들어도 식상할 정도가 되어 버린 것 같다. 그렇다면 '혁신'이라는 활동이 이렇게 식상할 정도로 쉽게 할 수 있는 활동인가? 국내 기업들은 과연 전략적 의도에 맞게 경영혁신을 제대로 수행하여 원하는 성과를 얻고 있는가?

그렇지는 않다. 사실 그 동안 국내 기업들은 경영혁신의 의미와 효용가치, 그리고 부작용을 정확하게 파악한 후에 자사의 전략 목표달성에 맞는 적절한 기법을 선택하려는 노력보다는 경쟁기업이 쓰고 있는 특정 기법을 맹목적으로 회사내에 도입하여 실행하는 경우가 허다하였다. 따라서 본 장에서 전략 실행의 충분조건으로서의 경영혁신의 의미를 되짚어 보는 것은 나름대로 큰 의미가 있을 것이다.

제1절 경영혁신의 개념

1. 경영혁신의 의미

급변하는 환경, 즉 고객으로부터 기업의 존재이유인 사명과 비전 및 가치를 도출하여 전략경영과 경영정책을 수립 및 수행하게 된다. 여기서 환경변화에의 도전 및 응전인 경영혁신이 끊임없이 요구된다. 이를 실천하기 위한 전략적 리더십을 발휘할 수 있는 기업가 정신이 필요함을 알 수 있다.

〈그림 14-1〉 경영의 3요소

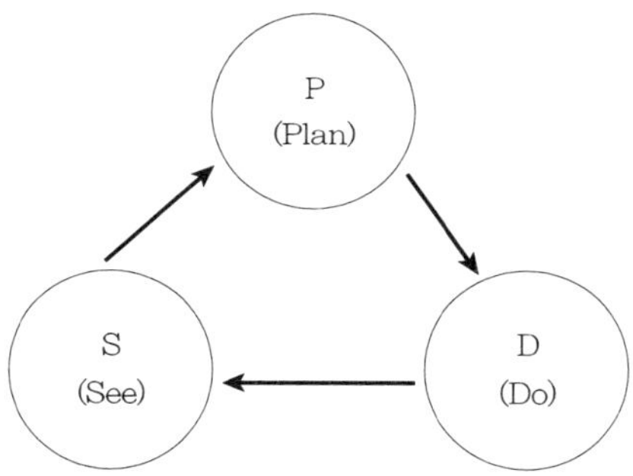

'경영혁신'이라는 단어는 경영과 혁신이라는 두 단어의 합성어이다. 우선 각각의 낱말이 지니는 본래 의미를 살펴보자.

경영을 어떻게 전개하는가 하는 '경영방식'은 학자에 따라 다른 몇 가지의 요소로 나누어 설명되어 왔다. 일반적으로 경영방식은 계획, 조직, 지령, 동기부여, 통제, 조정, 충원, 기타 활동으로 구성되어 있는 데, 학자들의 견해를 종합하여 그 공통점을 찾아보면 크게 P-D-S, 즉 사전적 활동-현장활동-사후적 활동의 과정으로 정리할 수 있다. 또한 사후적 활동은 다음 경영의 사전적 활동에 대한 기초가 된다는 점에서 연결고리를 이룬다. 이러한 의미에서 경영이란 여러 가지 경영요소가 수평적으로 분화된 활동이 아니라 동태적으로 결합된 과정이라고 볼 수 있다(〈그림 14-1〉 참조).

한편, 혁신이란 쉽게 말해서 '새로운 것들'을 의미한다. 슘페터의 말을 빌려 교과서적으로 정의하면 이용 가능한 여러 가지 사물이나 힘의 결합방식을 변경하여 새로운 상품의 발명, 새로운 생산방법의 도입, 시장개척, 새로운 자원개발 및 조직개혁 등을 가져오게 하는 것으로서 흔히 신결합이라고 한다.

그런데 슘페터는 기존방식에서 출발하여 점진적인 변화를 통해 새로운 방식에 도달하는 지속적인 개선에는 큰 가치를 두지 않았다. 신결합은 비연속적으로만 나타날 수 있는 것으로서 발전을 위한 독특한 조건을 만들어 낸다고 하면서 신결합이야말로 창조적 파괴를 통한 경제발전의 원동력이 된다고 하였다.

전통적인 대량생산체제의 목표는 생산성 향상이었다. 표준화를 통한 생산성 증대로 인하여 기업들은 시장점유율을 키울 수 있었으며 가격경쟁으로 이윤을 향유할 수 있었다. 이러한 체제는 혁신을 창출하는 경영풍토에는 적합하지 않다. 왜냐하면 혁신을 위해서는 당사자들에 대한 시간적·수량적인 제약을 완화해야 하고 기존의 가치관이 지니는 구속으로부터 해방시켜 줄 필요가 있기 때문이다. 이러한 의미에서 혁신적 경영풍토의 조성을 위해서는 다음과 같은 조건이 필요하다.

첫째, 새로운 아이디어를 이끌어 낼 수 있는 창조성

둘째, 참가자가 다양하게 행동할 수 있는 자율성

셋째, 정형화된 관성을 파괴할 수 있는 유연성

사실상 오늘날의 혁신은 기획·연구개발 부문에서만 맡고 있는 전문직능이 아니라 아이디어 형성에서 이의 사업화에 이르기까지 각종 관련부문과 조직계층간의 인적 접촉과 물적 공유에서 이루어진다. 따라서 참가자들의 정보공유와 상호학습은 복합화되고 있는 조직혁신에 불가결한 요소가 되고 있다.

이상을 종합해 볼 때, 경영혁신은 다음과 같이 정의할 수 있다,

"경영혁신이란, 조직의 목적을 달성하기 위하여 새로운 생각이나 방법으로 기존업무를 다시 계획하고 실천하고 평가하는 것이다." 좀더 구체적으로 표현한다

면, “경영혁신이란 새로운 제품이나 서비스, 새로운 생산공정기술, 새로운 구조나 관리 시스템, 조직구성원을 변화시키는 새로운 계획이나 프로그램을 의도적으로 실행함으로써 기업의 중요한 부분을 본질적으로 변화시키는 것을 의미한다.”고 말할 수 있다.

2. 전략의 수립 및 실행과 경영혁신의 관계

경영혁신은 의도된 전략과 실현된 전략의 갭을 최소화시키는 토대역할을 수행한다. 즉 당초 계획한 전략적 의도를 실현시키기 위해서는 경영혁신이 뒷받침되어야 하는 데 이는 다음과 같은 경우에 특히 그러하다.

먼저 전략을 수립하고 수립된 전략을 의도한 대로 실행하기 위해 조직의 체질을 바꿀 필요가 있을 때 경영혁신이 필수불가결 하게 일어나게 된다. 이 경우 경영혁신은 기업이 우선 중요하다고 생각되는 요소에 집중하여 문제를 해결하고 그 다음 다른 요소의 문제점을 해결해 나가도록 하는 유연성도 가질 수 있게 한다.

또 기업이 원하는 목적을 달성하지 못하고 있는 경우에도 경영혁신이 필요하다. 예컨대, 시장점유율 1위를 목표로 하는 회사가 만년 2-3위 수준에서 멈춘다면 지금까지 사용해 오던 경영방식을 버리고 혁신적인 방식을 도입할 필요가 있다. 이 외에도 기업이 새로운 전략목표를 추구하거나 기업환경이 급변하는 경우에도 경영혁신이 필요하게 된다.

이처럼 수립된 전략을 의도한 바대로 적절히 수행하기 위해서는 그 기반으로서 경영혁신이 뒷받침되어야 할 필요가 있으며, 이 경우 바람직한 혁신 과정을 보면 다음과 같다(〈그림 14-2〉 참조). 먼저, 기업의 장기전략을 수립한 후 혁신의 방향을 도출하여 체질혁신 목표를 명확히 한다. 그리고 이러한 혁신 목표에 맞는 적절한 혁신기법을 선택하여 단계적으로 추진해 나가야만 한다. 이하에서는 이러한 경영혁신 기법에 대하여 구체적으로 설명하기로 한다.

〈그림 14-2〉 바람직한 혁신

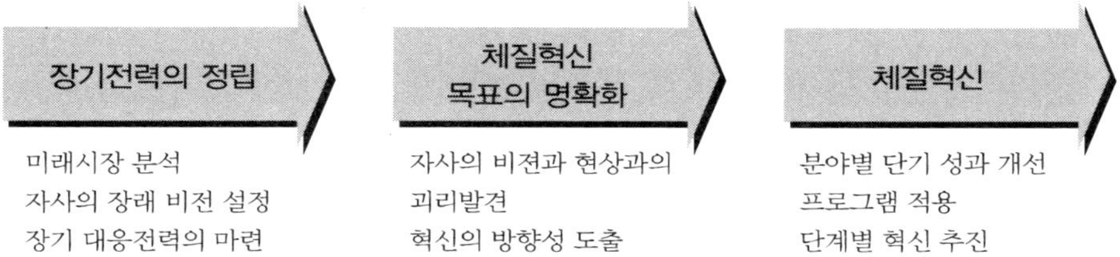

자료 : 조동성, 『전략경영』, 서울경제경영, 2000, p. 479.

3. 경영혁신 기법의 특징

실천적 수단으로서 기업이 선택할 수 있는 경영혁신 기법에는 경험곡선, 품질관리, 전략사업단위, 기업문화 등 20여 년 전부터 소개되어 널리 보급된 것도 있고 리스트럭처링, 다운사이징, 벤치마킹, 리엔지니어링 등과 같이 최근에 도입되어 아직 원어 그대로 사용되는 것도 있다. 이들 여러 가지 경영혁신 기법은 제각기 다른 목적과 효과를 추구하지만 다음과 같은 세 가지 면에서 공통점이 있다.

첫째, 시대에 따라 유행하는 경영혁신 기법이 달라진다는 점이다. 저명한 경영학자인 피터 드러커 교수는 "경영자는 15세 소녀와 같이 유행에 민감해서 다른 회사들이 새로운 경영혁신 기법을 사용하는 것을 보면 이를 자기 회사에도 적용하고 싶어한다."고 지적한 바 있다.

둘째, 경영혁신 기법이 비록 유행을 타면서 나타났다 사라지지만 각 기법은 그 당시 경영환경을 반영한다는 점이다.

셋째, 이 세상에 만병통치약과 같은 경영혁신 기법은 없다는 점이다. 소화제를 아픈데 쓸 수 없듯이 기업마다 추구하는 목적과 당면한 문제점, 그리고 내부능력과 조건이 다르다. 따라서 한 기업에서 성공적으로 사용된 경영혁신 기법이 목적과 당면문제, 그리고 내부능력이 다른 기업에서도 같은 효과를 내리라는 보장은 없다. 그러므로 경영자는 어떤 기법을 선택할 것인가를 신중하게 판단해야 한다

제2절 경영혁신 기법들의 활용

우선 경영혁신 기법은 실제 경영활동, 즉 프로세스를 변화시키는 기법(사각형 안)과 경영활동이 일어나는 장을 변화시키는 기법(사각형 밖)으로 나눌 수 있다. 경영활동을 다루는 기법은 다시 생산, 마케팅 등 특정 기능분야에서 활용되는 기법과 특정 제품이나 특정 시장 등 단위사업부에서 활용되는 기법, 그리고 이들 사업부를 전체적으로 조정·운영하고 있는 기업 전체에 적용될 수 있는 기법으로 나누어진다.

이들 기법은 다시 경영의 내용에 따라 계획, 실행, 평가로 나눌 수 있다. 그리고 이 세 가지 분류기준을 조합하면 〈그림 14-3〉과 같은 모습이 나타난다.

〈그림 14-3〉 경영혁신기법의 분류체계

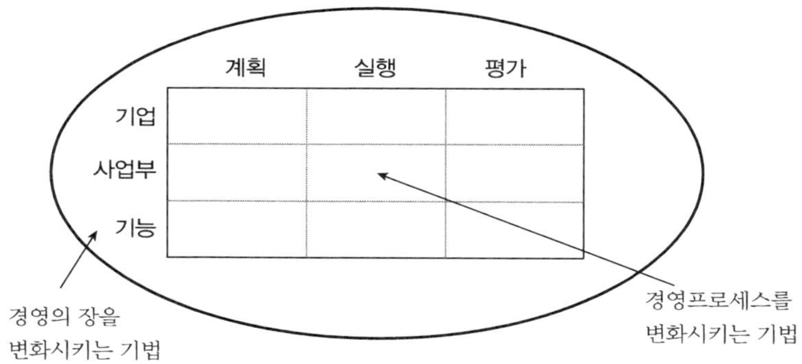

자료 : 상게서, p. 480.

또한 이 그림에 그 동안 기업들이 사용해 온 경영혁신 기법을 배치시키면 경영혁신 기법의 통합모델 〈그림 14-4〉가 만들어진다.

경영자는 기업이 추구하는 목적과 적용하고자 하는 대상범위에 따라 〈그림 14-4〉에 있는 여러 가지 기법 중에서 적절한 것을 취사 선택할 수 있다.

그림에서와 같이 경영혁신 기법들은 경영활동의 장을 변화시키는 비전 만들기, 리스트럭처링, 학습조직, 기업 아이덴티티, 벤치마킹과 또한 경영프로세스 자체를 변화시키는 기법인 장기전략 계획, 경쟁전략, 영점기준 예산, 신인사제도, 리엔지니어링, 다운사이징, 시간기준 경쟁, 전사적 품질경영, 전략평가시스템 등으로 구분할 수 있다.

〈그림 14-4〉 경영혁신 기법의 통합모델

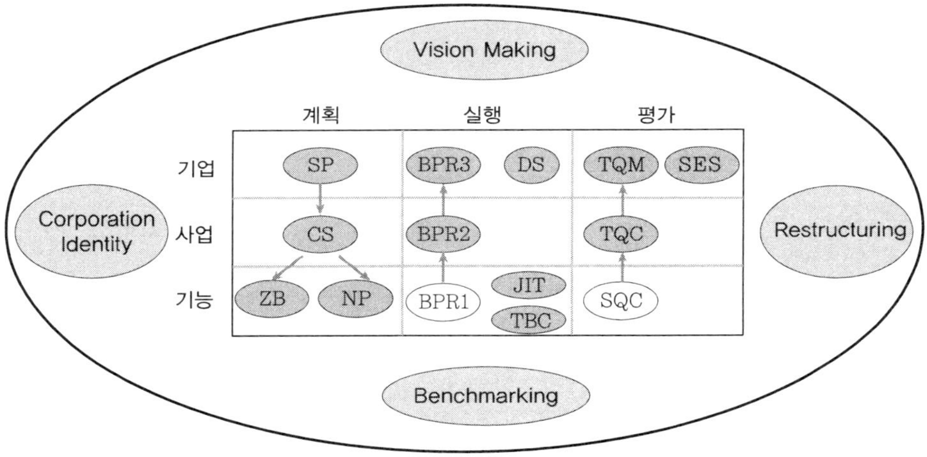

* BPR1: Cost Improvement BPR, BPR2: Competitive BPR, BPR3: Break-Point BPR, CS: Competitive Strategy, DS: Downnsizing, JIT: Just-In-Time Manufacturing, NP: New Personnel System, SES: Strategic Evaluation System, SP: Strategic Planning, SQC: Statistical Quality Control, TBC: Time-Based Competition, TQC: Total Quality Control, TQM: Total Quality Management, ZB: Zero-Base Budgeting.

자료: 상게서, p.481.

1. 경영의 장을 변화시키는 기법들

비전만들기, 리스트럭처링, 학습조직 및 기업 아이덴티티, 벤치마킹은 기업 전체 차원에 영향을 끼치며, 경영내용 중 특정부문에 영향을 끼친다기보다 경영프로세스 조건을 변화시키는 근본적인 경영혁신 기법에 속한다.

이 중에서도 비전 만들기는 혁신의 실천을 위한 전제조건이 되는 동시에 혁신 과정의 첫 단계이다. 물론 비전 만들기 과정을 거치지 않고도 관리방법 변화를 추구하는 기법을 도입할 수도 있지만 기업비전의 명확화, 장기전략 계획의 수립, 변화와 혁신을 수용하는 조직분위기 형성 등의 전제조건들이 갖추어진 상태에서만 그 효과를 제대로 발휘할 수 있다. 많은 기업들이 관리방법을 변화시키는 경영혁신 기법들을 도입하였다가 실패하는 이유는 이와 같은 경영혁신의 전제조건을 간과했기 때문이다.

(1) 비전 만들기

비전이란, 조직의 바람대로 미래상을 표현한 것으로서 미래에 어떠한 기업이 되고 싶은가를 나타낸 조직구성원의 소망이다. 이러한 기업 비전은 기업에게 목표를 정해주고 기업이 그 목표에 도달하기 위한 최선의 방법을 결정하여 기업을 장기적으로 운영하는 데 있어 핵심적인 역할을 한다. 비전이 있는 기업과 없는 기업의 차이는 원대한 이상을 품고 삶에서 이를 추구하는 사람과 하루하루 아무 생각 없이 살아가는 사람의 차이와 같다.

기업 비전을 뚜렷이 갖고 장기간에 걸쳐 지속적으로 추구하는 기업만이 뚜렷한 성과를 성취할 수 있다. 근래 들어 비전 만들기가 더욱 각광받고 있는 이유는, 환경의 불확실성이 증가되면서 분석·논리의 일변도적인 태도로부터 직관이 중시되고, 안정적 환경 속에서 형성된 패러다임의 전환이 필요하게 되었기 때문이다. 위기상황에 직면한 기업이 원대한 비전을 가진 경영자에 의해 위기를 모면할 뿐만 아니라 커다란 성공을 거두고 앞서 나아가게 된 사례는 도처에 있다.

성공한 기업의 경영자들이 위기를 오히려 기회로 바꿀 수 있었던 것은 확고한 비전이 있었기 때문이다. 비전이 문제를 해결해 주는 방법 그 자체는 아니나 확고한 비전을 가지고 목표를 향해 나아가는 기업은 어려움을 헤쳐나갈 강력한 추진력을 가진다. 따라서 비전 만들기는 기업에게 있어 경영혁신의 종점이 아니라 출발점이다.

(2) 리스트럭처링

리스트럭처링이란, 급변하는 국제적 경제환경 속에서 기업이 생존, 성장해 나가기 위해서 기업의 미래상인 '비전'을 사업구조 차원에서 구체화시키는 경영혁신 기법이다. 즉 비전이 추상적인 기업의 미래지향적이라면 리스트럭처링은 어떠한 사업구조를 통해서 비전을 달성할 것인가에 대한 해답을 제시함으로써 구체적으로 기업의 미래상을 그려내는 것이다.

리스트럭처링의 개념은 '사업 다각화' 및 '재무 리스트럭처링'과 혼동되어 사용되고 있는데, 이를 비교하여 보면, 사업 다각화는 기업을 둘러싼 외부환경에 대하 분석에 입각하여 새롭게 나타나는 사업기회에 자원을 배분함으로써 기존 사업 영역의 확장을 도모하는 일상적인 기획활동의 산물이고 재무 리스트럭처링은 1980년대에 유행하던 M&A 중에 우수한 재무구조를 가지고 있는 기업이 기업사냥꾼들에 의해 인수대상으로 선택되는 것을 막기 위해 불필요한 고정자산 및 유가증권 매입, 자사주 확보, 부채규모의 증가 등과 같은 방법을 통해 재무구조 내용이 바깥 세상에 노출되는 것을 막을 수 있도록 하는 장치이다.

이에 반해 리스트럭처링은 기업 비전을 구체화하기 위해 계획되어지고 의도되어진, 또한 과감하고 급진적인 성격의 사업구조 조정전략으로서 사업다각화 개념이나 재무 리스트럭처링과는 근본적으로 다르다. 따라서 리스트럭처링은 제시된 비전을 사업구조 차원에서 구체화하고 비전 달성을 위한 수단적 지침을 제공하는 동시에 전사적 차원에서 미래지향적 자원배분 기준을 제공하는 데 초점을 둔다

(3) 벤치마킹

벤치마킹이란, 기업들의 지속적인 개선을 지원하고 경쟁상 이점을 확보하는데 필요한 정보를 수집하기 위한 수단으로 기업이 기업의 내부 활동 및 기능, 혹은 관리능력을 외부적인 비교 시각을 통해 평가하고 판단하는 것이다. 기업활동의 결과로 얻어지는 제품이나 서비스 자체에 대한 평가이지 제품이나 서비스를 만들어 내는 각 프로세스에 대한 평가는 아니다.

완제품과 서비스를 만들어내는 각 기업의 프로세스는 비교기준이 없기 때문에

자사의 프로세스가 효율적인지를 판단할 수는 없다. 따라서 기업 내부 프로세스에 경쟁개념을 도입하여 경쟁기업 프로세스와 비교하여 지속적으로 자사의 프로세스를 개선하려는 노력이 바로 벤치마킹의 본질이다. 이같이 벤치마킹은 모든 경영혁신 기법에 범용적으로 병행하여 사용할 수 있으며, 기업변화에 기준 및 목표를 제공함으로써 계속적인 경영혁신을 지원하는 기법이다.

(4) 학습조직

기업은 눈에 보이는 기업구조와 기업구조에 속하는 사람들이 나타내는 행동양식만으로 이해될 수 있는 것이 아니다. 기업은 구성원들이 갖고 있는 눈에 보이지 않는 가치와 신념, 그리고 이들이 조직 내에서 나타내는 행동양식의 근저에 깔려 있는 습관과 전통을 포함하는 기업문화를 통해서 이해되어야 하기 때문이다. 이같이 기업마다 가지고 있는 독특한 기업문화는 구성원의 행동양식을 규정하고 기업 성과에 큰 영향을 미치는 등 기업 내에서 경영 프로세스가 일어나는 조건을 규정해 준다. 기업문화를 변화시켜 주는 경영혁신 기법에는 학습조직과 기업 아이덴티티가 있다.

학습조직이란, 스스로 배우는 기업을 말한다. 과거와 같이 몇몇 소수 엘리트가 조직을 이끌고 나머지 구성원은 단순・반복 작업만을 해서는 다른 기업과 경쟁할 수 없기 때문에 기업은 모든 구성원이 스스로 자유롭게 생각하고 배울 수 있는 학습능력을 갖추도록 해주어야 한다. 그리고 이 같은 구성원 개인의 학습과정이 조직학습으로 기업 내에 체화될 때 비로소 경쟁력을 갖춘 기업이 되는 것이다. 이러한 학습조직은 조직구성원의 지속적인 학습을 진작시키는 기업문화의 배양을 바탕으로 만들어져야 한다

(5) 기업 아이덴티티

CI 역시 기업 이미지를 형성하고 내재화시킴으로써 기업문화를 기업 비전과 전략에 맞추어 변화시키는 기법이다. 기업 아이덴티티는 말 그대로 기업 정체성을 확보하자는 것으로 끊임없이 변화하는 외부 환경 속에서 기업의 존재기반을 구축하기 위해 기업의 개성을 찾아 나름대로의 독특한 존재이유를 설정해야 한

다. 이러한 존재이유를 찾는 과정에서 기업의 사회적 역할, 기업과 종업원간의 공통목표, 기업 비전 등을 명확히 인식하게 된다.

이와 같이 CI는 기업 비전과 사업구조에 맞추어 새로운 기업문화를 창출하는데 중요한 역할을 하는 경영혁신 기법으로서 보다 구체적으로는 사고 아이덴티티, 행동 아이덴티티, 시각 아이덴티티를 통해 달성된다.

2. 경영프로세스를 변화시키는 기법

경영활동을 변화시키는 기법들인 장기전략 계획, 경쟁전략, 영점기준 예산, 신인사제도, 리엔지니어링, 다운사이징, 시가기준 경쟁, 전사적 품질경영은 적용대상인 조직수준에 따라 적용성이 달라지는 관리와 업무처리의 '방법'을 변화시키는 기법들이다.

이들 기법들은 기업, 기능, 사업부 또는 기업 전체와 같은 특정 적용대상에 영향을 끼치며, 그 내용도 계획, 실행, 평가의 차원으로 구분될 수 있다.

(1) 장기전략 계획

장기전략 계획은 기업목표를 설정하고 전략 수행에 필요한 자원을 배분하는 전략적 판단을 포함하며, 사업구조나 제품구조와 같은 경영구조 자체의 변혁을 의도하는 전사적, 종합적, 포괄적 성격의 거시적 계획으로 불확실성의 정도가 높은 비계량적, 질적 계획이다. 또한 한번 정해지면 고정된 확정 계획이 아니라 상황변화에 따라 변화하는 연동계획의 성격을 지닌다. 이와 동시에 미래 환경 예측으로부터 몇 가지 핵심적인 문제에 대한 시나리오를 개발하고 이에 대비하는 '시나리오 계획'의 성격도 지니고 있다.

(2) 경쟁전략

1980년대 초에 등장하여 현재까지도 전략부문에서 가장 많이 사용되는 경영방법이다. 경쟁전략은 경쟁이 일어나는 기본영역이라 할 수 있는 산업내에서 유리한 경쟁적 지위를 확보하기 위해 기업이 추구하는 전략을 기획하는 기법이다.

따라서 경쟁전략은 독자적 경쟁대상을 갖는 사업부 수준에 적용되는 경영혁신 기법으로 자신이 속한 산업내 기업들의 장기적 수익성을 결정하는 공급자, 구매자, 대체품, 잠재적 진출기업 및 기존기업 등 5개 경쟁요인을 분석하여 산업내에서 상대적으로 유리한 경쟁지위를 확보하는 새로운 경영 방법이다.

(3) 영점기분 예산

영점기준 예산계획이란 1961년 출범한 케네디 정부에서 맥나마라 국방장관이 미국 연방정부 국방성에 도입한 PPBS제도에서 그 기원을 찾을 수 있다. PPBS란 예산편성시 과거 수치를 물가 변동률로 조정하여 새 예산을 산정하던 종래 방식에서 벗어나 새롭게 예산을 세우는 것을 의미한다. 즉 조직이 추구하고자 하는 목표를 세우고, 목표를 달성하기 위해 프로젝트를 추진하며, 이를 위해 예산을 편성하는 당시로서는 획기적인 제도였다. 제로베이스 예산계획은 경영 프로세스 중 예산이라는 기능차원을 중심으로 하여 기획과정을 바꾸는 기법이다.

(4) 신인사 제도

신인사 제도란 인사제도의 계획부문에서 혁신을 지향하는 기법으로 인재 육성, 직능개발, 적재적소에의 배치, 적극적 평가 및 공정한 처우제도를 체계화시키는 기법이다. 신인사 제도는 인격을 존중하고 공정한 경쟁의 기회와 산업적인 협력을 조성하면서 개인과 기업이 함께 성장·발전하도록 하는 인사를 추구하는 혁신 기법이다. 따라서 신인사 제도의 "기본방침은 기존의 인사·노무제도의 구조적 문제, 특히 비협력적인 차별요인을 쇄신하고 그 바탕 위에 개인과 기업의 비전을 위해 도전적인 경쟁을 하도록 한다. 그리고 그 결과를 적극적으로 처우와 연계시켜 평가함과 동시에 공정하게 보상하는 것을 기본방침으로 한다. 신인사 제도의 기본방향은 능력이나 숙련 등 직무수행 능력의 정도에 따라 인재를 육성하고 활용하는 자격주의와 능력개발을 지향하는 처우중심의 능력주의가 그 기본 방향이다.

(5) 리엔지니어링

리엔지니어링은 1990년대 초에 등장한 기법으로, 과거와 같은 기능식 위계조직으로는 제품의 품질, 서비스, 속도 등에 까다로워진 고객을 만족시킬 수 없다는 사고 하에 등장한 기법으로서 기존기업의 경영활동을 무시하고 기업의 부가가치를 산출하는 활동을 완전히 백지상태에서 새롭게 구성하는 경영혁신 기법이다. 이러한 새로운 운영방식은 기업의 사고를 계층의 복잡성으로 의사결정 지연을 초래하는 기능중심의 수직적 사고에서 고객에게 신속히 반응하는 프로세스 중심의 수평적 사고로 전환할 것을 요구한다.

수평적 사고란 '구매→생산→판매→애프터 서비스→고객만족'과 같이 기업이 부가가치를 창출하는 프로세스를 중심으로 실행 방법을 바꾸는 기법이다.

리엔지니어링은 그 적용 대상에 따라 3가지 유형으로 분류할 수 있다. 예컨대, 생산공정과 같은 기능부문에 적용되는 비용절감형 RE1과 경쟁기업의 특정 사업부의 프로세스에서 경쟁기업과 동등수준을 유지하는 RE2, 그리고 마지막으로 기업 전체의 프로세스를 새롭게 구성하는 소위 환경창조형 RE3으로 구분할 수 있다. 이 같은 리엔지니어링은 경영의 내용 중 실행부문에 적용되어 경영활동을 변화시키는 경영혁신 기법으로서 그 적용범위가 기능, 사업부. 기업 전체에 적용할 수 있는 기법이다.

(6) 다운사이징

2차 대전 이후 두 차례의 석유파동과 1980년 초반의 스태그플레이션, 그리고 일본을 비롯한 가격경쟁력을 갖춘 후발 개도국들이 미국 시장을 잠식함에 따라서 미국을 비롯한 서구열강 기업들의 경쟁력은 급속도로 약화되었다. 이러한 위협에 직면한 미국 기업들은 세계적인 경제환경의 변화 속에서 생존하기 위해서 비대한 관리층과 비효율적인 조직을 바꿔야만 했다. 이에 따라 분권화, 감량화, 프로세스의 통합화를 표방하는 다운사이징이 등장했다.

일반적으로 다운사이징이라면 정보 시스템 구축 차원에서의 다운사이징을 지칭하나, 광의의 다운사이징은 효율적인 네트워크 운영을 위한 정보주권의 분권화인 정보시스템 다운사이징과, 리스트럭처링의 일부분으로 조직의 감량화·재정비 차원에서 이루어지는 조직 다운사이징으로 나눌 수 있다.

정보시스템 다운사이징은 경영의 내용 중 집행부문에 관련되는 정보흐름을 기업 전체 차원에서 분산시키는 기법으로, 이를 실현하기 위해서는 PC의 성능 향상 등 하드웨어의 발달, 분산처리기술·접속기법·네트워크 기술의 발달 등 성숙된 정보통신 기술이 선행되어야 하는데 이러한 기술적 장애요소는 이제 대부분 제거되어 다운사이징을 실천하는 데 충분한 조건을 마련해 주고 있다.

(7) 시간기준 경쟁

시간기준 경쟁은 시간을 가장 중요한 경쟁자원으로 활용하는 경영혁신 기법이다. 시간 경쟁력 확보는 경쟁기업이 그 수준에 도달하게 될 경우 의미가 없다. 즉 경쟁기업이 같은 시간 내에 성과를 거둘 수 있다면 전에 이루어 놓은 혁신은 무용지물이 되고 만다. 따라서 계속적으로 경쟁기업보다 시간을 단축하려면 혁신활동 자체가 시간기준 경쟁의 성격을 가져야 한다.

그러나 시간기준 경쟁은 근본적으로 중간 관리자에게 권한을 이양함으로써 고객 불편 해소를 위해 반응시간을 줄인 것이지, 사업구조를 통째로 뒤집는 급진적 혁신과는 거리가 있다. 이들이 원하는 혁신은 변화하는 고객 욕구에 발맞추기 위하여 제품이나 프로세스를 혁신해 보고자 하는 노력이지 사업 자체를 바꾸는 것이 아니기 때문에 시간 기준 경쟁은 기업의 기능 차원을 대상으로 제품을 만드는 실행부문에서 변화를 일으키는 기법이라 할 수 있다.

(8) 전사적 품질경영

전사적 품질경영은 평가부문에서 경영내용을 변화시키는 기법으로 통계적 품질관리, 전사적 품질관리로부터 발전된 개념이다. 품질관리를 그 적용범위에 따라 세분해 보면 생산부서를 대상으로 하는 통계적 품질관리, 사업부단위를 대상으로 기획·개발에서 상품이 고객에게 전해지기까지의 모든 부문에서 고객이 만족할 수 있도록 제품과 서비스를 경제적으로 제공하는 전사적 품질관리, 그리고 전략적인 관점에서 회사 전체를 대상으로 기존 조직문화와 경영관행을 재 구축하여 제품과 서비스의 질을 향상시키고 소비자의 만족을 증가시킴으로써 경쟁력을 향상시키는 전사적 품질경영으로 나눌 수 있다. TQM은 기능·미관은 물론 구성원의 만족감과 긍지·환경보호·사회봉사 등을 포괄하는 총체적인 품질을 극대화시킴으로써 소비자·조직구성원·사회 등 회사의 모든 고객들에 기쁨을 주고자 노력하는 전사적 접근방법이다.

(9) 전략평가시스템

측정과 평가는 모든 경영혁신 노력을 실체화시키는 데 필수 불가결한 수단이다. 예컨대 장기적인 비전과 학습을 위한 조직문화 그리고 수평적 조직을 갖추고 있다 하더라도 평가시스템 자체가 과거와 같이 단기성과 위주의 경직된 시스템을 가지고 있다면 모든 노력은 물거품으로 돌아갈 것이다.

전략평가시스템은 기존의 평가시스템을 개선한 것이 아니라 새로운 그림을 그리는 입장에서 새롭게 등장한 개념으로서 다음 사항을 반영해야 한다.

첫째, 실행결과치 뿐만 아니라 활동과정까지 포함한다.

둘째, 재무적인 체크리스트보다는 기업의 장기적 경쟁력을 확보할 수 있는 내용에 중점을 둔다.

셋째, 사업부의 부분 최적화보다는 기업 전체에 대한 평가 요소들을 모두 포함한 기업의 전체 최적화를 추구한다.

넷째, 기존의 산출 중심의 평가요소 외에 투입요소까지 반영한다.

다섯째, 평가시스템이 원활하게 적용될 수 있는 여건까지 고려한다.

여섯째, 적용대상을 기업전체, 사업단위, 기능수준으로 나누어 전체를 연결시킨다. 일곱째 평가기간은 장기성과를 고려할 수 있도록 한다.

이렇게 볼 때 전략평가시스템이란 경영환경의 변화요인을 고려하여 수립된 전략의 실행 및 결과를 평가해 주고, 조직 전체적인 관점에서 장기적으로 기업의 경쟁력을 향상시킬 수 있도록 평가 여건까지 고려한 평가시스템이라 할 수 있다. 이러한 전략평가시스템은 사업부차원에서 사용할 수도 있고, 여러 사업부로 구성된 기업 또는 기업집단에 대해 적용할 수도 있다.

[요 약]

- 경영혁신은 조직의 목적을 달성하기 위해 새로운 사고나 방법으로 기준 업무를 다시 계획하고 실천하며 평가하는 것이다. 즉 신제품과 서비스, 신공정기술, 신구조와 관리시스템 그리고 조직구성원을 변화시키는 신계획이나 프로그램을 실천함으로써 기업을 본질적으로 변화시키는 개념이다.

- 경영혁신은 의도된 전략과 실현된 전략의 괴리를 최소화시키는 토대이다. 전략적 의도의 실현을 위해서 경영혁신이 뒷받침되어야 한다. 그리고 기업목적의 달성이 어려울 때 경영혁신이 요구된다. 장기전략의 수립과 기업의 혁신방향을 도출하여 경영의 분위기와 사풍 및 체질의 혁신 목표를 선정하여 적절한 혁신기업을 단계적으로 적용·추진한다.

- 경영혁신의 기법은 경영활동의 과정을 변화시키는 기법과 경영활동의 장을 변화시키는 기법으로 분류되고, 경영활동을 다루는 기법에는 생산과 마케팅 등의 특정기능분야에 적용되는 기법과 특정 사업부에서 활용되는 기법, 기업전체에 적용되는 기법이 있다. 이러한 여러 기법은 내용에 따라 계획·실행·평가로 분류할 수 있다.

제 15 장

경영전략의 수행과 통제

제 1 절 전략경영의 수행

변화무상한 환경은 복잡·다양해지고, 불확실성의 증가로 정보량이 많아지면서 의사결정의 전문성이 요구됨에 따라, 이는 현장에서 이루어져야 한다. 따라서 정보는 현장 지향적이어야 하고, 결정에 대한 책임은 조직 전체가 져야 한다. 이것은 공동운명체로서의 일체감을 전제로 하는 조직철학의 기본이다.

1. 전략적 행동 계획

전략의 수행은 기업 활동의 시작과 관리이며, 사업 성공의 결정적인 요인이다. 즉, 주어진 전략의 구현을 위해 자원을 통제하는 수단을 관리하는 것이 전략적 수행이다. 이 관리 수단은 기능 전략, 조직 구조, 리더십, 통제 시스템 등 네 가지로 크게 나눌 수 있다.

경영자는 각 사업 단위에서 작업 행동을 유도할 구체적인 기능별 전략을 선택된 사업 전략과 부합되게 의사소통의 과정을 거쳐 수립해야 한다. 이를 전략적 행동 계획이라고 한다. 전략적 경영자는 선택된 전략의 효과적인 수행을 위해 조직의 구조를 검토하고, 조정·설계가 뒤따라야 한다. 이 때 효과적인 행동이 가능하도록 공식적인 조직과 비공식적인 조직의 모두에 적합한 정보와 책임이 흐르도록 설계해야 한다. 그리고, 기본 전략에 기여할 수 있도록 전략적 행동 계획과 전략적 리더십 및 전략적 통제를 개발해야 한다. 전략적 행동 계획으로서의 기능 전략은 전략의 수립과 수행을 연결하는 역할을 행하며, 이는 전략의 일관성을 확보하기 위해 행동 지향적인 기능 전략을 개발하는 것이다. 그리고, 전략 수행시의 요구 사항이 무엇인가를 직접적으로 유도한다. 또, 사업 전략을 최종적으로 평가할 기회로 행동 지침을 기업 활동에 제공한다. 행동의 세부적인 지침으로서의 기능 전략은 전략 수행의 주요한 도구인 것이다. 조직 구성원의 행동이 바로 전략 수행의 일선 현장이며, 이는 사업 전략을 설명하는 최초의 기회이다. 조직 구성원의 대부분은 사업 전략의 수립에 참여하지 않았기 때문이다.

전략적 행동 계획의 마지막 단계는 예산의 편성이다. 예산은 전략적 계획을 전략적 행동 계획으로 바꾸기 위해 필요하며, 장기 계획에 입각한 최초의 결정이 이루어지는 곳이다. 전략적 계획을 수행하는 수단은 운영 계획과 투자 계획이다.

2. 조직 구조의 역할

전략을 효과적으로 수행하기 위해 조직을 어떤 구조로 갖출 것이냐 라는 문제가 대기업에서는 주요한 전략적 분야이다. 조직 구조는 전략의 성공을 위해 사업 규모와 다양성을 관리하기 위한 도구인 것이다. 자원과 활동을 장악하는 구조의 설계는 전략과 밀접한 관계가 있다. 전략의 구현을 위한 구체적 조건과 과정이 조직의 구조인 것이다.

이는 경쟁 환경에 반응하며, 활동의 자유와 능률을 향상할 수 있도록 전략적 운영 단위를 세분해야 한다. 동시에 구조는 여러 활동의 전반적인 통제가 가능하도록 각 운영 단위의 통합과 조정의 역할을 행한다.

조직 구조의 선택에는 기업의 규모, 제품·서비스의 다양성, 경쟁 환경, 정치 상황 등을 반영하게 된다. 즉, 상황에 따라 전략의 실현이 가능한 조직의 구조를 선택하게 된다

구조는 기업이 성장함에 다라 몇 단계로 변화한다. 이는 기업이 효과적으로 경쟁하기 위해 성장 단계마다 각기 다른 구조가 요구됨을 시사한다.

조직은 전략적 계획을 효과적으로 수행하는 데 필요한 구조와 능력을 가질 때 성공이 가능한 것이다.

전략의 단계와 조직 구조의 관계를 살펴보면 다음과 같다.[1)]

매출액의 증가

기업의 성장 전략은 먼저 매출액을 증가시키며, 조직의 성장·발전을 위해 이에 필요한 규모의 경제를 달성시키는 것이 기본 전략이다. 이 단계에서는 자원의 축적이 중요하므로 주로 생산과 판매 등 필수적인 기능을 중심으로 간단한 구조가 형성된다.

시장 확대

시장의 확대는 지역 확장과 더불어 관리의 범위가 확대되고, 기능의 능률과 자원의 통제를 위해서 조직의 주요 기능을 중심으로 기능별 부문화가 이루어진다. 즉, 기본적인 단위 조직의 구조가 이루어짐이 보통인 것이다.

수직적 통합

기존 제품을 중심으로 전방 통합이나 후방 통합을 전개하여 계속적인 성장을 유지하는 것이다. 이 단계에서의 조직 구조는 제품의 생산에 필요한 여러 기능을 효율적으로 관리하기 위해 기능적 조직 구조를 형성함이 일반적이다.

다각화 전략

기업의 통합 전략은 그 범위가 점차 확대되어 동질 산업의 연관 제품은 물론, 이질적 산업의 비연관 제품까지도 확대하여 단계를 이루게 된다. 조직 구조는 점차 사업 중심의 분권적 책임 경영 체제로 전환되어 제품 사업의 조직이나 지역 사업의 단위로 형성된다. 제품·지역의 다각화로 확대됨에 따라 단기적 의사 결정은 분권적인 사업 단위에서, 장기적인 전략 결정과 자원 배분 결정은 본사의 초과 경영층에 이루어짐으로써 분권적인 운영 구조와 집권적인 전략 구조가 혼합된 조직이 형성된다. 정략과 구조 및 성과 사이에의 적합성과 인과 관계를 나

1) A. D. Chandler. *Strategy and Structure* (Mass. : MIT Press 1962), pp. 8-14.

타낸 것이 〈그림 15-1〉인 것이다.

〈그림 15-1〉 경영전략과 조직구조 및 조직성과

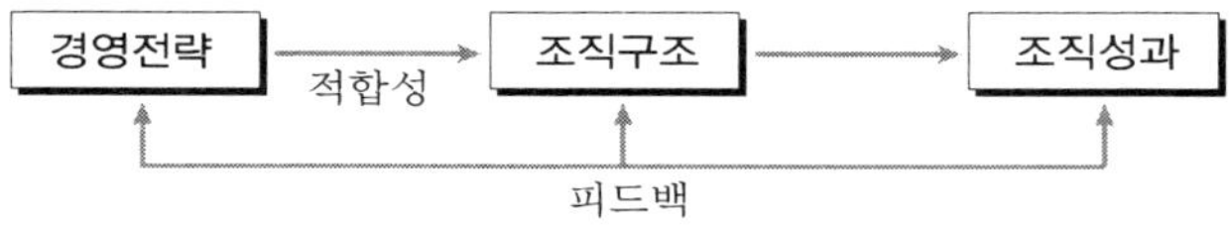

자료 : A. D. Chandler, Strategy and Structure (Mass. : MIT. Press, 1962), pp. 1-17.

스코트(B. Scott)는 전략 과정을 지역적 확대, 수직적 통합, 제품 다각화의 단계로 구분하고, 이에 따라 조직 구조를 단위 조직, 기능 조직, 사업 조직의 3단계로 분류함으로써 〈전략과 구조의 3단계설〉을 제시하고 있다(〈표 15-1〉 참조).

이는 챈들러(A. D. Chandler)의 이론과 함께 전략과 구조의 연구에 있어서, 기본적인 틀이 되고 있다. 예컨대, 기업의 제품 포트폴리오는 단일 제품의 겨우 기능적 조직의 구조가, 상이한 산업의 제품인 겨우는 제품별, 또는 업종별 사업부제의 조직 구조가 형성된다는 것이다.

전략과 구조에 대한 연구는 조직 성과에까지 연장되어 전략—구조—성과에 대한 상호 관계를 밝히고 있다. 여기에는 적합적인 상관 관계가 있다고 한다.2)

〈표 15-1〉 전략과 조직구조의 발전단계

단계 / 구분	1단계	2단계	3단계
전 략	지역 확대	수직적 통합	제품 · 지역 다각화
조직구조	단위 조직	기능 조직	사업 조직

자료 : B. R. Scott, "The Industrial State : Old Myths and New Reality", *Harvard Business Review*, Vol. 51, No. 1 March~April 1973, pp. 133-148.

2) R. P. Rumelt, *Strategy, Structure and Economic Performance* (Boston : Graduate School of Business Administration, Harvard University, 1974).

3. 조직의 수명주기와 구조

환경 변화에 적응하기 위한 조직의 동태적 변화를 조직의 수명주기(organizational life cycle)라고 한다.

성장에는 조직의 목표나 조직 구성원의 목표를 달성하기 위한 의사 결정에 따른 성장과, 자원과 제약 조건에 의해 한정되는 생물적 시스템 모형에 근거하는 성장이 있다.[3] 다시 말해, 불확실성이나 환경의 제약 조건과의 상호 작용이하는 의도적인 반응이 성장이라는 것이다. 합병은 교환을 지배하거나 회피함으로써 상호 의존성을 통제하는 하나의 수단이다.

전략적 적응 행동을 반영하는 성장 유형은 탄생-성숙-쇠퇴의 생물적 모형을 사용함으로써 그 예측이 가능하다.[4] 즉, 전략적 적응은 기업 환경과의 상호 의존성 때문에 주기적인 변화의 유형을 갖는다.

〈그림 15-2〉 조직의 발전 모형

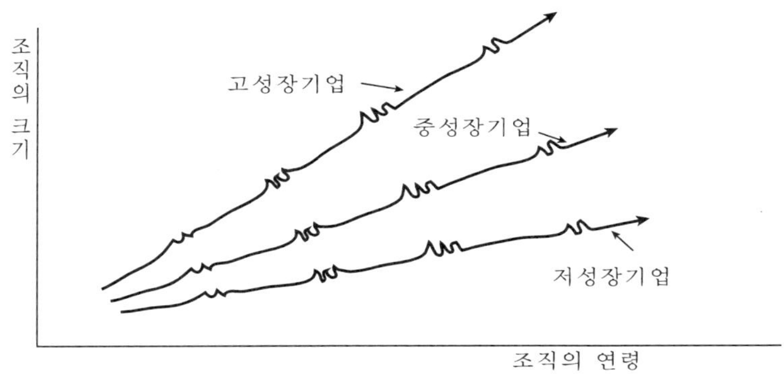

자료 : L. E. Greiner, *op. cit.*, pp. 37-46.

그레이너(L. E. Greiner)는 조직은 진화와 혁신으로 성장한다고 말한다. 진화

3) J. Pfeffer and G. R. Salancik, *The External Control of Organization* (New York : Harper & Row, 1978).
4) A. C. Filley, R. J. House and S. kerr, *Managerial Processes and Organizational Behavior* (Glenview, 1976).

(evolution)란 조직 발전의 연속 과정에서 어떤 급격스러운 변화 없이 성장하는 것이고, 혁신(revolution)은 조직의 성장 과정에 급변이 있음을 말한다. 그는 조직이 각 발전 단계에 따라 전진해 나아갈 때 각 단계의 진화는 어느 정도의 혁신 기간을 거쳐서 다음 단계로 진화한다고 보고 있다.[5)]

진화와 혁신은 조직의 연령, 크기, 산업 성장과 연관이 있다. 이러한 관계를 나타낸 것이 〈그림 15-2〉이다.

〈그림 15-2〉에서 보면 높은 성장 산업의 기업은 다른 성장 산업의 기업보다 짧은 시기에 더 많은 혁신을 겪게 되고, 중간 성장 산업의 기업은 저성장 기업에 비해 혁신의 빈도가 많고 혁명간의 진화 기간이 짧음을 볼 수 있다.

〈그림 15-3〉 조직의 발전 단계

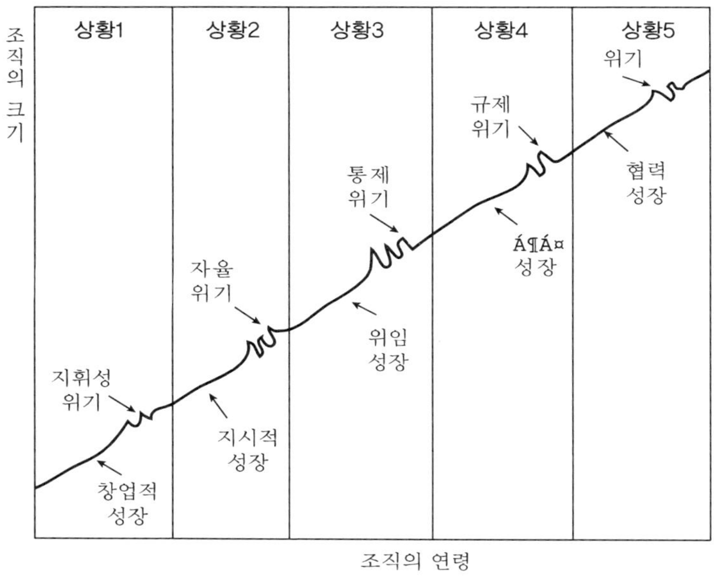

자료 : *Ibid.*, pp. 37-40.

〈그림 15-3〉은 조직 발전의 모형을 더욱 세분화하여 조직의 성장을 5단계로

---

5) L. E. Greiner, "Evolution and Revolution as Organizations Grow." *Harvard Business Review*, 1972.

나누고 각 단계마다 진화와 혁신의 과정을 포함시켜 그 특징을 설명하고 있다.

제 1 단계의 상황은 창업적으로 성장하지만 지휘면에서 위기를 맞으며, 제 2 단계는 지시에 의해 성장하지만, 자율의 위기를 거쳐 제 3 의 국면으로 접어든다. 세 번째 상황은 위임으로 성장하다가 통제의 위기를 맞으며, 제 4 의 상황에서는 조정을 통해 진화하다가 레드 테이프(red tape)라는 비능률적인 라인과 스탭, 본부와 하위 시스템 사이에 그것이 발생한다. 상황5는 협력적으로 성장하지만, 알 수 없는 위기를 맞게 된다.

이들 성장의 각 단계마다 조직 행위가 각기 다르다. 제 1 상황은 개인주의적인 창업가를 위주로 생산·판매에 초점을 두어 경영을 하고, 제 2 국면은 경영의 효율성에 치중하여 표준과 집권적인 경영 체제를 이룬다. 상황3에서는 시장 확대를 위해 분권적이고 위임적인 경영 방법을 택한다. 제 4 의 국면은 조직을 공고히 하기 위해 이윤을 분배하며, 감시적인 경영을 한다. 5의 상황에서는 미래의 위기를 대처하기 위해 팀웍의 정신을 발휘하여, 목표 설정도 일방적이 아닌 상호 작용에 의해 결정된다.

조직 성장에 관한 그레이너의 견해는 경영 방법, 구조, 통제, 위기 등을 구체화시키고 이를 발전적으로 보았다는 데 의미가 있다. 그러나, 경영자는 이를 적용함에 있어서 기업의 역사적인 흐름을 잘 파악하여 어떤 발전 단계에 있는지 알아야 하고, 문제의 해결을 위한 제한과 그 해결이 다른 문제를 낳을 수 있다는 현실적 인지와 미래적 감각을 가지고 있어야 한다.

〈표 15-2〉 성장 단계별 조직 형태

상 황	1 단계	2 단계	3 단계	4 단계	5 단계
경영 목적	생산·판매	효율성	시장확대	조직의 강화	문제해결·혁신
조직 구조	비공식	집권적 기능조직	분권적 지역별	제품별 분권조직	선형조직
경영 유형	창업적 개인적	지시적	위임적	조정·통제	참여적
통제 체계	판매결과	표준원가	이익중심	투자이익률	공동목표
보상 체계	개인결정	임금인상	보너스	이익분배	팀 보너스

자료 : *Ibid.*, pp. 37-38.

이러한 단계적 분석, 진화, 혁신에 입각한 이론도 산업의 종류나 문화의 차이에 따라 각기 다르다는 상황적 관점을 가져야 한다.

이상과 같은 여러 상황적 특징을 요약한 것이 〈표 15-2〉이다.

〈3단계 모형〉은 기업이 소기업, 통합 기업, 다각화 기업으로 발전한다는 조직의 수명 주기론이다. 이는 기업이 단일 제품으로 경영되는 취약점을 보안·개선하고 기업의 성장을 촉진하기 위해 다양화와 분권화의 생산부를 중요시한다. 특히, 제 2 단계인 통합 기업의 전략은 기업의 보호와 시장 통제에 효과적이라는 것이다. 제3단계인 다각화 기업은 신제품의 개발이나 조직의 필요에 의해 형성되며, 여기에서 부분화된 조직의 구조를 이룬다(〈표 15-3〉 참조).

〈표 15-3〉 3 단계 수명주기의 특징

기업의 수명주기 / 기업의 특성	소기업	통합기업	다각화기업
제품 계열	단일	다종	다종
분배 경로	단일	단일	다수
기업간의 처리	없음(유형)	통합	비통합
조직 구조	공식구조 없음	기능적 구조	제품·시장 구조
연구·개발	제도 없음	제도화	제도화
성과 측정	주관적	원가 기준	시장점유율
보상 제도	비제도	안정 강조	다양한 제도
통제 시스템	개인적	개인적	결과 통제
의사 결정	개인적	정책적	제품·시장 중심
전략적 선택	개인적 욕구	시장 점유	성장률

자료 : R. V. Tuasan, "Corporate Life Cycle and The Evolution of Corporate Strategy", *Academy of Management Proceedings*, 1973, p. 37.

그리고, 제 1 단계인 소기업에서는 단기적 운영 능력이 요구되고, 제 2 단계에서는 생산 기능이 강조된다. 또, 투자의 다양화, 연구·개발의 능력이 요구되는 것이 제 3 단계이다.[6] 이 단계적 변화에 따라 관리와 조직의 유형이 변화하고, 이에 따라 기업의 성장이 가능하다.

제 2 절 전략적 리더십

1. 전략적 리더십의 개념

전략적 리더십은 전술적 리더십의 상대적인 개념이며, 3년 이상의 기간 동안 수행해야 할 사업에 초점을 둔 계획의 설계라고 할 수 있다.[7]

이는 기업의 전략적 기회와 주제를 나타내고, 사람의 사고와 조직의 구조를 규정하며, 동기를 부여하는 것이다. 그리고, 전략의 수행을 강조하므로 최고 경영자(CEO)는 이러한 관점에서 전략적 리더십의 발휘가 중요한 임무인 것이다.

이것에는 간명한 분석과 전략 수행에 적절한 조직 설계, 기업의 목표 설정, 전략의 가치 정립 등이 있다.

앤소프(H.I. Ansoff)는 전략적 리더십을 중역회의의 성공과 조직의 생존에 공헌하는 전략적 행동의 영향력이라고 규정한다.[8]

그리고, 이는 미래상의 설계와 비전의 제시, 종업원의 격려, 전략적 행동의 구체적인 지침, 중역회의에 합리성의 부여 등의 기능을 발휘하게 한다. 즉, 리더십의 정당성과 의사결정의 리더십, 행동적 리더십의 발휘가 그 핵심적인 내용이다.

리더십의 정당성은 기업의 정당화를 위한 리더십이다. 보다 구체적으로는 기업의 존재를 확인하는 일과 목표의 추구, 제품·시장의 행동에 대한 제한과 자유를 규정하고, 게임이나 규칙 등 기업을 이끌어갈 권한 범위를 규정하는 것 등을 말한다. 따라서, 리더십의 정당화는 사회적·정치적 관리인 것이다.

의사결정의 리더십은 정책 결정이다. 구체적으로 보면 이는 목표의 설정, 전략의 선택, 제품·시장의 선택 등을 뜻한다. 특히, 기업 전략의 선택을 말한다.

6) D.H. Thaine, "Stages of Corporate Development," *Business Quarterly*, 1969.
7) F.T. Paine and C.R. Anderson, *Strategic Management* (Dryden press, 1983), p.345.
8) H.I. Ansoff, *Strategic Management* (New York : Wiley, 1979), p.125.

행동적 리더십은 선택된 전략의 수행으로서 기업의 전략을 지지하도록 문화의 창조, 능력의 배양, 의사결정의 촉진, 업무 수행의 통제와 조정 등이 포함된다.

2. 전략적 리더의 역할

최고 경영자(CEO)가 곧 전략적 리더이다. 그는 전략을 수립할 책임이 있다. 그리고, 조직의 규모가 확대되어 감에 따라 전략 수립의 역할이 변화한다. 즉, 기본 전략의 수립에 비중을 두게 된다(〈그림 15-4〉 참조).

〈그림 15-4〉 최고 경영자의 역할

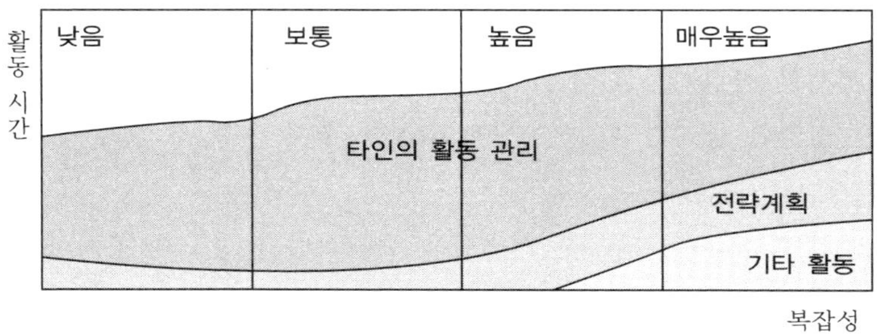

자료 : D. K. Clifford, Jr., *Managing The Threshold Company* (New York : McKinsey, 1973), p. 21.

그리고, 최고 경영자는 전략적 계획이 수립될 수 있는 환경의 조성이 가능하도록 노력해야 한다. 이를 구체적으로 살펴보면, 관리자와 스탭은 기업이 이용 가능한 여러 대안에 대해 개방적이어야 하고, 스탭과 라인간에 상호 협조와 신뢰가 확보되어야 한다. 또, 경영자는 싫은 사실에도 기꺼이 응해야 하고, 기업의 장단점을 객관적으로 평가해야 한다. 의사 결정 과정에서의 비판적 평가를 수용할 수 있어야 한다. 그리고, 경영자는 기업의 상황을 파악할 수 있어야 하고, 자극적인 보상 제도의 수립, 예상되는 저항의 효과적인 관리가 요구된다.

최고 경영자는 계획 수립에 대한 적절한 방법의 선택으로 최종적인 대안의 선책과 계획 수립의 능력을 가진 사람의 선정 및 그의 직무를 할당해야 한다. 또, 계획 수립의 초기 과정에 더 많은 관심을 가져야 한다. 왜냐하면 기업의 기본 목표의 수립 단계이기 때문이다.

CEO는 하위 관리자와 직접 대면하여 그가 작성한 계획을 토의해야 한다. 그 장점으로서 보다 좋은 정보의 획득, 계획의 승인과 거부 및 수정을 위한 확신을 가지며, 관련자는 CEO의 책임과 관심을 분명하게 이해 할 수 있다. 또, 대규모 기업에서는 여러 계획을 개인적으로 검토할 시간적 여유가 없으므로 중간적 단계의 토의를 가질 수 있다.

전략적 계획 수립에 대한 편견에는 시간적 여유, 복잡성, 하나의 타성과 고집, 많은 작업량, 단기적 업무에의 치중 등이 있으나, 이는 표면적인 이유이다. 보다 근본적인 이유로서 인간 관계의 변화를 유발하며, 권한 관계의 변경, 조직의 갈등 야기, 실패의 두려움, 새로운 강요의 대두, 불확실성의 회피 등이 있다.

최고 경영자는 이와 같은 여러 가지의 편견을 극복하기 위해서 문제를 정확히 인식해야 하고, 계획 수립을 위한 지도력의 발휘와 점진적이고 계속적인 계획 수정이 이루어져야 한다.

CEO는 새로운 전략의 상징이다.[9] 그리고 , 그의 역할을 요약하면 인간 관계의 개선·유지, 정보 수집, 의사 결정 등으로 집약할 수 있다.

3. 전략적 리더십의 유형

최고 경영자는 신규 전략의 수행을 위한 적임자를 선정해야 할 임무가 있다. 전략의 성공적인 수행을 위한 첫째의 조처가 적재 적소의 관리자를 임명하는 것이다. 전략 수행에 적합한 개인의 특성을 가진 관리자를 선정하는 것은 어려운 일 중의 하나이다.

〈그림 15-5〉는 여러 전략을 수행할 바람직한 관리자의 유형을 제사하고 있다.

특정한 사업 단위의 전략에 적합한 관리자는 각기 어떻게 달라져야 할 것인가

9) J. Pearce II and R. Robinson, *Formulation and Implementation of competitive Strategy* (Homewood. 1982), p. 299.

를 보여주는데, 이는 전략의 유형에 따른 이상적인 관리자의 유형을 연계시키려는 하나의 시도이다. 전략과 개인의 자질을 맞추는 것 뿐만 아니라 관리자는 타인으로 하여금 일을 하게끔 하는 유형이 효과적인 전략 수행의 중요한 도구이다.

〈그림 15-5〉 사업 전략의 관리자 유형

산업매력 \ 경쟁 지위	강		약
고	투자·성장 완숙한 사업가	선택적 투자·성장 유능한 계획가	지배·처분 우회 전문가
	선별적 투자·성장 유능한 계획가	이익·방어 이익 계획	수확·처분 우회 전문가
저	이익·방어 전문 경영자	수확·처분 원가 절감	수확·처분 매각 처리

자료 : C. W. Hofer and M. J. Davoust, *Successfull Strategic Management* (Chicago : Kearney, 1977).

일반적으로 책임자의 선정 고려 요소에는 교육, 능력, 경험, 경력, 기질, 인격 등이 있다.

리더십의 유형에는 여러 가지가 있음을 우리는 알고 있다. 예컨대, 전제, 민주, 참여, 보수, 자유 방임, 위인, 적당형, 그리고 X, Y, Z 이론 등 다양하다. 우리의 관심은 전략 수행을 위한 조직을 관리함에 있어서 어떤 리더십 유형이 가장 효과적인가에 있다. 리더십 유형은 언제, 어디서나 항상 유일 최선의 방법이란 존재하지 않음이 여러 연구에서 밝혀지고 있다. 그러므로, 효과적인 전략의 수행과 조직의 관리를 위해서는 과업, 조직, 환경, 전략이 바뀜에 따라 관리자의 리더십 유형을 바꾸는 경향이 있다.[10)]

10) A. A. Thompson and A. J. Strickland, *Strategy and Policy : Concepts and Cases* (Business Pub. 1981).

〈표 15-4〉 최고 경영자의 유형

구 분	위험부담	기술력	조직력	참여도	강제성
창 업 가	높다	약간 낮다	약간 높다	약간 낮다	변동적
신과학자	변동	높다	약간 낮다	높다	약간 낮다
준과학자	변동	높다	약간 낮다	약간 낮다	약간 높다
비과학자	약간 낮다	낮다	약간 높다	약간 낮다	변동
보 수 적	낮다	약간 낮다	약간 낮다	약간 낮다	변동
민 주 적	약간 낮다	약간 낮다	약간 높다	높다	변동
중 도 적	중간	중간	중간	약간 낮다	약간 낮다

자료 : P. Khandwalla, *op. cit.*

특정한 관리자의 유형은 의사 결정에 관계없이 결과적으로 조직의 풍토에 지대한 영향을 미친다. 리더십의 유형은 부하의 요구, 과업의 특성, 전략적 상황 등에 부합되어야 한다. 따라서, 관리자는 그러한 상황에 적응할 수 있는지를 확인해야 하고, 또 최고 경영자는 그를 바꿀 필요성의 여부를 결정해야 한다.

경영자의 유형과 환경의 특성에 관한 연구는 〈표 15-4〉와 같이 7가지의 유형을 밝히고 있다.[11)]

그리고, 경영자의 특성은 위험 부담, 기술력, 조직력, 참여성, 강제성 등으로 분류하며, 또 환경의 분류는 변화의 정도, 환경의 다양성, 시장의 이질성, 규제의 정도, 기술 복잡성 등으로 하고 있다.

〈표 15-5〉는 환경의 특성에 따라 어떤 유형의 경영자가 적합한가를 보여주고 있다. 기본 명제는 경영자의 유형과 기업의 환경이 조화될 때가 보다 효과적이라는 것이다.

기업 전략과 성장 전략에 관한 연구로서 마일즈(R. E. Miles) 등은 그 리더십의 유형을 탐색적 유형, 분석적 유형, 방어적 유형으로 나누고 있다.[12)] 〈표 15-6〉

11) P. Khandwalla, "Effect of Competition on the Structure of Top Management Controll," *AMJ*, 1973.

12) R. E. Miles and C. C. Snow, *Organizational Strategy, Structure, and Process*(New York : McGraw-Hill, 1978).

은 각 유형의 특성이다.

〈표 15-5〉 환경과 리더십 유형

구 분		경영자의 유형	구 분		경영자의 유형
규 모	대 중 소	민주적, 중도적 신과학, 창업가 신기술적, 창업가 보수적	시장의 이질성	대 중 소	창업가, 신과학 비과학, 중도적 창업가, 준과학
변화 정도	대 중 소	창업가, 신과학적 신과학적, 중도적 보수적	규제 정도	대 중	신과학, 창업가 창업가, 보수적
환경 적대	대 중 소	창업가 신과학적 신과학적, 보수적	기술 복잡성	대 중	창업가, 신과학적 준과학적 민주적

자료 : P. Khandwalla, *op. cit.*

〈표 15-6〉 전략적 지휘 유형

유 형	특 성
방어적	안정적 제품과 시장, 공격적 능력, 시장 침투, 수익성, 단일 기술, 수평적 결합, 기능 분야 강화, 절차적 행동, 공식성, 집권적, 과거 자료, 노무부서 확대, 생산적 숙련
탐색적	지속적 개발, 환경 변화 수용, 창조적, 신제품 개발, 다종 기술, 시장조사, 외부인 고용, 상황적합적, 생산 강조, 성과적 통제, 갈등 통제, 수평적 통제, 문제 발견
분석적	안정과 변화, 시장 확대, 시장 침투, 이중 기술, 조사 연구, 포괄적 계획, 행열적 구조
반응적	전략 수집 실패, 전략의 일관성 곤란 환경과 무관한 전략 구조

자료 : R. E. Miles and C. C. Snow, *op. cit.*, pp. 37-82.

그리고, 레온티아즈(M. Leontiades)는 리더십의 유형을 안정적 유형과 진화적 유형으로 나눈다. 전자는 현행의 운영을 지속적인 과정으로 나타내고 있고, 후자인 진화적 유형은 동일한 산업이나 이질적 산업을 체계적으로 분석·이해하는 과정에서 성장이 촉진된다고 주장한다.[13] 이러한 개념은 조직의 성장을 여러 단계로 더욱 개발하고 있으며, 특히 관리의 유형과 조직의 유형 및 조직의 수명주

13) M. Leontiades, *Strategies for Diversification and Change* (Boston : Little Brown, 1980).

기 등과의 관계를 밀접하게 나타내려고 한다.

제 3 절 전략적 통제

1. 전략적 통제의 개념

변화가 격심하고 불확실한 외부 환경에 기업을 적응시키기 위해 어떤 도전적인 환경이라도 이 속에서 자립할 수 있는 동태적인 전략(dynamic strategy)의 수립이 요구된다. 한편, 기업은 외부 환경에 대응할 수 있는 전략에 부합할 수 있는, 또 적응할 수 있는 통제의 방법을 갖추어야 한다. 적응력을 갖춘 통제는 새로운 요구에 반응할 내부의 변화를 미리 예측할 수 있어야 한다. 탄력적인 전략이나 적응적인 통제는 모두 미래 지향적인 것이며, 미래의 불확실한 상황에 대처해 나가는 관리 기술인 것이다. 즉, 전략적 통제이다.

적응적인 통제는 경영층으로 하여금 목표 수준과 통제 방법 모두를 변경시킨다. 많은 제품이나 복잡한 사업을 가지고 있는 조직은 전략적 통제를 위해 컴퓨터 시스템을 요구할 수 있으며, 큰 조직에서는 통제를 위한 많은 양의 자료와 정보를 요구한다. 목표 달성을 위해서는 적시에 적절한 수정 행위가 요구된다. 이를 위해 지속적인 감시가 필요하므로 컴퓨터 시스템의 도입은 필수적인 것이다.

적응력을 갖춘 통제는 끊임없이 새로운 조건에 맞추기 위해 시스템을 변경해야만 한다. 여기에서 중요한 문제는 조정 효과를 확보하기 위해 시스템의 변경 시기가 언제인가 하는 것이다.

업무 성과는 불확실성과 우연성을 포함하기 때문에 단일 목표나 예산의 편차가 수정의 근거는 아니다. 이유는 목표가 추정으로 설정되기 때문에 불확실성이 목표 자체에 개재될 수 있을 뿐만 아니라 우연에 의해 편차가 발생하기 때문이다.

이처럼, 목표 달성을 위해서는 적시·적절한 수정 행동에 앞서 전략적 통제가 선행되어야 한다.

전략적 경영에는 전략적 상황적합 계획, 또는 우발 계획(contingency plan)이 수립되어야 한다. 예정된 기준이나 요인에 큰 변화가 발생하면 이로 인해 선택된 전략의 가정이 달라지므로 예비된 우발 계획은 신속히 대처할 수 있는 능력을 갖게 된다.

우발 계획에 관계없이 전략적 통제를 위한 분석과 평가는 하나의 기술적인 문제인 것이다.

2. 전략적 통제 시스템

전략적 경영의 최종적인 과정은 전략의 수행에 대한 평가와 분석이다. 이는 최고 경영자가 선택된 전략의 수행 결과가 기업의 목표와 일치하는가의 여부를 결정하는 과정인 것이다.

관리적 통제, 또 조직적 통제는 전략의 수행과 관련한 구체적 행동을 파악할 뿐이지, 그것이 목표 달성에 바람직한 지의 여부를 판단하려면 어느 정도의 시간이 경과한 후에 가능하다. 따라서, 최고 경영자는 전략 수행의 결과를 분석·평가함에 있어서 전략적 통제에 의해 보다 넓은 범위에의 통제를 할 수 있어야 한다. 그 포괄적인 방법에는 정성적 차원과 정량적 차원의 평가 기준이 있다.

환경의 급격한 변화는 생리적으로 심리적으로 견딜 수 없다. 즉, 연속적인 변화에 잘 적응할 수 있도록 인간은 창조되었다.

카타스트로피(catastrophe)란 어휘는 파국, 종말, 불행, 격변, 불상사 등의 뜻을 가진 매우 발랄하고 약동하는 생명을 지니고 있는 개념이다. 아 카타스트로피 개념은 불연속적인 현상을 나타내는 정석적인 개념으로서 현상을 거시적으로, 기하학적으로 관찰하고 변화의 질적인 의미를 규명하는 것이다. 이것은 앞으로 생물학 뿐만 아니라 인문, 사회, 경제 등의 분야에 대한 비밀을 밝히고, 이를 정밀 과학의 대상으로 삼으려고 하고 있다.

〈그림 15-6〉 정성과 정량의 개념

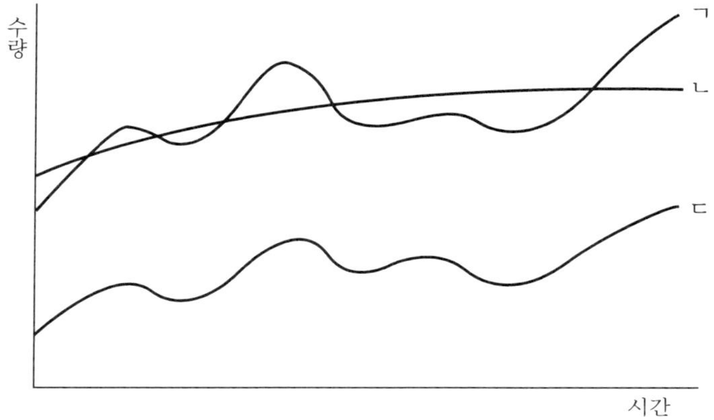

〈그림 15-6〉에서 보면 곡선 ㄱ, ㄴ, ㄷ이 있다.

수량으로 보면 'ㄴ'은 'ㄷ'보다 'ㄱ'에 가깝다. 그러나, 질로 따지면 ㄱ은 ㄷ과 같을 수가 있다.

이처럼, 겉보기에는 대단한 일이 아니면서도 철학적으로는 중요한 뜻이 있는 〈질〉에 대한 생각의 전환이 이제까지의 과학관을 혁신적으로 바꾸어 놓을 수가 있다.

카타스트로피 개념의 실례로서 금리 인상, 유가 인상, 환율 인상 등 놀라운 카타스트로피적인 현상이 연이어 일어나고 있어 우리를 당황하게 하고 있다. 전략은 연속적이며, 가능성으로부터 출발한다.

• 정성적 평가 기준

전략의 평가에 있어서 정성적 관점의 분석은 전략이 전제하고 있는 가정의 적합 여부를 검토하려는 것이다. 여기에는 일관성, 적응성, 유리성, 타당성 등이 주요 내용이 되고 있다.

전략은 목표나 방침에 있어서 일관성의유지와 환경 변화에 대한 적응력의 확보, 경쟁 우위성 확보, 이용 가능한 자원의 확보 등으로 부차적 문제를 야기할 수 없도록 해야 한다.

이러한 정성적 평가 기준은 전략이 환경의 조건과 기업의 능력과의 일관성이 유지되는가, 경쟁의 우위성의 구체화가 가능한가, 새로운 문제가 유발되지 않는가 등에 대한 해답을 얻으려는 것이다.

• 정량적 평가 기준

정량적 평가는 장기 목표에 관련된 구체적 기준에 영향을 주는 전략의 충격을 계량적으로 측정한다(〈그림 15-7〉 참조).

〈그림 15-7〉

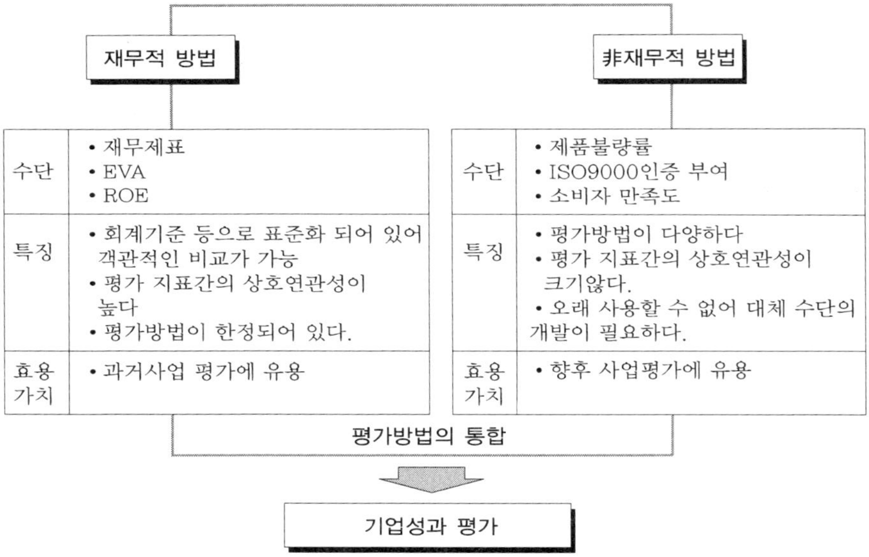

자료 : Financial Times, *Mastering Management*, 손현덕 · 박봉권 역, 『핵심경영전략』, 매일경제신문사, 1998, p. 147.

정량적 평가 요소는 매출액 증가율, 생산 증가율, 시장 점유율, 자본 이익률, 투자 이익률, 이직률 등이며, 이제까지 전략이 수행한 실적과 기업의 목표, 과거 실적, 경쟁자의 과거 · 현재 실적과의 비교, 즉 전략의 효과에 대한 분석 · 평가가 정량적 평가의 개념이다.

이 밖에도 전략적 평가 요소로서 경영자의 자질과 개발, 환경 분석과 진단, 재무 수익 등을 제시하기도 한다.

전략적 통제를 가능하게 하는 정성적 평가의 기준과 정량적 평가의 기준을 선정하는 일은 어렵다. 전략에 따라 최고 경영자의 평가 기준이 달라지고, 또 조직의 능률이 여러 가지 요인에 의해 좌우되기 때문이다.

기업과 전략을 평가하기 위해서는 단일 기준보다는 복수 기준으로 정성적 · 정량적 평가 방법을 적절하게 사용함이 효과적일 것이다.

전략의 평가를 위한 전제는 정보이며, 따라서, 전략의 수행 결과의 정확한 보고가 요구된다. 적시에 적절한 정보의 확보는 진행 과정을 관리하는 데 있어서 필수적이다. 그리고, 평가의 시기가 중요하다. 대개, 경영자는 목표에서 이탈된 차이가 발생되는 즉시 통제함이 이상적이다. 따라서, 모든 경영자는 무엇이 중요한 이탈인지를 분명하게 정의해야 한다.

조정과 수정은 전략적 경영의 과정으로서, 우선 조정의 필요성을 확인한 후 정보의 수집, 문제 인식, 대안 개발, 계획 수립 등의 절차에 따라 행동 방향을 선택하고, 그 조정이나 수정의 시기 선정을 숙고하지 않으면 안 된다.

3. 관리적 통제

관리적 통제는 전략의 목표를 달성하기 위한 진행 상황을 파악, 분석, 평가를 행하려는 것이다. 전략 수행의 통제 수단에는 표준 설정, 성과 측정, 비교, 평가, 수정 행위 등이 있다. 그리고, 전형적인 통제 시스템에는 예산 제도, 일정 계획, 보수와 상벌, MBO, 행동 과학적 통제 등이 있다.

먼저, MBO를 구체적으로 고찰하기로 한다.

• 목표 관리

목표에 의한 관리(management by objectives)는 목표 관리, 결과 관리, 작업 계획 및 평가, 목표 및 통제 등 다양한 이름을 가지며,[14] 영어의 첫 문자를 따서 MBO라고 불리운다. MBO는 경영 기법의 하나이며, 이는 경영자, 감독자, 종업원

---

14) S. J. Carroll. Jr. and H. L. Tosi. Jr., *Management by Objectives : Application and Research* (New York : McMillan, 1973), p. 3.

등 조직의 각 구성이 참여하여 협동적 방법으로 조직의 목표를 구체화하고, 체계 있게 설정하고 활용함으로써 경영의 효율화를 기하고자 하는 경영 방식을 말한다.

MBO의 목적은 경영자와 하위 구성원의 공동 목표를 설정하여 기업의 목적과 구성원의 개인 목적을 통합시키고 나아가 조직체와 개인의 통합을 효율적으로 달성하려는 것이다.

MBO의 중점 내용은 목표와 관리의 두 가지 측면이다.

목표의 강조는 기업의 장기 목표를 단기 목표로 전화시키려는 것이고, 최종 목표의 달성을 위해서 중간 목표의 설정과 그 우선 순위를 결정한 후에 전략적 계획의 수립으로 최소한의 성과를 측정한다.

관리의 측면은 조직의 권한과 책임을 강조함으로써 경영자의 자기 통제를 촉진한다. 그리고, 자원 배부, 인사 배치, 조직 구조의 개선을 고려하고, 끝으로 목표와 성과, 구조 등의 관리를 위한 결정을 내린다.

MBO는 이러한 양 측면을 모두 고려하여 목표 설정과 이를 달성하기 위한 과정을 추적, 최종 결과를 평가하는 관리 방법이다. 따라서, 최종 목표를 달성하기 위한 중간 목표의 효율적인 결정과 우선 순위를 정하고, 조직의 구조를 설계하는 과정이다. 이러한 과정에서 개인 목표와 조직 목표를 통합하기 위해 참여의 방법을 활용하며, 상·하간의 목표를 공동으로 확정하고 그 성과도 평가한다.

이러한 MBO의 효과는 다음과 같다.

첫째, 조직의 의사 소통을 개선하고, 상호 이해의 증진, 업무에 대한 적극적인 태도의 조성과 혁신을 촉진한다. 목표와 성과는 의사소통으로 연결되며, 조정에 의해 협력 체제가 형성된다. 구성원의 참여는 업무에 대한 적극적인 태도를 보여준다. 이러한 조직 분위기는 당면 문제의 해결과 목표 설정 및 수행을 위한 행동을 유발하는 촉진제가 된다. MBO는 조직의 구조·과정·행위에 대해 변화를 유도하는 촉매적 역할을 행하는 것이다.

둘째, 목표와 중간 목표 및 최종 목표간의 연계는 유기적이고 일관성을 가진다. 목표가 분명할수록 개인은 그가 바라는 기대가 무엇인지를 알고, 이를 효과적으로 촉진시킬 수가 있다. 이러한 과정에서 권한 위임과 책임의 한계가 명료해진다. 또, 하위자에 대한 감독이나 지도자가 능률적이며, 성과는 미달되었을 경우 그 원인을 쉽게 추적할 수 있으며, 목표달성에 대한 객관적인 보상 기준도 쉽게 설정할 수 있다.

셋째, 직무를 통한 만족의 극대화가 가능한 도구의 역할을 행한다. 즉, 동기 유발에 의한 작업 의욕의 향상과 조직 구성원의 개인 목표를 우선 고려함으로써 참여 욕구를 촉진시킨다. 참여는 성취욕구의 유발과 상·하의 관계를 더욱 공고히 해준다. 이러한 협동적 관계는 조직의 성과를 증대시키게 된다.

넷째, 조직의 구성원으로 하여금 개방적이고 미래 지향적 자세를 가지게 한다. 개방성은 자율적 인간의 대우라는 MBO의 철학과 연관되고, 미래 지향성은 MBO의 계속적인 확대 적용에 의해 조직의 구조, 과정, 행위에 대한 변화가 지속됨을 의미한다.

이러한 지속성은 혁신 의식이 수반되므로 조직의 창조적인 발전에 공헌하게 되는 것이다.

제4절 전략의 업적평가

1. 전략 업적평가의 개념

전략 업적 평가는 기업이 당초 설정한 목표를 효율적으로 성취하기 위해서 전략 수립을 하고 이를 실천한 결과인 업적을 적정한 기준에 따라 평가하기 위한 것이다. 이에 따라 업적평가는 기업의 목표 및 전략의 실행 결과를 측정하며 차기 전략 수립에 반영시키는 근거를 제공한다. 따라서 기업은 업적 평가를 통해 지속적으로 전략을 재검토하고 피드백시켜 잘못된 전략을 수정하고 더 좋은 결과를 달성하기 위해 개선된 경영전략을 수립할 수가 있게 된다.

전략 업적 평가는 관리회계 측면, 경영정책론적 측면, 경영조직론적 측면에서 평가할 수가 있다. 첫째 관리회계 측면에서의 업적평가는 관리통제를 위한 피드백 정보를 제공하고, 조직구성원들의 동기를 유발하기 위한 체계적인 과정이라고 할 수 있다. 즉 성과평가를 통해 사업에 대한 합리적인 평가를 수행함으로써 기업은 효율적인 자원배분을 할 수가 있는 것이다.

둘째, 경영정책론적 측면에서 평가는 경영실적을 체계적으로 측정하고 이를 과거의 실적과 비교함으로써 경영실적의 정도, 질 혹은 가치를 판단하는 과정이다. 경영정책에서 말하는 평가는 어떤 활동이 이루어진 후에 그것의 가치를 측정하는 사후 활동이며, 이러한 의미에서 평가는 그것이 이루어지기 전의 가치를 사전에 예측해 보는 분석과 구분된다는 것이다.

셋째, 경영조직론 측면에서 평가는 조직의 유효성 증진과 인센티브제공을 위한 관리과정인 계획, 조직, 통제의 세 과정에서 생각해 볼 수 있다.

이와 같은 기본적인 과정은 독자적으로 존재하는 과정이라기보다 상호 밀접한 관련성을 가지면서 전체로서 하나의 연결된 순환구조를 지니고 있다. 이는 조직 단위별로 독자적인 목표를 가지고 있어야 하는 것뿐만 아니라 서로 영향을 주고 받는 연관성이 있어야 한다는 것을 의미한다.

또한 전략업적평가 결과는 조직 구성원의 보상시스템과 연결하여 사기를 높이기 위해 기업의 인사관리시스템에 영향을 주고 전략 개선을 유도할 수가 있어야 한다.

전략 업적평가 시스템이 경영시스템 내에서 원활하게 작용하기 위해서는 다른 하위 경영시스템과 여러 가지 정보를 주고받아야 한다. 경영계획시스템과는 전략정보와 목표정보를 상호 교환한다. 그리고 실행시스템과는 규정과 지침 그리고 실행의 결과로서 나타나는 실적에 대한 정보가 상호 작용되어야 한다. 또한 평가에 의한 결과는 조직구성원의 사기 앙양을 위해 인사승진 및 보상시스템과 연결되어 운영되는 것이 바람직하다 할 수 있다.

〈그림 15-8〉은 전략업적평가시스템 모델 조직의 하위 경영시스템과 상호 연결된 모습을 보여주고 있다.

〈그림 15-8〉 전략 평가 시스템 모델

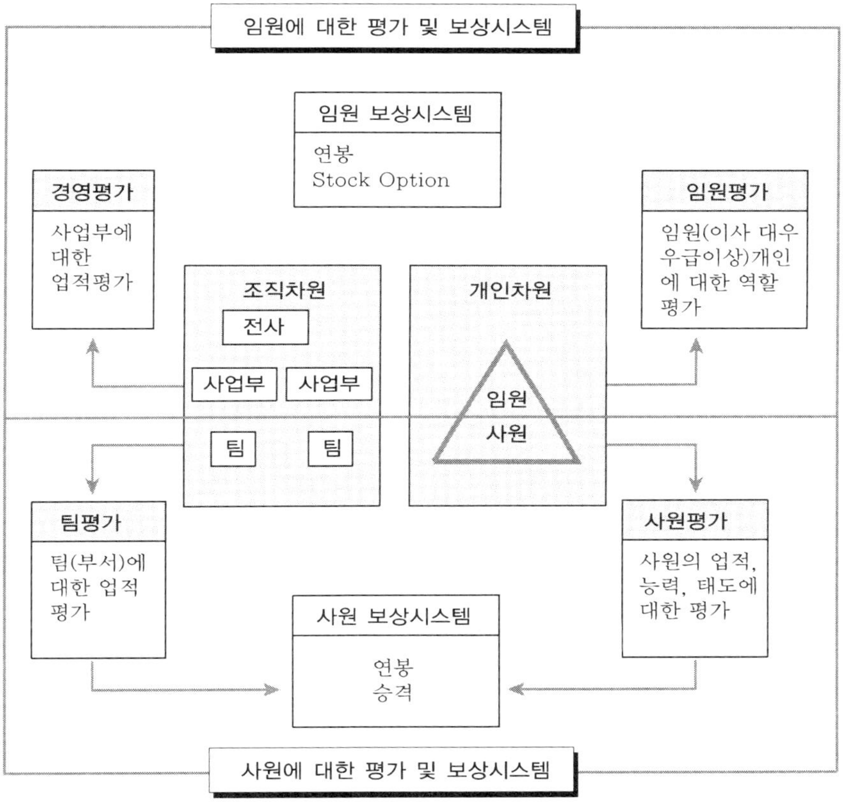

자료 : 조동성, 『21세기를 위한 경영학』, 도서출판 서울 경제경영, 2002, p. 547.

2. 전략 업적평가지표

경영전략의 성과를 측정하는 데는 기업 가치창출의 인과관계와의 연결고리를 먼저 파악하는 것이 중요하다. 치열한 비즈니스 경쟁환경에서 승리하기 위해서는 경영전략과 경영진의 업무활동을 핵심성과 지표(KPI : Key Performance Indicator)를 통해 적극 연결하여 전략이 효과적으로 달성되도록 경영 지원이 전폭적으로 이루어져야 할 것이다. 또한 합리적인 조직차원의 성과지표를 제공하여 조직구성원들이 목표에 대한 일체감을 형성하여 전략에 대한 조직구성원간의 의사소통이 원활하게 이루어져야 한다.

이는 각 부문의 조직내 구성원의 역할이 명확해지고 가시적이고 객관성 있는 목표설정이 가능하도록 더욱 상하경영진들간의 의사소통의 중요성을 보여 주고 있다. 공정한 업적 성과지표는 합리적인 평가체제를 구축하여 업무향상의 동기를 유발할 수가 있기 때문이다.

대부분의 기업경영전략의 추구 방향은 단기적으로는 기업 운영의 효율성을 추구하고, 중기적으로는 고객가치의 증대를 목표로 하며, 장기적으로는 고도성장전략을 구축하는 것을 목표로 하고 있다. 경영진들은 이 3가지 단계별 전략계획을 통해서 단기 및 장기 성과요인을 관리하고 균형을 유지할 수 있다.

〈그림 15-9〉 경제적 부가가치 EVA 분석

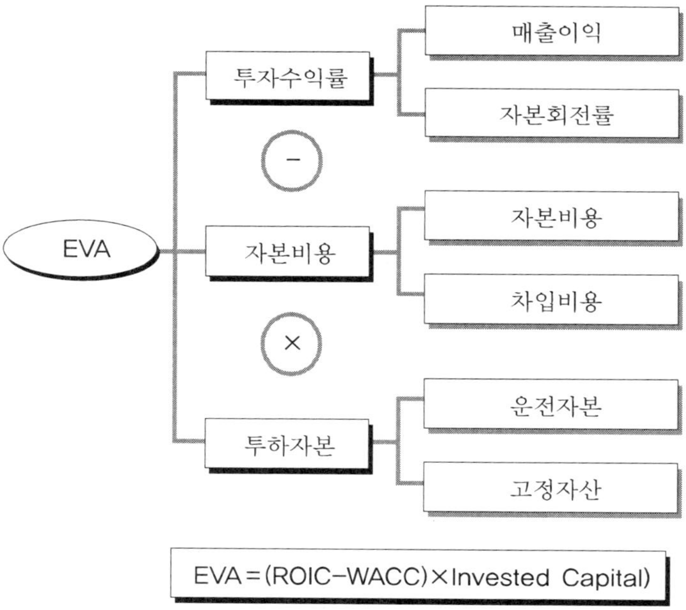

이와 같은 관점에서 전략 업적 평가 지표를 개발한다면, 첫째 재무관점에서는

기업의 수익성, 성장률, 경제적 부가가치(EVA)를 평가해야 할 것이다. 이는 경영전략이 재무적으로 성공한다면 주주 등 기업이해관계자에게 회사의 성공된 운영을 보여줄 수가 있기 때문이다(〈그림 15-9〉 참고).

둘째, 고객관점에서 제품의 가격, 서비스, 품질이 고객만족을 주고 있는가? 기업의 비전을 달성하기 위해서는 고객에게 어떻게 보여야 할 것인가 등 고객만족도 분석〈그림 15-10〉을 해서 고객의 반응을 철저하게 조사해서 경영전략에 적극 반영해야 할 것이다.

셋째, 기업의 내부 프로세스 관점에서도 평가되어야 할 것이다. 생산성, 원가, 생산사이클 타임 등 고객을 만족시키기 위해 기업은 어떤 프로세스에서 탁월해야 하는 가를 찾아보아야 한다.

〈그림 15-10〉 고객만족도 분석

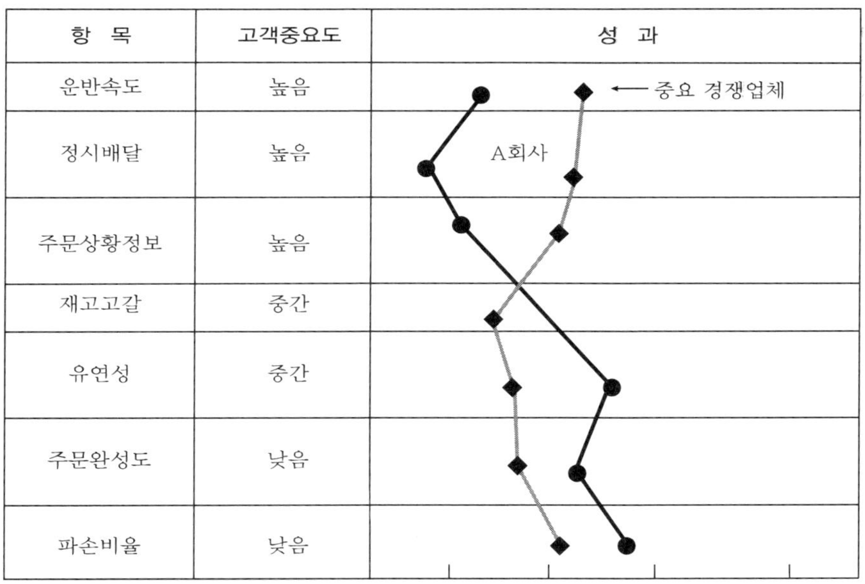

넷째, 기업의 장기적 성장과 학습 관점에서 살펴볼 때, 기업의 지속적 고도 성장을 위해서는 기업 구성원들에게 지속적으로 학습을 시켜야 하고, 내부 정보관리를 통한 지적자산의 확보에도 관심을 기울이고 이를 평가지표에 적극적으로

반영해야 할 것이다(〈그림 15-11〉, 〈표 15-7〉 참조).

〈그림 15-11〉 전략 평가 지표

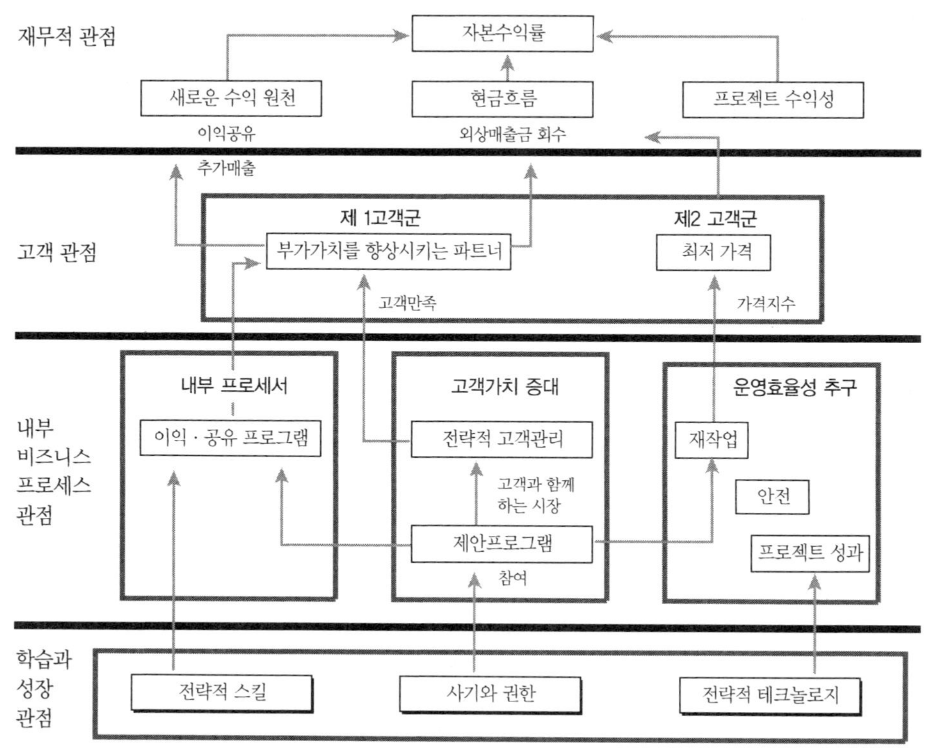

자료 : 이재욱 외, 전게서, p. 111.

〈표 15-7〉 평가 지표 설정

관 점	항 목	방 향
Ⅰ. 재 무	· 수익성 · 성장률 · 경제적 부가가치	재무 목표 달성
Ⅱ. 고 객	· 가격만족도 · 서비스 만족도 · 품질 만족도	목표고객 시장세분화
Ⅲ. 내부프로세스	· 생산성 · 원가 · 생산사이클타임	고객만족 프로세스
Ⅳ. 성장과 학습	· 성장 · 지적자산 · 지속적 학습	장기성장 목표성과

기업의 비전과 목표를 달성하기 위해 기업조직을 어떻게 개선하고, 구성원에게 어떻게 학습시킬 것인가를 면밀하게 분석하고 평가해야 할 것이다.

[요약]

• 전략의 수행은 기업활동의 시작과 사업성공의 주요 요인이며, 전략의 실천을 위해 전략자원의 통제수단을 관리하는 것이다. 관리수단에는 기능전략, 조직구조, 리더십, 통제시스템 등이 있다.

• 전략적 행동 계획은 사업부의 작업활동을 유도할 구체적인 기능별 전략을 사업부의 전략과 부합되게 수립하는 것이다. 전략의 효과적 수행을 위한 조직구조의 설계가 요구된다. 전략적 행동계획인 기능전략은 전략의 수립과 수행의 연계역할을 담당하는 전략수행의 도구인데, 구성원의 활동이 바로 전략수행의 현장이며, 사업전략이 구현되는 시발점이다. 예산편성은 전략행동계획의 최종단계이며, 또 전략계획을 전략행동계획으로 전환하는 수단이다. 그리고 전략계획의 수행도구에는 운영계획과 투자계획이 있다.

• 조직구조는 성공전략을 위한 사업의 규모와 다양성의 관리도구이다. 기업의 성장에 따라 새로운 조직구조가 설계됨으로써 새로운 전략이 수립되는 것처럼, 환경변화-조직구조-전략수립의 순환이 시의적절해야 한다.

• 전략적 리더십은 조직의 생존에 공헌하는 전략활동에 대한 영향력이며, 효과적인 중역회의를 유발하는 것이다. 최고경영자는 전략적 리더십을 발휘해야 한다. 그 유형에는 지도자와 창조자 및 관리자 등으로 구분된다. 전략통제는 변화무상하고 불확실한 환경에 적응하기 위한 기업의 전략을 통제하며, 이는 전체적이고 장기적인 미래의 상황을 관리하는 수단과 기술이다.

참고문헌

[국내 문헌]

김원수, 『기업이미지 관리론 : CI와 CC의 시각에서』, 경문사, 1993.
______, 『기업환경론』, 다산출판사, 1991.
______, 『현대기업론』, 문음사, 1990.
김원경, 『경영정책론』, 1985.
김인호, 『경영정책과 전략적 경영』, 1986.
김태우 역, 『마케팅철학』, 서울출판사, 1985.
박강수, 『경영정책과 성장 전략』, 대영사, 1987.
송기철, 『경영전략론』, 1984.
신유근, 『기업과 사회』, 경문사, 1986.
______, 『한국의 경영』, 박영사, 1992.
______, 『현대의 기업과 사회』, 경문사, 1994.
어윤대, 『전략경영』, 학현사, 1995.
______, 『국제경영』, 학현사, 2001.
유기현, 『경영정책론』, 1986.
윤석천, 『경영학의 진리체계』, 경문사, 2001.
이경태, 『산업정책의 이론과 실제』, 성신여자대학교 출판부, 1991.
이덕훈, 『기업과 환경』, 학문사, 1997.
______, 『일본의 기업사회』, 학문사, 1995.
이승종, 『경영정책론』, 삼문사, 1999.
______, 『경영학원론』, 석정사, 1996.
이재욱 외 역, 『전사적 전략경영을 위한 SFO』, 한언사, 2001.
이한검, 『경영정책 · 전략론』, 형설출판사, 1986.
지호준, 『21세기 경영학』, 법문사, 2000.
정수영, 『신경영정책』, 박영사, 1985.
정구현, 『마케팅 전략』, 1983.
조동성, 『경영정책과 장기전략 계획』, 영지문화사, 1984.
______, 『21세기 전략경영』, 서울경제경영, 2000.
______, 『국제경영』, 경문사, 1999.
차근호 외 역, 『기업의 적응전략』, 경문사, 1991.
최병선, 『정부규제론 : 규제와 규제완화의 정치경제』, 법문사, 1992.
황일청, 『문화전통과 기업문화』, 『문화전통과 사회발전』, 미원문화재단, 1991.
한희영, 『경영정책론』, 박영사, 1983.
전국경제인연합회, 『한국의 기업재단 실태조사』, 전국경제인연합회, 1991.

전국경제인연합회, 『기업활동에 대한 정부개입현황』, 전국경제인연합회, 1998.
梅澤正, 『企業文化の革新と創造』, 東京 : 有裵閣, 1991.
野村總合硏究所, 『共生の戰略』, 1991.

[외국 문헌]

Abernathy, William J., and Kenneth Wayne : "Limits of the Learning Curve". *Harvard Business Review*, September-October 1974.

Ackerman, Robert W. : "How Companies Respond to Social Demands." *Harvard Business Review*, July-August 1973.

Ackerman, Robert W. : *Managing Corporate Responsibility*, Boston, Harvard University Press, 1975a.

Ackerman, Robert W. : *The Social Challenge to Business*, Cambridge, MA, Harvard University Press, 1975b.

Ackoof, Russel L. : *A Concept of Corporate Planning*, New York, Wiley, 1970.

Agvilar, Francis T., Robert A. Howell, and Richard F. Vancil : *Formal Planning Systems*-1970. Graduate School of Business Administration Harvard University, 1970.

Aldrich, H. E.(1992), "Incommensurable Paradigms : Vital Signs from Three Perspectives", in Reed, M, & Hughes, M. (eds.), *Research in Organization* (London : Sage Publishers), pp. 17-45.

Anderson, Carl R., and Frank T. Paine: "*Managerial Perceptions and Strategic Behavior*". Academy of Management Journal, December 1975.

Anderson, Carl R., and Frank T. Paine: "PIMS : A Reexamination." *Academy of Management Review*, July 1978.

Andrews, Frederick : "Abe Briloff Tees off on Creativity in Accounting," *Wall Street Journal*, March 13. 1973.

Andrews, Kenneth R. : *The Concept of Corporate Strategy*. Homewood, ILL. Dow Jones-Irwin, 1971.

Ansoff, H. Igor : Corporate Strategy : *An Analytic Approach to Business Policy for Growth and Expansion*. New York, McGraw-Hill, 1965.

Ansoff, H. Igor : "Managing Strategic Surprise Through Response to Weak Signals." *California Management Review*, Winter 1975.

Ansoff, H. Igor : "The Changing Shape of the Strategic Problem." In Dan E. Schendel and Charles W. Hofer(e-ds.) : *Strategic Management* : A New View of Business Policy and Planning, Boston, Little Brown, 1979a.

Ansoff, H. Igor : *Strategic Management*. New York, Wiley, 1979b.

Ansoff, H. Igor : "Strategic Issue Management." *Strategic Management Journal*, April-June 1980.

Ansoff, H. Igor, et al. : "Does Planning Pay? The Effect of Planning on Success of

Acquisitions in American Firms." *Long Range Planing*, December 1970.

Ansoff, H. Igor, Roger P. Declerck, and Robert L. Hayes(eds.) : *From Strategic Planning to Strategic Management*, New York, Wiley, 1976.

Anthony, Robert N. : "The Trouble with Profit Maximization." *Harvard Business Review*, November-December 1960.

Argyris, Chris : *Integrating the Individual and the Organization*, New York, Wiley, 1964.

Argyris, Chris : *Intervention Theory and Method*. Reading, MA, Addison Wesley, 1970.

Armstrong, J. Scott : Long Range Forecasting : *From Crystal Ball to Computer*. New York, Wiley Interscience 1978.

Baird, L. S., Post, J. E. & Mahon, J. F. (1990), Management : *Functions and Responsibilities*(New York : Harper & Row, Publishers).

Barnard, Chester I. : *The Functions of the Executive*. Cambridge, MA, Harvard University Press, 1968.

Bateman, T. S. & Zeithaml, C. P. (1990), *Management* : Functions and Strategy(Home~wood : Richard D. Irwin, Inc.).

Baumhart, Raymond : *Ethics in Businees*. New York, Holt, Rinehart and Winston, 1968.

Beach, Lee Roy, and Terence R. Mitchel : "*A contingency Model for the Selection of Decision Strategies*." Academy of Management Review, July 1978.

Bell, D. (1991), *The New Order Toward The 21st Century*, 서규환 譯 (1991), 『2000년대의 신세계 질서』 (디자인 하우스)

Bell, E. C : "Practical Long Range Planning," *Business Horizons*, November 1968.

Berenbenim, R. E., "When the Corporate Conscience was Born", *A review of Michell's book*, Across the Board (October, 1989), pp. 60-62.

Bertozzi, Jr., D. & Burgunder, L. B. (1990) , *Business, Government, and Public Policy* : Concepts and Practices (Englewood Cliffs : Prentice ~ Hall, Inc.).

Black, J. S. & Mendenhall, M. (1993), "Resolving Conflict with the Japaness : Mission Impossible?" *Sloan Management Review*, Spring, pp. 49-59.

Boston Consulting Group : *Perspectives on Experience*. Boston, The Boston Consulting Group, 1972.

Bowen, D. E. $ Lawler, E. E. (1992), "The Empowerment of Service Workers : What, Why, How, and When", *Sloan Management Review*, Spring, pp. 31-39.

Bowie, N. E.(1990), "Business Ethics and Cultural Relativism", in Madsen, P. E. & Shafritz, J. M. (eds.), *Essentials of Business Ethics* (New York : A Meridian Book).

Bracker, Jeffrey : "The Historical Development of the Strategic Management Concept" *Academy of Management Review*, April 1980.

Broom, H. N. : Business Policy and Strategic Action : *Text, Cases and Management*

Game, Englewood Cliffs. NJ, Prentice-Hall, 1969.

Bryce, J. (1992), *Modern Democracies*(New York : Macmillan Publishing Co.).

Buchholz. R. A. (1990), "The Evolution of Corporate Social Responsibility", in Madsen, P. E. & Shafritz, J. M. (eds.), *Essentials of Business Ethics*(New York : a Meridian Book), pp. 298-310.

Buckley, Adrian : "Competitive Strategies for Investment." *Journal of General Management*, Spring 1975.

Burns, Tom and G. M. Stalker : *The Management of Innovation*. London, Tavistock Publications, 1961.

Cannon, Warren M. : Organization Design : "Shaping Structure to Strategy." *McKinsey Quarterly Summer* 1972.

Carroll, Stephen J., Jr., and Henry L. Tosi, Jr : Management by Objectives : *Applications and Research*. New York, MacMillan, 1973.

Chandler, Alfred D. ; The Visible Hand : *The Managerial Revolution in American Business*. Cambridge, MA, Harvard University Press 1977.

Chandler, Alfred D. : Strategy and Structure : *Chapters in the History of the American Industrial Enterprise*. Cambridge, MA, MIT. Press, 1962.

Christensen, C. Roland, Kenneth R. Andrews, and Joseph L. Bower : Business Policy : *Text and Cases*. Homewood, ILL., Irwin, 1978.

Clausewitz, K, V., On War, O. J. Mathijs Jolles, Trans. New York : *The Modern Library*, 1943.

Cohen, Kalman J., and Richard M. Cyert : "Strategy : Formulation, Implementation, and Monitoring," *Journal of Business*, July 1973.

Cook, Curtis W. : "Corporate Strategy Change Contingencies. *Academy of Management Proceedings*, August 1975.

Cooper, Arnold C. : "Strategic Management : *New Ventures and Small Business*." In Pan E. Schendel and Charles W. Hofer (eds.) : Strategic Management : A New View of Business Policy and Planning, Boston, Little Brown, 1979.

Cooper, Arnold C., and Dan Schendel : "Strategic Responses to Technological Threat s." *Business Horizons*, February 1976.

Corey, E. Raymond, And Steven H. Star : Organizational Strategy : *A Marketing Approach*, Boston, Graduate School of Business Administration, Harvard University, 1971.

Cyert, Richard M., and James G. March : *A Behavioral Theory of the Firm*, Englewood Cliffs, NJ, Prentice-Hall, 1963.

Dodgson, M.(1993), "Organizational Learning : A Review of Some Literatures", *Organization Studies*, Vol. 14, No. 3, pp. 375-394.

Donnelly, Jr., J. H., Gibson, J. L. & Ivancevich, J. M. (1990), *Fundamentals of Management*, 7th Ed. (Homewood : Richard D. Irwin, Inc.).

Drucker, Peter F. : *Management Tasks, Responsibilities, Practices*. New York, Harper and Row, 1974.

Drucker, Peter F. : *The Practice of Management*. New York, Harper and Row, 1954.

Drucker, Peter F. (1993), *Post Capitalist Society* (Butter worth Heineman Ltd.).

Drucker, Peter F. (1992), *Managing for the Future* : The 1990s and Beyond(Truman Talley Books).

Earle, E. M., (ed.), *Makers of Modern Strategy*. Princeton : Princeton University Press, 1943.

Eccles, H. E., *Military Conceptions and Philosophy*. New Jersey : Rutgers University Press, 1965

Edward, M. R. (1992), "Symbiotic Leadership : Creative Partnership for Managing Organizational Effectiveness", *Business Horizons*, May~Jun., pp. 29-33.

Emery, F. E., and E. L. Trist : "The Casual Texture of Organizational Environments." *Human Range Planning for Management*, New York, Harper and Row, 1972.

Epstein, E. M., "The Corporate Social Policy Process : Beyond Business Ethics, Corporate Social Responsivenss.", *California Management Review*, (Vol. XXIX, No. 3, 1987)

Epstein, E. M., "From CSR1 to CSR2 : *The Matuaring of Business and Society Thought*" (Graduate School of Business, University of Pittsburgh, 1978), Working Paper No. 279.6

Epstein, E. M., "Toward CSR3 : Why Ethical Analysis is Indispensable and Unavoidable in Corporate Affaiars", *California Management Review* (Winter, 1986)

Ewing, David W. (ed.) : *Long Range Planning for Management*. New York, Harper and Row, 1972.

Farmer, Richard N., and W. Dickerson Hogue : Corporate Social Responsibility Chicago, *Science Research Associates*, Inc., 1973.

Fiedler, Fred E. : *A Theory of Leadership Effectiveness*. New York, McGraw-Hill 1967.

Field, R. H. George : "A Critique of the Vroom-Yetton Contingency Model of Leadership Behavior", *Academy of Management Review*, April 1979.

Ford Charles H. : "MBO : An Idea Whose Time Has Gone?" *Business Horizons*, December 1979.

Forrester, Jay W. : "Advertising : A Problem in Industrial Dynamics", *Harvard Business Review*, March-April 1959.

Forrester, Jay W. : "The Structure Underlying Management Processes", *Academy of Management Proceedings*, December 1964.

Foster, D. W. : "Developing a Product Market Strategy", *Long Range Planning*, March 1970.

Gandz, J. (1990), "The Employee Empowerment Era", *Business Quarterly*, Autumn, pp. 74-79.

Galbraith, Jay R., and Daniel A. Nathanson : Strategy Implementation : *The Role of Structure and Process*. St. Paul, MN, West, 1978.

Geser, H. (1992), "Towards An Interaction Theory of Organizational Actors", *Organization Studies*, Vol. 13, No. 3, pp. 73-79

Glueck, frederick W. Stephen P Kaufman, and A. Steven Walleck : "Strategic Management for Competitive Advantage", *Harvard Business Review*, July-August 1980.

Glueck, William F. : "Business Policy : Reality and Promise", *Academy of Management Proceedings*, August 1972.

Glueck, William F. : "Decision Making Organization Choice", *Personnel Psychology, Spring* 1974.

Glueck, William F. : *Business Policy and Strategic Management*. New York, McGraw-Hill, 1980.

Glueck, William F., and Robert Willis : "Documentary Sources and Strategic Management Research." *Academy of Management Review*, January 1979.

Graham, D. (1991), Integrative Management : *Creating Unity from Diversity* (Camgridge : Basil Blackwell, Inc.).

Greiner, Larry E. : "Evolution and Revolution as Organizations Grow", *Harvard Business Review*, July-August 1972.

Guth, William D. : "Corporate Growth Strategies", *Journal of Business Strategy*, Fall 1980.

Guth, William D., and Renato Tagiuri : "Personal Values and Coporate Strategies", *Harvard Business Review* September-October 1965.

Gutman, Peter M. "Strategies for Growth", *California Management Review*, Summer, 1964.

Hall, William K. : "Survival Strategies in a Hostile Environment", *Harvard Business Review*, September-October 1980.

Halperin, M. H., *Contemporary Military Strategy Boston* : Little Brown and Company, 1967.

Hammer, M. & Champy, J. (1993), Reengineering the Corporation : *Maniferto for Business Revolution* (New York : Harper Business).

Harman, W. & Hormann, J.(1993), "The Breakdown of The Old Paradigm", in Ray, M. & Rinzler, A.(eds.), *The New Paradigm in Business* (eremy P. Tarcher/Pedigree Books), pp. 16-27.

Harrison, E. Frank : *The Managerial Decision Making Process*. Boston, Houghton Mifflin, 1975, 1981.

Henderson, Bruce D. : *Henderson on Corporate Strategy*, Cambridge, MA, Abt Books, 1979.

Hitch, C. J., Decision Making for Defense. University of California Press, 1965.

Hofer, Charles W. : "Some Preliminary Research on Patterns of Strategic Behavior."

Academy of Management Proceedings, August 1973.

Hofer, Charles W. : "Toward a Contingency Theory of Business Strategy", *Academy of Management Journal*, December 1975.

Hofer, Charles W. : "Research on Strategic Planning", *Journal of Economics and Business*, Spring-Summer 1976.

Hofer, Charles W. : "Conceptual Constructs for Formulating Corporate and Business, *Strategy*", Boston, Intercollegiate Case Clearing House, 1977.

Hofer, Charles W. : "Turnaround Strategies", *Journal of Business Strategy*, Summer 1980.

Hofer, Charles W., and Dan Schendel : Strategy Formulation : *Analytical Concepts*. St. Paul, MN, West, 1978.

Hofestede, G., et al. (1990), "Measuring Organizational Cultures", *Administrative Science Quarterly*, Vol. 35.

Howell, Robert A. : "Managing by objectives-A Three Stage System", *Business Horizons*, February 1970.

Humble, John W. : "Corporate Planning and Management by Objectives." *Long Range Planning*, June 1969.

Hussey, David E. : "Portfolio Analysis : Practical Experience with the Directional Policy Matrix", *Long Range Planning*, August 1978.

Hyman, M. R., Skipper, r. & Tansey, R.(1990), "Ethical Codes Are Not Enough", *Business Horizons*, Mar.~Apr., pp. 15-22.

Jacoby, Neil H. : Corporate Power and Social Responsibility : *A Blueprint for the Future*. New York, Macmillan, 1973.

James, Barrie G. : "The Theory of the Corporate Life Cycle", *Long Range Planning*, June 1973.

James, G. G. (1990). "Whistle~Blowing : its Moral Justification", in Madsen, P. E. & Sharfritz, J. M. (eds.), *Essentials of Business Ethics* (New York : A Meridian Book), pp. 160-189.

Kast, Fremont E., James E. Rosenzweig : Contingency Views of Organization and Management. Chicago, Science Research Associates, 1973.

Katz, Daniel, and Robert L. Kahn : *The Social Psychology of Organizations*, New York, Wiley, 1978.

Kelly, J. (1993), "Executive Behavior : Classical and Existential", *Business Horizons*, Jan.~Feb., pp. 16-25.

Kelman, S. (1990), "Cost~Benefit Analysis : An Ethical Critique", in Hoffman, W. M. & Moore, J. M. (eds.), Business Ethics : *Readings and Cases in Corporate Morality*, 2nd ed. (New York : Mcgraw~Hill Publishing, Co.).

Khandwalla, Pradip : "Effect of Competition on the Structure of Top Management Control." *Academy of Management Journal*, June 1973.

Kirchoff, Bruce A. : "Empirical Assessment of the Strategy/Tactics Dilemma."

Academy of Management Proceedings, August 1978.

Lawrence, Paul R., : and Jay W. Lorsch : Organization and Environment : *Managing Differentiation and Integration Boston, Graduate School of Business*, Harvard University, 1967.

Lenz R. T. : "Strategic Capability : *A Concept and Framework for Analysis*", *Academy of Management Review*, April 1980.

Leontiades, Milton : *Strategies for Diversification and Change*. Boston, Little Brown, 1980.

Levitt. Theodore : "The Dangers of Social Responsibility", *Harvard Business Review*, September-October 1968.

Liddell Hart, B. H., *Strategy*. New York : Frederick A. praeger, 1954.

Likert, Rensis, : *New Patterns of Management*. New York, McGraw-Hill, 1961.

Likert, Rensis, and Jand G. Likert : *New Ways of Managing Conflict*. New York, McGraw-Hill, 1976.

Litschert, Robert J., and T. W. Bonham : "A Conceptual Model of Strategy Formatin. " *Academy of Management Review*. April 1978.

Lodge, G, G. (1990), "The Ethical Implications of Ideology", in Hoffman, W. M. & Moore, J. M. (eds.), *Business Ethics*, 2nd ed. (New York : Mcgraw~Hill Ins.), pp. 14-26.

Lorange, Peter, and Richard F. Vancil : *Strategic Planning Systems*, Englewood Cliffs, NJ, Prentice-Hall 1977.

Lorsch, Jay W., and John J. Morse : *Organizations and Their Members* : A Contingency Approach. New York, Harper and Row, 1974.

Luck, David J., and Arthur E. Prell : *Market Strategy*, New York, Appleton Century Crofts, 1968.

Luthans, F. (1992), *Organizational Behavior*, 6th Ed. (New York : McGrawHill, Inc.).

MacMilan, Ian C. : *Strategy Formulation* : Political Concepts. St. Paul, MN, West, 1978.

Madsen, P. E. & Sharfritz, J. M. (1990), "Defining Coporate Ethics", in Madsen, P. E. & Shafritz, J. M. (eds.), *Essentials of Business Ethics*(New York : A Meridian Book), pp. 14-26.

Management Concept, *Academy of Management Review*, April 1980.

March, James G., and Herbert A. Simon : *Organizations*. New York, Wiley, 1958.

McCarthy, E. Jerome : Basic Marketing : *A Managerial Approach*, rev. ed. Homewood, ILL, Richard D. Irwin, Inc., 1964.

McClelland, David C., and David G. Winter : *Motivating Economic Achievement*. New York, Free Press 1969.

McConkey. Pale D. : "MBO-Twenty Years Later, Where Do We Stard." *Business Horizons*, August 1973.

McConkey. Pale D. : *MBO-For Nonprofit Organizations*. New York, AMACOM,

1975.

Mcgill, M. E., Slocum, Jr., J. W. & Lei, P.(1992), "Management Pratices in Learning Organizations," *Organizational Dynamics*, Summer, pp. 5-17.

McGregor, Douglas : *The Humana Side of Enterprise*. New York, McGraw-Hill, 1960.

McKenney, James L., and Peter G.W.Keen : "How Managers' Minds Work." *Harvard Business Review*, May-June 1974.

Miceli, M. P. Near, P. & Schwenk, C. R. (1991), "Who Blows The Whistle and Why?" *Industrial and Labor Relations Review*, Vol. 45, No. 1.

Michell, N. J., The Generous Corporation : A Political Analysis of Economic Power (Yale University Press), 1989.

Miles, Raymond E., and Charles, C. Snow : *Organizational. Strategy, Structure, Process*. New York, McGraw-Hill, 1978.

Miles, R. H., *Managing the Corporate Social Environment* : A Grounded Theory (Englewood Cliffs, N. J. : Prantice ~ Hall, 1987)

Miner, John B. : "The Role of Organizational Structure and Process in Strategy Implimentation, Commentrary." In Dan E. Schendel and Charles W. Hofer(eds.) : *Stragetic Management* : A New View of business Policy and Planning. Boston, Little Brown, 1979.

Mintzberg, Henry : "Policy As a Field of Management Theory." *Academy of Management Review*, January 1977.

Mintzberg, Henry : *The Structuring of Organizations* : A Synthesis of the Research. Englewood Cliffs, NJ, Prentice-Hall 1979.

Miron, David, and David C. McClelland : "The Impact of Achievement Motivation Training on Small Business," *California Management Review* Summer 1979.

Mizruchi, M. S. (1992) *The Structure of Corporate Political* Action : Interfirm Relation and Their Consequences (Cambridge : Harvard University Press).

Moberg, Dennis J., and James L. Koch : "A Critical Appraisal of Intergrated Treatments of Contingency Findings." *Academy of Management Journal*, March 1975.

Morthcraft, G. B. & Neale, M. A. (1990), Organizational Behavior : *A Management Challenge* (Chicago : The Dryden Press).

Naisbitt, J. & Aburdene, P. (1990), *Megatrends 2000* (Washington, D. C. : Raphael Sagalyn).

Nelson, R. (1992), "Recent Writings On Competitiveness : Boxing The Compass," *California Management Review*, Vol. 34, No. 2, pp. 127-137.

Newman, William H. ; "Strategy and Management Structure." *Academy of Management Proceedings*, August 1971.

Odiome, George S. : "MBO : A Backward Glance." Business Horizons, October 1978.

Paluszek, J. L., Business and Society 1976~2000(New York : AMACOM, 1976), 1.

Paine, Frank T., and Carl R. Anderson : "Contingncies Affecting Strategy Formulation and Effectiveness : An Empirical Study." *Journal of Management Studies*, May 1977.

Paine, Frank T, and William Naumes : *Organizational Strategy and Policy* Philadelpha, Saunders. 1978.

Payne, S.P. & Giacalone, R.A. (1990), "Social Psychology Approaches To The Preceptions of Ethical Dilemmas", *Human Relations*, Vol.43, No.7, pp.649-665.

Pitts, Robert A. : "Strategies and Structures For Diversifications." *Academy of Management* Journal, June 1977.

Porter, M.E. (1990), Competitive Advantages of Nations (New York : The Free Press).

Preston, Lee E. (ed.) : *Business Environment*/Public Policy, 1979 Conference Papers. St. Louis, Mo, American Assembly of Collegiate School of Business, 1980.

Ray, M. (1993), "What Is The New Paradigm In Business?" In Ray , M. & Rinzler, A. (eds.), *The New Paradigm In Business?* (New York : Jeremy P, Tarcher/ Perigee Books).

Reilly, B. J. & Kyi, M. J. (1990), "Ethical Business and The Ethical Person," *Business Horizons*, Nov. ~ Dec., pp.23-27.

Robbin, S. P. (1991), *Management*, 3rd Ed. (Englewood Cliffs : Prentice ~ Hall, Inc.),

Robbin, S. P. (1990), *Organization Theory* : Structure, Design & Application, 3rd Ed. (Englewood Cliffs : Prentice ~Hall, Inc.).

Robey, D. (1990), *Designing Organization* : A Macro Perspective (Homewood : Richard D. Irwin, Inc.).

Robinson, Richard, and William F. Glueck : "The Role of 'Outsiders' *In Small Firm Strategic Planning* : An Empirical Study." Unpublished paper, University of Georgia. 1980.

Rothschild, William E. : Strategic Alternatives : *Selection, Development and Implementation* New York, AMACOM, 1979.

Rourke, Francis E. : *Bureaucracy, Politics and Pubic Policy*. Boston, Little Brown, 1968.

Rumelt, Richard P. : *Strategy, Structure and Economic Performance*. Boston, Graduate School of Business Administration, Harvard University, 1974.

Sasaki, N. (1990), *Management and Industrial Structure* in Japan, 2nd Ed. (Oxford : Pergamon Press).

Seibert, R. (1990), : Environment and Business in the 1990s : Threats, Opportunity, and Prospects For Cooperation," in Hoffman, W. M., Frederick, R. & PERTY, Jr., E. S (eds.), *The Corporation, Ethics, and the Environment*(Westport : Quorum Books), pp.157-161.

Sera, K. (1992), "Corporate Globalization : A New Trends," *Academy of Management Executive*, Vol. 5, No. 1, pp.89-96.

Slaveson, Melvin E. : "The Management of Strategy." *Long Range Planning.* February 1974.

Shendel, Dan E., and Kinneth J. Hatten : "Business Policy or Strategic Management : a Broader View for an Emerging Discipline." *Academy of Management* Proceedings, August 1972.

Shendel, Dan E., and Charles W Hofer : *Strategic Management* : A New View of Business Policy and Planning. Boston, Litter Brown, 1979.

Shendel, Dan E., G. R. Patton, and James Riggs, "Corporate Turnaround Strategies : A Study of Profit Decline and Recovery." *Journal of General Management*, July 1976.

Shepherd, W. G. (1991), *Public Polices Toward Business*, 8th Ed. (Homewood : Richard D. Irwin, Inc.).

Simon, Herbert A. : *The New Science of Management Decision*, Englewood Cliffs, NJ, Prentice-Hall, 1977.

Snow, C. C., Miles, R. E. & Coleman, Jr., H. J. (1992), "Managing 21st Century Network Organizations", *Organizational Dynamics*, Vol. 20, Winter, pp. 5-20.

Spendolini, M. J. (1992), The Benchmarking, 황태호 譯 (1993), 『*벤치마킹 & 기업경쟁력*』(서울 : 김영사).

Steers, R. M. (1991), *Introduction to Organizational Behavior*, 4th Ed. (New York : Harper Collins Publishers).

Steiner, George A. : *Strategic Factors in Business Success*, New York, Financial Executives Research Foundation, 1969a.

Steiner, George A. : *Top Management Planning*, New York, Macmillan, 1969b.

Steiner, George A. : *Comprehensive Managerial Planning*. Oxford, OH, Planing Executives Institute, 1971.

Steiner, George A. : "National Policy Assessment and Action Program." *Planning Review*, 1975.

Steiner, George A. : Strategic Planning : *What Every Manager Must Know*. New York, Free Press, 1979a.

Steiner, George A. : "Contingency Theories of Strategy and Strategic Management." In Dan E. Schendel and Charles W. Hofer (eds.) : *Strategic Management* : A New View of Business Policy and Plannig. Boston, Little Brown, 1979b.

Steiner, George A., and John F. Steiner : *Business, Government, and Society*, New York, Random House, 1980.

Sturdivant, F. E. & Vernon~Wortzel, H. (1990), *Business and Society* : A Managerial Approach, 4th Ed. (Homewood : Richard D. Irwin, Inc.).

Thomas, L. M. (1992), "The Business Community and Environment : An Important Partnership", *Business Horisons*, Mar.~Apr.

Thompsom, James D. : *Organizations in Actions*, New York, McGraw-Hill, 1967.

Trunfio, E. J. (1990), *Corporate Culture and the Institution of Business Ethics*

(Boston University, Ph. D. Dissertation Paper).

Tuason, Roman V. : "Corporate Life Cycle and the Evolution of corporate Strategy." *Academy of Management Proceedings*, August 1973.

Vancil, Richard F., and Peter Lorange : "Strategic Planning in Diversified Companies". *Harvard Business Review*, January-February 1975.

Van de Ven, Andrew H., and Adnre L. Delbecq ; "The Effectiveness of Nominal, Delphi, and Interacting Group Decision Making Processes." *Academy of Management Journal*, December 1974.

Vroom, Victor H., and Philip W. Yetton : Leadership and Decision-Making Pittsburgh, PA, University of Pittsburgh Press, 1973.

Whylie, J. C., Military *Strategy*. New Brunswick : Rutgers University Press, 1967.

Winfield, I. (1991), Organizations and Information Technology : *Systems, Power, and Job Design* (Oxford : Blackwell Scientific Publications).

Wilson, Ian H. : "Environmental Scanning and Strategic Planning. In Lee E. Preston(ed.) : c/Public Policy. 1979 Conference Papers. St. Louis, American Assembly of Collegiate Schools of Business, 1980.

Wokutch, R. E. (1990), "Corporate Social Responsibility Japanese Style", *Academy of Management Executive*, Vol. 2, No. 2, pp. 56-74.

Woo, Carolyn Y., and Arnold C. Cooper : "Strategies of Effective Low Market Share Business." *Academy of Management Proceedings*, August 1980.

Wood, D. J. (1990), *Business and Society* (New York : Harper Collins Publishers).

Woodward, Joan : *Industrial Organization* : Theory and Practice London, Oxford University Press, 1965.

찾아보기

[저자 약력]

최 승 욱
·동아대학교 경영학과 졸업
·부산대학교 대학원 경영학과 수료
·동아대학교 대학원 경영학과 수료
·미국 뉴욕 시립대학교 연구교수(IBRD)
·경영학박사
·경영지도사
·대한경영정보학회 회장
·한국기업경영학회 부회장
·한국인적자원관리학회 부회장
·동아대학교, 경성대학교 외래교수
·부산인적자원개발원 기획위원 겸 운영위원
·중소기업청 기술평가위원 겸 심의위원
·한국산업인력공단 전문자격 심의위원
·삼성그룹 경제교육 강사
·부산광역시 및 부산경찰청 경제교육 강사
·경남정보대학 경영학부 교수, 교무처장
·동서대학교 사회교육원 원장
·민주평화통일 자문회의 자문위원
·(현)부산디지털대학교 총장

〈저서 및 논문〉
·『중소기업관리자 기술혁신전략』(중소기업청, 1996)
·『경영학원론』(무역경영사, 1997)
·『신조직행동론』(청목출판사, 1999)
·『신노사관계론』(무역경영사, 2000)
·『신인적자원관리론』(무역경영사, 2001)
·『전자상거래법규』(노동부, 2001)
·『경영학원론』(형설출판사, 2002)
·『사례중심 경영전략』(효원출판사, 2003)
·『신경영학원론』(형설출판사, 개정판, 2006)
·『신노사관계론』(무역경영사, 개정판, 2006)
·『휴먼리소스 - 인적자원관리』(무역경영사, 2006)
·『권한과 책임의 명확화에 관한 연구』
·『우리나라 기업의 인적자원개발에 관한 연구』
·『한국기업의 노사관계 관행 개선에 관한 연구』
·『조직혁신의 실행전략 연구』 등 다수 저서 및 연구논문.

경영정책과 전략

2009년 8월 20일 초판인쇄
2009년 8월 25일 초판발행

저 자 최 승 욱
발행인 유 성 렬
발행처 **형 지 사**
서울특별시 영등포구 신길동 233-96
전화 (02) 833-6090(代)
FAX (02) 849-0817
등록 제318-2005-000030호

파본은 바꾸어 드립니다.
값 20,000원

http : //www.chongmok.co.kr

ISBN 978-89-92938-35-8